rororo

rororo

Zu diesem Buch

Nichts beschäftigt den Menschen so sehr wie das eigene Ich und der Umgang mit anderen. Was unsere Eigenart ausmacht und was unser Verhalten bestimmt, ist aber nicht leicht herauszufinden. Vieles bleibt verwirrend widersprüchlich: unsere Begabungen und ihre Nutzung, unsere Wünsche und ihre Befriedigung, unsere Selbsteinschätzung und ihre Anerkennung. Die Psychologie kann helfen, die eigenen Bedürfnisse mit den Forderungen der Umwelt in Einklang zu bringen. Dieses Lexikon beschreibt psychologische Arbeitsweisen und Erkenntnisse, indem es leicht fasslich Begriffe vermittelt, die häufig gebraucht, aber oft nicht verstanden werden.

Wolfgang Schmidbauer, geboren 1941, Diplom-Psychologe und Dr. phil., arbeitet als Psychotherapeut in freier Praxis und als Dozent in der Münchener Arbeitsgemeinschaft für Psychoanalyse. Im Rowohlt Verlag erschienen außerdem: Die Heimliche Liebe (1999) Die Kentaurin (1996), Wenn Helfer Fehler machen (1997), Ich wusste nie, was mit Vater ist (1998), Eine Kindheit in Niederbayern (rororo 13226), Mit dem Moped nach Ravenna (rororo 13259), Ein Haus in der Toscana (rororo 13648), Alles oder nichts (rosach 18393), Liebeserklärung an die Psychoanalyse (rosach 18839), Weniger ist manchmal mehr (rosach 19110), Helfen als Beruf (rosach 19157), Hilflose Helfer (rosach 19196), Kein Glück mit Männern (rosach 19752), Jetzt haben, später zahlen (rosach 60125), Die Angst vor Nähe (rosach 60430), Du verstehst mich nicht (rosach 60589), Die Geheimsprache der Krankheit (rosach 60708), Freuds Dilemma (rosach 60616) und Wie Gruppen uns verändern (rosach 60791).

Wolfgang Schmidbauer

Lexikon Psychologie

Rowohlt Taschenbuch Verlag

Erweiterte Neuausgabe des 1991 erschienenen Bandes
«Psychologie. Lexikon der Grundbegriffe»

Originalausgabe
Veröffentlicht im Rowohlt Taschenbuch Verlag GmbH,
Reinbek bei Hamburg, Juli 2001

Umschlaggestaltung Nils Werner
Satz Sabon, Scala Sans PostScript (PageOne)
Gesamtherstellung Clausen & Bosse, Leck
Printed in Germany
ISBN 3 499 61177 5

Die Schreibweise entspricht den Regeln
der neuen Rechtschreibung.

Vorwort

Es gibt bereits eine Reihe psychologischer Lexika, darunter auch einige, die in Taschenbuchausgaben erschienen sind. Dabei handelt es sich um Nachschlagewerke, die primär für Wissenschaftler und nicht für interessierte Laien gedacht sind. Demgegenüber ist dieses Lexikon auf das Informationsbedürfnis nicht einschlägig vorgebildeter Leser zugeschnitten. Die Ausdrücke der Fachsprache werden nicht vorausgesetzt, sondern ihrerseits möglichst genau und anschaulich erklärt. Die Auswahl der Stichwörter ist daran orientiert, Einsichten der Psychologie und Psychotherapie fruchtbar zu machen, um alltägliche Fragen, aber auch Konflikte und Probleme des Zusammenlebens zu beleuchten und lösen zu helfen. Das Lexikon bietet sich daher auch in den längeren Beiträgen als Lesebuch an, nicht nur als Nachschlagewerk. Der Schwerpunkt liegt im Bereich der klinischen und der Sozialpsychologie, jener Fächer, die sich mit seelischen Leiden und mit Fragen des menschlichen Zusammenlebens befassen. Psychologie wird hier weniger als Erforschung kleiner Ausschnitte des Verhaltens, sondern als emanzipatorische Wissenschaft im Dienst menschlichen Wachstums aufgefasst, das durch ein besseres Verständnis unserer Gefühle und Gedanken gefördert werden kann.

Zum praktischen Gebrauch noch einige Hinweise:
In einem Lexikon lassen sich Begriffe, auf die man im Gespräch oder durch Lektüre stößt, rasch klären. Schwieriger ist es, sich darin zu bestimmten Problemen Auskunft zu holen, solange man die einschlägigen Begriffe nicht kennt. Deshalb ist diesem Lexikon als Einstiegshilfe für den Benutzer ein *Orientierungsrahmen* vorangestellt. Darin sind den psychologischen Problemfeldern, die vor allem für Laien wichtig sind, die dazu im Lexikon erfassten Schlüsselbegriffe zugeordnet.

Begriffe, die keine eigenen Artikel erhalten haben, aber unter anderen Stichwörtern erklärt werden, finden sich im *Register.* Ein Pfeil vor einem Begriff innerhalb eines Artikels bedeutet, dass dieser Begriff in einem eigenen Artikel erklärt wird.

In vielen Artikeln sind Psychologen und ihre Anreger namentlich erwähnt. Damit sie zeitlich und in ihrer Bedeutung für die Psychologie eingeordnet werden können, sind sie in einem *Personenverzeichnis* erfasst.

München, im Juni 1991
Wolfgang Schmidbauer

In den zehn Jahren seit meiner letzten Durchsicht habe ich einige Lücken entdeckt und zahlreiche neue Begriffe von A bis Z, von «Affektive Störung» bis «Zivilisation» erfasst. So wurde die Neuauflage um 108 neue Artikel erweitert.

München, im März 2001
Wolfgang Schmidbauer

Orientierungsrahmen

Eltern-Kind-Probleme
Abhängigkeit
Ablösung
Anale Phase
Coming-out
Erziehung
Familie
Kindertherapie
Kindliche Sexualität
Lernen
Ödipuskomplex
Orale Phase
Phallische Phase
Verwahrlosung

Entwicklung
Adoleszenz
Akzeleration
Entwicklung
Erziehung
Familie
Ich-Ideal
Identifizierung
Jugend
Jugendreligionen
Pubertät
Schule

Frauenemanzipation
Doppelmoral
Emanzipation
Geschlechtsrolle
Männlicher Protest
Ödipuskomplex
Politische Psychologie

Gesellschaftliche Einflüsse
Antisemitismus
Autoritäre Persönlichkeit
Borderline-Störung
Deprivation
Emanzipation
Entfremdung
Erster Eindruck
Erziehung
Evaluation
Fanatismus
Feministische Psychologie
Folter
Friedensforschung
Gehorsam
Gemeindepsychologie
Gewalt
Identifizierung
Individualisierung
Integration
Konformität
Konsumpsychologie
Krisenintervention
Manipulation
Nationalsozialismus
Netzwerk
Ökologische Psychologie
Patchworkidentität
Peerorientierung
Politische Psychologie
Psychoboom
Repressive Entsublimierung
Sozialisation
Sozialpädagogik
Sozialpsychiatrie

Sozialpsychologie
Thanatopsychologie
Vandalismus
Vorurteil
Weiblichkeit

Kontakt- und Beziehungsschwierigkeiten

Angst
Außenseiter
Besitzanspruch
Bindung
Doppelbindung
Echtheit
Eheberatung
Eifersucht
Intimität
Isolation
Kommunikation
Meditation
Mobbing
Näheangst
Neid
Neurose
Paarbeziehung
Perfektionismus
Schüchternheit

Lernen und Gedächtnis

Anspruchsniveau
Aufmerksamkeit
Erziehung
G-Faktor
Hedonistische Relativität
Intelligenz
Intermittierende Verstärkung
Invarianz
Konzentration
Lernen
Lernstörungen
Prüfungsangst
Schule

Seelische Leiden

Agoraphobie
Alexithymie
Angst
Anorexie
Autismus
Balintgruppe
Borderline
Bulimie
Burnout
Depression
Helfersyndrom
Hilflosigkeit, erlernte
Hysterie
Inzest
Mutismus
Näheangst
Neurose
Persönlichkeitsstörungen
Phobie
Posttraumatisches Syndrom
Psychopathie
Psychose
Schizophrenie
Trauer
Zensur

Behandlung seelischer Leiden

Arbeitsbündnis
Desensibilisierung
Dynamische Psychiatrie
Eutonie
Familientherapie
Feldenkrais-Methode
Gestalttherapie
Gruppentherapie
Implosionstherapie
NLP
Partnertherapie
Primärtherapie
Psychiatrie

Psychoanalyse
Psychodrama
Psychotherapie
Selbstverletzungen
Supervision
Systemische Therapie
Tinnitus
Trance
Transaktionsanalyse
Verhaltenstherapie

Sexualprobleme
Frigidität
Homosexualität
Impotenz
Jugendsexualität
Kastrationsangst
Keuschheit
Liebesfähigkeit
Masochismus
Nymphomanie
Orgasmusschwierigkeiten
Perversion
Sexualangst
Sexualerziehung

Wahrnehmung und Kommunikation
Empathie
Farbenblindheit
Manipulation
Psycholinguistik
Purkinje-Phänomen
Semantik
Telefonterror

A

AAM Abkürzung von Angeborener Auslösender Mechanismus. Von den Verhaltensforschern N. Tinbergen und K. Lorenz entwickelter Ausdruck für zweckmäßige Reaktionen, die von den meisten Tieren einer Art ohne vorherige Erfahrung (→ Lernen) ausgeführt werden, sobald diese bestimmte → Schlüsselreize wahrnehmen. Der AAM ist ein Nervenapparat, der typische Reize in typische Reaktionen umsetzt. Vor allem bei niederen Wirbeltieren (Reptilien, Vögeln) bestimmen solche Mechanismen viele Züge des Sozialverhaltens: Eine Pute (Truthenne) tötet ihre eigenen Küken, wenn sie durch eine Operation gehörlos gemacht wurde, weil ihr Brutpflegeverhalten über einen AAM durch das Piepsen der Küken in Gang gesetzt wird. Bei höheren Wirbeltieren und vor allem beim Menschen lassen sich AAM's kaum nachweisen. Die von Lorenz vorgetragenen Hypothesen über «angeborene» Reaktionen des Menschen sind umstritten. Jedenfalls sind die AAM-Reste, die auch beim Menschen vorliegen mögen, nicht mehr am konkreten Verhalten, sondern allenfalls an typischen Gefühlserlebnissen abzulesen, die auf bestimmte Situationen folgen (zum Beispiel wenn ein Kind in Lebensgefahr gerät).

Abhängigkeit Man unterscheidet die teilweise (partielle) Abhängigkeit aller menschlichen Gefühlsbeziehungen von der vollständigen (totalen) Abhängigkeit. Sie ist in der Beziehung des Kindes zu den nährenden und schützenden Erwachsenen naturgegeben, findet sich aber oft auch bei Erwachsenen in einem Festhalten (→ Fixierung) an kindlichen Erlebnisweisen. Ein Partner in einer solchen Abhängigkeitsbeziehung glaubt, nicht mehr ohne den anderen leben zu können, und tut deshalb alles, um die Beziehung aufrechtzuerhalten, auch wenn er sich erniedrigt und gequält fühlt (Hörigkeit). Diese krankhafte Abhängigkeit muss von begründbaren, gegenseitigen Abhängigkeiten unter Erwachsenen (zwischen Ehepartnern oder zwischen Arbeitgebern und Arbeitnehmern) unterschieden werden.

Ablösung Die Umwandlung der vollständigen → Abhängigkeit des Kindes in die teilweise, auf vernünftigen Grundsätzen des Austauschs beruhende Abhängigkeit des Erwachsenen bezeichnet man als Ablösung. (Eine Wiederholung dieser Ablösung tritt oft gegen Ende einer → Psychoanalyse auf.) Die Ablösung des Kindes erfolgt schrittweise; zwei wichtige Punkte sind der Schuleintritt (mit zunehmender Bedeutung der Altersgenossen in der Wertorientierung) und die → Pubertät (mit dem Beginn intimer Beziehungen zum anderen Geschlecht). → Peerorientierung

Abreaktion Vorgang, durch den ein gestautes oder «eingeklemmtes» (S. Freud) Gefühl ausgedrückt und damit «abreagiert» wird. Galt in der frühen, an kathartischen Erlebnissen orientierten → Psychoanalyse als Ziel der Behandlung. Heute oft für triebhaftes Verhalten schlechthin gebraucht («Das Kind reagiert seine Aggression ab, indem es auf die Trommel schlägt»). Die manchmal zugrunde gelegte Annahme, dass die Abreaktion eines Bedürfnisses dessen Stärke abnehmen lässt, gilt nicht allgemein. Manche Bedürfnisse scheinen durch Abreaktion nicht vermindert, sondern gesteigert zu werden.

Abwehr Ausdruck der → Psychoanalyse, deren Begründer Sigmund Freud davon ausging, dass aus dem → Es stammende Triebwünsche dann abgewehrt werden, wenn ihre Verwirklichung durch die Außenwelt mit Strafen bedroht ist (etwa der Wunsch eines Kindes, sexuell über die Mutter zu verfügen). Die Abwehr ist eine wichtige Funktion des → Ich, jener seelischen Instanz, die zusammen mit dem → Über-Ich für die Anpassung an die Wirklichkeit sorgt. → Abwehrmechanismus

Abwehrmechanismus Vorgang, durch den das → Ich zeitweise oder dauernd seelische Inhalte abwehrt, die mit Angst besetzt sind: Triebwünsche aus dem → Es, aber auch Ansprüche des → Über-Ich, der Gewissensinstanz. Der wichtigste Abwehrmechanismus ist die → Verdrängung, durch die ein seelischer Inhalt vom Bewusstsein ausgeschlossen wird. Den Verdrängungsprozess hat bereits F. Nietzsche beschrieben: «Das habe ich getan, sagt mein Gedächtnis. Das kann ich nicht getan haben, sagt mein Stolz. Endlich gibt das Gedächtnis nach.» Der «Stolz», von dem hier die Verdrängung ausgeht, entspricht in der psychoanalytischen Ausdrucksweise dem Ich-Ideal, den positiven Aspekten der Eltern-Vorbilder, die während der Kindheit in den seelischen Apparat aufgenommen werden. Die Verdrängung ist an sich ein normaler seelischer Vorgang, der in unserem Leben immer dann in Aktion tritt, wenn soziale Einschränkungen so übermächtig werden, dass innere Widersprüche gegen sie nicht mehr bewusst verarbeitet und verurteilt werden können, sondern schon vor dem Eintritt ins Bewusstsein erledigt werden müssen, weil sie auch in der abgeschwächten Form des bewussten Vor-Überlegens bereits zu bedrohlich erscheinen. Das ist vor allem in der Kindheit der Fall, in der zum Beispiel feindselige Regungen gegen die schützenden Eltern verdrängt werden müssen. Erst eine Verdrängung, die wegen besonders ungünstiger innerer oder äußerer Einflüsse (hohe Triebstärke oder starke Einschränkungen durch die Eltern bis zur «Gedankenkontrolle») nicht gelingt, kann zu krankhaften Erscheinungen führen: Eine Frau entwickelt beispielsweise eine neurotische Lähmung eines Beines, weil es ihr nicht gelingt, allein durch psychische Verdrängung eines sexuellen Wunsches nach ihrem Schwager Herr zu werden. Die Lähmung nun zieht so viel Aufmerksamkeit auf sich, dass die Verdrängung des sexuellen Wunsches aufrechterhalten werden kann.

Weitere Abwehrmechanismen, die teils neben der Verdrängung, teils dann auftreten, wenn die Verdrängung allein nicht ausreicht, sind die → Projektion, die → Isolierung, die → Reaktionsbildung, die → Rationalisierung, die → Verneinung, die → Identifizierung mit dem Angreifer und die → Sublimierung.

Adaptation (Adaption) Anpassung, ein grundlegender biologischer Vorgang, wobei durch die natürliche Auslese im «Kampf ums Dasein» (Charles Darwin) die am besten angepassten Lebewesen sich fortpflanzen können. Auch seelische Anpassungsfähigkeit ist von großem biologischem Wert; wer sich im tropischen Urwald ähnlich verhält wie in einem deutschen Forst, riskiert sein Leben. «Angepasst» wird heute gelegentlich in einem abschätzigen Sinn verwendet und dann mit unschöpferisch, starr, beschränkt gleichgesetzt. Gemeint ist wohl die auf einem Anpassungszwang beruhende Adaptation (der Betroffene kann seine Vorstellungen vom «richtigen» Verhalten nicht begründen und reagiert mit Panik oder → Aggression, wenn er sie verletzt sieht), welche man von der Anpassungsfähigkeit als biologischer Leistung in der Bewältigung verschiedener Lebensumstände trennen muss.

Adoleszenz Stadium des Jugendalters nach der → Pubertät, in dem der junge Mensch vor der Aufgabe steht, nach dem körperlichen Reifungsschritt seinen Platz in der Welt der Erwachsenen zu finden. Die wichtigsten Probleme dieser Lebensperiode sind Berufswahl und → Partnerwahl. Beide sind nur in einem Prozess der Konzentration und damit auch des Verzichts realitätsgerecht zu lösen. Die oft sehr hoch angesetzten Idealvorstellungen (→ Ich-Ideal) der Pubertät werden dabei an der Wirklichkeit geprüft und im günstigen Fall auf ein erreichbares Maß zurückgeschraubt. Im ungünstigeren Fall, der für eine → Neurose typisch ist, gelingt dieser Kompromiss zwischen Ideal und Realität nicht. Der Heranwachsende findet keinen Weg in vertrauensvolle Partnerbeziehungen, weil keiner der erreichbaren Partner seinen Vorstellungen entsprechen kann und er sich enttäuscht in Tagträume und Phantasien zurückzieht. Auch die → Fixierung an ein überhöhtes berufliches Ideal kann die realistische Leistungsfähigkeit hemmen und am Ende zu dem Erscheinungsbild des «verkannten Genies» führen, das durch großartige Projekte sein tatsächliches Versagen bemäntelt. → Jugend

Affekt Heftiges Gefühl, das sich durch körperliche Begleiterscheinungen (Weinen, Lachen, Schreien) unabweisbar aufdrängt. → Hass, Angst, Liebe, Trauer, Depression

Affektive Störung Ob wir eine Gefühlsäußerung als «passend» zu einem Anlass erleben, hängt stark von gesellschaftlichen Einflüssen ab. So dürfen Frauen eher weinen als Männer, kleine Kinder gieriger nach Geschenken greifen als Jugendliche. In der affektiven Störung lässt sich eine bedeutsame Abweichung von solchen Normen feststellen. Dabei sind Überreaktionen (ein Mann schlägt einen anderen nieder, weil dieser ihn «abschätzig» angeblickt hat) ebenso bemerkenswert wie Unterreaktionen (eine Frau verarbeitet eine seelisch bedingte Lähmung beider Beine mit freundlicher Gleichgültigkeit). Eine dritte Möglichkeit ist der paradoxe Affekt, zum Beispiel Lachen bei einem traurigen Anlass, eine vierte der krankhaft verlängerte Affekt, zum Beispiel die krankhafte Trauer, in der ein Verlust auch nach vielen Jahren nicht verarbeitet werden kann.

Aggression Verhalten, das einen anderen Menschen unmittelbar (durch Körperverletzung) oder mittelbar (seelische Kränkung) schädigt. Aggression kann offensiv sein (Angriff) oder defensiv (Verteidigung). Die von manchen Autoren eingeführte Unterscheidung zwischen konstruktiver (aufbauender) und destruktiver (zerstörerischer) Aggression ermöglicht eine weitere Klärung. Der Kampf gegen eine korrupte Diktatur – auch unter Gewaltanwendung – ist zweifellos aggressiv, doch kann er durchaus konstruktive Züge tragen, während ein gewalttätig ausgetragener Rassenhass nur zerstörerisch ist. Andererseits läuft aber ein Ausdruck wie konstruktive oder «gerechte» («natürliche») Aggression Gefahr, die prinzipiellen Schwierigkeiten einer konstruktiven Verwendung von Gewalt zu verdecken.

Aggressionsursachen Von A. Adler stammt die erste Fassung einer Triebtheorie der Aggression. Nach ihr entsteht aggressives Verhalten durch einen biologisch vorgegebenen Antrieb dann, wenn Interessen des Individuums verletzt wurden und nun mit Hilfe der Aggressivität ausgetragen werden sollen. Hier sind also die beiden wichtigsten Aggressionserklärungen der Gegenwart noch in einem Modell enthalten: Das Triebkonzept (es gibt im Menschen einen Aggressions- oder sogar Todestrieb, der ähnliche Merkmale hat wie der Sexualtrieb und periodisch abreagiert werden muss) und das Frustrations- oder Lernkonzept (Aggression ist kein spontan ablaufendes Triebgeschehen, sondern die Reaktion auf Versagungen anderer Triebwünsche und in jedem Fall durch Lernvorgänge gesteuert). Vertreter der Triebtheorie sind Freud, Lorenz und andere Verhaltensforscher, während die Lerntheorie von den meisten Psychologen und Völkerkundlern vorgezogen wird. Die gegenwärtig von den meisten Forschern akzeptierte Auffassung sieht etwa so aus: Weder die Triebtheorie noch die Frustrationstheorie genügt, um die Vielfalt aggressiver Verhaltensformen zu erklären. Aggression ist wohl kaum ein Trieb, der ähnlich aufgebaut ist wie die Sexualität, sondern ein viel komplizierteres Geschehen, bei dem soziale und kulturelle Einflüsse, frühkindliche Situationen, gegenwärtige Frustrationen und biologisch vorgegebene Reaktionsnormen eine Rolle spielen. Menschliche Aggression scheint seltener ein unmittelbar triebhaftes Geschehen als die Antwort auf Kränkungen des → Narzissmus eines Individuums oder einer Gruppe zu sein. Ob beim Autofahren, in der Politik, bei einer Wirtshausrauferei – die Quelle für aggressive Reaktionen ist meist eine Kränkung des → Selbstwertgefühls.

Aggressivität Bereitschaft, aggressiv auf bestimmte Reize zu reagieren. Sie ist bei verschiedenen Menschen sehr unterschiedlich ausgeprägt und hängt – ein entscheidender Einwand gegen die Triebtheorie der → Aggression – erheblich von kulturellen Einflüssen ab. Es gibt Kulturen, in denen das für den Westeuropäer «normale» Maß an Aggressivität für ein Zeichen einer ernsten seelischen Erkrankung gehalten würde. Aggressivität kann durch → Tests ungefähr bestimmt werden (etwa indem man prüft, wie häufig die Reaktion auf eine vorgestellte Versagung aggressiv ausfällt).

Agieren Handeln; manchmal als Kurzform für den psychoanalytischen Ausdruck «ausagieren» (acting out) verwendet. In diesem Fall steht das Agieren des → Patienten in psychotherapeutischer Behandlung (→ Psychotherapie) im Gegensatz zu der analytischen Grundregel (→ Assoziation). Der Patient setzt Phantasien in Handlungen um, statt über sie zu sprechen. Anstatt die Feindseligkeit dem Vater gegenüber bewusst zu verarbeiten, sucht er zum Beispiel Streit mit dem Wirt in einem Lokal. Agieren sollte als unbewusste Wiederholung mit oft schädlichen Folgen vom bewussten Erproben neuer Verhaltensweisen unterschieden werden, das in jeder erfolgreichen Psychotherapie sehr wichtig ist.

Agoraphobie Platzangst, Auftreten neurotischer → Angst, zum Beispiel vor weiten Plätzen, auch vor Brücken, Stadtautobahnen und so weiter. Häufig ist die Agoraphobie erträglich, sobald der Betroffene eine Begleitperson hat. Hinter solchen Angstzuständen stehen manchmal unbewusste Trennungswünsche oder von der → Zensur unterdrückte erotische Phantasien. Die Agoraphobie ist dann der Kompromiss zwischen einem Wunsch, sich freier zu bewegen, und der Angst vor den Folgen solcher Wünsche.

Akkulturation Anpassung an eine kulturelle Tradition, wobei entweder das Kind durch die Beziehung zu den Eltern und später zu den Gleichaltrigen die kulturellen Techniken und Werte übernimmt oder aber ein Erwachsener sich durch die Berührung mit einer anderen Kultur (als Auswanderer, Gastarbeiter oder Angehöriger einer Primitivkultur beim Kontakt mit der Zivilisation) Inhalte einer ihm bisher fremden Kultur aneignet.

Aktivität Tätigkeit; Gegensatz von Passivität. Aktivität gilt als Merkmal des Lebens schlechthin (eine lebende Zelle, zum Beispiel ein Urtier in einem Tümpel, unterscheidet sich von einem faulenden Pflanzenstück durch seine Aktivität). Doch sind Lebewesen in der Regel nur zu bestimmten Zeiten aktiv, zum Beispiel tagsüber (lichtaktive Tiere) oder auch nachts (dunkelaktive Tiere, wie die Fledermaus). → Aktivitätsniveau

Aktivitätsniveau, Aktivationsniveau Ebene des seelischen Geschehens, die den schrittweisen Übergang vom tiefen Schlaf über den ruhigen Wachzustand bis zur normalen Tätigkeit und zu Erregungsspitzen bei heftigem → Affekt beschreibt. Das Aktivitätsniveau lässt sich auch durch Ableiten und graphische Darstellung der Hirnströme (Elektro-Enzephalogramm) ermitteln. Es kann durch äußere Reize, innere Reize und Kombinationen beider gesteigert werden. Biologisch hängt das Aktivitätsniveau mit dem als → Neugieraktivität beschriebenen Verhalten vieler höherer Tiere zusammen. Diese wenden sich auch dann der Umwelt zu, erforschen sie, erproben Bewegungsmöglichkeiten, wenn keine unmittelbare Befriedigung von Grundbedürfnissen, wie nach Nahrung, damit verbunden ist. Diese Neugieraktivität ist beim Menschen besonders deutlich ausgeprägt und wohl eine wichtige Grundlage der Kulturentwicklung, die sich gewiss nicht allein durch → Sublimierung erklären lässt. Der biologische Sinn der Neugieraktivität liegt darin, dass auf diese Weise seelische und körperliche Leistungen eingeübt und entwickelt werden, die dann im Ernstfall gute Dienste leisten (das Tier kann einem Feind besser entfliehen, wenn es vorher «spielerisch» die Umgebung ausgekundschaftet hat). Je stärker lebensnotwendige Bedürfnisse werden, desto mehr tritt die Neugieraktivität zurück. Wer erschöpft einer Berghütte zustrebt, wird sich meist nicht mehr für die Schönheit der Landschaft interessieren.

Akzeleration Beschleunigung eines Entwicklungs- oder Reifungsvorgangs. Jugendliche erreichen in allen Kulturvölkern seit der ersten Hälfte des vergangenen Jahrhunderts immer früher die Geschlechtsreife, sie werden größer und schwerer als die Elterngeneration in einem vergleichbaren Lebensalter. Vermutlich wird die Akzeleration durch Umwelteinflüsse bedingt, welche die Hirnanhangdrüse (Hypophyse) dazu anregen, früher und mehr wachstumssteigernde Hormone zu bilden. Solche möglichen Einflüsse sind die veränderte Ernährung (mehr Proteine), der viel stärkere Zufluss optischer Reize in einer veränderten Umgebung, die stärkere Licht-Exposition durch den häufigeren Aufenthalt im Freien, der zunehmende → Stress durch die Lebensbedingungen in der Großstadt (in der die Akzeleration nachweislich stärker ausgeprägt ist als auf dem Land). Psychologische Probleme entstehen durch die Akzeleration vor allem dann, wenn der Jugendliche äußerlich einen weit «erwachseneren» Eindruck macht, als er seelisch tragen kann. Dadurch kann es geschehen, dass ihm Verantwortung und vernünftige Haltung abverlangt werden, die ihn überfordern, wie zum Beispiel in einer Frühehe. Das Auseinanderklaffen von körperlicher und geistig-emotionaler Entwicklungsstufe bei manchen akzelerierten Jugendlichen gibt oft auch Anlass zu kränkendem Spott, vor allem in einer Gesellschaft, in der Fortschritt – auch Fortschritt der Entwicklung zum Erwachsenen – als wichtiger Wert gilt («Jetzt bist du schon so groß und benimmst dich so kindisch ...»).

Akzeptanz Angenommenwerden einer sozialen Neuerung, z. B. einer Ware, eines Gesetzes, eines Transportmittels, einer Partei oder eines Politikers. Die Akzeptanz ist eine wichtige Information für Unternehmer und politische Parteien, welche wissen müssen, ob ihre Produkte und Projekte von der Bevölkerung angenommen werden.

Alexithymie Gefühlsabwehr; Unfähigkeit, bei sich und anderen Gefühle in angemessener Weise wahrzunehmen. Ein hochdruckkranker Mann sagt beispielsweise: «Meine Frau ist unzufrieden mit mir. Sie sagt, dass ich keine Gefühle habe und ein Langweiler bin. Ich weiß nicht, ob sie Recht hat. Ich verstehe das nicht. Früher war sie zufrieden mit mir. Was soll ich tun, damit ich die Gefühle habe, die sie von mir verlangt? Mein Hausarzt hat gesagt, ich sollte eine Psychotherapie machen.» Der alexithyme Patient wird als ausdrucksarm und sachbezogen beschrieben, er hat Mühe, sich für sich selbst und für andere Menschen zu interessieren, kann innere Spannungen schlecht ausdrücken, was dazu führt, dass er seinen Organismus überlastet und erkrankt. Ähnliche Zustände wurden bei schwer Traumatisierten, beispielsweise überlebenden Häftlingen der Konzentrationslager beschrieben.

Alkoholismus «Warum trinkst du?», fragt der kleine Prinz in Saint-Exupérys Buch den Alkoholiker. «Weil ich mich schäme!» – «Und warum schämst du dich?» – «Weil ich trinke.» Hier ist der Teufelskreis des Alkoholismus klar verdeutlicht. Der Alkohol spendet Trost, statt die Probleme zu lösen; als Tröster unentbehrlich, wird er bald zum größten Problem des Trinkers. Man muss verschiedene Formen des Alkoholismus unterscheiden, die man nach E. M. Jellinek mit griechischen Buchstaben kennzeichnet: Alpha-Trinker schauen gern tief ins Glas, weil sie sich dann wohler fühlen, können aber aufhören, wenn sie wollen. Beta-Trinker trinken regelmäßig größere Mengen, entweder am Abend oder auch während der Arbeit. Sie können aufhören, wenn sie körperliche Schäden durch den Alkohol (Leberverfettung, Pankreasentzündung) feststellen. Gamma-Alkoholiker können das nicht mehr; ihre Stoffwechselvorgänge haben sich an die Alkoholzufuhr angepasst, sodass sie an Entzugserscheinungen leiden, wenn sie nicht mehr trinken. Andererseits verlieren sie schon durch kleine Alkoholmengen jede Kontrolle über das eigene Trinken (daher die Gefahr der «guten Freunde», die «nur ein Gläschen» vorschlagen – der frühere Alkoholiker kann dann kaum seinen Vorsatz, nichts mehr zu trinken, aufrechterhalten, sondern bechert weiter, bis er am Boden liegt). Wie alle Süchtigen neigt der Alkoholiker dazu, sich selbst zu betrügen und seine Abhängigkeit zu verleugnen («Ich könnte jederzeit aufhören – aber was kann ich in dieser miesen beruflichen Situation anders als trinken?») und ein Drei-Personen-Drama zu gestalten, in dem es immer einen Retter, einen Verfolger und ein Opfer gibt. Der Alkoholkranke ist abwechselnd das Opfer («Ich bin zu schwach, um ohne Alkohol zu leben») oder der Verfolger («Eure ständige Kritik treibt mich zum Suff»). Den Retter spielen häufig der Ehepartner, die Eltern, später die Klinik, der Arzt, die Sozialarbeiterin. In der Behandlung des Alkoholismus ist es sehr wichtig, den Alkoholiker nicht in

Die Superhelden der Comics dienen oft als Identifikationsfiguren für Allmachtswünsche.

der Rolle des Opfers festzuhalten, indem der Therapeut den Part des Retters spielt, sondern die zugrunde liegende emotionale Unreife und soziale Angst zu bearbeiten, die durch die auffällige Symptomatik des Trinkens verdeckt werden.

Alkoholpsychose Neben organischen Schäden an Magen, Herz und vor allem der Leber wird auch das Gehirn durch regelmäßigen Alkoholkonsum beeinträchtigt. Es gibt vier verschiedene psychische Folgeleiden: Das Delirium tremens (eine lebensgefährliche Erkrankung mit Wahnwahrnehmung kleiner Tiere, wie Spinnen, Eidechsen, «weiße Mäuse», mit heftiger Erregung, Schlaflosigkeit, Angst und Desorientierung); die Korsakoffsche Krankheit (mit einer Geistesschwäche, die auf einem Versagen des Gedächtnisses beruht); den Alkoholwahn (meist in der Form eines → Eifersucht-Wahns) und die Alkoholhalluzinose (Wahnvorstellungen verfolgen den Kranken: Er wird von «Stimmen» beschimpft und angeklagt).

Allmachtswünsche Ein vierjähriges Kind sieht auf einem Spaziergang ein verfallenes Haus: «Das bau ich jetzt wieder auf!» Was sich hier ausdrückt, ist eine Allmachtsphantasie, die bei Kindern noch naiv und unüberlegt ausgedrückt wird. Das Kind, das sich schwach und abhängig sieht, hat ein besonderes Bedürfnis nach der Allmacht in der Phantasie. Aber auch beim Erwachsenen lassen sich Allmachtswünsche nachweisen, die sich in «Beherrschung» ausdrücken können, welche zum Beispiel manche Sportarten verlangen (Reiten, Fliegen, Segeln). Allmachtsphantasien sind in den Helden der Sage (Herakles, Siegfried) verkörpert, die alle Gegner besiegen, finden sich aber auch in vielen Werken der Trivialliteratur («Schundromane») ausgedrückt, etwa bei Karl May oder in Comics (Superman, Tarzan). Die um Allmachtswünsche kreisenden Phantasien sind eine wichtige Seite des → Narzissmus. Ihre grundlegende Quelle ist wohl die → Kompensation der menschlichen Einsicht in die Hinfälligkeit, Abhängigkeit und Ohnmacht unserer Existenz. Sie hängt mit dem Entstehen des Bewusstseins zusammen und benötigt die Tröstungen der religiösen (einem Schöpfergott zugeschriebenen) oder der phantasierten eigenen Allmacht.

Alter Umgangssprachlich für die Zeit, die ein Lebewesen bisher verbracht hat. Als Lebensperiode Gegensatz von → Jugend, wobei der Beginn unscharf bestimmt ist und sozialen Einflüssen unterliegt. In den Industriegesellschaften gilt der ältere Arbeitnehmer oft als weniger tüchtig, die ältere Frau als weniger anziehend. Daher wird das Alter verleugnet oder vertuscht. Ältere Menschen haben nach dem Austritt aus dem Berufsleben oft Schwierigkeiten. Sie fühlen sich verlassen, unnütz, bewältigen nur mit Mühe den Übergang zum Rentnerdasein. Die Zeit der Pensionierung ist eine Situation besonderer Gefahr für seelische und körperliche Krankheiten (→ Depression). Genauere psychologische Untersuchungen haben gezeigt, dass die frühere Annahme, die → Intelligenz des Menschen sinke mit dem Alter relativ rasch ab, nicht zutrifft. In manchen Bereichen bringt das Alter sogar eine Zunahme der Leistungsfähigkeit, was unter anderem die Spätwerke großer Künstler zeigen. Auch vom biologischen Standpunkt lässt sich ein aktives Alter als natürlicher Sinn der (verglichen mit den Menschenaffen) sehr hohen Lebenserwartung des Menschen verstehen: Alte Leute dienen als «lebendige Bibliotheken» der Übermittlung von Wissen über Lebenssituationen, die nur alle zwanzig oder dreißig Jahre auftreten.

Altruismus Nächstensorge, Gegensatz von Egoismus, der Sorge für die eigene Person. Altruismus ist ein zentraler Wert vieler Religionen, unter anderem des Christentums («Liebe deinen Nächsten wie dich selbst»). Die Theoretiker der modernen Staatslehre, zum Beispiel Thomas Hobbes, gehen hingegen von einem primären Egoismus des Menschen aus, der durch staatliche Gewalt gezügelt und in ein Mindestmaß gegenseitiger Rücksichtnahme überführt werden muss. Diese These wird durch die Anwendung der Theorie von Charles Darwin auf die menschliche Gesellschaft noch verstärkt. Gegen diese einseitige Akzentuierung des Daseinskampfes der Individuen setzt die moderne Evolutionsforschung die These, dass Altruismus sehr wohl dem Überleben einer Art dienen kann, wenn er die Fortpflanzungschancen der eigenen genetischen Linie steigert. Ein biologischer Beweis für diese These ist zum Beispiel die Verteidigung der Nachkommen unter Gefahr für das eigene Leben bei vielen Wirbeltieren. Menschlicher Altruismus ist komplex motiviert; er kann Abwehrfunktionen haben (→ Helfersyndrom), aber es lässt sich auch eine spontane Hilfsbereitschaft bei kleinen Kindern beobachten, denen solche Verhaltensweisen nicht anerzogen wurden. Ob es eine «altruistische Persönlichkeit» gibt, ist in der empirischen Psychologie umstritten; gut dokumentiert ist, dass sich Menschen nach einem Erfolgserlebnis altruistischer verhalten.

Ambivalenz Doppelwertigkeit oder Doppelgerichtetheit. In der Psychologie nach E. Bleuler das gleichzeitige Auftreten gegensätzlicher Gefühle wie Hass–Liebe, Angst–Lust. Vielleicht jedes starke Gefühl trägt als unbewussten Gegenpol einen Ansatz zur Ambivalenz in sich, wobei das Modell der frühen Kindheit eine wichtige Rolle spielt: Die Eltern werden geliebt und als Verkörperung einschränkender «Erziehungsmaßnahmen» gehasst. Entwicklungspsychologisch hat die Ambivalenz eine enge Beziehung zur → analen Phase.

Amplifikation Bereicherung, Vermehrung. Im Gegensatz zur klassischen → Psychoanalyse, bei der die freien Einfälle (→ Assoziation) des Analysanden zu einer Kindheitsszene in Verbindung gebracht werden, ergänzt und erweitert bei diesem von C. G. Jung eingeführten Verfahren der Therapeut einen Traum des Patienten durch eigene Einfälle, meist mythologisch-religionsgeschichtlicher Art. Dadurch soll der Analysand den vollen Umfang der möglichen Bedeutungen seiner unbewussten seelischen Vorgänge erkennen lernen.

Anale Phase Nach dem Entwicklungsmodell der → Psychoanalyse folgt auf die → orale Phase eine Periode, in der die Ausscheidungsfunktionen und die Handhabung des Körpers und seiner Muskeln im Mittelpunkt der Erlebnisweisen des Kindes steht. In der analen Phase werden die ersten – Sauberkeit und Zurückhaltung betreffenden – Forderungen an das Kind gestellt, wird unter Umständen die Wurzel zur Abspaltung und Verdrängung größerer Erlebnisbereiche gebildet. Das Kind muss erleben, dass bestimmte Dinge, die es erzeugt, besitzt und für wichtig hält, von den Bezugspersonen abgelehnt, die Beschäftigungen mit ihnen bestraft werden. Die Darmentleerung etwa ist einmal «gut», einmal «böse», je nachdem, ob sie den Wünschen des Erziehers oder den spontanen Bedürfnissen des Kindes gemäß erfolgt. Daher ist die anale Phase auch der Anfangspunkt der Auseinandersetzungen um Macht und Kontrolle, Hergeben und Behalten, den eigenen Willen durchsetzen oder sich einem fremden Willen beugen. Die lustvolle Eigenwilligkeit in der Betätigung der Aftermuskulatur ist ein Vorbild für den Lustgewinn aus der Muskeltätigkeit schlechthin, den die Familiengruppe annehmen, verwerfen, fördern oder durch übermäßige Forderungen nach Gefügigkeit verkrüppeln kann. Übermäßige Genauigkeit, peinliche Abwehr alles Schmutzigen, zwanghafter Ordnungssinn sind mögliche Formen der Verarbeitung von Erlebnissen, die ursprünglich der analen Phase zuzuordnen sind. S. Freud hat von einem «analen Charakter» gesprochen, der durch die drei Eigenschaften Geiz, Pe-

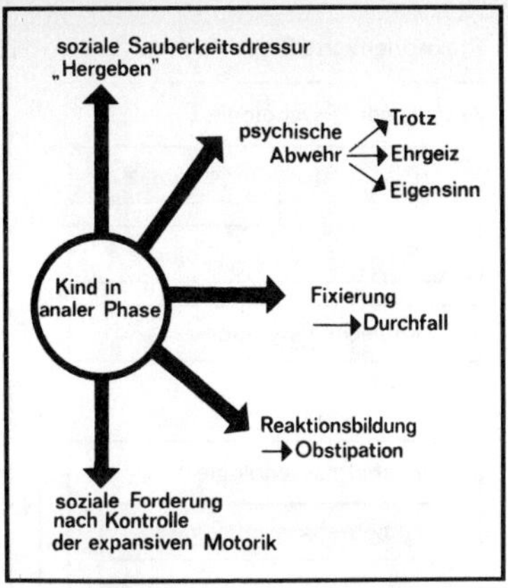

Schaubild der analen Phase und der verschiedenen Möglichkeiten ihrer Verarbeitung.

Quelle: Wolfgang Schmidbauer «Psychosomatik», Selecta-Verlag, Planegg vor München 1974

danterie und Ordnungssinn ausgezeichnet sei. Weil in der analen Phase das Kind vielfach zum ersten Mal erlebt, dass die Bezugspersonen bestimmten Äußerungen seines Körpers feindlich gegenüberstehen, wurzelt in ihr auch die → Ambivalenz der Gefühlsregungen und der Zweifel an der Richtigkeit eines Verhaltens, der sich beim Zwangsneurotiker (→ Zwangsneurose) krankhaft steigert. Er muss sich beispielsweise mehrmals vergewissern, ob das Licht gelöscht, der Gashahn geschlossen, die Tür versperrt ist, und beginnt immer wieder daran zu zweifeln, ob das auch tatsächlich der Fall ist.

Analverkehr Geschlechtsverkehr, bei dem das männliche Glied in den After eingeführt wird. Häufig in gleichgeschlechtlichen Beziehungen zwischen Männern (→ Homosexualität), aber auch von heterosexuellen Paaren gelegentlich ausgeführt.

Analyse Abkürzung für → Psychoanalyse; im weiteren Sinn die wissenschaftliche Zerlegung eines äußeren Erscheinungsbildes (chemischer Stoff, politisches Ereignis ...).

Anamnese Um sich ein Bild von einem Menschen zu verschaffen, muss man seine Lebensgeschichte kennen, wobei der Psychologe die Kindheitssituation besonders ins Auge fasst: Er erhebt eine Anamnese (griechisch anamnesis = Erinnerung), die besonders die soziale Situation der Eltern, die Stellung des Kindes in der Geschwisterreihe, die Familiensituation während der verschiedenen Entwicklungsphasen, die Beziehungen zu anderen Menschen und zur Sexualität umfasst. Es gibt spezielle Anamnese-Fragebögen, doch verwendet man in der Praxis meist ein offenes Gespräch, in dem sich die wesentlichen Züge der Entwicklung relativ schnell erfassen lassen.

Angewandte Psychologie Man pflegt zwischen «reiner» und «angewandter» Wissenschaft zu unterscheiden. Die angewandte Psychologie zeigt freilich deutlich, wie fragwürdig solche Einteilungen sind: Eine der erfolgreichsten Forschungsmethoden der Psychologie ist zugleich ein wichtiges Stück angewandter Psychologie – die → Psychoanalyse, die zugleich theoretische Forschung und praktische Hilfe

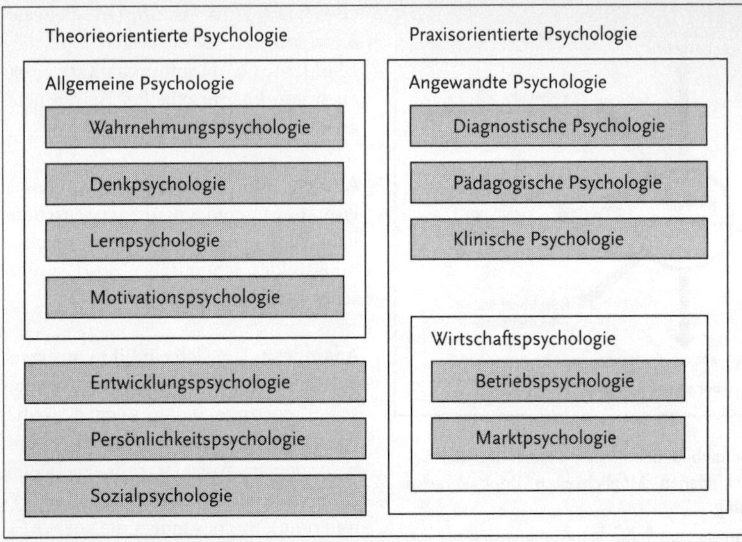

Forschungs- und Anwendungsbereiche der Psychologie
Quelle: Klaus D. Heil «Programmierte Einführung in die Psychologie», Rowohlt Taschenbuch Verlag, Reinbek bei Hamburg 1975

darstellt. Die angewandte Psychologie umfasst ein sehr breites Spektrum von Aufgaben, die sich im Zug der zunehmenden Bedürfnisse nach wissenschaftlicher Hilfe in der Bewältigung der gesteigerten seelischen Anforderungen an den Menschen unserer technischen Gesellschaft ergaben. In der Berufs- und Arbeitspsychologie wird die Eignung von Menschen für eine bestimmte Tätigkeit ermittelt. Zugleich sucht der Betriebspsychologe seelische Probleme am Arbeitsplatz (etwa Konflikte zwischen Arbeitnehmern) zu lösen. Psychologen bemühen sich, Arbeitsplätze optimal zu gestalten, andere erforschen die Motive von Käufern und schlagen bestimmte Werbemaßnahmen vor (Werbepsychologie). Schulpsychologen greifen bei schulischen Problemen ein, beraten Eltern und Lehrer. Klinische Psychologen sind an (Nerven-)Krankenhäusern und in freier Praxis tätig; sie führen psychologische Tests durch, erstellen Gutachten und arbeiten mehr und mehr psychotherapeutisch. Gerichte, die Polizei, die Gefängnisverwaltungen, sie alle stellen ebenfalls Psychologen ein, ebenso die Bundeswehr. Die Funktion des praktisch tätigen Psychologen ist meist beratend. Er erhält nur sehr selten wirkliche Spitzenpositionen wie die Leitung einer Personalabteilung, eines Gefängnisses oder einer Nervenklinik. Das liegt wohl nicht nur daran, dass solche Führungsaufgaben

Personen mit einer traditionsreichen Ausbildung (Juristen, Ärzten) überlassen werden. Auch das Selbstverständnis der Psychologen verhindert das, teilweise auch → Vorurteile, mit denen man vielfach noch den psychologisch geschulten Fachleuten begegnet («Wir haben das früher auch nicht gebraucht!»). Auf der anderen Seite wird die psychologische Hilfe oft überschätzt; man erwartet Rezepte mit Wirkungsgarantie und sofortige Hilfe in verfahrenen Situationen, Hoffnungen, die natürlich enttäuscht werden müssen.

Angst Ein Gefühl von Unsicherheit, Erregung und Spannung, das manchmal – nicht immer – mit der Vorstellung einer bedrohlichen, möglicherweise Schmerzen verursachenden Situation verbunden ist, nennt man im allgemeinen Sprachgebrauch Angst. Die Angstreaktion ist ein sinnvolles Stück unserer biologischen Ausrüstung. Wer sich vor Gefahren nicht fürchtet und ihre Wiederholung nicht vermeidet, hat geringere Überlebenschancen. Von dieser begründbaren, an realistisch gesehene Gefahren geknüpften Angst (Realangst, objektive Angst) muss die irrationale, neurotische Angst unterschieden werden. Wer sich ungesichert dicht an einem Abgrund fürchtet, hinabzustürzen, wird durch diese Angst in seinen Überlebenschancen gefördert (weil er auf Klettertouren sicher Wert darauf legt, sich rechtzeitig anzuseilen). Wer hingegen bereits auf einer von einem starken, hohen Geländer gesicherten Brücke vor Angst kaum mehr atmen und gehen kann, wird durch diese neurotische Angst ernstlich behindert. Er muss weite Umwege machen, um Brücken zu meiden. Nach dem Erfahrungsstand der → Psychoanalyse entsteht solche neurotische Angst dann, wenn Angst vor einer äußerlich real nicht gefährlichen Situation benutzt wird, um eine tatsächlich bestehende, aber unbewusste (verdrängte) innere Gefahr auszudrücken und zu vermeiden.

Der «kleine Hans», ein vierjähriger Junge, dessen → Phobie S. Freud beschrieben hat, litt eine Zeit lang an heftiger Angst, dass auf der Straße ein Pferd umfallen könnte, und wollte deshalb gar nicht mehr auf die Straße gehen. Es zeigte sich, dass hinter dieser Angst ein Todeswunsch gegen den Vater stand, verbunden mit der Furcht, deshalb vom Vater bestraft zu werden. Als der Vater selbst, der mit Freud in der Behandlung des kleinen Hans zusammenarbeitete, dem Kind diese Bedeutung erklärte, verschwand die Pferdephobie.

Eine Unterscheidungsmöglichkeit innerhalb der neurotischen Angstzustände ist die zwischen der in einer → Phobie «gebundenen» und der «frei flottierenden» Angst. Im ersten Fall werden bestimmte Situationen gefürchtet – allein auf die Straße zu gehen, Plätze zu überqueren, Spinnen, Schlangen, Katzen oder Hunden zu nahe zu kommen. Die frei flottierende Angst hingegen überfällt das Opfer jäh, ohne erlebbaren äußeren Anlass. Erst die psychoanalytische Aufklärung könnte hier möglicherweise einen unbewussten Anlass erschließen. Die «freie» Angst äußert sich oft als körperliches Unbehagen; der Betroffene glaubt etwa, sein

Herz würde stillstehen, er muss plötzlich erbrechen, er erleidet einen Anfall heftiger Atemnot. Einzelne Abschnitte des Spektrums der körperlichen Begleiterscheinungen der Angst können ihrerseits wiederum zu Auslösern für soziale Ängste werden. Wer Angst hat, schwitzt und muss häufig austreten. Er kann nun eine Angst entwickeln, in sozialen Situationen – etwa bei Vorgesetzten – zu schwitzen oder austreten zu müssen, was durch die Erwartung, dass es geschehen könnte, dann prompt ausgelöst wird.

Ein niedriger Grad von Angst kann die Leistungen in manchen Situationen verbessern (in Prüfungen, beim Theaterspielen), während heftige Angst die Leistungsfähigkeit blockiert. Wer Angst hat, neigt meist dazu, sich zu überfordern; er möchte die Angst mit einem großen Schritt loswerden, scheitert daran und klagt am Ende über noch stärkere Angst. Ein aus Angst vor sexuellem Versagen impotenter Mann will zum Beispiel mit einer neuen Bekannten sofort Sexualverkehr haben, versagt und leidet nun an gesteigerter Angst vor dem Versagen. Eine bessere Taktik ist die schrittweise Überwindung, bei der die Angst nie so stark werden darf, dass sie die Leistungsfähigkeit blockiert. Wer Angst vor öffentlichem Reden hat, sollte nicht sofort von sich verlangen, frei zu sprechen, sondern erst einmal dadurch Selbstvertrauen gewinnen, dass er bereits vollständig ausgearbeitete Texte vorträgt. Wenn ihm das mehrmals gelungen ist, wird er sicher eines Tages auch frei sprechen können.

Angstentstehung Kinder fürchten sich oft vor denselben Situationen wie ihre Mütter (Spinnen, Gewitter, Höhe ...). Das neugierig-aktive Kind hat vor allen starken, unvertrauten Reizen zunächst Angst. Es kann diese Angst bewältigen, wenn ihm ein Erwachsener einfühlsam beisteht (das Kind auf dem Arm der Mutter getraut sich, einen Hund zu streicheln oder eine Planierraupe genauer zu betrachten, vor denen es zunächst angstvoll floh). Diesen Rückhalt in der aktiven Angstbewältigung gibt übrigens der Psychotherapeut dem Klienten ebenfalls, der auf diese Weise ermutigt wird, sich mit bisher angstvoll gemiedenen Situationen auseinander zu setzen. Neurotische Angst entsteht vielfach dann, wenn die Bezugspersonen des Kindes kein Verständnis für seine Neugieraktivität hatten und – da diese Aktivität das Kind immer wieder in Angstsituationen brachte – es endlich dazu kam, dass die Neugieraktivität selbst, die ja die Ängste durch schrittweise Auseinandersetzung überwinden hilft, von dem Betroffenen mit Angst erlebt wurde. Damit wird die Angst unabhängig von äußeren Reizen. Innere Anlässe genügen, um Angst auszulösen. Diese wiederholt (→ Wiederholungszwang) eine ursprüngliche Angst, die Liebe und den Schutz der frühkindlichen Bezugspersonen zu verlieren. Neurotische Angst ist also oft die schon dem Sprichwort bekannte «Angst vor der eigenen Courage».

Anima, Animus «Seelenbild» (lateinisch anima = Seele) der jeweils gegengeschlechtlichen, aus dem Selbstbild ausgeschlossenen seelischen Inhalte.

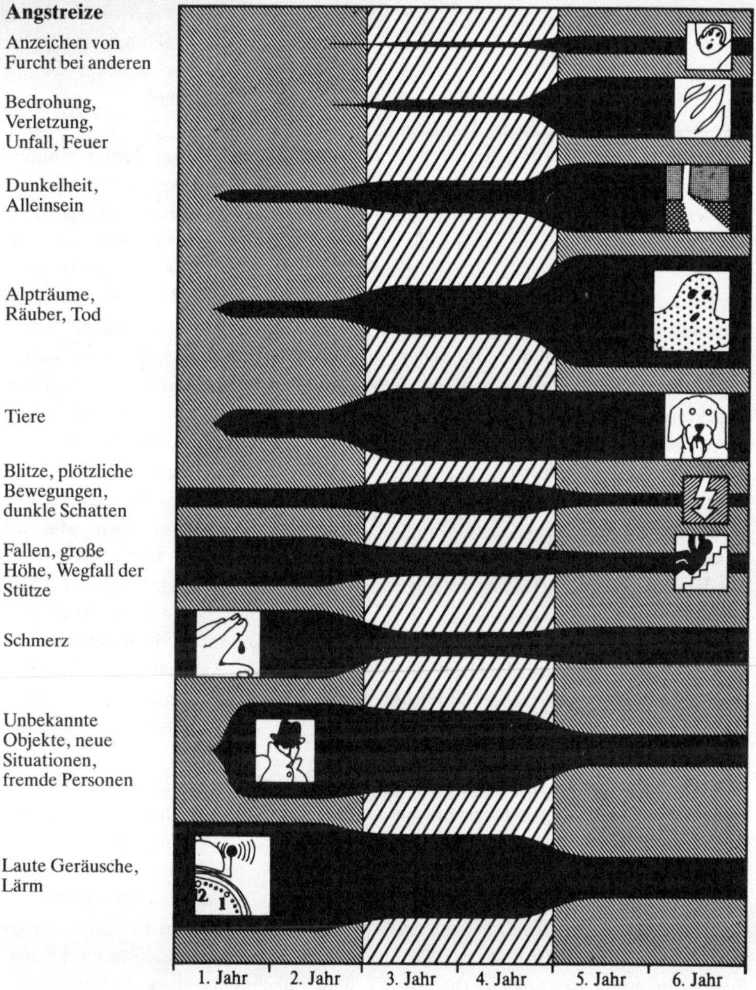

Entwicklung verschiedener Kinderängste: Die Breite der von links nach rechts verlaufenden Bahnen zeigt, welche Bedeutung die einzelnen Furcht auslösenden Objekte und Situationen in unterschiedlichen Altersstufen (0 bis 2, 2 bis 4 und 4 bis 6 Jahre) haben.

Quelle: Gerd Hennenhofer / Klaus D. Heil «Angst überwinden», Rowohlt Taschenbuch Verlag, Reinbek bei Hamburg 1975

Der von C. G. Jung eingeführte, an S. Freuds Auffassung der → Bisexualität anknüpfende Begriff der Anima (Animus) geht davon aus, dass jeder Mensch die gegengeschlechtlichen Wünsche und Phantasien verdrängt. Jung nahm ergänzend an, dass diese Verdrängung eine vorgegebene, allen Menschen gemeinsame innere Struktur, einen → Archetypus, aufbauen hilft, der wiederum das Phantasieleben, die Träume und oft auch das Verhalten beeinflusst. So kann ein Mann eine Frau heiraten, die seiner Anima (also seinen eigenen weiblichen Aspekten) entspricht, oder auf der anderen Seite seine Anima auf eine Frau projizieren, die tatsächlich ganz andere Eigenschaften hat.

Anklammerung Wie andere Primaten (niedere und höhere Affen) ist auch der Mensch weder ein «Nesthocker» (der bei der Geburt noch nicht fertig ausgebildet ist) noch ein «Nestflüchter» (der vollständig bewegungsfähig auf die Welt kommt), sondern ein «Tragling» oder Kontaktwesen, das in den sozialen Mutterschoß einer Gruppe hineingeboren wird und sich zunächst am Muttertier festklammert (niedere Affen) oder von ihm getragen wird (wie höhere Affen oder menschliche Säuglinge in Primitivkulturen). Das Anklammerungsbedürfnis entspricht der frühesten Periode des menschlichen Sozialverhaltens. In späteren Entwicklungsabschnitten zeigt anklammerndes Verhalten eine gestörte Vertrauensbeziehung an. Ein zweijähriges Kind, das schon längere Zeit angstfrei allein spielen konnte, klammert sich dann jede Minute an die Mutter an, wenn es zum Beispiel einige Zeit von der Mutter getrennt und in einer Klinik war. Anklammerungstendenzen Erwachsener können häufig ähnlich erklärt werden.

Anlehnungstypus S. Freud unterschied zwei grundlegende Formen von zwischenmenschlichen Liebesbeziehungen (→ Objektbeziehungen): den Anlehnungstypus, bei dem der Liebespartner nach dem Vorbild einer nährenden Mutter oder eines schützenden Vaters gewählt wird, und den narzisstischen Typus (→ Narzissmus), bei dem der Partner dem Mann beziehungsweise der Frau entspricht, die dem eigenen, mit Selbstliebe besetzten Idealbild nahe kommt (wenn zum Beispiel ein kleiner, dunkelhaariger Mann sich nur für große Blondinen erwärmen kann).

Anorexie Anorexia nervosa ist die medizinische Diagnose für organisch nicht begründbare, also «nervöse» Abmagerung. Zum weit überwiegenden Anteil (aber nicht ausschließlich) sind Mädchen in der Adoleszenz betroffen. Häufiger als schwere Verläufe mit lebensgefährlicher Abmagerung durch radikale Nahrungsverweigerung sind vorübergehende Krisen, nach denen die Patientinnen zum Beispiel wieder zu essen anfangen, wenn sie von zu Hause ausgezogen sind oder unerwünschte körperliche Folgen bemerken (Ausbleiben der Periode, Schwächezustände). Manchmal wird allerdings dann die Anorexie durch andere Symptome (→ Bulimie) ersetzt. Die Behandlung der Anorexie erfolgt durch → Familientherapie, bei älteren Patientinnen durch → Psychotherapie. Anorexie ist eine typische

Wohlstandskrankheit, die in Entwicklungsländern kaum je auftritt. Die Ursachen sind komplex: Verweigerung der Identifizierung mit der Mutter, Abwehr sexueller Wünsche durch Verlagerung in den oralen Bereich, Verarbeitung von Spannungen in der Familie werden diskutiert. → Magersucht

Anspruchsniveau Ein Schüler ist hoch befriedigt über eine Drei, ein anderer bricht fast in Tränen aus. Diese unterschiedlichen Reaktionen auf eine gleiche Note weisen auf ein unterschiedliches Anspruchsniveau, auf verschiedene Erwartungen hin. In der Regel wird es sich so verhalten, dass der erste Schüler früher schlechtere Leistungen aufwies und also auch diesmal wieder erwartete. Misserfolge senken, Erfolge steigern das Anspruchsniveau – eine in psychologischen Experimenten bestätigte Alltagserfahrung. Tiefenpsychologisch gesehen, hängt das Anspruchsniveau mit dem → Über-Ich und dem → Ich-Ideal (Ideal) zusammen, das heißt mit den verinnerlichten Leistungsforderungen der frühkindlichen Bezugspersonen. Ein zu hohes Anspruchsniveau in der Familientradition kann lähmend wirken. Familiensprüche wie «Wir Müllers haben immer hoch begabte Kinder oder völlige Versager» erweisen sich als sich selbst erfüllende Prophezeiungen. Auf der anderen Seite verhindert kritikloses Anhimmeln aller Leistungen eines Kindes, dass dieses ein realitätsgerechtes Anspruchsniveau erreicht und lernt, sich wirklich anzustrengen.

Antipathie Spontane Abneigung, die zunächst nicht weiter begründbar ist. Genauere Betrachtung zeigt oft, dass eine Antipathie gegen bestimmte Personen mit unbewusst gewordenen negativen Erfahrungen zusammenhängt.

Antisemitismus Vorurteil gegen Juden. Aufgrund ihrer besonderen Geschichte sind die Juden (neben den Zigeunern) die einzige Gemeinschaft, die einerseits über viele Länder verstreut lebte, andererseits aber nicht in den umgebenden Völkern aufging, sondern die eigenen Traditionen, Sitten und Riten beibehielt. Durch ihre übernationalen Bindungen, ihre Fähigkeiten als Handwerker und Kaufleute erregten die Juden schon früh Neid; lange Zeit waren sie auch die Einzigen, die Geld gegen Zinsen ausliehen, was ihnen ebenso viel Macht wie Hass der Christen eintrug, denen das im Mittelalter verboten war. Seit den christlichen Kreuzzügen sind Plünderungen und Gewalttaten an Juden bekannt.

Zur Zeit der Aufklärung wurde den Juden in Europa in vielen Ländern der Status gleichberechtigter Bürger verliehen. Diese formale Gleichstellung und die beginnende Durchmischung einer emanzipierten jüdischen Bevölkerung mit dem emanzipierten Christentum steigerte bei einigen Fanatikern in Österreich und Deutschland den Antisemitismus zu der absurden «Rassenlehre», welche Adolf Hitler zum politischen Programm machte. Im traditionellen Antisemitismus war der getaufte Jude kein Jude mehr; im Rassenwahn blieb er Jude, der die (ebenso fiktive) «arische» Rasse vergiftete.

In Wahrheit gibt es keine «jüdischen» oder «arischen» Erbanlagen, da die europäische Bevölkerung viel zu sehr durchmischt ist; zudem ist auch die Annahme «minderwertiger» oder «hochwertiger» Erbanlagen im Rassismus ein Wahn, keine Wissenschaft.
Durch den Massenmord an der jüdischen Bevölkerung in Europa hat der Antisemitismus eine andere Gestalt angenommen: Er ist verpönt, aber im Untergrund der Gesellschaft durch die Schuldgefühle über das, was den Juden angetan wurde, noch sehr mächtig; oft drückt er sich so aus, dass von den Juden (oder dem Staat Israel) eine Ethik erwartet wird, die weit über dem liegt, was durchschnittlicherweise Staaten oder Personen zugeschrieben wird.

Antrieb Meist als Ausdruck für die Stärke der → Aktivität eines Menschen verwendet, manchmal auch gleichbedeutend mit → Trieb. Antriebsmangel ist ein Kennzeichen vieler psychischer Erkrankungen, vor allem jener, die mit einer → Depression einhergehen. Antriebsüberschuss ist bei Kindern (im Vergleich zu Erwachsenen) natürlich; es fällt ihnen erheblich schwerer, sich längere Zeit ruhig zu verhalten. Antriebsüberschuss bei Erwachsenen tritt vor allem bei der → Manie auf; er unterscheidet sich von der kraftvollen Aktivität eines antriebsstarken Menschen dadurch, dass die Geschäftigkeit ohne bleibende Resultate bleibt, weil immer wieder eine neue Handlung begonnen wird, ehe die vorausgehende zu Ende geführt wurde.

Apperzeption Der Ausdruck ist von dem lateinischen appercipere (etwas hinzubemerken) abgeleitet. Er betrifft die Auffassung als bewusste, geistige Tätigkeit des Sich-Aneignens eines Bewusstseinsinhaltes, der in die «Apperzeptionsmasse», in die schon aufgenommenen und verarbeiteten Inhalte eingegliedert wird (Herbart). Die zunächst nur im «Blickfeld» des Bewusstseins wahrgenommene Vorstellung rückt bei der Apperzeption in den «Blickpunkt» des Bewusstseins (W. Wundt). Die Vorstellung, dass es im Bewusstsein einen weiten, aber unklaren, und einen engen, aber hellen Bereich gibt, hat auch S. Freud erwähnt, der von der «Enge des Bewusstseins» spricht. In der von W. Wundt begründeten «experimentellen Psychologie» spielte die Apperzeption eine große Rolle, weil er nachzuweisen suchte, dass die Vorstellungen nicht zufällig oder mechanisch, sondern durch den willensbestimmten Akt der Apperzeption miteinander verknüpft werden.

Arbeitsbündnis In der Psychoanalyse jener Teil der Beziehung zwischen Analytiker und Patient, der wie ein rationaler Vertrag die Zusammenarbeit regelt. Da in einer Psychotherapie fast immer der Erfolg von der Zusammenarbeit aller Beteiligten abhängt, ist das A. ein wesentlicher Bestandteil der Behandlung und weit unentbehrlicher als die Mitarbeit des Patienten in der organischen Medizin, wo zum Beispiel Operationen in Narkose möglich sind. Die formalen Seiten des Arbeitsbündnisses wie Honorar, Ferien- und Ausfallregelungen verdienen zwar große Aufmerksamkeit, sind aber in den meisten Fällen schnell geklärt. Viel langwieriger ist es, herauszufinden, welchen Beitrag die Beteiligten zum Gelingen oder Scheitern der Therapie leisten können und müssen. So beginnen viele Therapien mit der Hoffnung, einen Dritten zu verändern – den Partner, den Vorgesetzten, die Eltern. Solange die Therapie mit der Erfüllung solcher Wünsche steht und fällt, ist das A. noch nicht ausreichend entwickelt.

Archetyp Urtümliches, von Anfang an der seelischen Struktur eigenes, aber noch unausgestaltetes Bild, das die Erlebnisse des Individuums ordnet und in den religiösen, mythologischen, künstlerischen Traditionen aller Kulturen auftaucht. Der Ausdruck wurde von C. G. Jung geprägt; ein Anlass dafür war die Beobachtung, dass in den Träumen von amerikanischen Negern, die völlig ohne europäische Bildung waren, Elemente aus griechischen Mythen auftauchten. Ein wichtiger Archetypus sind → Anima, Animus, weitere Beispiele sind etwa der «alte Weise», «das Kind», «der Listige», «der schwarze Jäger (= Teufel)», wobei die Archetypen immer nur aus den konkreten Bildern erschlossen, nicht aber mit ihnen identifiziert werden dürfen.

Askese Übung, Entsagung, Verzicht auf sinnlichen Genuss jeder Art (Fasten, sexuelle Enthaltsamkeit, Armut). Askese war schon vor dem Christentum ein Lebensideal in vielen Hochkulturen (China, Indien, Ägypten); die psychologische Grundvoraussetzung entspricht wohl dem → Masochismus. Da → Unlust und → Triebverzicht unvermeidlich scheinen, lege ich sie mir aktiv auf, um sie nicht passiv erleiden zu müssen, und gewinne auf diese Weise an Selbstgefühl, was ich mir an Triebbefriedigung versagen muss. Die Askese steht also in Beziehung zu dem → Abwehrmechanismus der → Identifizierung mit dem Angreifer. In dem Verschmelzen mit einer versagenden Wirklichkeit gewinnt das Ich die Macht, sich über die eigene Bedürftigkeit zu erheben. Freilich ist diese Macht oft illusionär, was die zusätzlichen Maßnahmen vieler Asketen zeigen, um den Triebverzicht aufrechtzuerhalten (klösterliche Regel, Leben in Abgeschlossenheit, auf hohen Säulen oder in der Wüste; endlich der zwanghafte Versuch, andere zur selben Askese zu bekehren).

Assoziation Wenn ich auf das Reizwort «Tal» das nächste Wort sagen soll, das mir einfällt, werde ich (wie sehr viele Menschen) mit «Berg» antworten. «Tal» und «Berg» sind miteinander verknüpft, assoziiert. Die Verknüpfung von Vorstellungen ist ein psychologisches Grundprinzip; sie erfolgt oft nach bestimmten Gesetzen, den Assoziationsgesetzen, die schon der griechische Philosoph Aristoteles beschrieben hat: 1. Ähnlichkeit (Hut–Mütze), 2. Gegensatz (groß–klein), 3. räumliche Beziehung (Hut–Feder) und 4. zeitliche Beziehung (Morgen–Abend). Neben den hier angedeuteten Wortassoziationen gibt es auch Verknüpfungen zwischen Bildern, Gefühlen, Empfindungen, die sich manchmal erst nach genauerer Untersuchung herausfinden lassen. Ein Ehepaar betritt ein Gasthaus; beide sagen fast gleichzeitig: «Riccione». Zunächst sieht das nach Gedankenübertragung aus (→ Parapsychologie), doch finden die beiden heraus, dass sie deshalb an ihren italienischen Urlaubsort dachten, weil in dem Esszimmer des Gasthauses ein ähnlicher Geruch herrschte wie damals dort. Die Assoziation galt in der so genannten «Assoziationspsychologie» (die von den englischen Philosophen Hobbes, Hume und Mill begründet worden war und bis ins 19. Jahrhundert die vorherrschende Schulmeinung in der Psychologie verkörperte) als Erklärungsprinzip für den Aufbau des ganzen Seelenlebens. Manche Auffassungen des → Behaviorismus und der Reflex-Schule nach I. P. Pawlow sind davon nicht sehr weit entfernt. In allen diesen Fällen wird versucht, die seelischen Vorgänge durch die Zurückführung auf einfachste Elemente, die Assoziationen, und die → bedingten Reflexe als Sonderfall von Assoziationen zu erklären. Der Begriff der «freien Assoziationen» enthält die Grundregel der → Psychoanalyse. Er ist ebenfalls der Assoziationspsychologie verpflichtet. Hier wird aus dem nicht gelenkten Spiel seelischer Verknüpfungen, die «vom Hundertsten ins Tausendste» gehen (S. Freud), der Einfluss des Unbewussten rekonstruiert, ähnlich, wie man aus dem Strömungscharakter einer Wasseroberfläche auf die Eigenschaften des Flussbettes schließen kann, in dem das Wasser fließt.

Atemtherapie Behandlung seelischer Leiden durch Schulung der Atmung und der Körperwahrnehmung. Jede Emotion verändert den Atem; umgekehrt lassen sich über bewusstes Atmen viele Emotionen verändern. So «vergessen» disponierte Menschen in Zuständen seelischer Spannung auszuatmen; wenn sie dann in die bereits volle Lunge zusätzliche Luft pumpen, leiden sie an Atemnot und Erstickungsangst («nervöses Atemsyndrom»). Atemtherapie ist besonders angezeigt bei Asthma, chronischer Bronchitis, Stimm- und Sprechstörungen wie Stottern. Meist liegt der Patient bei der Atemtherapie auf einer Liege; der Therapeut macht ein Begegnungsangebot, indem er durch Auflegen der Hände, Streichen, leichten Druck den Atembewegungen entgegenkommt und sie begleitet. Dadurch werden die Atemwege oft zum ersten Mal bewusst erlebt; manchmal reicht zum Beispiel schon das Beatmen einer Stirnhöhle, um chronische Entzündungen in diesem Bereich auszuheilen.

Attribution (gleichbed. Attribuierung) Zuschreibung. Menschen versuchen, sich im Alltag zurechtzufinden, indem sie Verknüpfungen herstellen, die sie entlasten. Eines der häufigsten Beispiele für eine Attribuierung ist der Angestellte, der einen beruflichen Erfolg seiner Tüchtigkeit zuschreibt, einen Misserfolg aber der Dummheit seines Chefs, der ihm den falschen Auftrag gegeben hat. Die Attributionsforschung ist somit eine der wichtigsten neueren Richtungen, die Alltagspsychologie zu untersuchen. Sie greift frühere Ergebnisse der Personenwahrnehmung auf, nach denen beispielsweise auch Menschen, die noch nie persönlich einen

jungen Mann kennen gelernt haben, der eine schwarze Lederjacke trägt und ein schweres Motorrad fährt, überzeugt sind, es handle sich um einen Gewalttäter, der mit Rauschgift dealt. Attributionen dienen primär der sozialen Orientierung und sind unausweichlich. Ihre typischen Irrtümer lassen sich grob in drei Gruppen einteilen:
1. Selbstwertbezug. Erfolg wird in Leistungssituationen als persönliches Verdienst nach innen (internal) interpretiert; Misserfolg der Übermacht oder Bosheit der Umwelt (external) zugeschrieben.
2. Falscher Konsens. Menschen neigen dazu, ihr persönliches Verhalten als weit verbreitet und normkonform anzusehen, während sie (unwillkommene) Handlungen anderer als unangemessen und außergewöhnlich einschätzen. (Es gibt auch einen umgekehrten Konsens, zum Beispiel pflegen sich viele Reisende gegenüber «den Touristen» abzugrenzen, welche ihnen auf der Suche nach einer unberührten Bucht im Wege sind).
3. Vermenschlichung: Menschen neigen allgemein dazu, Handlungen eher auf menschliche Einflüsse und persönliche Merkmale zurückzuführen als auf Umwelteinflüsse. Wenn zum Beispiel der Stürmer einer Mannschaft beim Lauf zum gegnerischen Tor stürzt, muss der Schiedsrichter seiner spontanen Attribution entgegenarbeiten, dass dieser Spieler gefoult wurde, und mit gleicher Aufmerksamkeit prüfen, ob er gestolpert ist oder versucht hat, eine «Schwalbe» zu machen, um den Gegner als Foulspieler erscheinen zu lassen.

Auffälliges Verhalten Wenn ein Soldat sein Gewehr wegwirft und desertiert, weil «ein Baum in seiner Heimat ihn gerufen hat», würde ein europäischer Psychiater in diesem höchst auffälligen Verhalten einen Hinweis auf eine → Schizophrenie sehen. Ein mit den Gebräuchen der Ibo-Neger vertrauter Völkerkundler hingegen könnte in diesem Verhalten nichts Auffälliges sehen, denn er weiß, dass solche Vorfälle in dieser Kultur nicht selten sind und es für weit auffälliger gilt, wenn jemand dem Ruf seines Baumes nicht folgen würde. Dieser Vergleich zeigt, dass es keinen absoluten, sondern nur einen relativen, kulturabhängigen Gesichtspunkt im Urteil über auffälliges Verhalten gibt. Wer etwas tut, was nicht den Erwartungen einer bestimmten sozialen Umwelt entspricht, fällt auf. Dabei ist es nicht möglich, einen Katalog schlechthin auffälligen Verhaltens anzugeben – immer ist es das Auseinanderklaffen von erwartetem und tatsächlichem Verhalten, das den Charakter der Auffälligkeit bestimmt. → Normalität

Aufforderungscharakter Von K. Lewin geprägter Begriff, der die Eigenschaften eines Zieles betrifft, eine Handlung auszulösen. Ein Stück Brot hat zum Beispiel für einen ausgehungerten Menschen einen viel stärkeren Aufforderungscharakter als für einen satten.

Aufmerksamkeit Aus der Fülle von Reizen, welche unsere Sinnesorgane empfangen, muss eine zweckmäßige Auswahl getroffen werden, um die menschliche Fähigkeit zur Reizaufnahme und Reizverarbeitung nicht zu überfordern. Die Aufmerksamkeit als «Wachheit des Bewusstseins» (W. Wundt) und Ausleseprinzip, das aus der natürlichen Umwelt eine psychologische macht (W. James), ordnet die Wahrnehmungen entsprechend den jeweiligen Notwendigkeiten innerer und äußerer Art. Meine Aufmerksamkeit ist während des Schreibens auf den Text gerichtet; wenn aber ein äußerer Reiz (lautes Geschrei meiner Tochter, die nebenan spielt) mich ablenkt, wende ich meine Aufmerksamkeit dieser Situation zu. In derselben Situation kann auch ein innerer Reiz (zum Beispiel Hunger) meine Aufmerksamkeit auf sich ziehen. Obwohl die eigentliche Aufgabe zeitweilig in den Hintergrund tritt, kehrt die Aufmerksamkeit spontan zu ihr zurück, wenn die unterbrechenden Situationen nach kürzerer oder längerer Zeit gelöst sind. Die Aufmerksamkeit wirkt wie der Lichtkegel eines Scheinwerfers, der manche Informationen anleuchtet, andere jedoch im Dunkel lässt. Gleichzeitig dient sie als Filter zwischen der Reizfülle, die uns unsere Sinnesorgane zuführen, und den begrenzten Möglichkeiten, unsere Umwelt planmäßig und zielgerecht zu verändern. Während volle Aufmerksamkeit die Denk- und Muskelleistungen in der Regel auf einem besonders hohen Niveau halten kann, greift sie in emotionale und vegetative Leistungen des Organismus eher störend ein, entsprechend der Geschichte vom Tausendfüßler, der in heillose Verwirrung geriet, als man ihn aufforderte, sich doch auf seine Beine zu konzentrieren. Gesteigerte Aufmerksamkeit auf die körperlichen Folgen sexueller Erregung kann jedoch unter Umständen zu → Impotenz führen. Hier verstärkt die Aufmerksamkeit als solche offenbar die verbietenden und einschränkenden oder leistungsfordernden Funktionen des → Über-Ich.

Ausdruck Die Ausdruckspsychologie untersucht den seelischen Gehalt spontaner (Gesichtsausdruck, Stimmklang) oder mittelbarer (ein handschriftlicher Text oder eine Zeichnung) menschlicher Äußerungen. Sie lässt sich in zwei große Bereiche einteilen: Ausdrucks- und Eindrucksforschung – warum blickt Herr A. zornig, und was veranlasst Herrn B., diesen Blick als zornig zu empfinden? Die Bedeutung des Ausdrucks für die menschliche Kommunikation ist kaum zu überschätzen. In allen Beziehungen zwischen Menschen wird häufig die Bedeutung sprachlicher Mitteilungen erst durch die begleitenden Ausdruckszeichen festgelegt. Eine Mutter, die zu ihrem Kind sagt: «Versuch's doch, Liebling», kann das so sagen, dass das Kind ermutigt wird und mit aller Kraft etwas versucht, oder auch so, dass das Kind kraftlos wird und darauf verzichtet, sich einzusetzen (→ Doppelbindung). Der im Hören mit dem «dritten Ohr» geübte, auf Botschaften des Unbewussten wartende Psychotherapeut achtet deshalb oft mehr auf den Ausdruck, mit dem etwas gesagt wird, als auf den Inhalt des Gesagten.

Biologisch gesehen ist die Mitteilung sozialer Botschaften durch den Ausdruck des Körpers, durch Miene, Gesten, Stimmklang, Körperhaltung weit älter als die abstrakte sprachliche Aus-

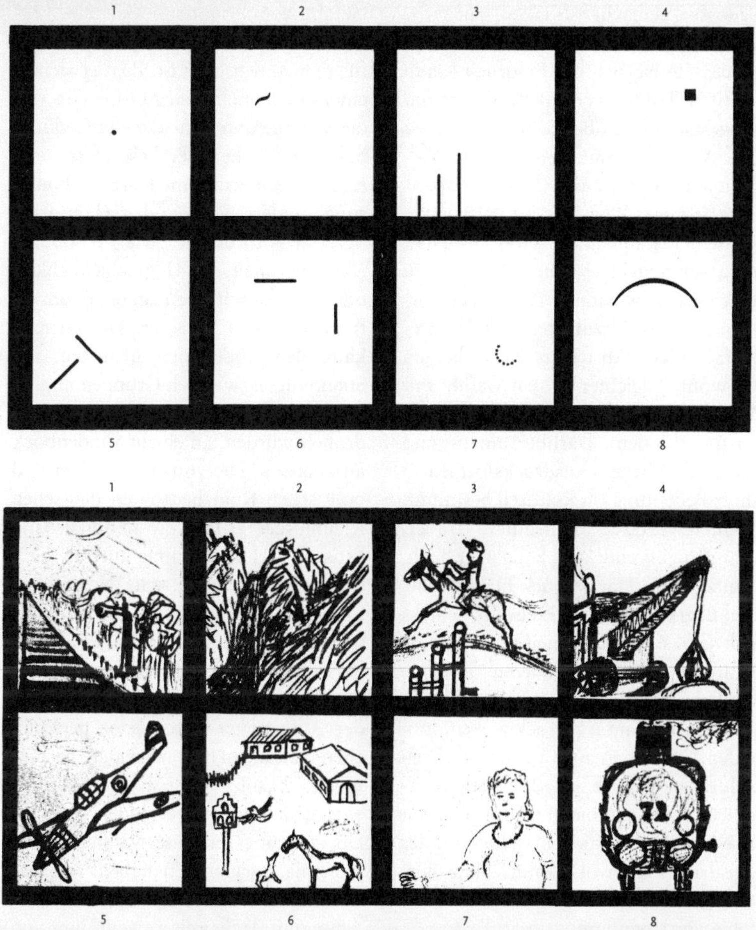

Aufschluss über Persönlichkeitszüge aus dem grafischen Ausdruck: Wartegg-Zeichentest.
Quelle: Georg Sieber «Achtung Test», Rowohlt Taschenbuch Verlag, Reinbek bei Hamburg 1971

sage. Tierische Kommunikationen laufen vorwiegend oder ausschließlich auf der Ebene des körperlichen Ausdrucks ab. Ein in den Erbanlagen vorgegebenes Verstehen der artspezifischen Verhaltensweisen, die einen Signalwert haben, wurde durch Versuche mit isoliert aufgezogenen Tieren bestätigt. Sie ziehen sich zum Beispiel, ohne jemals schlechte Erfahrungen mit einem drohenden Art-

genossen gemacht zu haben, doch vor diesem zurück. Beim Menschen wird beides – Ausdruck wie Eindruck – zum größten Teil von erlernten Vorgängen umgestaltet und überformt.
Die Abstandnahme vom eigenen Verhalten, die der Mensch durch die Spaltbarkeit seines Bewusstseins vornehmen kann (ich kann mich selbst beobachten), ermöglicht es ihm auch, sich zu verstellen, bestimmte Ausdrucksformen bewusst darzubieten und dahinter ganz andere Absichten zu verbergen (obwohl es leichter ist, ein Gefühl mit Worten abzuleugnen als im Ausdruck zu unterbinden). Darüber hinaus sind die menschlichen Ausdrucksformen in ihrer Bedeutung oft kulturell bestimmt. Weinen drückt manchmal Trauer, manchmal Freude aus, kann aber auch, ähnlich dem Händedruck hierzulande, zur Begrüßung eines Freundes schicklich sein. Kopfnicken heißt in manchen Kulturen «Ja», in anderen «Nein». Andererseits hat Darwin sicher richtig gesehen, dass im Ausdruck von emotionalen Vorgängen auch beim Menschen zahlreiche Relikte aus seiner Stammesgeschichte aufzufinden sind. Das intuitive Verständnis für feine Nuancen des Ausdrucks ist wohl kaum ohne eine solche Anlage zu erklären. → Graphologie, Physiognomik

Außenseiter Wenn sich Menschen in Gruppen zusammenschließen, gibt es häufig einen, der deutlich am Rande der Gruppe bleibt und keine freundschaftlichen → Bindungen zu anderen Gruppenmitgliedern hat. Er hat in der Regel keinen Einfluss, wird nicht besonders hoch geschätzt und gerät in Gefahr, zum «Sündenbock» oder Prügelknaben zu werden. Kennzeichnend für den Außenseiter ist, dass er sich in einem oder mehreren Merkmalen von der Gruppe unterscheidet – etwa durch besonders hohe oder besonders niedrige → Intelligenz, eine Körperbehinderung, andere Rasse oder Hautfarbe, Verhaltensstörungen wie besondere Schüchternheit, Ungeschicklichkeit oder auch durch einen aggressiv-unverträglichen → Charakter. Die Gruppe kann den Außenseiter benützen, um Spannungen zwischen Gruppenmitgliedern, die sonst den Zusammenhalt bedrohen würden, an einem Sündenbock auszulassen. Die vom finanziellen und politischen Ruin bedrohten deutschen Kleinbürger griffen die nationalsozialistische Weltanschauung auch deshalb auf, weil sie erlaubte, statt der wirklich für die Niederlage von 1918 verantwortlichen Politiker die Juden – religiöse und soziale Außenseiter – als Sündenböcke zu verwenden. Oft kommt der Außenseiter durch seine persönlichen Haltungen (wie besondere Distanziertheit) solchen sozialen Abläufen entgegen. Im Fall der Juden mag die Überzeugung, das auserwählte Volk zu sein, hier beigetragen haben. In einer Schulklasse wird zum Beispiel ein Kind dann zum Außenseiter, wenn ihm von den Eltern (→ Identifizierung) Werte und Normvorstellungen vermittelt werden, die seine Einbindung in den Klassenzusammenhalt verhindern. Solche Vorstellungen lassen sich als «innere Formeln» beschreiben, die einen Außenseiter vorprogrammieren, wie etwa «Spiel nicht mit den Schmuddelkindern!», «Wir Müllers sind was Besseres als andere Leute, und deshalb mag man uns nicht!», «Du darfst nie jemanden mehr lieb haben als deine Mami, nicht wahr!»

Authentizität → Echtheit

Autismus Selbstbezogenheit (von griech. autos = selbst), Unzugänglichkeit für → Kontakt. Aufgrund einer Verbindung angeborener und in der frühesten Kindheit erworbener Ursachen können autistische Kinder ihre Eltern und Geschwister nicht emotional als Schutz, Trost und Zuwendung spendende Objekte annehmen. Häufig besetzen sie stattdessen ihre unbelebte Umwelt mit großer Aufmerksamkeit, wiederholen zwanghaft bestimmte Rituale oder geraten in Panik, wenn ein Gegenstand in ihrem Kinderzimmer an einem anderen Ort ist als an dem vertrauten. Autismus kann sehr unterschiedlich stark ausgeprägt sein; entsprechende Erlebnisqualitäten sind auch vielen Gesunden nicht gänzlich fremd, die zum Beispiel den bewusst beabsichtigten Umzug mit unerwartet heftigen → Depressionen verarbeiten. In schweren Fällen lernen die Kinder nicht richtig sprechen (→ Mutismus), entwickeln bizarre Verhaltensstörungen (zum Beispiel Selbstbeschädigung) und verschiedene Behinderungen. Eine früh einsetzende Therapie kann sehr hilfreich sein.

Autoerotik Der Lust am eigenen Selbst (griechisch autos = selbst) dienende erotische Betätigung. Typische autoerotische Verhaltensweisen sind Zungen- und Fingersaugen (→ orale Phase), Zurückhalten des Stuhls, um bei seiner Ausscheidung die Afterschleimhaut besonders zu reizen (→ anale Phase), und die → Selbstbefriedigung durch Manipulation der Geschlechtsorgane. In der Entwicklung der → Libido verkörpert die Autoerotik ein Stadium, in dem die einzelnen auf Reizung der verschiedenen erogenen Zonen gerichteten Triebteile (Partialtriebe) anarchistisch nach Befriedigung suchen. Es gibt kein übergeordnetes Ziel oder Objekt der Libido; dieses stellt erst die Periode des → Narzissmus her, in der das Selbst als erstes, ursprünglichstes Objekt der Libido erlebbar wird. Die Selbstliebe ist dann die Voraussetzung dafür, dass auch andere Menschen geliebt werden können. Eine leibfeindliche Erziehungstradition, welche autoerotische Betätigung verbietet und bestraft, erwartet auf diese Weise in der Regel, die «richtige», partnerbezogene, reife Sexualität zu fördern. Das Gegenteil tritt meistens ein. Ein Verbot der Selbstbefriedigung hat sicher noch keinen besseren Ehepartner produziert, ebenso wenig wie die Kränkung des kindlichen Narzissmus oder des Narzissmus eines Erwachsenen geeignet ist, dessen → Altruismus und Nächstenliebe zu steigern.

Autogenes Training Von dem Berliner Arzt J. H. Schultz aus den Erfahrungen der → Hypnose entwickeltes Verfahren der «konzentrativen Selbstentspannung», bei dem durch selbsthypnotische, regelmäßige Übungen ein vertiefter Entspannungszustand erreicht werden soll. Die Unterstufe besteht aus sechs einzelnen Übungen, die erst an

Körperteilen («rechter Arm ist ganz schwer») durch formelmäßig verdichtete Vorstellungen erarbeitet und dann in einer Gesamtübung vereinigt werden. Zur Unterstufe gehören: 1. Schwereerlebnis, 2. Wärmeerlebnis, 3. Herzübung, 4. Atemübung, 5. Regulierung der Bauchorgane («Bauch strömend warm») und 6. Einstellung des Kopfgebietes («Stirn angenehm kühl»). In der «Oberstufe» werden zusätzlich meditative Farb- und Bildererlebnisse verwendet, die eine vertiefte Selbstwahrnehmung ermöglichen sollen. Das autogene Training erlernt nur, wer bereit ist, regelmäßig zu üben; dann ist es ein nützliches Mittel, um Störungen der vegetativen Nerven (→ Vegetative Dystonie), Schlaflosigkeit und Spannungszustände zu lindern.

Autonomie Selbstgesetzlichkeit, Unabhängigkeit; Gegensatz von → Abhängigkeit. Bei einem zweijährigen Kind ist zum Beispiel der Wunsch, selbst mit dem Löffel zu essen und nicht gefüttert zu werden, ein Zeichen seines Autonomiestrebens; bei einem 18-jährigen Mädchen der Versuch, unabhängig von den Absichten und Vorstellungen der Eltern Freunde zu finden. Eine Folge unterdrückten Autonomiestrebens ist die → autoritäre Persönlichkeit, die sich zwanghaft und unkritisch an mächtige Personen anpasst.

Autoritäre Persönlichkeit Von Th. W. Adorno und seinen Mitarbeitern beschriebener Persönlichkeitstypus, der in den Auseinandersetzungen über die «antiautoritäre Erziehung» eine sehr wichtige Rolle spielte. Diese Erziehung richtete sich nämlich, zumindest wo man sich um eine wissenschaftliche Begründung bemühte, niemals gegen Autorität in ihrer sachbezogenen Form und auch nicht gegen das natürliche Vorbild des Erwachsenen in der Erziehung, sondern gegen die Produktion eines autoritären Charakters. Dieser zeichnet sich durch starres Festhalten an hergebrachten → Normen und Werten aus, durch unterwürfige und unkritische Haltung gegenüber Mächtigen, die als absolute (nicht sachbezogen begrenzte) Autoritäten anerkannt werden, verbunden mit → Aggression gegen alle Menschen, die von den eigenen Werten abweichen. Es besteht eine enge Beziehung des autoritären Charakters zu rassischen → Vorurteilen. Die autoritäre Persönlichkeit erlebt soziale Beziehungen grundsätzlich nach dem Modell oben–unten, stark–schwach, Führer–Gefolgschaft. Daher neigt sie auch zum «Radfahren»: Schwache werden verachtet, Starke bewundert. Die erziehungsbedingten Voraussetzungen dieser Persönlichkeitsentwicklung sind vor allem in einem «Brechen des Willens» beim Kind zu sehen, das in einer Situation, in der die Macht der Eltern alles, die eigenen Wünsche nichts gelten, sich mit dem Angreifer identifiziert (→ Identifikation). Die gegen die mächtigen Eltern, später gegen die mächtigen Vertreter der amtlichen Macht (Polizei, Militär) nicht möglichen Aggressionen und Phantasien werden durch → Projektion abgewehrt. Die autoritäre Persönlichkeit glaubt sich durch Minderheiten, die sie als schwach ablehnt, verfolgt und bedroht (wie die Machthaber und Mitläufer des Dritten Reichs durch die Juden). Zugleich beschäftigt sie sich intensiv mit der «sexuellen Verworfenheit» solcher Minderheiten. Die eigene moralische Überlegenheit dient dann der → Rationalisierung heftiger und oft brutaler Aggressionen gegen diese Sündenböcke. Auf diese Weise bleiben die Mächtigen, denen diese Aggressionen ursprünglich galten, verschont und können weiterhin idealisiert werden.

Autorität Das Wort leitet sich vom lateinischen auctoritas ab; die ursprüngliche Bedeutung betrifft nicht die formelle Amtsgewalt (potestas), sondern eine als vorbildhaft anerkannte Macht. Das Gleiche drückt sich noch heute umgangssprachlich in Bemerkungen aus wie «Lehrer A. hat mehr Autorität als Lehrer B.», obwohl doch beide als Lehrer dieselben Machtmittel in der Hand haben (zum Beispiel Noten zu geben). Die psychologische Bedeutung dieser Autoritätsunterschiede liegt wohl darin, dass der erste Lehrer eher als Vorbild anerkannt wird als der zweite. Die im Zug der Diskussion über die antiautoritäre Erziehung (→ autoritäre Persönlichkeit) manchmal gestellte Frage, ob denn Autorität überhaupt notwendig sei, kann so undifferenziert nicht beantwortet werden. Für das kleine Kind ist jede erwachsene Bezugsperson eine Autorität. Sie wird in vielen Lebensbereichen als Vorbild anerkannt. Unter den Lebensumständen der Primitivkultur reicht diese Form der Autorität, das heißt das unmittelbare Vor-Leben einer erfolgreichen Lebensbewältigung, wohl aus. Unter den Umständen der Hochkultur muss sie durch spezielle Erziehungsmaßnahmen ergänzt werden. Immer aber gibt es Lebensbereiche, in denen Autorität anerkannt wird, wo es sich um sachlich begründete Autorität handelt, etwa um die Autorität eines Chirurgen oder eines Piloten, was Operation oder die Handhabung eines Flugzeugs angeht. Fragwürdig ist immer nur die Autorität, welche einen sachlich nicht begründeten oder über das Begründbare hinausgehenden Totalanspruch stellt («Du tust das, weil ich es sage» in der Erziehung, oder etwa «weil es göttliche Offenbarung ist» in der allgemeinen Lebensgestaltung). Formelle (durch den Vorgesetztenstatus verliehene) Autorität wird oft die informelle (auf keinen sozialen Vorrang gegründete, in der Persönlichkeit verwurzelte) Autorität verstärken. Zu erheblichen Konflikten kommt es, wenn in einer Gruppe der formelle «Führer» weniger Autorität hat als einer seiner formellen Untergebenen.

Aversionstherapie Methode der → Verhaltenstherapie, bei der unerwünschte Verhaltensweisen (Alkoholismus, homosexuelle Wünsche) mit unangenehmen Reizen (elektrischen Schlägen, die schmerzhaft, aber ungefährlich sind; Brechmittel) so gekoppelt werden, dass der Betroffene diese ursprünglich lustvollen Verhaltensweisen endlich nach dem Prinzip des → bedingten Reflexes als unangenehm erlebt. Von herkömmlichen, jahrtausendealten Versuchen, durch Strafen unerwünschtes Verhalten abzustellen, unterscheidet sich die Aversionstherapie dadurch, dass der Betroffene sein Einverständnis erklärt und die Schmerzreize systematisch und kontrolliert an das unerwünschte Verhalten geknüpft werden (während die sozialen Strafen, wie Verlust der Stellung, vom Alkoholiker kaum je unmittelbar mit der Lust am Trinken verknüpft werden). Dennoch sind die Techniken der Aversionstherapie umstritten und auch in ihrem Erfolg sehr unbeständig. In jüngster Zeit wurden deshalb verfeinerte Methoden entwickelt, die nicht mehr mit unmittelbaren Schmerzreizen arbeiten, sondern den Patienten trainieren, sich die unerwünschten Folgen des eigenen Verhaltens so deutlich auszumalen, dass er es endlich selbst unterlassen kann («verdeckte Sensibilisierung»).

B

Balintgruppe Form der → Supervision, die ursprünglich der Psychoanalytiker Michael Balint eingeführt hat. Sie dient dazu, die emotionale Beziehung zwischen Arzt (oder einem anderen Helferberuf) und Patient/Klient in einer Gruppe genau zu untersuchen, um unerwünschte Wirkungen von persönlichen Differenzen zu vermeiden. Eine typische Balintgruppe trifft sich regelmäßig für eine vereinbarte Zeit, ein Mitglied stellt einen Fall vor, während die anderen ihre Einfälle beisteuern und ein psychoanalytischer Leiter den Gruppenprozess deutet. → Helfersyndrom, Burnout

Bedingter Reflex Ein Hund sondert Magensaft ab, wenn er Futter sieht oder riecht (→ Reflex). Der russische Physiologe I. P. Pawlow operierte Hunde und setzte ihnen einen Schlauch ein, mit dessen Hilfe er die Magensaftmenge messen konnte. Dann ließ er immer, wenn er ihnen Futter gab, ein Glockensignal ertönen. Nach einigen Darbietungen des unbedingten Reizes (Futter) zusammen mit dem bedingten Reiz (Signal) sonderten die Hunde auch dann Magensaft (in etwas geringerer Menge) ab, wenn man den Glockenton allein, ohne Futter, darbot. Ein bedingter Reflex war entstanden. Dieses berühmte Experiment von Pawlow hat weite Bereiche der psychologischen Forschung in Amerika (→ Behaviorismus) und der Sowjetunion angeregt; der Prozess des Erwerbs und des Auslöschens bedingter Reflexe und Reaktionen (→ Konditionierung) wurde herangezogen, um die verschiedenartigsten Vorgänge zu erklären. Es zeigte sich, dass die Signale «generalisiert» (verallgemeinert) werden: Der Hund sondert auch dann Speichel ab, wenn eine Pfeife ertönt oder eine andere Glocke klingt; die Speichelmenge verringert sich, wenn die Ähnlichkeit zwischen dem ursprünglichen und dem geprüften Reiz abnimmt. Eine solche Generalisierung (= Verallgemeinerung) lässt sich auch dann beobachten, wenn zum Beispiel ein Kind zunächst vor einem bestimmten Tier Angst hat (etwa vor einer Wespe, weil es einmal gestochen wurde) und diese Angst dann auf alle kleinen, fliegenden Tiere ausdehnt. Hier dürfte freilich die Reflexlehre schon nicht mehr ausreichen, um diese

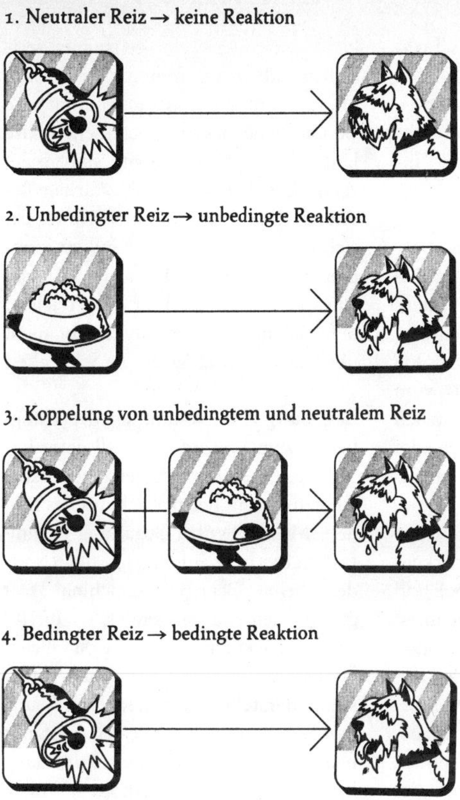

Entstehung eines bedingten Reflexes nach dem Experiment von Pawlow.
Quelle: Klaus D. Heil «Programmierte Einführung in die Psychologie», Rowohlt Taschenbuch Verlag, Reinbek bei Hamburg

Angstreaktion zu erklären. Wenn das Kind die Angst nicht «braucht», um irgendetwas Unbewusstes auszudrücken, wird es kaum an ihr festhalten. Mit Hilfe der Prüfung bedingter Reaktionen kann man auch feststellen, welche Möglichkeiten des Unterscheidens von Signalen bei Tieren bestehen (indem man das ursprüngliche Signal variiert und beobachtet, ob eine Reaktion eintritt und wie stark sie ist). Durch widersprüchliche Signale kann man neuroseähnliche (→ Neurose) Störungen bei Tieren hervorrufen: Ein Hund erhält auf das Bild eines Kreises hin Futter, auf das eines Ovals einen elektrischen Schlag. Zeigt man ihm nun stufenweise Bilder, bei denen der Unterschied zwischen Kreis und Oval kaum mehr wahrnehmbar ist, dann reagiert er mit deutlich gestörtem Verhalten, beispielsweise Verweigerung der Nahrungsaufnahme. Wenn bedingter und unbedingter Reiz längere Zeit nicht mehr zusammen geboten werden, wird der bedingte Reflex allmählich schwächer und verschwindet endlich ganz; er tritt allerdings nach einer erneuten → Bekräftigung rascher und stärker wieder auf als bei einem naiven Tier. → Intermittierende Verstärkung

Bedürfnis Einer von mehreren Ausdrücken für jene spontan entstehenden oder durch äußere Reize angeregten, subjektiv als → Trieb oder Beweggrund (→ Motiv) erlebten Kräfte, die dem Erreichen eines Zieles dienen, das vom Handelnden als lustvoll oder nützlich empfunden wird. Man unterscheidet zwischen primären, biologisch vorgegebenen Bedürfnissen (Hunger, Durst, Atmung, Ausscheidung, geeignete Wärme und Luftfeuchtigkeit, Anerkennung durch eine soziale Gruppe) und sekundären Bedürfnissen, welche meist die von Kultur und Gesellschaft vorgegebenen Befriedigungsformen der primären Bedürfnisse umfassen. Gelderwerb ist ein typisches sekundäres Bedürfnis; mit Hilfe des Geldes können dann primäre Bedürfnisse befriedigt werden. Beim Menschen nehmen im Alltagsleben meist die sekundären Bedürfnisse einen größeren Raum ein, doch setzt das voraus, dass die primären Bedürfnisse zuverlässig befriedigt werden, da sie sonst dominierende Macht gewinnen («Erst kommt das Fressen, dann die Moral»). Wenn ganze Abläufe der Befriedigung eines primären Bedürfnisses bis in die Bewegungsformen hinein weitgehend starr und beständig vorgegeben sind, spricht man von → Instinkt.

Die Stärke eines Bedürfnisses kann experimentell gemessen werden. Man kann zum Beispiel die Zeitspanne feststellen, über die hinweg eine Ratte Hunger und Durst in Kauf nimmt, ehe sie über eine elektrisch geladene Platte läuft. Solche Experimente haben gezeigt, dass (bei Ratten) das stärkste Bedürfnis überhaupt das einer Mutter ist, sich um ein schreiendes Kind zu kümmern; dann folgen Durst und Hunger. Um einen Sexualpartner zu erreichen, liefen manche Ratten überhaupt nicht über die elektrisch geladene Schranke.

Begabung Die Gesamtheit der Fähigkeiten zum Vollzug kulturell geforderter Leistungen auf den verschiedensten Gebieten (zum Beispiel schulisches Lernen, Musik, Sport). Begabung ist umfassender als → Intelligenz, doch werden beide Begriffe manchmal fast gleichbedeutend verwendet, da Intelligenz bei weitem die wichtigste Begabungsform in einer technischen Zivilisation darstellt. Die frühere Auffassung von Begabung als einer festen Größe ist heute umstritten. Genauere Forschung hat gezeigt, dass schon in recht frühen Jahren die Lernfähigkeit erweitert oder eingeengt werden kann. Begabung ist also nichts Vorgegebenes, das durch geeignete Auslesemaßnahmen ermittelt werden kann, sondern ein prozesshaftes Geschehen, bei dem die Erbanlagen eine Veränderungsbreite abstecken. Sie kann gefördert werden, wobei man davon ausgehen darf, dass der Unterschied zwischen einer unterdurchschnittlichen und einer weit überdurchschnittlichen Begabung teils auf Erbeinflüssen, teils auf Umwelteinflüssen beruht, während bei dem Unterschied

Prüfgerät für die Fähigkeit von Fischen, Farbunterschiede wahrzunehmen und zu erlernen (in einer der Tüten mit unterschiedlichen Farben ist Futter).

Quelle: David Katz «Psychologischer Atlas», Benno Schwabe Verlag, Basel 1945

zwischen einer unterdurchschnittlichen und einer durchschnittlichen Begabung diese Kombination, aber auch eine einfache Folge ungünstiger Umwelteinflüsse im Fall der geringeren Begabung vorliegen kann. Das zeigt vor allem die Forschung an eineiigen, also erbgleichen Zwillingen (→ Zwillingsforschung).

Behandlung (psychologische) Heute ungebräuchlicher Begriff, gleichbedeutend mit → Psychotherapie oder → Verhaltenstherapie.

Behaviorismus Von J. B. Watson 1913 begründete Schule der Psychologie, die vor allem in den Vereinigten Staaten großen Einfluss gewann. Sie fordert, die Introspektion (Beschreibung und Analyse nur innerseelisch beobachtbarer Vorgänge) als unwissenschaftlich aufzugeben und sich ausschließlich mit der Messung des Verhaltens (vor allem im Tierexperiment) zu befassen. Während der Beitrag des Behaviorismus zur wissenschaftlichen Psychologie hoch einzuschätzen ist, sind andere Gesichtspunkte des Behaviorismus inzwischen aufgegeben worden. Innerseelische Vorgänge lassen sich durch Aufzeichnen beispielsweise des sprachlichen Verhaltens und des → Ausdrucks auch mit genügender Objektivität festhalten. Watsons Forderungen nach einem extremen «Molekularismus» (nur → bedingte Reflexe werden als Bausteine des Verhaltens anerkannt) sind bereits im «molaren», zweckmäßiges Verhalten einbeziehenden Behaviorismus von E. C. Tolman verlassen worden. Die gegenwärtig erfolgreichste Schule des Behaviorismus ist die von B. F. Skinner, der eine einfache Theorie (Verhalten wird durch positive und negative Reize gesteuert und kann durch deren planmäßige Veränderung ebenfalls verändert werden) und eine sehr erfolgreiche Experimentiertechnik mit verblüffenden Dressurerfolgen an den verschiedensten Tierarten und zahlreichen Anwendungsmöglichkeiten in → Erziehung und → Psychotherapie verknüpft hat. Wissenschaftliche Gegner des Behaviorismus sind neben anderen die → Gestaltpsychologie, die sich gegen den Molekularismus wendet, und die → Psychoanalyse, die eine Untersuchung des menschlichen Verhaltens ohne Rücksicht auf Träume, Phantasien und unbewusste Prozesse für unvollständig hält.

Bekräftigung Verhalten wird oft durch seine Folgen positiv oder negativ bekräftigt (verstärkt): Positive Bekräftigung führt zu steigender Häufigkeit, negative Bekräftigung zu abnehmender Häufigkeit des vorangehenden Verhaltens. Man unterscheidet primäre Bekräftiger (Essen, körperlicher Schmerz) von sekundären Bekräftigern (Geld, Gewissensbisse). Primäre Bekräftiger sind in unserer biologischen Ausrüstung enthalten (Nahrungsbedürfnis, Schmerzempfindung), während sekundäre Bekräftiger im Lauf des Lebens erworben werden (kulturelle Wertvorstellungen).

Belohnung Nach dem Verhaltensmodell von Skinner (→ Behaviorismus) ist Belohnung oder positive → Bekräftigung ein Ereignis, das jenes Verhalten, welches mit ihm räumlich und zeitlich eng zusammenhängt, bestätigt und so in Zukunft eher auftreten lässt.

Beratung Wichtiges Teilgebiet der → angewandten Psychologie. Psychologische Beratung wird meist nach dem Lebensbereich bezeichnet, den sie betrifft: Erziehungsberatung, Schulberatung, Eheberatung, psychotherapeutische Beratung, Studienberatung. Der psychologische Berater versteht sich außer bei ganz eindeutig auf Unwissenheit beruhenden Problemen und Konflikten (wenn etwa ein Elternpaar darüber klagt, dass ihr einjähriges Baby noch nicht sauber ist, während die entsprechenden Nerven- und Muskelsysteme erst im Alter von zwei Jahren voll ausgereift sind) meist nicht als Fachmann, der aufgrund seines überlegenen Wissens dem Ratsuchenden detailliert sagt, was dieser zu tun hat. Er bemüht sich vielmehr, in partnerschaftlicher Zusammenarbeit mit dem Ratsuchenden Handlungsmodelle zu entwickeln und Lösungsvorbereitungen aufzubauen. Diese Zurückhaltung hat ihren Grund nicht nur in der Erwägung, dass man die Gestaltung des eigenen Lebens der freien Entscheidung jedes Individuums überlassen sollte. Sie berücksichtigt auch, dass die meisten Ratsuchenden bereits Lösungen kennen, aber nicht fähig sind, diese Lösungen zu akzeptieren, weil sie vielleicht mit ihrem Selbstgefühl nicht vereinbar sind. Der Berater muss also versuchen, dem Ratsuchenden (Klienten) zu mehr Einsicht in die eigenen Ansprüche zu verhelfen, die oft überhöht sind. Daher ist der Übergang von Beratung zur → Psychotherapie oft fließend; der Prozess der Beratung sollte dazu führen, dass der Klient aktiver nach Lösungen der eigenen Probleme sucht und vom Berater dazu mehr Anstöße als fertige Rezepte erhält. Wie Ärzte sind psychologische Berater zum Schweigen über alles verpflichtet, was sie im Rahmen ihrer beruflichen Tätigkeit erfahren.

Berührungsangst Vermeidung körperlicher Berührung ist in den europäischen Zivilisationen – vor allem in den nördlichen – eine kulturelle Vorschrift, die seit frühester Kindheit eingeübt und mit Berührungsängsten aufrechterhalten wird, welche den ursprünglichen Verboten der Elternfiguren entsprechen. Wegen der meist parallel zur Berührungsvermeidung ausgesprochenen sexuellen Verbote gewinnt die körperliche Berührung sexuelle Bedeutung. Männer, die Zärtlichkeiten austauschen, müssen fürchten, für homosexuell gehalten zu werden. Die Berührungsangst schlägt sich oft in einer geringen Fähigkeit zu zärtlichem Verhalten nieder: Körperliche Berührung wird nicht als lustvoll erlebt, sondern quasi nur als Mittel zum sexuellen Zweck eingesetzt. Mit gruppendynamischen Trainings versucht man, diese Ängste zu überwinden. → Encounter-Gruppen, Bioenergetik

Besitzanspruch Besitzansprüche werden von manchen psychologischen Autoren für ein Stück der menschlichen Natur angesehen (H. Schultz-Hencke), wobei das «Haben-Wollen» in der → oralen Phase, das «Behalten-Wollen» in der → analen Phase erworben wurde. Doch scheint diese Vermutung nur die Eigenheiten der Ackerbau- und Industriekulturen zu berücksichtigen, während in den meisten Primitivkulturen das kollektive Eigentum eine wichtigere Rolle spielt und in den vor-ackerbaulichen Gesellschaften der Jäger und Sammler Besitz tatsächlich eine Bürde ist. Jeder kann nur so viel besitzen, wie er (oder seine Frau) tragen will oder kann.

Von großer psychologischer Bedeutung ist ferner die «besitzergreifende Liebe», ein auf den Menschen angewandter Besitzanspruch, bei dem die Eigenentwicklung des geliebten Menschen unterdrückt wird, der letztlich dem → Narzissmus des besitzergreifend Liebenden dienen muss. Durch solche Besitzansprüche kommt es in Beziehungen zwischen Erwachsenen zu → Eifersuchts-Konflikten, oft auch zum Ende der Beziehung selbst. Besitzergreifende Liebe von Eltern kann je nach ihrer Intensität und der Heftigkeit, mit der Abweichungen des Kindes bestraft werden, zu schweren seelischen Einbußen an Selbständigkeit führen. Extrembeispiele finden sich in Familien mit einem an → Schizophrenie leidenden Mitglied, wo zum Beispiel ein zwanzigjähriges Mädchen keinen Büstenhalter schließen und keine passenden Schuhe kaufen kann, weil immer alles die Mutter erledigt hat.

Bettnässen Verhaltensstörung von Jungen und Mädchen, die noch nach dem vierten Lebensjahr gelegentlich oder regelmäßig, tagsüber oder während der Nacht, unwillkürlich ihre Blase entleeren. Man unterscheidet zwischen primärem und sekundärem Bettnässen: Das Erste liegt bei Kindern vor, die nie sauber werden, das Zweite, wenn ein Kind (häufig nach der Geburt eines Geschwisters) wieder anfängt, ins Bett zu machen. Die Ursachen sind in über 95 Prozent der Fälle seelisch; Missbildungen der Harnwege spielen nur selten eine ausschlaggebende Rolle. Bettnässen (Enuresis) und das Gegenstück des Einkotens (Enkopresis) drücken einerseits eine → Regression auf eine frühkindliche Entwicklungsstufe aus (wenn zum Beispiel ein Kind merkt, dass ein jüngeres Geschwister bevorzugt wird), andererseits auch → Aggressionen gegen durch die Eltern verhängte Einschränkungen (→ anale Phase).

Bewusstsein Der Schritt zum reflektierenden, seine eigenen Funktionen wahrnehmenden Bewusstsein fand in der menschlichen Evolution wahrscheinlich parallel zur Entwicklung einer begrifflichen Sprache statt. Neuere Experimente mit Patienten, bei denen wichtige Verbindungen im Gehirn durch eine Operation zerstört worden waren, haben die bereits von S. Freud geäußerte Vermutung bestätigt, dass die Eigenart des Wachbewusstseins in der Verknüpfung einer Wahrnehmung mit Wortvorstellungen liegt. Patienten, bei denen die Nervenverbindungen im Gehirn zwischen den von dem linken und rechten Auge übermittelten Wahrnehmungen zerschnitten worden waren, konnten ohne weiteres bestimmen, was sie mit dem Auge sahen, dem das Sprachzentrum im Gehirn entspricht (meist dem rechten Auge; das Sprachzentrum liegt in der linken Gehirnhälfte, und die Sehnerven kreuzen sich). Deckte man dieses Auge ab und bot dem anderen Auge ein Bild, dann konnten die Versuchspersonen keine bewusste Wahrnehmung angeben, doch bei besonders affektbesetzten Bildern (etwa dem einer nackten Frau) schilderten die Versuchspersonen «so ein komisches Gefühl» und kicherten, obwohl sie nicht angeben konnten, was sie sahen.
Erst die Forschungen über das → Unbewusste haben die Aufgaben des Bewusstseins deutlicher gemacht. Das Bewusstsein gehört zu den → Ich-Funktionen, dient also im Wesentlichen der Orientierung in der und Anpassung an die Realität. Sein biologischer Wert – der Überlebensvorteil, den es verschafft – liegt darin, dass durch das «Probehandeln» (S. Freud) des Denkens Handlungsmöglichkeiten in der Vorstellung durchgespielt werden können, ohne dass ein ähnlich hoher Grad von Erfolg notwendig ist wie beim realen Handeln (wo eine falsche Aktion unter Umständen lebensgefährlich ist). Auf diese Weise kann ein der jeweiligen Situation möglichst gut angepasstes Handlungsmodell entworfen werden, das dann in die Tat umgesetzt wird. Hier liegt auch der wesentliche Schritt von der Verhaltenssteuerung durch → Instinkte zu der durch bewusste → Einsicht. Instinkte ermöglichen angepasstes Verhalten ohne vorheriges Ausprobieren durch Versuch und Irrtum. Doch können sie nicht den lebensgeschichtlichen Veränderungen der Situation des Individuums gerecht werden, sondern sich nur im allmählichen Prozess der stammesgeschichtlichen Auslese verändern. Das Bewusstsein entstand in der Evolution zum Menschen wohl deshalb, weil die Fähigkeit, in einem inneren Abwägen zwischenmenschliche, soziale Beziehungen planend vorwegzunehmen, die kleinen Gruppen der Vormenschen überlebensfähiger machte.

Beziehung Ursprünglich sehr weiter Begriff für eine Verbindung von Menschen, die über eine oberflächliche Bekanntschaft hinausgeht. Heute umgangssprachlich oft eine Abkürzung für «Liebesbeziehung» oder «Zweierbeziehung», zum Beispiel in einer Aussage wie: «Wir kennen uns schon seit der Grundschule, aber unsere Beziehung hat bei der Silvesterparty 2000 begonnen!» Der Bedeutungswandel des Beziehungsbegriffs hängt damit zusammen, dass angesichts der modernen Entwicklungen einer individualisierten Gesellschaft das traditionelle Ehemodell (verliebt, verlobt, verheiratet) nur noch einen Ausschnitt der möglichen Beziehungen erfassen und beschreiben kann. Außerdem sind «coole» Ausdrücke, die nicht zu viel eigene Emotion verraten, beliebt geworden, seit Gefühle in der Werbung extrem trivialisiert zum Ausdruck gebracht werden. Beziehungen sind eher vorübergehend und auf Probe; sie erlauben die Diskussion, ob es sich «schon um eine richtige Beziehung» handelt, oder die Absage: «Ich will keine feste Beziehung.» Dahinter steht eine gesellschaftliche Situation, in der Elternschaft nicht mehr von Mitgliedern einer Großfamilie untereinander arrangiert wird, sondern Männer und Frauen untereinander ausmachen und ausdiskutieren müssen, wie sie ein gemeinsames Leben und die Sorge für gemeinsame Kinder organisieren. Hier ist der offene Beziehungsbegriff besser geeignet als die traditionellen Formulierungen; er bietet mehr Varianten und Erprobungsphasen für den Kontakt der «Lebensabschnittspartner».

Beziehungswahn Form der Wahnerkrankung, in der die Erkrankten glauben, dass eine Person, an der sie gesteigertes Interesse haben (in die sie zum Beispiel verliebt sind), ihnen die mannigfaltigsten Signale sendet, um sie auf sich aufmerksam zu machen. Die in ihren Therapeuten verliebte Wahnkranke glaubt zum Beispiel, dass dieser seine Zuneigung nicht offen äußert, sondern ihr Signale sendet: durch das Fernsehen, durch die Zeitung, durch Alltagsereignisse, die ihr zustoßen und die er auf geheime Weise lenkt.

Bezugssystem Im Lauf der gesellschaftlichen Entwicklung ergeben sich → Normen, aus denen eine Vergleichsgrundlage in der Wahrnehmung von Sachverhalten und beim Urteil darüber gebildet wird. Das Bezugssystem der Angehörigen einer Kultur entspricht denselben Normen und weist zahlreiche Gemeinsamkeiten auf, wodurch eine → Kommunikation erst ermöglicht wird (→ auffälliges Verhalten, Normalität). Ein vereinfachtes Beispiel für ein Bezugssystem bietet der Drei-Schalen-Versuch: Wenn man vor sich auf einen Tisch drei Schalen mit warmem, lauem und kaltem Wasser stellt, je eine Hand in die warme und in die kalte Schüssel taucht und nach einiger Zeit beide Hände in die Schüssel mit lauem Wasser gibt, dann ist das laue Wasser für die Hand aus dem warmen Wasser kühl, für die aus dem kalten Wasser warm. Die Wärmerezeptoren jeder Hand haben gewissermaßen ihr eigenes Bezugssystem gebildet. Im sozial-psychologischen Bereich ist in letzter Zeit bis in den Streit um Wörter wie «Gruppe» oder «Bande» hinein deutlich geworden, wie stark das Bezugssystem das Urteil über einen Sachverhalt bestimmen kann. Extremistische Gruppen legen Wert darauf, ihren Kampf als politische Aktion zu begründen, fordern also ein ganz anderes Bezugssystem für ihr Verhalten, als es das Strafgesetzbuch darstellt.

Bindung Gefühle und Überzeugungen, welche dafür sorgen, dass ein Mensch in seinem Verhalten und Erleben einen anderen Menschen und dessen Gefühle berücksichtigt, nennen wir Bindung. Bindungen gibt es aber auch zwischen Tieren, vor allem zwischen dem Muttertier und den noch unreifen Jungen; sie werden hier oft durch spezifische Mechanismen (→ AAM) bewirkt. Eine eben geschlüpfte Graugans bindet sich zum Beispiel an das bewegte Objekt, das sie zuerst sieht; das ist im typischen Fall die Mutter, im untypischen kann es auch ein Verhaltensforscher sein (→ Prägung). Wichtige bindungsstiftende Einflüsse sind beim Menschen gemeinsame Erlebnisse, Werte, eine gemeinsame Sprache (das wird zum Beispiel deutlich, wenn sich zwei Landsleute im Ausland treffen), in der Eltern-Kind-Bindung einfach die Tatsache, dass besonders die Mutter dem Kind vertraut ist. J. Rosen hat diese kindliche Bindung in die Formel gekleidet: «Man sucht die Mutter, die man kennt.» Ein allein gelassenes Kind auf der Straße wird oft gute, hilfsbereite Menschen weinend zurückweisen und sich erst beruhigen, wenn seine Mutter kommt – auch wenn die Mutter das Kind oft grausam schlägt. Seelische Bindungsfähigkeit ist eine wichtige Voraussetzung der Erziehbarkeit; durch längere Aufenthalte in einem Säuglingsheim oder durch seelisch gestörte Eltern kann diese Bindungsfähigkeit zerstört werden (→ Urvertrauen).

Bioenergetik Von W. Reich als Lehre vom «Orgon», der im → Orgasmus frei werdenden biologischen Energie, eingeführt und später weiterentwickelt. Grundprinzip dieser Lehre ist es, die im «Charakterpanzer», der sich oft in Dauerverspannungen einzelner Muskeln ausdrückt, gebundene biologische Energie wieder zu befreien, was durch bestimmte Übungen oder Massagen geschieht.

Biofeedback-Methoden Rückmeldungsverfahren, bei denen sonst kaum wahrgenommene Körperfunktionen wie Blutdruck, Gehirnaktivität, Herzschlag optisch dargestellt werden. Der Patient kann zum Beispiel angesichts eines Bildschirms, auf dem er seinen Blutdruck visualisiert sieht, die Wirkung von Entspannungsübungen nachprüfen, durch die er einen Hochdruck behandeln will. Muskelfeedback ist in der klinischen Praxis bereits erfolgreich in der Behandlung von Kopfschmerzen, bei neurogenen Lähmungen und Störungen von Schließmuskeln angewendet worden. Vergleichsuntersuchungen haben allerdings gezeigt, dass Entspannungsübungen ohne die Hilfe teurer Apparate ebenso wirksam sind wie solche, bei denen der Patient zum Beispiel seine Gehirnwellen beobachten kann. Sehr sinnvoll sind Biofeedbackmethoden aber, um skeptischen Patienten zu demonstrieren, wie sehr ihre körperlichen Zustände von seelischen Einflüssen abhängen.

Bisexualität Die psychoanalytische Forschung (→ Psychoanalyse) hat gezeigt, dass neben den bewusst bisexuellen, das heißt geschlechtliche Beziehungen zu beiden Geschlechtern aufrechterhaltenden Menschen, die in unserer Kultur (nicht aber in der griechischrömischen Antike) als nicht → normal gelten, auch bei den bewusst «rein heterosexuellen» Menschen eine unbewusste Neigung zur Bisexualität (→ Anima, Animus) besteht. Starre Abwehr der bisexuellen Tendenzen rechnete Freud zu den schwierigsten Situationen der psychoanalytischen Behandlung. Die aggressiven Vorurteile gegen → Homosexualität (von Männern und Frauen), wie man sie bei → autoritären Persönlichkeiten beobachten kann, sind wohl auch die Folge von → Reaktionsbildungen gegen eigene bisexuelle Neigungen.

Borderline-Störung Grenzfallstörung, Erkrankung im Grenzbereich zwischen → Neurose und → Psychose. Man unterscheidet das Borderline-Syndrom, eine Verbindung typischer Krankheitszeichen, die Borderline-Persönlichkeit, die in ihrer Ich-Organisation gestört ist, und den Borderline-Zustand, der vorübergehend bei Menschen auftreten kann, die sonst auf einer höheren Stufe organisiert sind. Nach O. F. Kernberg und Ch. Rohde-Dachser muss an eine Borderline-Störung gedacht werden, wenn mindestens zwei der folgenden Merkmale vorliegen: 1. chronische Angstzustände, die nicht an bestimmte Inhalte gebunden werden können; 2. perverse Sexualität; 3. multiple Phobien und Körperängste (Angst, missgestaltet zu sein, z. B. trotz normaler Figur zu dick, zu dünn zu sein; Hypochondrie); 4. dissoziative Reaktionen, wie Dämmerzustände, multiple Persönlichkeit, Amnesie, Bewusstseinsstörungen; 5. schwere Depersonalisationserlebnisse; 6. Depression ohne Schuldgefühle, aber mit ohnmächtiger Wut, die sich gegen andere oder gegen das eigene Ich entlädt; 7. Verlust der Kontrolle über Wut und/oder sexuelle Impulse; 8. selbstschädigende Handlungen, Selbstverletzungen (Autoaggression); 9. Zwangssymptome (Anankasmus) mit wahnhaften Aspekten; 10. auf einen Konfliktbereich begrenzte Denk- und Wahrnehmungsstörungen.

Borderline-Kranke sind zu gesund für ein psychiatrisches Krankenhaus, aber zu krank, um mit den Belastungen des Alltags fertig zu werden. Ihre Psychotherapie setzt einen erfahrenen Therapeuten voraus, der seiner Methode sicher ist und sich abgrenzen kann, weil Borderline-Patienten dazu neigen, den Therapeuten zuerst als allmächtigen Heiler zu idealisieren und ihn dann als völlig inkompetent zu entwerten.

Bulimie Anfälle von Heißhunger, meist mit anschließendem Erbrechen. Oft sehr schambesetzte, nicht einmal den engsten Freunden mitgeteilte Störung, die in der Regel die körperliche Gesundheit weniger bedroht als die → Magersucht und auch unauffällig bleibt (falls die Betroffenen die Nahrungsmittel selbst kaufen, von denen sie häufig erstaunliche Mengen verbrauchen). In sehr schweren Fällen körperliche Schäden durch Verluste an Eiweiß und Mineralstoffen. Die seelische Dynamik ist mit der → Anorexie verwandt, doch halten sich Gier und Trotz eher die Waage, während in der reinen Anorexie die Verweigerung dominiert. Bei allen Essstörungen spielt (ähnlich wie in der → Sucht) der Ersatz als bedrohlich erlebter seelisch-emotionaler Abhängigkeit von anderen Menschen durch die scheinbar besser kontrollierbare Abhängigkeit von einem «Stoff» eine wesentliche Rolle.

Burnout «Ausgebrannt» sind Berufstätige, vor allem in den sozialen Arbeitsbereichen (→ Helfersyndrom), wenn sie in dauernden Gefühlen der Überforderung und einem unbefriedigenden Verhältnis von Leistung und Erfolg leben. Je unrealistischer die Erwartungen an die Tätigkeit und je ungünstiger die institutionellen Bedingungen, desto schneller macht sich der Burnout bemerkbar. Die subjektive Anstrengung steigt, aber die Qualität der Leistung sinkt. Zumindest teilweise Entlastung ermöglicht → Supervision.

C

Cafeteria feeding Wenn man Kleinkindern, die eben selbst essen können, nach Art eines Selbstbedienungsrestaurants (Cafeteria) ein reichhaltiges Angebot verschiedener Nahrungsmittel anbietet, dann führen sie sich im Normalfall zuverlässig die benötigten Mengen lebensnotwendiger Stoffe (Eiweiß, Fett, Kohlehydrate, Vitamine) trotz zunächst teilweise einseitig wirkender Ernährungsgewohnheiten (sechs hart gekochte Eier bei einer Mahlzeit) zu. Kinder sind also schon sehr früh und ohne Kontrolle Erwachsener fähig, sich richtig zu ernähren; offenbar steuert der Organismus auf dem Weg spezieller → Bedürfnisse nach verschiedenen Nahrungsmitteln die Aufnahme der notwendigen Stoffe selbst.

Charakter Manchmal gleichbedeutend mit → Persönlichkeit verwendet. Charakter ist dabei das ältere Wort; die griechische Wurzel, von der es stammt, lässt sich mit einritzen, eingraben übersetzen. Charakter wurde häufig auf die moralischen und sittlichen Eigenheiten eines Menschen bezogen und erhielt daher einen wertenden Gehalt («Er hat keinen Charakter»). Im psychologischen Sprachgebrauch bedeutet Charakter aber immer die individuelle, besondere Ausprägung von → Dispositionen (Charaktereigenschaften wie → Begabungen, → Interessen, → Bedürfnissen, → Trieben).

Charisma Griechisch für Begnadung; in der Soziologie des Führertums von M. Weber Ausdruck der Fähigkeit des «geborenen Führers», Menschen für sich einzunehmen und zu begeistern. In der modernen → Gruppendynamik und → Sozialpsychologie wird stark angezweifelt, ob es einen «geborenen Führer» unabhängig von den Erwartungen der Geführten und der vorgegebenen Gruppenstruktur gibt. Die Forschung scheint eher dafür zu sprechen, dass der → Führer seine Stellung in einer Gruppe keineswegs aufgrund einer angeborenen, nicht weiter erklärlichen Befähigung einnimmt, sondern dass er eine → Rolle übernommen hat, die sehr stark von gerade dieser Gruppe bestimmt wird.

Child Guidance Clinic Keine «Klinik» im europäischen Sinn, sondern der in

Nordamerika und England verwendete Ausdruck für eine Einrichtung, in der Familien mit schwierigen oder gestörten Kindern beraten und diese Kinder behandelt werden. Die Child Guidance Clinic ist stärker als die deutsche → Erziehungsberatungsstelle therapeutisch orientiert; kennzeichnend für sie ist die Zusammenarbeit (Teamwork) von Kinderpsychiater, Psychologe und Sozialarbeiter. Der Kinderpsychiater übernimmt dabei den ärztlichen Teil der Diagnostik und den Hauptteil der Behandlungen, der Psychologe ist mit Hilfe von → Tests psychodiagnostisch tätig, arbeitet aber ebenfalls an der Therapie mit, der Sozialarbeiter arbeitet mit den Eltern und versucht, die therapeutischen Maßnahmen beim Kind durch ergänzende Familienberatung zu unterstützen. Hauptziel der Child Guidance Clinic wie der Erziehungsberatungsstelle ist die Vorbeugung gegen neurotische Störungen (→ Neurose) durch rechtzeitige Maßnahmen in dem krank machenden Geschehen der einzelnen → Familie.

Coming-out Herauskommen, in Erscheinung treten, ein Ausdruck, der besonders dann verwendet wird, wenn Personen ihrer Umwelt und/oder sich selbst zum ersten Mal eingestehen, dass sie in ihrer sexuellen Orientierung nicht so «normal» sind, wie sie bisher erschienen. Ein Coming-out liegt zum Beispiel vor, wenn eine lesbische Frau zum ersten Mal ihren Eltern erklärt, dass sie nicht heterosexuell ist, oder ein Beamter seinem Vorgesetzten seine Homosexualität offenbart.

Compliance (engl.): Einwilligung, Erfüllung, Befolgung. Ausdruck der medizinischen Psychologie, mit dem erfasst werden soll, dass Patienten in ganz unterschiedlichem Maß bereit sind, ärztliche Anordnungen zu befolgen, ihre Lebensweise umzustellen oder Medikamente einzunehmen. So werden zum Beispiel vom Arzt verschriebene Medikamente häufig nicht eingenommen (nach manchen Untersuchungen in über 50 Prozent) was eine immense Vergeudung darstellt.

Cunnilingus Oraler Kontakt mit weiblichen Geschlechtsteilen, der in der jüdisch-christlichen Tradition verboten, in anderen Kulturen hingegen erlaubt war. Bei Tieren sind oralgenitale Kontakte weit verbreitet; in den Untersuchungen des Sexualverhaltens von Amerikanern durch A. Kinsey zeigte sich, dass Cunnilingus in höheren Bildungsschichten öfter angewendet wird als in niedrigeren und von Männern öfter angestrebt als von Frauen gerne geduldet wird. → Fellatio

D

Dämmerzustand Traumähnlicher Zustand mit herabgesetzter Bewusstseinsklarheit und abgeschwächter Fähigkeit, die Folgen des eigenen Verhaltens zu beurteilen oder sich an Normen zu halten, die man bei klarem Bewusstsein anerkennt. Dämmerzustand findet sich bei verschiedenen Vergiftungen (manchmal auch bei → Alkoholismus),

Schlafmittelmissbrauch, gefäßbedingten Hirnschäden (mangelnde Durchblutung, vor allem nachts bei älteren Menschen) und bei Nervenkrankheiten wie → Hysterie und → Epilepsie. Die Dauer dieser Zustände wechselt erheblich, doch sind sie im Allgemeinen vorübergehend.

Debilität Vom lateinischen debilis = schwach abgeleiteter Ausdruck für den geringsten Grad der Geistesschwäche. Ihr entspricht ein → Intelligenzquotient (IQ) von 50 bis 70 Punkten, den man mit einem Intelligenzalter zwischen 8 und 13 Jahren gleichsetzen darf. Die Minderbegabung kann ererbt oder durch Gehirnschäden während der Geburt, durch Verletzungen oder Krankheiten (Gehirnentzündung) erworben sein. Die geistige Reifung ist verzögert, Kenntnisse können nur sehr mühsam erworben werden, die Begabungsschwerpunkte liegen vor allem im Praktischen (manuelle Betätigungen). Besonders wichtig ist die Erziehung des Debilen; er soll nicht isoliert, noch viel weniger verspottet werden, um eine angemessene soziale Einordnung zu finden.

Defekt Schaden, Mangel. Meist mit der Bedeutung eines intellektuellen Defekts gebraucht, etwa nach einer schweren Gehirnverletzung bei einem Autounfall oder nach einer Gehirnentzündung.

Degeneration Rückentwicklung; Abnahme der biologischen Funktionstüchtigkeit. Der Begriff stammt ursprünglich aus der Medizin, und zwar aus der Nervenheilkunde: Wird ein Nerv durchtrennt, dann degeneriert er sowohl diesseits wie jenseits der Schnittstelle, das heißt, er verliert seinen funktionstüchtigen Aufbau. Über diese engere Bedeutung hinaus wurde der Begriff vor allem von französischen Nervenärzten des 19. Jahrhunderts (zum Beispiel Charcot) verwendet, um die erbliche Neigung zu → Neurosen (vor allem zur → Hysterie) zu erklären. Degeneration sollte demnach durch Verwandtenehen oder auch spontan durch eine ungünstige Mischung von Erbanlagen entstehen und alle erdenklichen Nervenleiden vorbereiten (noch Freud vermutete in einer Erkrankung eines Elternteils an Syphilis eine Teilursache von Neurosen). Von dieser Seite her wurde der Begriff in die Literatur aufgenommen. Thomas Mann stellt in den Buddenbrooks glänzend dar, wie eine Familie schrittweise «verfällt», immer krankheitsanfälligere, daneben aber sensiblere und mehr künstlerisch befähigte Mitglieder hervorbringt. Heute gilt Degeneration als veraltetes Erklärungsmodell. Seelische Krankheiten sind nur in Ausnahmefällen auf Inzucht zurückzuführen. Die Erklärung der Neurosen durch seelische Konflikte und Folgen mangelhafter Erlebnisverarbeitung (→ Abwehrmechanismus) durch S. Freud erledigte die frühere Annahme der Degeneration als Ursache. Auch die angebliche Degeneration der Nachkommen von Alkoholikern erklärt sich eher aus der Vielfalt ungünstiger Kindheitserlebnisse in solchen Familien.

Déjà-vu-Erlebnis Erinnerungstäuschung, bei der ein Mensch überzeugt ist, schon einmal wahrgenommen zu haben, was er gerade erlebt. Die als bekannt erlebte Situation klingt an etwas Ähnliches an, was man früher erlebt hat. Da im Allgemeinen das Wiedererkennen leichter fällt als das freie Erinnern, spürt der Betroffene ein unerklärliches Bekanntheitserlebnis. Eine zweite Erklärungsmöglichkeit liegt darin, dass die wahrgenommene Situation an eine verdrängte Erinnerung anklingt und daher als bekannt erlebt wird, während eine Erklärung dieses Bekanntheitscharakters nicht möglich ist.

Denken Im Denken wird die wahrgenommene Welt geordnet und in ihren Veränderungen planmäßig erfasst. Auf diese Weise ermöglicht das Denken ein einsichtiges Probehandeln (→ Bewusstsein). Dieses Ordnen vollzieht sich an konkreten Gegenständen (eine Stufe, auf der die frühen Denkprozesse der Kindheit ablaufen), aber auch an Vorstellungen und endlich an abstrakten Beziehungen zwischen Vorstellungen und an Begriffen, die mit keiner konkreten Vorstellung mehr zu verbinden sind. Wird die Wirklichkeit gemäß persönlichen Wünsche geordnet, liegt das «primärprozesshafte» Denken vor (S. Freud); ein Beispiel dafür wäre die Geschichte vom Milchmädchen, das überlegt, wie es vom Erlös einer Kanne Milch ein Kälbchen, eine Kuh, endlich einen ganzen Bauernhof erwerben wird. Erst kritische Prüfung und rationaler Vergleich mit der Wirklichkeit lassen die sekundären Denkvorgänge entstehen, welche die Anpassung des Erwachsenen an das → Realitätsprinzip kennzeichnen. Eine Sonderform des primärprozesshaften Denkens ist das magische Denken (→ Magie). Hier werden Gegenstände, Tiere und Pflanzen nach dem Modell des erlebenden Menschen gedacht. Man unterstellt ihnen Absichten, versteht das, was ihnen geschieht, als Entsprechung zu dem, was einem menschlichen Wesen geschieht.

Die verschiedenen Denkvorgänge sind von den einzelnen psychologischen Schulen sehr unterschiedlich interpretiert worden. Während die Vertreter der Assoziations-Lehre glaubten, alles Denken lasse sich von der Ordnung konkreter Vorstellungen ableiten, haben die Versuche der «Würzburger Schule» (O. Külpe, N. Ach, O. Selz) gezeigt, dass Denkvorgänge sehr oft keine anschauliche Grundlage haben und dass die Aufgabenstellung, also das Ziel des Denkvorgangs, bestimmt, welche Art von Ordnungsrichtung vorliegt. Die → Gestaltpsychologie hat vor allem das «produktive» Denken erforscht, das heißt das Problem untersucht, auf welche Weise Denkprozesse bisher unbeantwortete Fragen klären können. Es zeigte sich, dass sich solche Vorgänge nicht durch isolierte Verbindungen zwischen einzelnen Denkschritten oder durch die → Assoziation von Vorstellungen erklären lassen, sondern durch die innere → Wahrnehmung einer Struktur oder eines Feldes (→ Feldtheorie), in dem eine bestimmte Spannung herrscht. Die Klärung erfolgt oft durch einen ziemlich raschen Schritt, durch den das ganze Problem ein verändertes Aussehen gewinnt

(«Aha-Erlebnis»). So behält das Problem, eine Krebsgeschwulst im Körperinneren zu bestrahlen, ohne das umgebende Gewebe mit einer gleich hohen Strahlendosis zu schädigen, so lange seine gespannte, unlösbare Struktur, wie man von einer einzigen Strahlenquelle und einem statisch daliegenden Kranken ausgeht. Es verändert seine Struktur mit einem Schlag, wenn man erkennt, dass die Strahlen dann die Geschwulst voll und das restliche Gewebe abgeschwächt treffen, wenn die Geschwulst im Brennpunkt einer verteilten Strahlenquelle liegt. Ist dieser Denkschritt vollzogen, dann werden mehrere Möglichkeiten deutlich, das Problem zu lösen. Man kann entweder den Kranken so um eine feste Strahlenquelle drehen, dass die Strahlung in der Geschwulst die höchste Konzentration erreicht, oder man kann um den festliegenden Körper des Kranken mehrere Strahlenquellen so gerichtet anbringen, dass sich die Strahlen im Geschwulstgebiet schneiden. In jüngster Zeit ist die Denkpsychologie durch die → Kybernetik wesentlich angeregt worden. Der Versuch, Denkoperationen in elektronischen Maschinen (Computern) nachzuvollziehen, hat für das Verständnis der Eigenarten des schöpferischen, problemlösenden Denkens neue Anregungen erbracht. → Lernen

Denkstörungen Die menschliche Fähigkeit, Probleme in einem inneren «Probehandeln» (S. Freud) zu lösen, ist auf vielfältige Weise störbar. Die charakteristischen D. bei der → Schizophrenie hängen wohl damit zusammen, dass es den Kranken nicht gelingt, die für einen korrekten Ablauf der Denkprozesse notwendige Auswahl der gedanklichen Verknüpfungen zu leisten. Eugen Bleuler spricht von einer «assoziativen Lockerung», die er zu den Grundstörungen der → Schizophrenie rechnet. Die sprachlichen Äußerungen sind verschwommen und vage, weil Nebeneinfälle neben Haupteinfällen, Unwichtiges neben Wichtigem geäußert wird. In ausgeprägten Fällen bleiben die Kranken bei einem nebensächlichen Gedanken stehen und brechen den begonnenen Gedankengang ab. Die schizophrene Patientin sagt zum Beispiel: «Atomkrieg – ach, das ist ja so ein kleiner Krieg.» Noch weiter gehen die D. bei der Zerfahrenheit, in der keine Zielvorstellung mehr festgehalten werden kann. Die Kranken reihen zusammenhanglose gedankliche Elemente, in extremen Fällen nur noch Lautgemische aneinander. Gewissermaßen erstarrte D. drücken sich in eigenen Sprachschöpfungen (Paralogie, Neologismen) aus.

Bei Depressiven besteht die D. in einer großen Verlangsamung und Einengung der Denkprozesse; bei der Manie kommt es zur Ideenflucht und hektischem Wortfluss, dessen Verknüpfungen aber viel besser verständlich sind als die der Schizophrenie. Für die milderen Formen der Demenz hingegen sind umständliches Denken, Perseveration und Rigidität kennzeichnend: Die Patienten beharren auf Handlungs- und Denkschemata, deren geringer Wirkungsgrad dem gesunden Beobachter sofort auffällt.

Depersonalisation Entpersönlichung; Gefühl, nicht mehr die Person zu sein, die man bisher war, verbunden mit einem vollständigen oder (öfter) teilweisen Verlust, zu dem, was man tut, sagt, erlebt, mit der gleichen Selbstverständlichkeit wie früher «ich» sagen zu können. Das eigene Erleben scheint ebenso wie das Verhalten der übrigen Menschen wie auf einer Filmleinwand vorbeizuziehen. Depersonalisation ist bei Jugendlichen oft eine vorübergehende Phase; ihre Ursache liegt wohl in einer starken, distanzierenden → Abwehr des → Ich gegen neuartige Erlebnisse, die von bisher abgespaltenen Persönlichkeitsanteilen (→ Es) ausgehen. In seltenen Fällen kündigt Depersonalisation eine seelische Erkrankung an; sie ist dann besonders ausgeprägt und wird zu einem schwer wiegenden Hindernis in der → Kommunikation mit der Umwelt.

Depression Gedrückte, traurige Stimmung; eine der häufigsten und wichtigsten seelischen Erkrankungen. Gemeinsam ist fast allen Depressionen die gedrückte Grundstimmung, die Veränderung der Zukunftswahrnehmung in einem negativen Sinn (es wird immer alles schlecht ausgehen; die Depression selbst wird nie aufhören, eher schlechter werden). Darüber hinaus kann die Krankheit viele unterschiedliche Formen annehmen. Die wichtigsten sind:

1. Die gehemmte Depression, wobei der Kranke sich kaum mehr bewegen will, das Bett nicht mehr verlässt, sich für nichts mehr interessieren kann. In leichteren Fällen wird diese Hemmung zwar gespürt, aber trotz subjektiven Leidens überwunden, sodass der Kranke seine Alltagspflichten weiter erfüllen kann. In schweren Fällen sitzt oder liegt er völlig teilnahms- und interesselos da.
2. Die erregte oder agitierte Depression ist durch eine ängstliche Überaktivität des Kranken, verbunden mit gedrückter Stimmung, Schuldgefühlen und → Angst gekennzeichnet. Der Kranke kann keine Ruhe finden, auch nachts im Schlaf nicht; gleichzeitig fühlt er sich zu konsequenter Arbeit unfähig, klagt oft, wobei er die heftigste Kritik gegen sich selbst richtet.
3. Die hypochondrische Depression. Hier werden Schuldgefühle und Ängste gewissermaßen verkörperlicht; der Kranke ist trotz fehlender Krankheitszeichen felsenfest davon überzeugt, an Krebs im Endstadium oder an einem Herzinfarkt zu leiden.
4. Die paranoische Depression. Der Kranke äußert wahnhafte Schuldgefühle und Beeinträchtigungsideen, bezichtigt sich schrecklicher Verbrechen («Ich habe damals meinen Vater umgebracht, ich hätte ja wissen müssen, dass er zuckerkrank ist»), fühlt sich verfolgt und tödlich bedroht (zum Beispiel durch eine terroristische Verschwörung).
5. Bei den anankastischen Depressionen herrschen Zwangsvorstellungen vor; sie unterscheiden sich nur durch ihr periodisches Auftreten und Abklingen von schweren → Zwangsneurosen.
6. Bei den vegetativen Depressionen, manchmal auch larvierte oder maskierte Depressionen genannt, finden sich keine Zeichen von Trauer, oft überhaupt keine bewussten Merkmale

einer seelischen Erkrankung, sondern nur körperliche Erscheinungen, die übrigens auch bei den anderen Formen der Depression selten fehlen: Appetitlosigkeit, Einschlaf- und Durchschlafstörungen, Gewichtsverlust, Verstopfung, Herzmissempfindungen (→ vegetative Dystonie).

Depressionen gehören zu den quälendsten Leiden überhaupt; Kranke, die den jähen Schmerz eines Herzinfarkts und eine Depression erlebt haben, hielten im Nachhinein die Depression für weitaus unangenehmer. In vielen Fällen ist der Zustand des Kranken in den Morgenstunden am schlechtesten; abends hellt sich die Stimmung auf. Nur wenige Depressive denken überhaupt nicht an Selbstmord; etwa zehn Prozent unternehmen tatsächlich einen Selbstmordversuch. Die Ursache der Depressionen ist nicht bekannt. Es gibt Hinweise darauf, dass in manchen Fällen eine Störung im Hirnstoffwechsel lebenswichtiger Eiweißstoffe (biogene Amine) mitbeteiligt ist, doch kann man kaum entscheiden, ob diese Störung die Ursache oder bereits eine Folgeerscheinung der Depression ist.

Die herkömmliche Einteilung der Depressionen nach ihrer mutmaßlichen Ursache, wie sie in der Nervenheilkunde meist vorgenommen wird, ist von sehr begrenztem Wert. Man unterscheidet dort:

1. Endogene Depressionen, die «von innen heraus» (endogen) aufgrund einer ererbten Anlage entstehen sollen. Genauere Forschung (P. Matussek und andere) konnte aber zeigen, dass auch bei diesen Depressionen meist ein Anlass vorliegt. Die Erbforschung erweist eine familiär erhöhte Neigung zu dieser Krankheit, doch können die Erbanlagen allein offenbar die Depression nicht auslösen, weil sie sonst bei eineiigen Zwillingen immer bei beiden Partnern auftreten müsste, was nicht der Fall ist. Wahrscheinlich wirken auch bei den «endogenen» Depressionen Erbanlagen und Umwelteinflüsse (siehe unter neurotische Depression) zusammen. Bei etwa einem Viertel der endogenen Depressionen treten gelegentlich auch → Manien auf; man spricht deshalb auch manchmal (vor allem in älteren psychiatrischen Lehrbüchern) von einer manisch-depressiven → Psychose.

2. Neurotische Depressionen sind äußerlich oft von angeblich endogenen Depressionen nicht zu unterscheiden; manchmal wird auch erst nach einer erfolgreichen → Psychotherapie statt einer endogenen eine neurotische Depression angenommen. Bei den neurotischen Formen der Depression handelt es sich oft um Menschen mit einem starken, übermächtigen → Über-Ich, die sich, um ihre Gewissensängste zu erleichtern, an andere Menschen (Eltern, Partner) anklammern und bei drohendem (oft nur phantasiertem) Verlust dieser Partner in eine Depression verfallen. Hier ist eine Psychotherapie möglich, die vor allem auf eine Abschwächung der Gewissensängste abzielt. Diese werden in der → Psychoanalyse als gegen die eigene Person gerichtete → Aggression aufgefasst.

3. Reaktive Depressionen und Erschöpfungsdepressionen werden nicht durch unbewusste Konflikte, sondern durch eine zumindest teilweise offenkundige

Überforderung und Überlastung ausgelöst, zum Beispiel bei Gastarbeitern, bei Müttern nach der Geburt eines behinderten Kindes oder nach einem Todesfall. Es handelt sich um ein Mehr an normaler Traurigkeit als Reaktion auf belastende Ereignisse oder auch um ein weit überdurchschnittliches Maß an Belastung.

Deprivation Wörtlich «Beraubung», Begriff der Wahrnehmungspsychologie (Deprivation von Sinneseindrücken, engl. sensory deprivation, führt zum Beispiel zu → Halluzinationen oder bei Säuglingen zu verlangsamter intellektueller Entwicklung) und der Sozialpsychologie. Soziale Deprivation, das heißt das Fehlen wesentlicher Lebensqualitäten (Ausbildung, Wohnung, Arbeitsplatz, modische Kleidung etc.) ist immer relativ. Wo alle arm sind, wird sich ein Armer nicht depriviert fühlen. Die modernen Massenmedien, vor allem das Fernsehen, steigern vielfach die Deprivationsphantasie. Deprivation hat im Allgemeinen nachteilige Auswirkungen auf Selbstgefühl und soziale Durchsetzungsfähigkeit. Sie kann → Depressionen, Neid oder auch → Aggression auslösen.

Desensibilisierung «Unempfindlichmachung» wird vor allem in der → Verhaltenstherapie angewendet, bedeutungsgleich mit Desensitivierung. Das Prinzip sind die «kleinen Schritte». Wer sich zum Beispiel in neurotischem Ausmaß vor Schlangen fürchtet, wird zunächst unter Entspannungsübungen dazu gebracht, kleine Bilder harmloser Schlangen angstfrei anzusehen. Die Bilder werden dann immer lebensnäher, schließlich können auch lebendige Schlangen ruhig betrachtet und Reisen in tropische Länder ohne ständige Angstzustände ertragen werden.

Deszendenztheorie Abstammungslehre; von Ch. Darwin (daher auch «Darwinismus» genannt) vertretene Theorie der Entwicklung der verschiedenen Tierarten durch die Auslese der besser angepassten und darum eher zur Fortpflanzung gelangenden Tiere im «Kampf ums Dasein». Die Deszendenztheorie hatte großen Einfluss auf die Psychologie, weil sie ein Modell dafür bot, die schrittweise Vervollkommnung der Verhaltenssteuerung von niederen Tieren, höheren Tieren und dem Menschen zu erklären. Darwin selbst hat in einer Arbeit über den → Ausdruck von Gemütsbewegungen bei Tier und Mensch die vergleichende Verhaltensforschung (→ Ethologie) begründet. Er konnte zeigen, wie mächtig das biologische Erbe im menschlichen Verhalten ist; in diesem Punkt hat S. Freud die Gedanken Darwins aufgegriffen und weiterentwickelt. Gerade die Betrachtung der speziellen – da kulturgeprägten – Form der menschlichen Evolution zeigt neben den Gemeinsamkeiten auch die wichtigen Unterschiede zwischen den Arten des Tierreichs und Homo sapiens. Die Grundgedanken der Deszendenztheorie werden in der heutigen Biologie und Psychologie weithin akzeptiert, doch besteht oft keine Einigkeit darüber, unter welchen Gesichtspunkten Vergleiche zwischen Tier und Mensch angebracht sind. Im Gegensatz zu den Analogien von K. Lorenz (der etwa von der «sicher instinktiven» Reaktion des menschlichen Sich-Verliebens spricht), fordern Psychologen und Verhaltensforscher heute meist, Ergebnisse der Ethologie nur als Arbeitshypothesen anzuerkennen, die nicht auf den Menschen übertragen, sondern an ihm erneut bewiesen werden müssen.

Deutung Seelische Aktivität, durch die eine bestimmte Erscheinung zu einem begrifflichen Modell oder zu einer Verknüpfung anderer Erscheinungen in Beziehung gesetzt wird und auf diese Weise einen neuen Sinn gewinnt. Deutungen sind das wichtigste Hilfsmittel der analytischen → Psychotherapie. Sie sollen allerdings niemals vom Therapeuten «von oben herab» gegeben, sondern vom Patienten in eigener Aktivität vorbereitet werden, sodass endlich die Deutung nur zusammenfasst, was dem Kranken bereits zugänglich ist. Voreilige Deutungen, wie sie als pseudopsychologische Partyspiele sehr beliebt sind, beweisen nur den Wunsch des Deuters, sich überlegen zu fühlen, und nützen in den meisten Fällen dem «Opfer» nicht im Geringsten. Eine vom Patienten angenommene Deutung wird zu einem sicheren Besitz des → Ich und ermöglicht dadurch ein Stück seelischen Wachstums, bessere Kontrolle und Verwirklichung von Abkömmlingen des → Es oder ein freundlicheres → Über-Ich. Deutungen sind, wissenschaftlich gesehen, immer Arbeitshypothesen, mit denen ein menschlicher Organismus seine innere Ordnung ein Stück weit neu gestaltet. Ihre Bewährung wird daher nicht allein nach ihrer Richtigkeit beurteilt, sondern auch nach ihrer therapeutischen Wirkung. Da seelische Vorgänge meist mehrfach bestimmt sind, gibt es häufig mehr als eine zutreffende Deutung (zum Beispiel eines → Traums).

Differentielle Psychologie Sie befasst sich mit den Differenzen, den Unterschieden zwischen den einzelnen Menschen und ihren → Eigenschaften. Die frühesten Formen der differentiellen Psychologie sind die an Geschlechtsunterschiede oder Rassenunterschiede geknüpften Vermutungen über seelische Unterschiede. Während die naive Unterscheidung menschlicher Charaktere gern mit Alternativen und Extremformeln arbeitet (dumm–gescheit, stark–schwach, gefühlvoll–gefühllos, frech–brav), zeigt die Forschung in der differentiellen Psychologie fast immer einen stufenweisen Übergang, wobei sich der Ausprägungsgrad der Eigenschaften bei Tieren und Menschen entlang einer kontinuierlichen Skala verteilt, die im typischen Fall die Form einer Glockenkurve (Gauß'sche Normalverteilung) annimmt: Die meisten Geprüften sind dabei durchschnittlich intelligent, während die Extrempositionen (sehr wenig intelligent – weit überdurchschnittlich intelligent) nur von jeweils wenigen Prüflingen eingenommen werden.
Die Unterschiede zwischen den Menschen, mit denen sich die differentielle Psychologie befasst, können durch zwei große Einflusswege entstehen: durch die Erbanlagen und durch Umwelteinflüsse (→ Erbe-/Umwelt-Problem, Lernen). In der Beurteilung des Gewichts dieser Faktoren bestehen bis heute er-

hebliche Meinungsverschiedenheiten. Man kann davon ausgehen, dass in den letzten hundert Jahren viele menschliche Merkmale, die man früher für ererbt hielt, als umweltbedingt erkannt worden sind. Die Vermutung einer «angeborenen» Eigenschaft diente oft genug dazu, Unwissen zu verschleiern und eine genauere Analyse aufzugeben, wenn sich nur dieselbe Eigenschaft auch bei den Eltern eines Betroffenen fand. Man geht heute meist davon aus, dass die Vererbung – krankhafte Extreme ausgenommen – einen relativ breiten Entwicklungsspielraum absteckt, innerhalb dessen der Umwelteinfluss darüber entscheidet, was sich herausbildet. Wichtigstes Instrument dieser Forschung ist die → Zwillingsforschung. Eineiige Zwillinge haben praktisch dieselben Erbanlagen. Hier sind alle Unterschiede sicher umweltbedingt, während die Gemeinsamkeiten keineswegs erbbedingt sein müssen (da eineiige Zwillinge ja meist in einer ähnlichen Umwelt aufwachsen); nur wenn die Umwelteinflüsse bei beiden Zwillingen sehr unterschiedlich waren, kann man Gemeinsamkeiten mit einigem Recht und nach entsprechend kritischer Prüfung als erbbedingt ansehen. Die Zwillingsstudien haben gezeigt, dass äußere Körpermerkmale (Haarfarbe, Augenfarbe, Gesichtszüge) weitgehend ererbt sind, während seelische Merkmale ebenso weitgehend auf Umwelteinflüssen beruhen. Die Persönlichkeitseigenschaften eineiiger Zwillinge sind recht verschieden. Ein wichtiges Hilfsmittel, um Unterschiede zwischen Individuen zu erfassen, sind die psychologischen → Tests. Ergebnisse solcher Untersuchungen enttäuschen durchweg alle Betrachter, die sich anmaßen, von einfachen Gruppenzugehörigkeiten (Mann – Frau, Weißer – Schwarzer, Arbeiter – Akademiker) auf Persönlichkeitseigenschaften zu schließen. Ähnlich wie schon in Experimenten zur Lernfähigkeit von Tieren eine am oberen Ende der Variationsbreite stehende Ratte besser lernt als ein wenig «begabter» Schimpanse (obwohl Schimpansen zweifellos viel klüger sind als Ratten, vorausgesetzt, man akzeptiert die Messmethoden der Psychologen über tierische Intelligenz), sind auch in allen naiven → Typenlehren die Unterschiede innerhalb der Gruppen weit größer als die zwischen den Gruppen. Das gilt beispielsweise für den Vergleich der Intelligenztestergebnisse von schwarzen und weißen Amerikanern oder für den Vergleich der Persönlichkeitsunterschiede zwischen Männern und Frauen.

Diskriminierung Moralisch ungerechtfertigte Verhaltensweisen, mit denen Personen oder Gruppen aufgrund ihrer Zugehörigkeit zu einer bestimmten sozialen Kategorie von anderen Menschen oder von staatlichen Einrichtungen benachteiligt werden. Das Spektrum der Diskriminierungen reicht von der Kontaktvermeidung und Beleidigung zu Extremformen der offenen Aggression oder des organisierten Mordens. In der Regel drücken Diskriminierungen soziale Vorurteile aus, doch führen nicht alle Vorurteile zu Diskriminierungen, wenn die staatlichen Einrichtungen energisch gegen sie vorgehen.

Disposition Anlage, Angelegtheit; individuell unterschiedliche, relativ konstant wirkende Bereitschaft zu bestimmten Verhaltensweisen, Symptomen und anderen Eigenarten. Man kann zwischen primären (angeborenen) und sekundären (erworbenen) Dispositionen unterscheiden; doch ist diese Alternative heute fragwürdig geworden (→ Erbe-/Umwelt-Problem). S. Freud, der den Ausdruck einführte («Disposition zur Zwangsneurose»), sprach bereits von einer «Ergänzungsreihe», welche zu einer solchen Disposition führen kann. Erbanlagen und Umwelteinflüsse müssen in einer Reihe von Wechselwirkungen zusammenkommen, um endlich eine bestimmte Folge auszulösen. Die einzelnen Einflüsse sind dabei Bedingungen, keine Ursachen; so ist es logisch nicht richtig, etwa von einer erblichen Ursache der → Schizophrenie zu sprechen.

Dissonanz (kognitive) Zwei oder mehr Elemente meiner inneren geistigen Welt widersprechen sich. Diesen Zustand der kognitiven (das heißt auf Denkvorgänge bezogenen) Dissonanz (Missklang) hat der amerikanische Psychologe L. Festinger untersucht. Er fand, dass ein solcher Missklang eine innere Spannung bewirkt, die nach Lösung drängt. In einem Experiment wurde zum Beispiel Teenagern, die verschiedene Schallplatten vergleichen sollten, am Ende eine Platte geschenkt, die sie eigentlich gar nicht so gut gefunden hatten. Als man später den Test wiederholte, war die geschenkte Platte in der Wertschätzungsskala weiter nach oben gerückt. Der Widerspruch zwischen den Denkinhalten «diese Platte ist nicht so gut» und «diese Platte gehört jetzt mir» hatte dazu geführt, das anfänglich abschätzige Urteil zu ändern. Es gibt im Wesentlichen drei Formen der Verminderung einer kognitiven Dissonanz: das eigene Verhalten zu ändern, die Umwelt zu ändern oder ein neues kognitives Element aufzunehmen.

Dissozialität Verhalten, das den gesellschaftlich anerkannten → Normen nicht nur nicht entspricht (Asozialität), sondern sie verletzt, wobei der Übergang zu strafgesetzlich verfolgten Vergehen und Verbrechen (→ Kriminalität) fließend ist. → Auffälliges Verhalten

Dissoziation Prozess, durch Gedanken, Gefühle oder Einstellungen ihre normale Verknüpfung (Assoziation) zu anderen Inhalten und zur Persönlichkeit verlieren. Sie werden abgespalten und funktionieren mehr oder weniger unabhängig. So kann eine Person abwechselnd behaupten, ihre Mutter sei eine Bestie oder sei der liebste Mensch auf der Welt, sie kann von sich das Bild haben, sehr brav und anständig zu leben, und gleichzeitig Abenteuer im Rotlichtmilieu suchen. Dauern solche Zustände an, dann ergibt sich das Bild einer → multiplen Persönlichkeit, eines Schlafwandlers oder eines anderen Ausnahmezustandes, in dem Menschen Dinge denken und tun, die sie mit ihr «normalen» Persönlichkeit nicht verbinden können. Die erste Beschreibung eines solchen dissoziativen Prozesses stammt von dem englischen Autor Robert Louis Stevenson: Dr. Jekyll and

Mr. Hyde. Das Thema hat die Literatur seither nicht mehr verlassen; so führen viele der modernen Helden ein Doppelleben – Karl May als Old Shatterhand, Superman als Kent Clark.

Distanz Abstand. Wir halten oft unbewusst einen Mindestabstand zu nicht vertrauten Menschen oder Dingen. Der Abstand, bis zu dem sich ein Fremder nähern kann, ohne Flucht- oder Angriffswünsche auszulösen, wird als Toleranzdistanz bezeichnet; sie lässt sich im Tierversuch messen, unterliegt bei Menschen aber großen kulturellen Schwankungen; Reisende in China berichten zum Beispiel über ihr Erstaunen, dass ihr Dolmetscher keine Hemmungen hatte, ihnen auf die Toilette zu folgen. Übermäßige Distanzbedürfnisse eines Menschen können seine sozialen Beziehungen ebenso beeinträchtigen wie Distanzlosigkeit: Wer sich nicht herzlich einem anderen annähern kann, wird für kalt oder hochmütig gehalten; wer hingegen die Distanzbedürfnisse anderer nicht achtet, gilt als übergriffig und wird gemieden.

Doktorspiele Volkstümlicher Name für die kindliche Sexualforschung, die ihren Höhepunkt im dritten bis sechsten Lebensjahr erreicht und (je nach der Intensität der gesellschaftlichen Verbote) im Schulalter abflaut, möglicherweise aber auch bis zur Geschlechtsreife fortgesetzt wird und (wie in manchen Primitivkulturen) allmählich in reifere sexuelle Kontakte übergeht. Das Doktorspiel hat seinen Namen davon, dass sich die Kinder – wie beim Arzt – voreinander ausziehen und sich gegenseitig die Geschlechtsteile zeigen und auch abtasten. Auf diese Weise werden viele Kinder das erste Mal gründlicher mit dem Geschlechtsunterschied von Mann und Frau vertraut (→ Kastrationsangst); sie lernen gelegentlich die → Selbstbefriedigung kennen. Oft stoßen sie auf massiv einschränkende Verbote der Eltern, wodurch schwer wiegende sexuelle Hemmungen (und Hemmungen der Neugieraktivität, des Forscherdrangs und damit der Intelligenzentwicklung) entstehen können. Doktorspiele sind ein Teil der normalen kindlichen Entwicklung; sie erfordern keine besondere «Erziehungsmaßnahme», vielleicht mit Ausnahme der Aufklärung darüber, dass wegen der Vorurteile vieler Erwachsener auf diesem Gebiet völlige Offenheit dieser Spiele doch unterbleiben sollte.

Domestikation Oberbegriff für die durch menschliche Eingriffe hervorgerufenen züchterischen Veränderungen an Haustieren, aber auch an frei gehaltenen, jedoch vom Menschen in ihrer Zuchtwahl beeinflussten Arten (die lappländischen Rentiere leben weitgehend frei, doch weisen sie deutliche Domestikationserscheinungen auf, weil die aggressiveren Männchen von der Fortpflanzung ausgeschlossen werden). Typische Folgen der Domestikation sind Einbußen an Aggressions- und Fluchtbereitschaft, weniger genaues Ansprechen von → Instinkten und angeborenen auslösenden Mechanismen (→ AAM), körperliche Veränderungen im Sinn einer «Verkindlichung» (Infantilismus), deutlich zum Beispiel in der

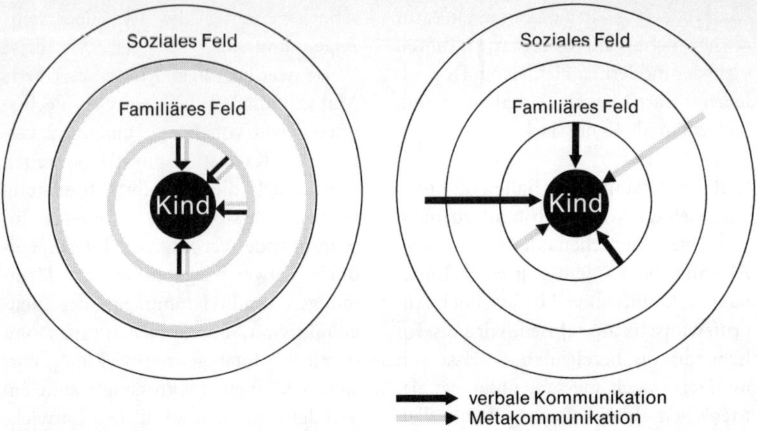

Schema der psychisch gestörten Familie (links): Die Kommunikationen sind nicht eindeutig. Oft werden doppelt gebundene Aussagen gegenüber dem Kind gemacht. Gleichzeitig grenzt sich die Familie von dem sozialen Feld ab. Im Vergleich dazu Schema der gesunden Familie (rechts): Die Kommunikationen sind eindeutig; die Familie tauscht ständig Informationen und Emotionen mit dem sozialen Feld aus und ermöglicht so dem Kind einen breiten sozialen Spielraum, der später die Ablösung von den Eltern erleichtert.

Quelle: Wolfgang Schmidbauer «Verwundbare Kindheit», Selecta-Verlag, Planegg vor München 1973

Kurzschädeligkeit vieler Hunderassen, verglichen mit den Wildformen, oder die reichlichere Ansammlung von Unterhautfettgewebe bei vielen Haustieren. Der Begriff der Domestikation für körperliche und seelische Eigentümlichkeiten des Menschen scheint fragwürdig, da es hier keine planmäßige züchterische Veränderung gab (das wichtigste Instrument der Züchtung, die Inzucht, ist sogar durch das → Inzestverbot ausgeschlossen) und kulturelle Neuerwerbungen immer erst ein Stück instinktiver Steuerung überflüssig machen mussten, ehe es allmählich seine Bedeutung verlor.

Doppelbindung Von G. Bateson eingeführter Begriff, der eine Mitteilung mit folgenden Merkmalen kennzeichnet:

1. Eine Botschaft, die auf einer Kommunikationsebene (zum Beispiel sprachlich) gesendet wird: «Du musst tun, was du für richtig hältst!»
2. Eine zweite Botschaft auf einer anderen Kommunikationsebene (durch Gesichtsausdruck oder Stimmklang vermittelt), die der ersten Botschaft widerspricht – in Worte übersetzt könnte sie in unserem Beispiel heißen: «Du darfst nie etwas tun, was Mutter traurig machen könnte!»
3. Keine Möglichkeit für das in der

Doppelbindung gefangene «Opfer», die bestehende Situation zu verlassen – verbal oder nicht verbal etwa so auszudrücken: Wir Müllers waren schon immer eine besondere Familie, und niemand sonst hat verstanden, worum es bei uns *wirklich* geht!
Doppelt gebundene Kommunikationen sind eine häufige Ursache von seelischer Verwirrung und Orientierungslosigkeit; sie hinterlassen im Opfer das Gefühl: «Wie ich's mache, ist es falsch!» Sie sind weit verbreitet und nicht auf Familien mit einem an → Schizophrenie leidenden Mitglied beschränkt, von denen Bateson in seiner Konzeption der Doppelbindung ausging. Gesellschaftlicher Hintergrund solcher Phänomene sind widersprüchliche Werte, die von den Familien nicht aufgedeckt, sondern verschleiert werden.

Doppelmoral In den meisten patriarchalischen, von Männern bestimmten Gesellschaften (und das sind trotz formeller Gleichberechtigung auch die europäisch-amerikanischen Zivilisationen geblieben) übliche zweifache und geschlechtsspezifische Moral, nach der den Männern größere sexuelle Freiheit zugestanden wird als den Frauen. Extremfälle der Doppelmoral liegen in manchen mohammedanischen Ländern vor, wo jeder Mann mehrere Frauen haben kann, während die Frau zu strikter vorehelicher Keuschheit verpflichtet ist und unter Umständen durch eine schmerzhafte körperliche Operation (Vernähung der Schamlippen) zum völligen Verzicht auf sexuelle Befriedigung gezwungen wird. Die Doppelmoral wird entweder religiös oder auch «biologisch» gerechtfertigt, indem man zum Beispiel ein Naturgesetz unterstellt, wonach die Sexualität für Frauen eine weit größere Gefühlsbedeutung habe als für Männer. Aus der überlieferten Doppelmoral hat sich in den letzten Jahren eine neue Form entwickelt, bei der auch Frauen voreheliche sexuelle Kontakte haben dürfen, wenn sie nur verliebt oder verlobt sind, während die «reine» Sexualität ohne → Bindung nach wie vor männliches Vorrecht bleibt. Die Wurzeln der Doppelmoral sind wahrscheinlich in der Entwicklung einer besitzorientierten Gesellschaftsordnung zu suchen, in der die Verfügung über die weibliche Fruchtbarkeit wegen der erbrechtlichen Folgen einer Geburt besondere Bedeutung erhielt.

Dressur Abrichtung, Einüben von Verhaltensweisen durch Belohnen des erwünschten und Bestrafen des unerwünschten Verhaltens, das in kleinen Schritten aufgebaut wird. Dressur wendet sich nicht an Einsicht, sondern benutzt die Möglichkeit, → Reiz-Reaktions-Verbindungen aufzubauen. Sie ist deshalb immer da möglich, wo ein bestimmtes Maß an Lernfähigkeit gegeben ist (man kann Würmer, ja sogar Pantoffeltierchen dressieren). → Konditionierung

Drogen In der ursprünglichen Bedeutung des deutschen Wortes getrocknete Pflanzenstoffe. Durch Anklang an das englisch-amerikanische «drug» (Arzneimittel) Sammelbegriff für natürliche oder künstliche Stoffe mit Wirkung auf den Organismus; im populären Sprachgebrauch oft Abkürzung für «Rauschdroge», das heißt ein Mittel, welches das Erleben verändert und unter Umständen zur → Drogenabhängigkeit führt.

Drogenabhängigkeit Im Jahr 1964 von der Weltgesundheitsorganisation (WHO) vorgeschlagene Bezeichnung für den Zustand seelischer und/oder körperlicher Abhängigkeit von Stoffen mit Wirkung auf das Nervensystem (→ Psychopharmaka). Die seelische Abhängigkeit besagt, dass eine Droge so regelmäßig angewendet werden muss, dass sie immer im Organismus bleibt, um einen angenehmen Zustand zu erzielen oder einen unangenehmen zu verhindern. Physiologische, körperlich bedingte Abhängigkeit bedeutet, dass durch die wiederholte Anwendung einer Droge der Körper sich so umgestellt hat, dass bei ersatzloser Absetzung oder Verminderung der Dosis erhebliche, körperlich nachweisbare Entzugserscheinungen auftreten. Einen Zustand hoher seelischer und körperlicher Abhängigkeit, meist verbunden mit einer Neigung, die Dosis zu steigern (um die nachlassende Empfindlichkeit des Körpers auszugleichen, das heißt trotzdem noch den stimmungshebenden Effekt der Droge zu spüren), nennt man Drogensucht. Bei Gewohnheitsbildung besteht meist keine Neigung, die Menge der Droge zu steigern. Die Abhängigkeit wird vom Drogenkonsumenten charakteristischerweise verleugnet; er behauptet, jederzeit aufhören zu können, doch keinerlei Grund zu sehen, warum er es tun solle, schließlich sei er ja nicht abhängig … Die Art der Drogenabhängigkeit wird nach den spezifischen Merkmalen der einzelnen Rauschdrogen unterschieden; man findet in der WHO-Einteilung:

1. Barbiturat-Alkohol-Typ. Barbiturate sind der Grundstoff der meisten Schlafmittel. Ähnlich wie Alkohol wirken sie betäubend auf die Gehirnrinde, welche die Nervengrundlage für die höheren Bewusstseinsleistungen bildet – darunter auch für die vom Bewusstsein ausgeübte Hemmung, Kritik und Kontrolle (→ Über-Ich). Der von Schlafmitteln, Alkohol oder beidem Abhängige sucht meist die kritischen und ihn deprimierenden Äußerungen seines Über-Ich auszuschalten und im betäubten Vergessen eine trügerische Zufriedenheit zu finden.

2. Morphin-Typ. Die Opiate, also die Abkömmlinge des Opiums, von denen Morphin und Heroin am bekanntesten sind, gehören zu den stärkste Abhängigkeit auslösenden Rauschgiften. Sie spenden eine durch die Anwendung (Einspritzen in die Vene) sehr rasch einsetzende, heftige Euphorie, die freilich durch sehr unangenehme Entzugssymptome bezahlt werden muss. Der typische Morphin- oder Heroinsüchtige muss die Dosis ständig steigern, um über den Ausgleich der sehr belastenden Entzugssymptome hinaus noch Lust zu gewinnen. Die Opiate bauen ihre Herrschaft in der Regel nicht auf der Lust, die man durch sie gewinnt, sondern auf den Entzugssymptomen auf, die man durch ihre Zufuhr vermeiden kann. Diese Entzugssymptome sind eine «Rache des Nervensystems» auf die dauernde Lähmung durch die betäubende Droge. Es hat sich auf ein

anderes Gleichgewicht eingestellt, um die Lebensfunktionen unter dem Einfluss des Opiats aufrechtzuerhalten. Lässt dieser Einfluss nach, dann kommt es zunächst (für einige Tage, höchstens eine Woche lang) zu heftigen, überschießenden Reaktionen wie Schwitzen, Magenkrämpfe, Kältegefühl, heftige Übelkeit.

3. Halluzinogen- oder Cannabis-(Hanf-)Typ. Die typischen Halluzinogene sind die Pilzdroge Psilocybin, das Kaktusgift Meskalin, das synthetisch (aus Mutterkorn-Alkaloiden) hergestellte Lysergsäurediäthylamid (LSD) und das am weitesten verbreitete Haschisch (Haschisch ist das reine Harz der Hanfpflanze Cannabis indica; Marihuana enthält noch Pflanzenteile und wirkt meist schwächer; die Konzentration des wirksamen Delta-Tetra-Hydrocannabinol kann je nach Herkunft und Zubereitung der Droge sehr stark, bis um den Faktor 100, schwanken). Die Abhängigkeit von diesen Drogen ist vorwiegend psychisch. Körperliche Veränderungen und Entzugssymptome sind sehr selten; die Möglichkeit, sie stabil, in der Art eines Genussmittels, zu verwenden, scheint erheblich häufiger gegeben als bei den Opiaten und dürfte in etwa der Situation bei Alkohol entsprechen. Dennoch sollte man nicht übersehen, dass alle seelisch wirksamen Drogen die Leistungen des Gehirns herabsetzen und dadurch, wenn sie ständig verwendet werden, die Aussichten auf eine ohne die Pseudo-Lösung der Droge befriedigende Lebensgestaltung vermindern.

4. Amphetamin-Typ. Die Amphetamine sind Weckmittel. Sie steigern die seelische Leistungsfähigkeit, wenn in einer Ausnahmesituation (wie bei Bomberpiloten im Zweiten Weltkrieg) lang dauernde Konzentration ohne Ermüdungserscheinungen und Nachlassen der Aufmerksamkeit gefordert wird. Diese Wirkung zeigt auch die Gefahr der Weckamine (Amphetamine; Handelsnamen: Preludin, Pervitin; im Jargon der Drogen-«Szene»: Speed, Pep-Pills, Purple Hearts ...). Sie führen, dauernd genommen, zu schweren Schlafstörungen, die dann oft zusätzlich durch Schlafmittel bekämpft werden. Der Betroffene läuft Gefahr, die natürliche Ermüdung als Warnsignal vor völliger Erschöpfung seiner körperlichen und seelischen Energien zu übertönen, seine Reserven aufzubrauchen und endlich mit den Zeichen einer schweren seelischen Störung (→ Psychose), Wahnwahrnehmungen und Wahnvorstellungen zusammenzubrechen.

5. Kokain-Typ. Das Alkaloid des Koka-Strauchs gleicht in seiner rasch zur Sucht führenden Wirkung den Opiaten, führt aber zu einer andersartigen körperlichen Abhängigkeit und hat auch andere psychische Wirkungen (es steigert zunächst die Leistungsfähigkeit und Aktivität). Crack, eine zum Rauchen geeignete und daher sehr schnell wirkende Coca-Zubereitung, ist zu einem der gefährlichsten Suchtgifte geworden.

Die WHO-Einteilung der Drogenabhängigkeit hat den Versuch unternommen, den unklaren Begriff der «Sucht» (man spricht ja auch von Fettsucht, obwohl Essen kaum als Droge angesprochen werden kann) durch besser abgegrenzte Begriffe zu ersetzen. Die Einteilung nach Drogentypen wird freilich der Tatsache nicht gerecht, dass der typische Drogenkonsument heute polytoxikoman ist, also viele verschiedene Rauschmittel verwendet. Die Entstehung der Drogenabhängigkeit ist ein von vielen Bedingungen bestimmtes Geschehen: Individuelle psychologische Einflüsse (ungünstige Familienverhältnisse in der Kindheit, große Unterschiede zwischen den Ansprüchen an das Leben und den tatsächlichen persönlichen Möglichkeiten, eine Neigung zu → Depressionen) wirken mit den körperlichen Veränderungen durch die Rauschdrogen und sozialen Einflüssen zusammen: Alkoholkonsum als Zeichen von «Männlichkeit», Haschischkonsum als Zeichen von «Protest gegen das Establishment», Verwendung von Halluzinogenen in primitiven Religionen und in der Subkultur der Hippies, Neugier, die durch sensationelle Berichte in den Massenmedien geweckt wird. Die Behandlung der Drogenabhängigkeit ist daher, wenn sie Aussicht auf Erfolg haben soll, ähnlich umfassend anzulegen. Die reine Entziehung in einer Nervenklinik beseitigt nur die körperliche Abhängigkeit, lässt aber die seelische meist unverändert, ändert weder die zugrunde liegenden neurotischen Konflikte noch die soziale Situation des Drogenabhängigen, sodass eine Rückfallhäufigkeit von bis zu 90 Prozent nicht erstaunlich ist. Wichtig ist in der Behandlung eine langfristige, intensive psychosoziale Betreuung, wie sie unter anderem Selbsthilfegruppen (etwa die Anonymen Alkoholiker und Synanon) vermitteln.

Dyade Zweierbeziehung; die beiden wichtigsten Dyaden im Leben eines Menschen sind die Beziehung zu dem bevorzugten Elternteil oder auch Geschwister in der Familie und die Freundschaften oder Liebesbeziehungen im späteren Erwachsenenleben. Die Zweierbeziehung ermöglicht den wohl größten Grad seelischer Nähe. → Näheangst, Symbiose

Dynamik Von griechisch dynamis = Kraft, Macht. Der Ausdruck wurde aus der Physik (Lehre von den Bewegungsvorgängen = Dynamik) in die Psychologie übernommen und zuerst von W. McDougall und S. Freud verwendet. → Dynamische Psychologie

Dynamische Psychiatrie Von Karl Menninger begründete Richtung der → Psychiatrie, die sich unter dem Einfluss der → Psychoanalyse kritisch von der traditionellen, medizinisch-biologisch orientierten Nervenheilkunde distanziert und fließende Übergänge zwischen Normalität, → Neurose und → Psychose zugrunde legt. Daher wird auch ein breites Spektrum psychotherapeutischer Behandlungsformen (→ Gruppentherapie, → therapeutische Gemeinschaft) empfohlen, das die herkömmliche Behandlung der Geisteskrankheiten mit → Psychopharmaka erheblich erweitert.

Dynamische Psychologie Gegenüber der statischen, an Ordnungen von Vorstellungen interessierten Assoziationspsychologie (→ Assoziation) wendet sich die dynamische Psychologie den Kräften hinter dem innerseelischen Geschehen und dem offenbar werdenden Verhalten zu, der Frage also nach den Beweggründen (→ Bedürfnis, Motiv, Trieb) des menschlichen Lebens, welche bisher die Dichter und Schriftsteller weit genauer aufzuspüren wussten als die akademischen Psychologen. Psychologie wird nicht mehr als Reihe innerer Zustände, sondern als Ausdruck eines inneren Kräftespiels verstanden, wobei vor allem S. Freuds Gegenüberstellung von → Ich-Trieben und Sexualtrieben (später von → Ich und → Es) für die dynamische Auffassung wichtig wurde. → Traumdeutung und → Psychoanalyse von → Neurosen zeigten, dass der bisher nur von Dichtern geschilderte innere Kampf («Zwei Seelen kämpfen, ach, in meiner Brust») sehr wohl Gegenstand wissenschaftlicher Forschung werden kann. Auch die → Gestaltpsychologie, vor allem die → Feldtheorie K. Lewins, hat dynamische Gesichtspunkte einbezogen. Sie wies darauf hin, dass auch in der früheren Domäne der Assoziationspsychologie, der Theorie der → Wahrnehmung, durchaus dynamische Gesichtspunkte miteinbezogen werden müssen. Wahrnehmung ist kein passives Geschehen, sondern ein aktiver Verarbeitungsprozess. Aus einer Anwendung dieser Gesichtspunkte auf das Geschehen in kleinen Gruppen ergab sich die von K. Lewin entwickelte → Gruppendynamik.

E

Echtheit Übereinstimmung der Aussagen eines Menschen mit seinen Handlungen und seinen inneren Gefühlen. Echtheit (Authentizität) wird somit zu einem Begriff, der nicht in naturwissenschaftlicher Weise, unabhängig vom Erleben des Urteilenden, bestimmt werden kann, sondern nur von der Möglichkeit her, zwischenmenschliche Vorgänge zu verstehen. Ein Mangel an Echtheit kann von mir selbst an mir festgestellt werden, wenn ich zum Beispiel bei Menschen eingeladen bin, deren politische Überzeugungen oder deren persönlicher Geschmack mich abstoßen, mit denen ich aber plaudere, als ob diese Konflikte gar nicht vorhanden wären. Oder ich kann die fehlende Echtheit bei anderen empfinden, wie bei einer älteren Frau, die intensive Gefühle für jemanden ausdrückt, während ich darin nur einen Beweis ihrer Herrschsucht sehe. Die psychoanalytische Aufklärung solcher Situationen kann freilich dazu führen, dass meine Vorstellung mangelnder Echtheit bei dieser Frau auf einer → Übertragung meinerseits beruht. Von den meisten Beobachtern wird ein Mangel an Echtheit als charakteristisches Merkmal der → Hysterie angesprochen, doch scheinen hysterische Menschen subjektiv fast immer voll von der Echtheit dessen überzeugt, was sie ausdrücken. Das quälende Empfinden, alles, was man tue und sage, sei nicht echt, ist eher für → Zwangsneurosen bezeichnend. In der → Psychotherapie hat C. Rogers die

Echtheit des Therapeuten besonders gefordert. Rogers hält sie für eine der drei Grundvoraussetzungen (neben → Einfühlung und der Widerspiegelung emotionaler Inhalte der Aussagen des Patienten), dass eine psychotherapeutische Veränderung stattfindet. Die Psychotherapieforschung scheint das zu bestätigen; allerdings muss zwischen einer vollständigen Offenheit und der «selektiven Authentizität» (auswählenden Echtheit) des Therapeuten unterschieden werden. Was der Therapeut sagt, sollte echt sein; doch er darf nicht alles sagen, was an Echtem in der therapeutischen Situation in ihm entsteht.

Egoismus Wertender Begriff, der eine Bevorzugung des eigenen Ich gegenüber den Interessen anderer Menschen umschreibt. Man unterscheidet gelegentlich einen gesunden Egoismus (Durchsetzen der eigenen Interessen im Sinn eines gerechten Ausgleichs von Geben und Nehmen) vom krankhaften oder übertriebenen Egoismus (Durchsetzen der eigenen Interessen auch da, wo andere Menschen dadurch unverhältnismäßig geschädigt oder beeinträchtigt werden, zum Beispiel bei → Kriminalität). → Altruismus, Narzissmus.

Eheberatung Die Ehe als längere Zeit (nach den Normen der christlichen Religion ein Leben lang) dauernde sexuelle Lebensgemeinschaft mit den wichtigen Aufgaben der Kindererziehung und der wechselseitig gewährten emotionalen Sicherheit ist heute ein wichtiges Aufgabenfeld psychologischer Beratung und Hilfe. Sehr viele Ehen werden geschieden, in manchen Staaten (darunter Kalifornien) bereits jede zweite, bei uns gegenwärtig mindestens jede dritte. Die Folgen sind vor allem für die Kinder oft ungünstig, denn sie müssen die Trennung der Eltern fast immer als Verlust eines Elternteils erleben. In «geglückten» Scheidungen gelingt es, das Prinzip des «kleineren Übels» fruchtbar zu machen. Kinder leiden zum Beispiel unter ständigem Streit und Unsicherheit mehr als unter der ebenfalls leidvollen Trennung. Versöhnliche Vereinbarungen sind teuer, strittige Scheidungen aber noch kostspieliger. Die Eheberatung wird leider meist nicht vorbeugend, sondern erst dann aufgesucht, wenn es in einer Ehe erhebliche Konflikte gibt. Als fruchtbar hat sich hier die → Kommunikationstherapie erwiesen. Die Partner geraten oft deshalb in Streit, weil sie verschiedene Sprachen sprechen. Eine Frau hat vielleicht als Kind gelernt, Wünsche immer indirekt auszudrücken. Sie sagt: «Möchtest du ins Kino gehen?», wenn tatsächlich sie selbst gehen will; wenn der Mann dann diesen Wunsch einfach als Frage versteht und ablehnt, fühlt sich die Frau zurückgewiesen («Du schlägst mir auch immer alles ab!»). Die Eheberatung kann sich kaum zum Ziel setzen, Ehen um jeden Preis zu kitten. Manchmal ist eine vernünftige (nicht strittige, sondern mit einer Vereinbarung durchgeführte) Scheidung die beste Lösung. Das vorbeugende Verhindern bestimmter Eheschwierigkeiten wäre eine wichtige Aufgabe. Es geht hier vor allem darum, Illusionen über die Auswirkungen von Liebe auf eine Lebensgemeinschaft rechtzeitig abzubauen («Wenn wir uns lieben, darf es ja keine Schwierigkeiten geben», «Wenn wir uns lieben, müssen sich alle Probleme lösen lassen», oder sogar «darf es überhaupt keine Probleme geben»).

Ehrgeiz Wunsch, eigene Ideale zu erreichen und andere Menschen zu übertreffen. Ehrgeiz ist in den europäischen Kulturen universell; bereits die Griechen der Antike kannten den Wunsch, der Erste zu sein und andere zu übertreffen. Die biologischen Wurzeln von Ehrgeiz reichen wohl in die Balzrituale der Wirbeltiere zurück: Männchen wie Weibchen, die andere durch Demonstration ihrer besonderen Tüchtigkeit, Schönheit, Geschicklichkeit usw. übertreffen, haben höhere Fortpflanzungschancen. Beim Menschen ist dieses Verhaltensmuster allerdings sozial stark beeinflussbar; es gibt Kulturen wie die der Pueblo-Indianer in Nordmerika, bei denen Ehrgeiz als unanständig und gemeinschaftsschädigend gilt, was zum Beispiel dazu führte, dass dort in den Schulen die besseren Schüler absichtlich Fehler machen, um die schlechteren nicht zu beschämen. Wenn Ehrgeiz und Leistungsstreben in den meisten Kulturen nachweisbar sind, liegt das wohl daran, dass in der kulturellen Evolution von Ehrgeiz geprägte Gesellschaftssysteme durchsetzungsfähiger nach außen sind, obwohl der Ehrgeiz für das seelische Gleichgewicht durchaus problematisch ist und gekränkter Ehrgeiz häufig psychische Störungen und psychosomatische Erkrankungen mitbedingt.

Eidetik Ein geringer Prozentsatz von Erwachsenen, aber ein recht hoher Prozentsatz von Kindern im Grundschulalter sind fähig, bestimmte Objekte (zum Beispiel Bildtafeln mit vielen Einzelheiten) nach einer kurzen → Wahrnehmung anschaulich weiter vor sich zu sehen. Man spricht dann von Eidetik oder eidetischer Wahrnehmung.

Eifersucht → Affekt, der auftritt, wenn ein geliebter Mensch sich anderen Menschen mehr zuzuwenden droht als dem Betroffenen. Man kann trotz fließender Übergänge zwischen einer normalen Eifersucht und einer krankhaften Eifersucht unterscheiden. Als Ausdruck von → Abhängigkeit einerseits, → Besitzanspruch andererseits gehört die Eifersucht zu den Affekten, die dann besonders stark sind, wenn sich in einer Beziehung unter Erwachsenen sehr stark der Charakter einer Elternbeziehung wiederholt. Für das Kind ist Eifersucht insoweit notwendig, als es ein ausreichendes Maß an Aufmerksamkeit seiner Bezugspersonen für sein seelisches Gedeihen (unter primitiven Lebensumständen: für sein Überleben) braucht und auch auf sich zieht. Da alle Liebesbeziehungen ein Stück dieser Beziehung in sich tragen, ist das angeblich völlige Fehlen von Eifersucht wohl eher einer → Verleugnung oder einer mangelnden → Bindung zuzuschreiben als einer besonderen Abgeklärtheit und Reife. Die krankhafte Eifersucht, die das Sprichwort treffend als «Leidenschaft, die mit Eifer sucht, was Leiden schafft» kennzeichnet, ist irrational. Der Partner ist treu, manchmal sogar besonders treu, wird aber dennoch

Prüfbild mit zahlreichen Einzelheiten, um eidetische Fähigkeiten nachzuweisen
Quelle: David Katz «Psychologischer Atlas», Benno Schwabe Verlag, Basel 1945

ständig verdächtigt, verfolgt, misstrauisch beobachtet, wobei jedes kleine Zeichen (etwa ein Blick, mit dem ein Kellner begrüßt wird) als Signal einer beabsichtigten Untreue ausgelegt wird. Hier ergibt die analytische Aufklärung manchmal beim Eifersüchtigen selbst ausgeprägte Neigungen zur Untreue, die er sich nicht eingesteht, sondern auf den Partner projiziert (→ Projektion) und nun an ihm besonders scharf verfolgt. Es kann sich dabei neben verdrängten heterosexuellen Wünschen auch um unterdrückte homosexuelle Phantasien handeln («Ich liebe den Kellner» – «Nein, sie liebt ihn, und ich bin auf sie eifersüchtig; dennoch kann ich in meinen Phantasien, wie sie es mit ihm treibt, ein Stück meiner homosexuellen Wünsche ausleben»). In anderen Fällen wird in der krankhaften Eifersucht mit allen Mitteln um die Aufrechterhaltung einer starken Abhängigkeitsbeziehung gekämpft. Der Verlust des Partners gilt als dauernde, bedrohliche Gefahr, weil man ohne ihn nicht leben zu können glaubt und andererseits durch die Angst, ihn zu verlieren, so viel eigene Aggression und Unzufriedenheit mit ihm unterdrückt, dass ein Zusammenbruch der Abhängigkeitsbeziehung auch durch die innere Situation des Eifersüchtigen droht (der seine eigenen Wünsche nach anderen Beziehungen verdrängen muss). Eifersucht kann auch manchmal eine Bedingung für Liebe sein («Prinzip des geschädigten Dritten»): Eine Frau wird für einen Mann erst dadurch anziehend, dass sie ihn eifersüchtig macht. Hier wird im Erwachsenenleben das Dreieck des → Ödipuskomplexes wiederholt.

Eigenschaft Neben den auf die jeweilige Situation bezogenen Seiten von Verhaltensweisen gibt es in ihnen auch einen mehr oder weniger beständigen zielorientierten Anteil, den man im Begriff der Eigenschaft zu isolieren sucht. G. W. Allport hat etwa 4500 Wörter der englischen Sprache gesammelt, welche solche Eigenschaften angeben; eine ähnliche Materialsammlung wurde schon früher durch L. Klages in Deutschland durchgeführt. Dieser bemühte sich auch, Eigenschaften über die reine Beschreibung (beharrlich, flatterhaft, willensstark, geduldig ...) hinaus zu analysieren. Einen ersten Ansatz liefert dabei die Bestimmung von Verhältnissen. Klages bestimmt etwa die Willenserregbarkeit als Verhältnis zwischen Triebkraft einerseits, Widerstand andererseits, oder die Gefühlserregbarkeit als Verhältnis zwischen Gefühlslebhaftigkeit und Gefühlstiefe. Dieses schematische, aber die Möglichkeiten der Beschreibung erweiternde Verfahren wurde von Ph. Lersch weiter ausgebaut, der zwischen Leistungseigenschaften (wie Intelligenzgrad), Verhalteneigenschaften (wie Ausdauer) und Wesenseigenschaften (wie Güte) unterschied. Auch hier lassen sich wertende Gesichtspunkte ebenso wenig verkennen wie die unbefriedigende wissenschaftliche Aufschlüsselung. In der heute vorherrschenden empirischen Eigenschaftsforschung wird vor allem mit den Mitteln der → Faktorenanalyse gearbeitet. Man prüft verschiedene Gruppen von Menschen mit einer Reihe von → Tests und berechnet dann, ob sich → Korrelationen zwischen den Testergebnissen auf gemeinsame Grundlagen (Faktoren) zurückführen lassen. Einen anderen Zugangsweg eröffnet die → Psychoanalyse, welche die Entstehungsgeschichte von Eigenschaften und ihren Zusammenhang mit bestimmten Grundkonflikten der Kindheit aufzudecken sucht. Ein frühes Beispiel dafür ist die Trias (Dreiheit) der Eigenschaften Geiz, Pedanterie und Ordnungssinn für den → analen Charakter.

Eignung Fähigkeiten, → Eigenschaften und → Motive eines Menschen für eine bestimmte Tätigkeit, meist im Sinn der Eignung für eine Berufstätigkeit. Die Eignungsfeststellung ist ein wichtiger Teil der Berufsberatung (→ angewandte Psychologie, Beratung), in der es heute für eine ganze Reihe von Berufen besondere Eignungstests gibt.

Einbildung In eine Vorlesung bringt der Professor ein kleines Fläschchen mit, öffnet es und bittet die Hörer, sich zu melden, wenn sie den besonderen Geruch spüren, der aus ihm strömt. Nach etwa zehn Minuten haben sich mehr als die Hälfte der Studenten gemeldet. Jetzt unterbricht der Professor das unfreiwillige → Experiment. Das

Fläschchen enthält keinen Geruchsstoff; die Wahrnehmung der Studenten beruhte auf Einbildung. Von ihr sprechen wir dann, wenn eine → Vorstellung (ein inneres Bild) Auswirkungen hat, die sich sonst nur bei wirklichen Wahrnehmungen finden. Ein Mensch, der krebskrank ist und sich deshalb große Sorgen macht, erweckt unser Mitgefühl. Es ist viel schwieriger zu verstehen, wie jemand sich alle Zeichen der Krebskrankheit einbilden kann und dann auf diese Zeichen mit eben derselben ängstlichen Sorge reagiert. Man sollte zwischen der Einbildung «im Dienst des → Ich» und der krankhaften Einbildung unterscheiden. Die Erste befähigt etwa einen Schauspieler, die Rolle eines Menschen überzeugend zu spielen, mit dem er in Wirklichkeit nichts gemein hat. Die Zweite wird sehr oft vom → Unbewussten beeinflusst, etwa vom Bedürfnis nach Aufmerksamkeit und Zuwendung, die dem Kind nur dann erfüllt wurden, wenn es krank war. Der Erwachsene gerät so in Gefahr, durch unbewusste Einbildung Krankheiten zu übernehmen, um diese Zuwendung zu erhalten. Dabei kann man davon ausgehen, dass jeder Mensch in Belastungssituationen Einbildungen erliegen kann. So neigen Medizinstudenten zu Beginn ihrer Studienzeit sehr dazu, sich verschiedene Krankheiten, von denen sie lesen, einzubilden. → Suggestion, Hypnose

Eindruck Gesamtbild einer Person, seltener einer Sache (vielleicht einer Landschaft), in dem sich Gefühle und Gedanken zu einem mehr oder weniger geschlossenen Bild verbinden. Beim Zustandekommen solcher Eindrücke spielen Reste eines ererbten Ausdrucksverständnisses eine Rolle, das dem angeborenen auslösenden Mechanismus (→ AAM) der Tiere verwandt und wahrscheinlich für das unmittelbare Verständnis von Gesichtsausdruck, Miene, Stimmklang eines Menschen ebenso verantwortlich ist wie dafür, dass zum Beispiel ein Kamel «hochmütig» und ein Adler «stolz» aussehen, das heißt unwillkürlich einen solchen Eindruck auf die meisten Menschen machen. Diese angeborenen Grundlagen unserer Eindrücke sind fast nie in reiner Form nachzuweisen. Sie werden schon von frühester Kindheit an durch Erfahrungen erweitert und ergänzt. Das Kind lernt sehr bald, aus dem Eindruck, den die Eltern machen, Schlüsse darauf zu ziehen, wie weit es etwa gehen kann, wenn es den Forderungen der Mutter zuwiderhandelt. Alle bisherigen Erfahrungen mit anderen Menschen (auf der Grundlage unserer angeborenen Eindrucksfähigkeit) wirken in dem → «ersten Eindruck» zusammen, den uns ein Fremder vermittelt.

Einfühlung Der Versuch, fremdes Erleben nachzuvollziehen, um den anderen zu verstehen. Es gibt die unmittelbare, auf einem Mitschwingen der eigenen Gefühle und → Phantasien beruhende Einfühlung, und ein mittelbares Einfühlen, bei dem zahlreiche Einzelheiten des Verhaltens beim Gegenüber bewusst registriert und nachvollzogen werden, bis ein Gesamteindruck entsteht. Einfühlung spielt in der → angewandten Psychologie, vor allem in der → Beratung und in einer erfolgreichen

→ Psychotherapie, eine entscheidende Rolle. → Empathie

Einsicht Mit dem menschlichen → Bewusstsein untrennbar verbundene Fähigkeit, reale oder logisch-mathematische Zusammenhänge unmittelbar zu verstehen, zu überblicken und in Gedanken zu verändern. Einsicht wird oft dadurch gewonnen, dass die Zusammenhänge in einem Problem-«Feld» neu geordnet und zusammengefasst werden. Einsicht lässt sich auch ausschließlich aus Verhaltensdaten ablesen; wenn zum Beispiel ein Schimpanse nach vergeblichem Probieren, ob er eine an der Decke hängende Banane durch Springen erreichen kann, einige Augenblicke suchend um sich schaut, bis sein Gesicht beim Anblick einiger Kisten in der Ecke des Raums einen anderen Ausdruck annimmt («Aha-Erlebnis») und er diese Kisten unter der Banane auftürmt, die er so ohne Schwierigkeiten erreichen kann. Der glatte Lösungsverlauf und die schlagartige Neuordnung des Verhaltens sind hier typische Kennzeichen der Einsicht (→ Denken). In der → Psychotherapie ist der Unterschied von Wissen und Einsicht sehr wichtig. Beim Bescheidwissen über den → Ödipuskomplex etwa wird keine Verbindung zwischen Verstand und Gefühl hergestellt, während es zum Wesen der psychotherapeutischen Einsicht gehört, dass es dem Patienten gelingt, für sich selbst eine neue Verbindung zu bisher abgespaltenen Anteilen seiner Person (→ Es) herzustellen, bei der Verstand und Gefühl zusammenwirken.

Einstellung (englisch attitude) Bereitschaft, einen Gegenstand in einer besonderen Weise wahrzunehmen und/oder in einer besonderen Weise auf ihn zu reagieren. Einstellungen werden in der Kindheit und Jugend, seltener im Erwachsenenleben erworben und sind relativ dauerhaft, da sie sich meist selbst bestätigen. Im allgemeinen Sprachgebrauch nennt man Einstellungen oft → Vorurteile, weil sie häufig eine vorgefasste Meinung enthalten. Die Selbstbestätigung von Einstellungen sieht etwa so aus: Wer eine antisemitische, also eine gegen Juden feindliche Einstellung hat, wird vorwiegend negative Dinge über Juden wahrnehmen, sich mit Menschen treffen, die seine Meinung teilen und ihn darin bestärken; er wird Kontakte mit Juden meiden, die ihn eventuell eines anderen überzeugen könnten. Wenn er doch mit einem Juden zusammenkommt, wird er sich möglicherweise so feindselig oder abweisend benehmen, dass er ebenfalls eine unfreundliche Reaktion auslöst, und darin wiederum eine Bestätigung seiner Einstellung sehen. Aus diesem Netz von Bestätigungen, dem Sich-Einstellungen-Schaffen, wird auch klar, warum es so schwierig ist, sie zu ändern. Wer etwa seine Einstellung «Polizisten sind Schweine», die er in einer entsprechenden Erziehung (etwa in einem Obdachlosenquartier) erworben hat, ändern soll, der verliert alle Freunde, die mit ihm diese Einstellung teilten und ihn nun für einen Spitzel halten. Gut untersuchte Einstellungskomplexe sind Faschismus, Rassismus und Konservatismus (→ autoritäre Persönlichkeit). Der ausgeprägt Konservative ist durch starren religiösen Glauben, rechtsgerichtete politische Überzeugung (Nationalismus), Unduldsamkeit gegenüber Minderheiten, Beharren auf strengen Grundsätzen und Strafen, Neigung, Vergnügen als schlecht zu betrachten, und Vorliebe für herkömmliche Kunst, Kleidung und Gesellschaftsformen gekennzeichnet. Der Gegenpol dieser Sammlung von Einstellungen, die den Konservatismus ausmachen, kann als liberale Einstellung beschrieben werden.

Einstellungen sind erlernt. Sie können dadurch entstehen, dass ein Mensch übernimmt, was in seiner Umwelt geglaubt wird (wie «Pferdefleisch ist kein Essen!»). Sie können sich aufgrund der nicht ausgesprochenen Zeichen des → Ausdrucks bilden, wenn etwa in einer Familie immer mit einem besonders verächtlichen Ton von «Negern» gesprochen wird. In einigen Fällen haben sie eine unbewusste Bedeutung; die Feindseligkeit gegen Juden beruht manchmal darauf, dass diese ein Blitzableiter für den unbewussten Hass gegen einen autoritären Vater sind (autoritäre Persönlichkeit).

Die Änderung von Einstellungen hängt zunächst einmal von dem Menschen ab, der sich ändern soll. Starre oder aber auch sehr von sich selbst überzeugte → Persönlichkeiten werden sich nicht so leicht ändern wie Menschen mit geringer Selbstachtung oder großer geistig-seelischer Offenheit. Zur Veränderung von Einstellungen erweist sich die offene Diskussion und anschließende Urteilsfindung in kleinen Gruppen oft als wirksamer als ein Vortrag eines Fachmanns (→ Gruppendynamik). Wer in einer Diskussion Einstellungen verändern will, wird am ehesten Erfolg haben, wenn er das erste Wort und das Schlusswort für sich hat, wobei er in seinen Ausführungen beide Seiten der Streitfrage berücksichtigt und die seiner Ansicht nach änderungsbedürftigen Gesichtspunkte einzeln aufführt und widerlegt. Allerdings ist dabei zu berücksichtigen, dass Einstellungen meist nur schrittweise geändert werden können. Wer sich auf schon vorhandene Einstellungen beruft, wird viel eher eine Veränderung erzielen als ein anderer, der völlig neue Einstellungen begründen will. Dadurch bestärkt er eher die bisher bestehenden Einstellungen.

Einverleibungswünsche Teil der kindlichen Bedürfnisse während der → oralen Phase.

Ekstase Vom griechischen ekstasis = Heraustreten. Zustand überaus heftiger, «verzückter» Gefühle, verminderter Selbstkontrolle und oft vollständiger Beherrschung des Bewusstseins durch → Einbildungen. Eine biologisch vorgegebene, relativ kurz dauernde Form der Ekstase stellt bei manchen Menschen der → Orgasmus dar. In urtümlichen Religionen spielt die Ekstase eine wichtige Rolle. Voraussetzung ist vielfach ein Zustand gesteigerter Aufnahmefähigkeit für → Suggestionen (Suggestibilität), der durch Tänze bis zur Erschöpfung, Übermüdung, rhythmische Reize (Trommeln), aber auch durch Rauschdrogen, meist vom Typus der Halluzinogene (→ Drogenabhängigkeit), erreicht wird. Dadurch treten die kritischen, am Wachbewusstsein orientierten Merkmale der Verhaltenssteuerung in den Hintergrund. Der Betroffene wird mit einer in Mythen oder Sagen überlieferten, häufig religiös verehrten Gestalt eins, verschmilzt mit ihr und ist in diesem Zustand oft erstaunlicher, bis heute in ihrem Wesen nicht durchschauter körperlicher und geistiger Leistungen fähig (zum Beispiel erhöhte Widerstandskraft gegen Hitze beim Tanz über glühende Kohlen).

Elektra-Komplex Bezeichnung für den → Ödipuskomplex der Frau, abgeleitet von Elektra, die nach einem griechischen Mythos ihren Bruder Orest aufforderte, die Mutter (Klytämnestra) zu töten, um den Vater (Agamemnon) zu rächen.

Elektroschock Durch elektrischen Strom wird über zwei an den Schädel (meist die Schläfen) angesetzte Elektroden ein kurz dauernder Krampfanfall mit Bewusstlosigkeit ausgelöst. Heute meist in allgemeiner Betäubung durchgeführtes Mittel in der körperlichen Behandlung von schweren → Depressionen und in seltenen Fällen von Formen der → Schizophrenie, die mit Fieber und starker nervöser Gespanntheit einhergehen (akute Katatonie). Die Art und Weise der Wirkung ist ungeklärt; möglicherweise bietet die heftige Unterbrechung der Nerventätigkeit den Ansatz zu einer Korrektur der gestörten Rückkopplungsprozesse (→ Feedback) im Gehirn. Darüber hinaus wirkt der Elektroschock auch als starker Strafreiz (→ Aversionstherapie), doch muss die nervenärztliche Elektroschock-Behandlung (auch Heilkrampf- oder Elektrokrampf-Behandlung genannt) von den «Elektroschocks» unterschieden werden, die als Strafreize in der Aversionstherapie verwendet werden und keine Bewusstseinsveränderung, sondern nur einen körperlichen, aber unschädlichen Schmerz bewirken.

Eltern Vater und Mutter eines Kindes, wobei die biologische Elternschaft leichter zu bestimmen ist als die psychologische. Das bisherige Wissen spricht gegen eine «Stimme des Blutes», die ein Kind zu seinen natürlichen Eltern hinzieht. Psychologische Elternschaft ist eine → Bindung, die durch den dauernden → Kontakt mit den Bezugspersonen der frühen Kindheit entsteht. Als Bezugspersonen sind dabei jene Erwachsenen anzusprechen, welche die Verantwortung für das körperliche und seelische Wohl des Kindes übernehmen, wobei die Beständigkeit (Stabilität) mindestens einer dieser Bezugspersonen wesentlich ist. In den meisten Familien sind die leiblichen Eltern diese Bezugspersonen.

Emanzipation Ursprünglich bezeichnete dieser Begriff das Mündigwerden junger Männer und Frauen. Heute ist er auf Selbstbestimmung und Selbstbefreiung schlechthin ausgedehnt, wobei vor allem die Emanzipation der Frau zu einem Schlagwort geworden ist. Die Psychologie kann in allen Fällen eine wichtige Emanzipationshilfe sein, in denen es darum geht, → Einstellungen zu verändern, welche einer Emanzipation feindlich sind. Das gilt etwa für die Bindung einer Frau an die herkömmliche Frauenrolle. Sie kann es oft nur mit → Schuldgefühlen ansehen, wenn ihr Mann sich an der Hausarbeit beteiligt, obwohl auch sie berufstätig ist, oder sie fürchtet, nicht mehr geliebt zu werden, wenn sie ihre berechtigten Forderungen nach gleichen beruflichen Möglichkeiten durchzusetzen sucht. Die sexuelle Emanzipation betrifft die Befreiung der sexuellen Lust aus den moralischen und religiösen Verboten früherer Jahrhunderte (wonach Sexualverkehr nur zum Zweck der Kinderzeugung zulässig ist). Im Grunde kann man eine analytische → Psychotherapie oder → Gruppentherapie ebenfalls als Prozess der Emanzipation von den unbewusst gewordenen Ge- und Verboten der Kindheit sehen. Durch Einsicht in die eigene Geschichte soll dabei die Möglichkeit gewonnen werden, sich von den erstarrten Folgen dieser Geschichte zu befreien.

Empathie → Einfühlung. Die frühesten Hinweise auf die Einfühlungsfähigkeit liegen wohl in der spontanen Nachahmung von Gesten und Mimik vertrauter Erwachsener durch ein Kind. Einfühlung beruht auf einer Probeidentifizierung: Ich versetze mich in die Lage des anderen, stelle mir vor, wie sich seine Körperhaltung, sein Gesichtsausdruck, sein gegenwärtiges Lebensschicksal auf mich auswirken würden, wenn ich sie statt seiner hätte. Auf dieser Grundlage wird eine intime menschliche → Kommunikation erst möglich.

Empfindlichkeit Ansprechbarkeit durch Außenreize. Man teilt sie oft in Sensitivität (Empfindlichkeit gegenüber einem Reiz) und Sensibilität (Empfindlichkeit gegenüber Reizunterschieden) ein. Über diese wahrnehmungsbezogene Begriffsbestimmung hinaus wird Sensitivität für Empfindsamkeit und Sensibilität für Feinfühligkeit gebraucht (→ Sensitivitätstraining). In der Umgangssprache erhält Empfindlichkeit oft eine abschätzige Bedeutung im Sinne einer übertrieben leichten Kränkbarkeit. Man könnte Empfindlichkeit in diesem Sinne als ich-bezogene, Empfindsamkeit als du-bezogene Feinfühligkeit ansprechen, doch stellt sich hier ein ähnliches Wertproblem wie bei → Altruismus und → Egoismus. Die praktische Erfahrung, etwa aus der → Psychotherapie, lehrt auch, dass eine eindeutige Unterscheidung zwischen ich- und du-bezogener Feinfühligkeit meist nicht möglich ist.

Empfindung Rohmaterial der → Wahrnehmungen; seelische Erscheinung, die durch äußere, auf die Sinnesorgane einwirkende Reize ausgelöst wird, aber noch nicht durch Erfahrungseinflüsse zu einer Wahrnehmung geordnet ist. Die Unterscheidung zwischen Empfindung und Wahrnehmung wird allerdings vielfach nicht streng durchgeführt, obwohl sie einen wichtigen Schritt in der Erfassung von Reizen kennzeichnet. Wenn ein Kind zum ersten Mal einen Apfel sieht, hat es die Empfindung eines roten Fleckes, die sich bei genauerer Betrachtung allmählich um die Empfindungen einer Kugelform, eines relativ schweren, festen, aber nicht ganz harten, duftenden Gegenstandes erweitert, endlich durch die

Empfindungen beim Hineinbeißen, Kauen, Schlucken, Schmecken der Apfelstücke ergänzt wird. Aus allen diesen Empfindungen formt sich dann die Wahrnehmung «Apfel».

Empfindungen können nach den Sinnesorganen geordnet werden, welche die Umweltreize aufnehmen. Die bekannten «fünf Sinne» Gesicht, Gehör, Geruch, Geschmack und Getast sind in der psychologischen Forschung weiter unterteilt worden, so das Sehen in Farb- und Formsehen, in Tages- und Dämmerungssehen, der Hautsinn in Druck-, Berührungs-, Wärme- und Schmerzsinn; dazu kamen Lage- und Bewegungssinne (Kinästhetik). Alle Sinnesorgane sind dadurch gekennzeichnet, dass sie nur eine Klasse von Empfindungen liefern. Weiter ist notwendig, dass der Reiz einen bestimmten Schwellenwert überschreitet. Es ist auch möglich, durch starke Reize unangemessene Empfindungen auszulösen (durch einen Schlag aufs Auge «Funkensprühen»), doch ist hier weit höhere Schwellenenergie notwendig. Die Empfindungen selbst kommen erst im Gehirn zustande. Es gibt zum Beispiel Menschen, die trotz vollständig leistungsfähiger Augen und Sehnerven nichts sehen, weil bestimmte Hirngebiete am Hinterkopf zerstört sind (Rindenblindheit). Andererseits kann man durch feine Drähte mit ganz schwachem elektrischem Strom bei Menschen, die durch Augenschäden erblindet sind, im Hinterhaupthirn Lichtempfindungen bewirken.

Encounter-Gruppen Encounter heißt im Englischen Begegnung, intensiver menschlicher Kontakt. In den aus den → Sensitivitätstrainings entwickelten Encounters, die oft als → Marathon-Gruppen durchgeführt werden, sollen durch bestimmte Gruppenübungen, → Gestalttherapie und → Psychodrama neue Gefühlsmöglichkeiten erprobt werden, um den Teilnehmern statt der entfremdeten, auf Abstand bedachten gesellschaftlichen Formen neue Möglichkeiten einer menschlichen Beziehung zu bieten. Die Encounter-Gruppen sind in manchen amerikanischen Staaten (Kalifornien) fast eine neue Religion geworden. Sie haben einerseits gesellschaftliche Strömungen mitgeprägt, die eine zunehmend esoterische Richtung einschlugen (new age). Andererseits wurden in den achtziger Jahren viele Elemente der ursprünglichen «Gegenkultur» der Sechziger, zum Beispiel als Fortbildungsinhalte oder Training für Führungskräfte, in die Industriegesellschaft eingegliedert. Die Gefahr dieser Gruppenarbeit liegt darin, dass neben den im Grunde überflüssigen, hinderlichen Masken gesellschaftlicher Höflichkeit, die in diesen Gruppen abgenommen werden, manchmal auch für das seelische Gleichgewicht notwendige → Abwehrmechanismen allzu jäh zerstört werden. Es scheint von den Eigenschaften des Leiters abzuhängen, ob die günstigen oder ungünstigen Folgen eines Encounter überwiegen. Er sollte eine gründliche psychologische Ausbildung haben, selbstkritisch vorgehen und sich nicht auf sein → Charisma verlassen.

Endogen Von innen heraus entstehend; vor allem im Begriff der «endogenen → Psychose» gebraucht. Gegenbegriff zu exogen = durch äußere Einwirkung verursacht.

Energie (psychische) Kraft, welche dem Seelenleben unterliegt, von Freud als → Libido beschrieben. → Bedürfnisse und → Motive sind Äußerungsformen der seelischen Energie, die als Grundlage aller menschlichen → Aktivität aufgefasst werden kann.

Entfremdung Mit dem Schwinden traditioneller Bindungen und Produktionsformen einhergehender Prozess, in dem ein Mensch sich fremdbestimmt und von ihm weder kontrollierbaren noch vorhersehbaren Vorgängen ausgeliefert fühlt. Durch die Industrialisierung wurden seit dem 19. Jahrhundert riesige Bevölkerungsmassen aus ihren dörflichen Umgebungen herausgerissen und in die Produktionszentren gespült, deren Normen ihnen zunächst fremd waren. Die Entfremdung ist ein zentraler Begriff der Lehre von Karl Marx; er verbindet sie mit dem Schwinden des traditionellen Handwerks in der Arbeitswelt. Der entfremdete Arbeiter ist ein Anhängsel von Maschinen, die er nicht durchschauen, konstruieren, sich in irgendeiner Form zu Eigen machen kann. Er ist in der Arbeit außer sich und außerhalb der Arbeit bei sich. Später hat sich gezeigt, dass diese frühkapitalistische Form der Verwendung von Menschenmaterial unproduktiv ist und Arbeiter umso mehr leisten, je stärker sie sich in den Produktionsprozess einbezogen fühlen und ihn mitgestalten können.

Entspannung Voraussetzung körperlicher oder geistiger Tätigkeit eines Menschen ist ein gewisses Maß an seelischer Spannung (→ Aufmerksamkeit, → Aktivitätsniveau). Auf eine Zeit der Anspannung muss eine Zeit der Entspannung folgen, wenn nicht durch eine Dauerspannung körperliche oder seelische Schäden entstehen sollen (→ Stress). Normalerweise wird diese Entspannung durch den → Schlaf gewährleistet. Doch durch besondere Leistungsanforderungen und deren ungeeignete seelische Verarbeitung (→ Anspruchsniveau, → Ideal) sind viele Menschen in den Industriegesellschaften nicht mehr zu diesem ausgewogenen Gleichgewicht von Anspannung und Entspannung fähig. Daher entsteht ein Bedürfnis nach Entspannungstraining, für das es viele verschiedene Verfahren gibt, von denen das → autogene Training besonders bekannt ist. Auch aus dem Osten, vor allem aus Indien (Yoga, Transzendentale Meditation) und aus Japan (Zen-Meditation) eingeführte Techniken, das angespannte und überreizte → Ich in einen Ruhezustand zu bringen, finden in Europa weite Verbreitung. → Hypnose, Suggestion, Meditation, Psychotherapie

Entwicklung Sehr weiter Begriff, der für Veränderungen in Lebewesen, Gesellschaften, kulturellen Bereichen (Kunst-Entwicklung), aber auch materiellen Gegebenheiten (Entwicklung der Gebirge, des Weltalls) gebraucht wird. Die Entwicklungspsychologie beschäftigt sich mit den Vorgängen bei der seelischen Entwicklung des Menschen vom Kind zum Erwachsenen und

Entwicklung des Kindes, ablesbar an Zeichnungen im Alter von vier, sechs, acht und zehn Jahren
Quelle: David Katz «Psychologischer Atlas», Benno Schwabe Verlag, Basel 1945

zum Greisenalter, wobei als große Entwicklungs-Schrittmacher Wachstum und → Lernen gelten können (→ Erbe-/Umwelt-Problem). Man kann Entwicklung im Längsschnitt untersuchen (indem man etwa eine Gruppe von Dreijährigen bis zu ihrem zwanzigsten Lebensjahr immer wieder mit bestimmten → Tests prüft), oder im Querschnitt (indem man eine Gruppe Dreijähriger zum Beispiel mit einer Gruppe Sechsjähriger vergleicht). Endlich kann man auch versuchen, die Folgen von Kindheitssituationen aus den Berichten Erwachsener zu rekonstruieren (→ Psychoanalyse). Einige Forschungsberichte:

Intelligenzentwicklung. Aus Querschnittuntersuchungen ergab sich zunächst das Bild, dass die Intelligenz sich bis zum Ende des zweiten Lebensjahrzehnts rasch entwickelt und dann allmählich wieder abnimmt. Heute haben Längsschnittuntersuchungen dieses Bild berichtigt. Mit zunehmendem Alter verändert sich die Intelligenz. Geschwindigkeitsleistungen lassen nach, in anderen Bereichen wird ein Wachstum bis zum hohen Alter deutlich.

Soziale Entwicklung (→ Sozialisation). Die kulturellen und gesellschaftlichen Wertvorstellungen und Normen werden schon sehr früh übernommen, aber im Jugendalter (zwischen 15 und 25 Jahren) noch einmal überprüft und verändert, wobei sich der Jugendliche stark an der Gruppe seiner Altersgenossen orientiert. Die gesellschaftlichen Vorschriften werden durch nachahmendes Lernen erworben, wobei die kindlichen Bezugspersonen in ihren verbietenden und bestätigenden Seiten einverleibt (introjiziert) werden.

Epilepsie Durch Krampfanfälle sehr verschiedener Art (von kleinen, kurzzeitigen Bewusstseinstrübungen bis zu Krämpfen, die den ganzen Körper erfassen) gekennzeichnete Nervenkrankheit.

Erbe-/Umwelt-Problem Die frühere Frage: «Ist dieses Verhalten ererbt oder erworben?», gilt heute als Scheinproblem oder als falsch gestellt. Sinnvoller ist es zu fragen: «Was an diesem Verhalten ist ererbt, was erworben?» Dabei kann man davon ausgehen, dass alle Verhaltensweisen eine angeborene Grundlage haben, denn alle Lernfähigkeiten müssen durch die Erbanlagen vorgegeben werden. Andererseits sind bei höheren Säugetieren, vor allem aber beim Menschen praktisch alle Verhaltensweisen durch → Lernen zu verändern. Das heißt, dass die Feststellung einer erblichen Neigung (→ Disposition) zu einer Krankheit wie → Depressionen oder → Schizophrenie keineswegs besagt, dass durch Lernvorgänge nichts an diesen Krankheiten geändert werden kann. Das Gleiche gilt für den Nachweis einer erblich bedingten geistigen Schädigung, zum Beispiel beim Mongolismus. Auf der anderen Seite sind die Möglichkeiten, einen Organismus durch Lernen umzugestalten, nicht unbegrenzt. Gerade beim Menschen scheint die Lernfähigkeit oft größer als die Lernsicherheit. Er kann Verhaltensweisen erlernen, die sich mit seinem Überleben nur schlecht vertragen, wie zum Beispiel ein Maß an Sexualunterdrückung, das seiner seelischen Gesundheit höchst abträglich ist, oder einen Leistungszwang (der auf der verinnerlichten elterlichen Botschaft beruht: «Du darfst leben, wenn du immer arbeitest»), der auf die Dauer seine Organe überfordert. Hier werden die durch unsere ererbten Verbindungen zu den höheren Säugetieren gesteckten Grenzen der biologischen Anpassungsfähigkeit mit Hilfe des Lernens offenbar überschritten. → Zwillingsforschung

Erogene Zonen Gebiete des Körpers, die bei Berührung zu sexuellen → Empfindungen führen. Die wichtigsten erogenen Zonen sind Mundschleimhaut, Afterschleimhaut, Geschlechtsorgane (am meisten beim Mann die Eichel, bei der Frau der Kitzler) und Brustwarzen; doch kann unter günstigen Umständen (von denen die seelische → Beziehung der Partner der wichtigste ist) ausnahmslos jeder Punkt der Körperoberfläche zur erogenen Zone werden, während es unter ungünstigen Umständen überhaupt keine erogene Zone gibt.

Erotik Von Eros, dem griechischen Liebesgott, abgeleiteter Sammelbegriff für alle Aspekte der → Sexualität; gelegentlich auch mehr für die vorgeblich höheren, seelisch-geistigen Anteile einer Liebesbeziehung verwendet.

Ersatzbefriedigung Ausdruck der → Psychoanalyse für den Lustgewinn aus der mittelbaren, von ihrem eigentlichen Ziel abgelenkten Befriedigung von Wünschen, die für das → Ich untragbar erscheinen. Während der Normale im Allgemeinen fähig ist, aus solchen Ersatzbefriedigungen ein tragfähiges Gleichgewicht zu gewinnen, ja sie produktiv zu nutzen, indem er etwa lernt, den Lustgewinn aus einer → Sublimierung aggressiver (→ Aggression) oder libidinöser (→ Libido) Wünsche höher einzuschätzen als deren unmittelbare Befriedigung, sind die Ersatzbefriedigungen des neurotisch Kranken (→ Neurose) in der Regel nicht hinreichend. Hier wird nicht selten das → Symptom zur Ersatzbefriedigung. Eine hysterische Lähmung eines Beines macht zum Beispiel zwar die ursprünglich angezielte sexuelle Befriedigung unmöglich, doch gewährt sie der Selbstachtung Schutz und sichert auch die Zuwendung der Umwelt (auch → Abwehrmechanismus). So gesehen ist die für Neurosen typische Form der Ersatzbefriedigung der → sekundäre Krankheitsgewinn.

Erster Eindruck In kurzer Zeit, zum Beispiel während einer Begrüßung, entstehendes Bild einer Person. Viele Menschen sind überzeugt, dass sie in kürzester Zeit erkennen, ob eine andere Person klug oder dumm, sympathisch oder unsympathisch, erotisch ansprechend oder langweilig ist. Die Forschung hat gezeigt, dass der erste Eindruck häufig trügt und im Übrigen die Voraussagen, die er macht, auch selbst erfüllt. Personen, die ich für unsympathisch oder unattraktiv halte, werden mir in der Regel so begegnen, dass sich mein Eindruck bestätigt.

Erwartung Vorwegnahme eines Ereignisses in der Phantasie, wobei sich die Erwartungen sowohl auf das eigene Verhalten wie auf das Verhalten anderer Menschen und andere Ausschnitte der Wirklichkeit beziehen können. Da Erwartungen stark vom → Über-Ich geprägt werden, ist es ein wichtiges Stück jeder psychotherapeutischen Arbeit (→ Psychotherapie), sie genauer kennen zu lernen. Viele Menschen fühlen sich selbst wertlos (→ Depression) oder entwerten ihre Beziehungen und Partner, wenn diese ihren Erwartungen nicht entsprechen. Sie können sich oft nicht umstellen, wenn eine Erwartung nicht eintrifft, und fühlen sich persönlich betroffen, wenn unvorhergesehene Einflüsse eine Umstellung erfordern. Besonders schwierige Situationen können sich aus ungeklärten Erwartungen in Partnerbeziehungen ergeben, wo die Person des anderen manchmal vollkommen hinter den an sie gestellten Erwartungen verschwindet und auf diese Weise → Konflikte fast unlösbar werden, weil die eigenen Erwartungen nicht als Problem erkannt werden, sondern nur die Tatsache gesehen wird, dass der Partner ihnen nicht entspricht.

Erziehung Vorgang, durch den eine Person (meist ein Kind; doch lassen sich → Psychotherapie oder → Sensitivitätstraining auch als Erziehung Erwachsener beschreiben) so verändert werden soll, dass sie einer kulturell oder persönlich bestimmten Zielvorstellung näher kommt. Während sich die Frage nach der Art dieser Zielvorstellungen den Möglichkeiten einer wissenschaftlichen Untersuchung weitgehend entzieht (es geht hier um Wertvorstellungen, die kulturell vorgegeben sind), beschäftigt sich die Erziehungspsychologie (pädagogische Psychologie) vor allem mit den verschiedenen Möglichkeiten, menschliches Verhalten zu verändern. Sie ist also letzten Endes → Lernpsychologie. Eine andere, eher der → Sozialpsychologie zuzurechnende Forschungsrichtung sucht das tatsächliche Erziehungsverhalten einzelner Kulturen herauszuarbeiten und seine Folgen für die Persönlichkeitsentwicklung (→ Entwicklung, → Persönlichkeit) zu ermitteln. Einige grundlegende Ergebnisse der Erziehungspsychologie:

1. Das vielfach angewandte Erziehungsmittel der → Strafe ist in den meisten Fällen nicht geeignet, dauerhafte Verhaltensänderungen zu bewirken. Strafe wirkt nur kurzfristig, führt zu unerwünschten Folgen (Hass gegen den Strafenden, → autoritäre Persönlichkeit) und veranlasst dazu, einsichtig begründetes Befolgen sozialer Verhaltensregeln durch das «elfte Gebot» zu ersetzen: Du sollst dich nicht erwischen lassen.
2. Wirksamer sind in Situationen, wo → Dressur angewendet werden soll (bei Sauberkeitserziehung oder Essgewohnheiten), Verstärkung (positive → Bekräftigung) des erwünschten Verhaltens (durch Lob, Aufmerksamkeit, Belohnungen) und Nichtbeachten des unerwünschten Verhaltens (negative Bekräftigung). Wichtig ist ferner, das Kind nie zu überfordern und sich zu vergewissern, dass die für eine Veränderung ausgewählten Verhaltensschritte ihm aufgrund seines körperlichen und seelischen Entwicklungszustandes auch möglich sind (ein Kleinkind hat beispielsweise keine genügend lange Aufmerksamkeitsspanne, um ein allgemeines Gebot wie «Lege deine Kleider immer über den Stuhl» in jeder Situation richtig anzuwenden).
3. Forderungen, die sich auf die → Einsicht des Kindes beziehen, setzen eine freie → Kommunikation voraus. Wo Einsicht erarbeitet werden soll, muss der Erzieher fähig sein, die Anwendung dieser Einsicht auf das eigene Verhalten zu ertragen. Sicher ist Erziehung durch und zur Einsicht das wichtigste Mittel (und Ziel) der menschlichen Erziehung überhaupt, aber sie kann sich nur dann entwickeln, wenn mit dem Kind auf der gleichen Ebene kommuniziert wird. Formeln wie «Du musst das einsehen» oder «Sieh das doch endlich ein» zeigen, dass hier letztlich ein der Einsicht feindlicher Erziehungsstil mit dem Wortschatz der Einsicht arbeitet.
4. Die Forschungen über verschiedene Erziehungsstile haben gezeigt, dass ein «sozial-integratives» Verhalten des Erziehers die günstigsten Folgen hat, während ein autoritäres Verhalten (→ Autorität) zu deutlichen Spannungsmerkmalen bei den Kindern führt (in Schulklassen gehäuftes Nägelkauen, Herumrutschen und ähnliche Verhaltensauffälligkeiten). Sozial-integratives Erziehungsverhalten versucht, das Kind als Menschen anzunehmen, seine jeweilige Gefühlssituation zu erkennen, sie zu bestätigen und von dieser Bestätigung aus andere Verhaltensweisen zu erarbeiten. In einer solchen Situation kann Einsicht gedeihen; das Kind wird auf diese Weise sozial-integratives Verhalten zunehmend unabhängig von der Anwesenheit des Erziehers zeigen, was sich beim autoritären Erziehungsstil nicht erreichen lässt.

Erziehungsberatung Wichtiger Bereich der → angewandten Psychologie (→ Child Guidance Clinic); Anwendung von Einsichten der Erziehungspsychologie (→ Erziehung) auf die Lebenssituationen erziehungsschwieriger Kinder. Solchen Schwierigkeiten liegen zwei Gruppen von Ursachen zugrunde: 1. besondere Probleme, die in einer Behinderung des Kindes oder in einer anderweitig, unabhängig vom Einfluss der Eltern, gestörten Entwicklung wurzeln (wie bei Adoptivkindern, die längere Zeit im Heim waren) und 2. Verhaltensweisen der erwachsenen Bezugspersonen des Kindes, welche dessen Entwicklung beeinträchtigen.

Zu 1. Blinde oder sehbehinderte Kinder, schwerhörige, körperlich geschädigte Kinder reagieren anders auf die Umwelt als normale Kinder und stoßen auf andere Reaktionen vonseiten der Umwelt. Die Angehörigen nehmen gewöhnlich entweder die eine oder die andere Extremhaltung ein: Sie verwöhnen die Kinder, schonen sie übermäßig und verhindern auf diese Weise eine Entwicklung der verbliebenen Fähigkeiten. Auf der anderen Seite werden Kinder, weil sie den → Erwartungen der Eltern nicht entsprechen, zurückgewiesen und dadurch noch weiter seelisch verletzt, sodass sie sich ganz zurückziehen und verkümmern. Frühzeitige, langfristige Betreuung ist hier sehr nützlich, um solche Situationen möglichst zu vermeiden, die Eltern entweder in einer vernünftigen Umgangsweise mit dem Kind anzuleiten oder, wenn das nicht möglich ist, das Kind frühzeitig aus dem ungünstigen → Milieu der Familie herauszunehmen.

Zu 2. Erziehungsberatung hat mit anderen Formen psychologischer → Beratung gemeinsam, dass häufig keine rationale Ratsuche als Basis gegeben ist, sondern vom Psychologen die Erfüllung im Grunde unmöglicher und unvernünftiger Vorstellungen erwartet wird. Die Grundlage für eine rationale, an der Wirklichkeit und den tatsächlichen Möglichkeiten orientierte Überlegung muss also erst gewonnen werden. In der Regel ist der Ratsuchende fähig, selbst eine Lösung zu finden, wenn er diese Grundlage zusammen mit dem Berater gefunden hat. Die Eltern müssen also in dieser Form beraten werden, um neue Ansätze im Umgang mit dem Kind zu gewinnen. Zugleich wird häufig eine → Kindertherapie durchgeführt, entweder von dem Erziehungsberater selbst oder von einem in der Erziehungsberatungsstelle oder in privater Praxis arbeitenden Kindertherapeuten (→ Psychagogik).

Erziehungsberatung wird entweder von frei praktizierenden Diplom-Psychologen (→ Psychologe) oder aber in Erziehungsberatungsstellen durchgeführt, die von Wohlfahrtseinrichtungen (Caritas, Diakonisches Werk, Arbeiterwohlfahrt usw.) oder von Behörden (Landratsämter, Städte) getragen werden. Bei schulischen Problemen gibt es Vertrauenslehrer oder an manchen Schulen Schulpsychologen. Über die Adressen solcher Beratungsstellen wissen meist die zuständigen Jugendämter Bescheid.

Es Von S. Freud (auf Anregung von G. Groddeck) für den triebhaften, gegenüber dem Körper «offenen» und unbewussten Teil des «seelischen Apparats» gebrauchte Bezeichnung. Freud führte sie ein, als er im Fortschreiten seiner Entwicklung der → Psychoanalyse sah, dass wichtige Anteile der → Abwehrmechanismen unbewusst sind und es nicht möglich ist, das Unbewusste und den Bereich der → Triebe und der verdrängten → Phantasien gleichzusetzen. Dadurch wurden zwei verschiedene, einander ergänzende begriffliche Gliederungen notwendig: Eine Vorstellung kann bewusst, vorbewusst (bewusstseinsfähig) oder unbewusst sein, und sie kann ein Abkömmling des → Ich, des → Über-Ich oder des Es sein. Das Es wird von den Lebens- und Todestrieben (→ Aggression) beherrscht, während das Ich die Zugänge zu den Körperbewegungen in der Hand hat. Das Es «kann nur wünschen», es wird vom → Primärprozess bestimmt, bei dem zum Beispiel gegensätzliche Wünsche (→ Ambivalenz) nebeneinander fortbestehen können. Freud beschreibt es mit dem alten (platonischen) Gleichnis von Reiter und Pferd: Wie der Reiter kann sich auch das Ich nicht vom Es trennen, will es nicht an Energie einbüßen; doch dann muss es sich auch manchmal dem Willen des starken Tiers unterwerfen – «... so pflegt auch das Ich den Willen des Es in Handlung umzusetzen, als ob es der eigene wäre».

Ethologie Vergleichende Verhaltensforschung; sie sucht vor allem den stammesgeschichtlich (phylogenetisch) bestimmten Anteil im tierischen Verhalten zu ermitteln (→ AAM, → Deszendenztheorie, → Instinkt). Der Begriff ist zu unterscheiden von Ethnologie = Völkerkunde, die sich mit den verschiedenen menschlichen Kulturen, vor allem mit den schriftlosen Gesellschaften, den so genannten Primitiven, befasst. → Tierpsychologie

Eutonie Methode der Körpertherapie, um die Wahrnehmung des eigenen Leibes und seiner Bezüge zum Raum, zur Schwerkraft und zu anderen Personen zu schulen. Die von Gerda Alexander entwickelten Unterrichtsformen zielen auf das Erfühlen von Spannungszuständen (Tonus), das Lösen von Spannungsblöcken (Tonus-Fixationen) und die Integration in eine Spannungsharmonie (Eutonus).

Evaluation Bedeutungsgleich mit Evaluierung, Teilgebiet der → Sozialpsychologie bzw. Soziologie, das sich mit den Möglichkeiten befasst, die Folgen sozialer Neuerungen oder politischer Maßnahmen abzuschätzen. Das Dilemma der Evaluation ist, dass völlig exakte Methoden die handlungsrelevanten, meist sehr komplizierten Ereignisse nicht erfassen können, während politisch verwertbare Resultate oft nur pseudoexakt abgesichert und von der Interessenlage der Untersucher beeinflusst sind.

Evolution Entwicklung, vor allem Entwicklung der Lebewesen auf der Erde (→ Deszendenztheorie). Man unterscheidet die biologische Evolution (Herausbildung der verschiedenen Arten) und die kulturelle Evolution (Herausbildung verschiedener Kulturen). Es ist unrichtig, Evolution mit Fortschritt gleichzusetzen; die biologische wie die kulturelle Evolution münden nicht selten in Sackgassen oder führen zu Rückschritten. Die wichtigsten Gestalter der Evolution sind Mutation (Veränderung, zum Beispiel von Erbanlagen, aber auch von gesellschaftlichen Strukturen) und Selektion (Auslese).

Exhibitionismus Sexuelle Abweichung, bei der Lust aus dem Herzeigen der Geschlechtsorgane gewonnen wird. In erweitertem Sinn bezeichnet der Begriff einen Teil des kindlichen Sexualverhaltens und des Liebesspiels von Erwachsenen (in der psychoanalytischen Fachsprache wird der Ausdruck oft für die Zeigelust schlechthin, auch für schauspielerische oder andere künstlerische Leistungen verwendet). Beim voll ausgebildeten, als ernstliche Störung des Sexualverhaltens anzusehenden Exhibitionismus kann ein Mann nur dann einen voll befriedigenden Orgasmus haben, wenn er dabei fremden Frauen sein steifes Glied zeigt, wobei Abwehr- und Schreckreaktionen der unfreiwilligen Zuschauerinnen sogar besonders anregend wirken, während sexuelle Gefühle vonseiten der Zuschauerinnen vom typischen Exhibitionisten meist abgewehrt werden. Er bekommt dann Angst, was zu der psychoanalytischen Erklärung passt, dass der Exhibitionist an die → phallische Phase fixiert (→ Fixierung) geblieben ist und seine → Kastrationsangst dadurch abwehrt, dass er Frauen sein Glied zeigt. Die so genannten «Blitzer», die nackt durch die Straßen laufen, wiederholen eher die kindliche Zeigelust; hier sind auch Frauen vertreten, deren exhibitionistische Neigungen sich sonst fast nie zu einer störenden Extremform steigern, sondern eher durch → Sublimierung (Bademoden, Striptease ...) verarbeitet werden.

Experiment Wissenschaftlich geplante Form der Beobachtung, welche es erlaubt, die meisten (im Idealfall alle) Einflüsse auf ein Geschehen gezielt zu verändern beziehungsweise gleichmäßig zu halten. Ziel des Experiments ist es, ursächliche, gesetzmäßige Abhängigkeiten eindeutig aufzuzeigen, was durch bloße Empirie (Erfahrungswissenschaft) nicht immer möglich ist, da man hier nur Beobachtungen sammelt, ohne die Einflüsse auf das Beobachtete planmäßig zu verändern und zu prüfen, welche Folgen diese Veränderungen auf das Geschehen haben. Das Experiment ist eine wichtige → Methode der Psychologie und aus allen Bereichen der Forschung, wo problemlos mit Menschen experimentiert werden kann (→ Wahrnehmung, → Denken), nicht mehr wegzudenken. Andererseits schmälert es die Aussagekraft, wenn keine unmittelbaren Ergebnisse, sondern nur Vergleichsergebnisse gewonnen werden, zum Beispiel wenn Tierversuchen Erklärungen für menschliches Verhalten zugrunde gelegt werden. In den zahlreichen besonders schwer wiegenden Fragen, in denen sich experimentelle Ansätze aus Gründen der → Moral verbieten (man kann nicht experimentell nachprüfen, ob die Prügelstrafe für Kleinkinder schädlich ist), bleibt die Psychologie auf Beobachtung angewiesen, die durch Kontrolle (objektive Aufzeichnungen mit Hilfe von Tonbändern und Bildkonserven; Beurteilung durch mehrere, voneinander unabhängige Auswerter; Erfassung möglichst aller beteiligten Einflüsse) zusätzliche Genauigkeit gewinnen kann.

Experimentelle Neurose Neurosen können im Tierversuch dadurch ausgelöst werden, dass man ein Tier in eine Situation fehlender Orientierungsmöglichkeit bringt. Trainiert man eine Ratte darauf, hinter einer mit einem

Quadrat gekennzeichneten Tür Futter, hinter einer mit einem Rechteck gekennzeichneten aber einen elektrischen Schlag zu bekommen, dann wird sie mit Verhaltensstörungen reagieren, wenn plötzlich auf beiden Türen Quadrate sind. Vielleicht noch eindrucksvoller sind die experimentellen Neurosen, welche man an künstlich in Einzelkäfigen aufgezogenen Rhesusaffen beobachten konnte. Sie gleichen den Störungen von vernachlässigten Kleinkindern in Säuglingsheimen. → Hilflosigkeit, erlernte; Deprivation

Exploration Ausforschung; auf Tiere angewandt, Teil der → Neugieraktivität. Eine psychologische Exploration beginnt meist mit dem Erheben der Lebensgeschichte (→ Anamnese). Daran schließt sich unter Umständen eine Untersuchung mit → Tests; die Testergebnisse werden später zur weiteren Vertiefung der Exploration noch einmal mit dem → Probanden durchgesprochen. Eine → Psychoanalyse ist die wohl umfassendste Methode einer psychologischen Exploration des Individuums; in anderen Formen der → Beratung und → Psychotherapie wird die Exploration bis zu einem Punkt fortgeführt, an dem die wesentlichen Merkmale der inneren und äußeren Lebenssituation des Explorierten so deutlich geworden sind, dass sich weitere Schritte aus ihnen ergeben.

Extraversion Wendung nach außen. Gegenbegriff zu → Introversion. Der extravertierte Typ ist ein bereitwillig die äußere Realität akzeptierender und sich mit ihr auseinander setzender Mensch, der sich leicht in neue Situationen findet. Der Ausdruck stammt von C. G. Jung (→ Typenlehre).

F

Faktorenanalyse Mathematisch-psychologisches Verfahren, bei dem mit Hilfe aufwendiger (heute meist von einem Computer ausgeführter) Berechnungen aus den → Korrelationen von → Tests auf die zugrunde liegenden Wirkkräfte oder Faktoren geschlossen wird. Der Vorzug, dass auf diesem Weg aus dem Beobachtungsmaterial selbst allgemeinere Grundsätze ohne vorgefasste Lehrmeinung gewonnen werden können, hat diese Technik trotz der durch die Rechnungsprozesse gegebenen Enge der Möglichkeiten beliebt gemacht. Kritiker weisen auf die Scheingenauigkeit hin, die sich durch die letzten Endes beliebige Deutung der komplizierten rechnerischen Auswertung der Testdaten ergibt.

Familie Bei den meisten Menschen (sieht man von Waisenkindern, Heimzöglingen oder Kindern aus geschiedenen Ehen ab) ist die Familie die erste Gruppenerfahrung und zugleich der Träger der → Sozialisation (→ Entwicklung). Die große Bedeutung der Gefühlsbeziehungen zwischen dem Kind und seinen Eltern wurde zuerst von S. Freud erkannt (→ Ödipuskomplex) und später von A. Adler besonders betont, der auf die wichtige Rolle der Geschwister hinwies. Die heutige Familienforschung untersucht vor allem die → Kommunikation in Familien mit einem oder mehreren seelisch gestörten Mitgliedern (→ Doppelbindung, Erziehungsberatung, Schizophrenie). Die von W. Toman über Familienkonstellationen (das heißt über die Formen von Familien und ihre Folgen für das spätere Lebensschicksal) durchgeführten Untersuchungen haben unter anderem folgende Ergebnisse gebracht:

1. Unter sonst vergleichbaren Gesichtspunkten sind die Personen am wichtigsten, mit denen ein Kind die meiste Zeit verbracht hat.
2. Jene neuen mitmenschlichen Dauerbeziehungen haben vergleichsweise (das heißt nicht regelmäßig, aber in einer über der Durchschnittserwartung liegenden Zahl der Fälle) mehr Aussicht auf Erfolg, die den frühen und frühesten sozialen Dauerbeziehungen ähnlich sind. So bleiben Eheleute, deren Geschwisterrollen sich ergänzen (ältere Schwester eines Bruders heiratet den jüngeren Bruder einer Schwester), mit überdurchschnittlicher Wahrscheinlichkeit länger beisammen und haben mehr (und seelisch gesündere) Kinder als Partner mit sich nicht ergänzenden (= komplementären) Geschwisterrollen. Ähnlich hat auch bei den Eltern jeder Elternteil mit hoher Wahrscheinlichkeit die bessere Beziehung zu jenem Kind, das – bei sonst vergleichbaren Situationen – seiner eigenen Stellung in der Geschwisterreihe am ehesten entspricht.

Familientherapie Weiterentwicklung der → Erziehungsberatung in den letzten Jahrzehnten (→ Psychoboom). Es gibt sehr viele und sehr unterschiedlich gründliche Ausbildungen, die entweder → systemisch oder an → Verhaltenstherapie (→ Psychoanalyse) und den Methoden der → humanistischen Therapie orientiert sind.

Fanatismus Unbelehrbare Haltung, mit der ein Ziel verfolgt wird. Charakteristisch ist eine verengte Sichtweise, in der keine anderen Argumente zugelassen werden als die eigenen bzw. die eines charismatischen Führers, dessen Worte absolut gesetzt werden. Fanatismus ist als geistiges Prinzip mit einem modernen Rechtsstaat unvereinbar, in dem es immer darum geht, gegensätzliche Positionen vor einer um Neutralität bemühten Instanz (dem Gericht) diskutierbar zu machen.

Farbenblindheit Wir nehmen erheblich mehr Farbunterschiede wahr als physikalisch «reine Farben» notwendig sind, um unsere Farbwahrnehmungen zu erzeugen. Durch additive und subtraktive Mischung lassen sich aus Rot, Grün und Blau alle Nuancen erzeugen (zum Beispiel Rot + Grün + Blau = Weiß, Gelb = Rot + Grün). Die meisten Menschen sind Trichromaten, das heißt sie können alle drei Grundfarben wahrnehmen. Die so genannten «Farbenblinden» sind nicht in ihrer Farbwahrnehmung insgesamt beeinträchtigt, sondern nur für bestimmte Teile des Spektrums. Unter den «Farbenblinden» werden Dichromaten (Zweifarbenseher) von Monochromaten (den seltenen «Einfarbesehern») unterschieden. Ein Dichromat sieht Farben anders als der Trichromat. Er ist leichter zu täuschen, denn seine Farbwahrnehmung beruht auf dem Vergleich zweier Helligkeitsinformationen. Zeigt der auf längerwelliges Licht ansprechende «Kanal» einen höheren Wert, sieht er den Gegenstand orange oder rot. Dominiert der auf kürzerwelliges Licht ansprechende Kanal, sieht er den Gegenstand grün oder blau, sind beide im Gleichgewicht, sieht er ihn je nach Helligkeit weiß, grau oder schwarz. Der Trichromat verfügt über drei Kanäle, während der Monochromat durch einfache Intensitätsänderungen einfarbiger Lichter zu täuschen ist.

Feedback Rückkopplung; der Begriff stammt ursprünglich aus der → Kybernetik, wo er für Apparate gebraucht wird, die durch Rückmeldung eines Istwertes einen Vergleich zum Sollwert ermöglichen und so helfen, ein Gleichgewicht aufrechtzuerhalten (zum Beispiel der Thermostat im Kühlschrank). Im menschlichen Körper werden ebenfalls viele Prozesse durch Rückkopplung gesteuert: der Blutdruck, die Körpertemperatur oder die Ausschüttung von Hormonen. In der Psychologie wird der Ausdruck vor allem in der → Gruppendynamik verwendet und betrifft dann die unmittelbare, persönliche Reaktion eines Gruppenmitglieds auf das Verhalten eines anderen. Dabei soll ausgesprochen werden, was sonst verschwiegen oder indirekt (durch Abbrechen einer → Beziehung, aber auch durch Kündigung oder Verweigern einer Beförderung in einem Beschäftigungsverhältnis) ausgedrückt wird.

Fehlleistung Handlungen, die unwillkürlich anders ablaufen, als sie beabsichtigt waren: Versprechen, Vergreifen, Vergessen von Namen und fremdsprachigen Wörtern, Verlegen von Gegenständen… Beispiele für verbale Fehlleistungen sind: «Ich begrüße die Anwesenden und erkläre die Sitzung für geschlossen» (wollte eigentlich sagen: für eröffnet, doch wäre es dem Vorsitzenden offenbar lieber, sie wäre schon geschlossen). Ein (ängstlicher) Vortragender zu Beginn der Diskussion: «Ich bitte um Mordmeldungen!» Oder ein Abgeordneter im ehemaligen Reichstag: «In dieser Lage müssen wir alle rückgratlos, pardon, rückhaltlos hinter unserem Kaiser stehen!» S. Freud hat die unbewussten → Motive dieser Fehlleistungen aufgedeckt. Durch ihre unwillkürliche Aussage können sie oft lebensentscheidende Bedeutung gewinnen.

Feldenkrais-Methode Viele unserer Bewegungen sind uns zwar vertraut, was jedoch nicht heißt, dass sie unter einem ökonomischen Gesichtspunkt auch optimal angemessen, mühelos und harmonisch sind. Der in Israel arbeitende M. Feldenkrais versucht, Bewegungsmuster bewusst zu machen und über die Konzentration auf kleinste Einzelheiten einen Rückkopplungsprozess anzustoßen, der eine funktionell verbesserte Koordination aufzubauen hilft. Neben dem Training Kraft sparender, Sehnen und Gelenke schonender Bewegungsabläufe bei Gesunden ist die Feldenkrais-Methode auch ein wichtiges Hilfsmittel der Rehabilitation nach Verletzungen des → Gehirns.

Feldtheorie (psychologische) Von K. Lewin entwickelte Lehre, wonach menschliches Handeln durch ein Feld von einwirkenden Kräften aus dem jeweiligen Lebensraum und den persönlichen Voraussetzungen des Einzelnen bestimmt wird. → Denken.

Fellatio Mundkontakt (Lecken, Saugen) mit männlichen Geschlechtsteilen; Vorspiel zum Geschlechtsverkehr und eine der Techniken gegenseitiger Befriedigung bei → Homosexualität. Hinsichtlich der kulturellen Bewegung → Cunnilingus.

Feministische Psychologie Lange Zeit war das Nachdenken über den Menschen ein Nachdenken über den Mann, dem erst später, gewissermaßen in Fußnoten, Anmerkungen über das «andere Geschlecht» (Simone de Beauvoir) hinzugefügt wurden. Durch die Frauenbewegung hat sich diese Situation langsam geändert, eine eigenständige Frauenforschung entstand auch in der Psychologie, deren Thema nicht «Frauen» sind, sondern die gesellschaftliche Organisation und die geistigen wie emotionalen Auswirkungen des Geschlechterverhältnisses. Zentrale Fragestellungen: Benachteiligung von Frauen, Gewalt gegen Frauen, Verinnerlichung von «Weiblichkeit» und «Männlichkeit», spezifische weibliche Gestaltungsmöglichkeiten in Wissenschaft, Kunst, Rechtsphilosophie und Geschichtsschreibung.

Fetischismus In der Völkerkunde Bezeichnung für den religiösen Gebrauch bestimmter Gegenstände, denen magische Kräfte zugeschrieben werden. In der Psychologie Bezeichnung einer sexuellen Abweichung, bei der isolierte, sonst meist nicht der sexuellen Erregung und Befriedigung dienende Körperteile (wie Haare) oder Gegenstände (Höschen, Büstenhalter, Damenschuhe, Strumpfbänder) zur geschlechtlichen Reizung dienen. Von einer → Perversion sollte man nur sprechen, wenn der Fetischismus die einzige Befriedigungsform ist; entsprechende, schwächer ausgeprägte Züge gehören in den Bereich der Vielfältigkeit des normalen Liebeslebens (Faust: «Ein Tuch von ihrer Brust, ein Strumpfband meiner Liebeslust»).

Fettsucht Körpergewicht, das die Norm (etwa Körpergröße über 1 m in Kilogramm) erheblich (um 20 bis 40 Prozent) überschreitet, gilt als Zeichen von Fettsucht (Adipositas). Sie wird fast immer (zu 95 bis 98 Prozent) durch übermäßiges Essen ausgelöst, obwohl viele Fettsüchtige behaupten, normal oder sogar wenig zu essen. Psychologisch beruht die Fettsucht auf Gewohnheiten, die in der Kindheit erworben werden (oft sind die Eltern ebenfalls dick oder neigen dazu, dem Kind den Mund zu stopfen, wenn es seelische Aufmerksamkeit fordert) und auf einer → Regression zu Befriedigungsmöglichkeiten der → oralen Phase, wenn man als Heranwachsender abgelehnt wird oder als Erwachsener Enttäuschungen erlebt («Kummerspeck»). Manchmal ist das gesamte Verhalten der Nahrungsaufnahme gestört; Fress- und Hungerperioden wechseln miteinander ab (→ Magersucht, → Bulimie).

Figur-Grund-Verhältnis In manchen mehrdeutigen Wahrnehmungssituationen kann sich das Gesamtbild schlagartig verändern (Kipp-Phänomen), wenn sich die → Aufmerksamkeit von der bisherigen «Figur» auf den «Grund» verlagert und damit den «Grund» zur «Figur» macht. Dieser Vorgang wird in der → Gestaltpsychologie als Beweis dafür angeführt, dass die → Wahrnehmung ein aktives Geschehen, keine passive Aufnahme von Reizen ist.

Fingerlutschen Meist als Daumenlutschen auftretendes Verhalten, das bei Säuglingen und Kleinkindern im Alter zwischen sieben Monaten und zwei Jahren recht verbreitet ist, aber wohl nicht als «normal» angesehen werden sollte (→ Normalität). In Primitivkulturen, wo alle Kinder lange und ausreichend gestillt werden, ist Daumenlutschen kaum zu beobachten. Besteht das Fingerlutschen nach dem fünften Lebensjahr fort und treten andere Verhaltensstörungen (Nägelknabbern, Haareauszupfen, Hautkratzen) hinzu, kann man von einem neurotischen Verhalten (→ Neurose) sprechen, das seine Ursache häufig in einem Missverhältnis zwischen Zärtlichkeitsbedürfnissen und der Zufuhr an seelischem «Streicheln» hat.

Fixierung Festlegung, Starre, mangelnde Flexibilität. In der → Psychoanalyse wird der Begriff zusammen mit dem der → Regression verwendet, um einen Vorgang zu beschreiben, bei dem die seelische Entwicklung an Punkte zurückkehrt, die besondere Bedeutung für den Betroffenen gewonnen hatten. Ausschlaggebend für eine Fixierung scheint dabei eine mittlere Stärke der → Frustration eines → Bedürfnisses. Sie führt dazu, dass ein Überschuss an Bedürftigkeit entsteht. Unter ungünstigen Umständen (etwa der Abweisung durch die → Familie) wird dieser Überschuss verdrängt, was zu einem Fortbestehen der Bedürftigkeit im Unbewussten führt. Ein Kind, das zu wenig orale Befriedigungsmöglichkeiten fand (schnelles Nähren mit zu weitem Flaschensauger, eventuell verbunden mit großer oraler Bedürftigkeit), wird seine Fixierung an diesen Antriebsbereich später durch Daumenlutschen (→ Fingerlutschen), → Fettsucht oder auch durch starkes Rauchen ausdrücken. Wer die Fixierung an die → orale Phase vollzogen hat, wird später bei Frustrationen zu diesen Befriedigungsmöglichkeiten zurückkehren (Regression) und zum Beispiel mehr essen, wenn eine Verlobung platzt, oder mehr rauchen, wenn er im Beruf überfordert wird.

Kinder, die extrem schwere Versagungen während der oralen Periode erleiden, lutschen hingegen nicht mehr am Daumen, sie sind zur → Autoerotik unfähig geworden.

Flooding Reizüberflutung, Methode der → Verhaltenstherapie, die wegen ihrer Radikalität umstritten ist. Die Hypothese der Wirkung des F. geht davon aus, dass maximale Angststeigerung (Angstüberflutung) die Schwelle für phobisches Vermeidungsverhalten normalisieren kann. Wer zum Beispiel Angst hat, in einem Aufzug stecken zu bleiben, und deshalb nie einen Lift benützt, wird – freilich nachdem er sein

Figur-Grund-Verhältnis oder Umkehrtäuschung: Im linken Bild kann man entweder eine alte oder junge Frau sehen, im Bild rechts entweder einen Becher oder zwei Gesichter. Das untere Bild «Konvex-konkav» von M. C. Escher, 1955, führt durch die Licht- und Schattenwirkung zu Umklapp-Phänomenen.

Einverständnis gegeben hat und unter ärztlicher Überwachung – gefesselt und eine Stunde lang in einer engen Kabine eingesperrt. Künftig fährt er entspannt Aufzug. Er hat das Flooding überstanden und geht nun davon aus, dass es so schlimm nicht mehr kommen kann. Diese Methode erinnert an Anekdoten über das Vorgehen der antiken Therapie, zum Beispiel einen Geisteskranken in eine Schlangengrube zu werfen und zu erwarten, dass der Schrecken über diese Umgebung seine Störungen vertreibt.

Flucht in die Krankheit Unbewusstes Ausweichen vor einem unbewältigten → Konflikt in die Krankenrolle, die sozial durch Entlastung, Schonung und vermehrte Zuwendung bestimmt ist. → Sekundärer Krankheitsgewinn

Folter Folter ist eine Methode, durch Drohungen, Erniedrigungen und Schmerz Menschen für unerwünschtes Verhalten zu bestrafen. Während der Zeit der Aufklärung hat sich in Mitteleuropa die Erkenntnis durchgesetzt, dass Folter unmenschlich ist und keinesfalls verwendet werden darf, um Menschen zur Preisgabe von Geheimnissen zu bringen. Aber die Gesetze, welche die Folter abschaffen, werden nicht in allen Ländern befolgt. In Terrorsystemen gibt es ohnehin keine Rechtssicherheit. Folter ist meist eine Extremtraumatisierung; sie führt dazu, dass die Opfer nicht mehr heimisch werden können in der Welt, auch wenn die Gefahr für Leib und Leben vorbei ist. Die Opfer leiden an Zwangserinnerungen, es gelingt ihnen nur nach langer Mühe, zum Beispiel in einer Selbsthilfegruppe mit anderen Folteropfern oder mit Hilfe einer traumaspezifischen Therapie, sich von den überwältigenden Erlebnissen zu befreien. Nach dem Zusammenbruch der griechischen Diktatur (1967–1974) haben Psychologen dort nachgewiesen, dass die Soldaten, welche die Folterungen durchführten, oft während der Ausbildung selbst gefoltert wurden und dabei beobachtet wurde, wer sich für die Rolle des Folterknechts am besten eignete. In vielen Foltersystemen werden dabei sadistische Phantasien systematisch eingesetzt, um Folterknechte zu gewinnen; die Vergewaltigung von Frauen wie von Männern, die gezielte Misshandlung der Genitalien gehört zu Praktiken, welche die Opfer möglichst beschämen und die Täter auf dem Weg über solche perversen Belohnungen motivieren sollen.

Forensische Psychologie Gerichtliche Psychologie; Bereich der → angewandten Psychologie, der die Tätigkeit von Psychologen als Gutachter vor Gericht, im Strafvollzug und im Familien- und Zivilrecht umfasst. Beispiele für Aufgaben des Gerichtspsychologen sind das Beurteilen der Glaubwürdigkeit von Zeugen, der Zurechnungsfähigkeit von Tätern, der Möglichkeiten einer Wiedereingliederung im Strafvollzug.

Fremdwahrnehmung Gegensatz von → Selbstwahrnehmung oder Eigenwahrnehmung. Ein Mensch, der sich selbst für großzügig und freundlich hält, kann von anderen als sauertöpfischer Geizkragen angesehen werden. Hier widersprechen sich Selbst- und

Fremdwahrnehmung; beide besser in Übereinstimmung zu bringen, ist ein Ziel der → Selbsterfahrungsgruppe. → Feedback.

Friedensforschung Wo soziale Einheiten ihre Beziehungen nur durch Gewalt oder deren Androhung aufrechterhalten, setzt die Friedensforschung ein; ihr Bestreben ist es, den Bereich zu verkleinern, an dem Politik kriegerisch wird, mit dem Ziel, den Krieg gänzlich zu ächten, da er in der modernen Welt beiden Parteien in der Regel mehr schadet als nützt. Aus diesem Grund werden die Ursachen von Konflikten untersucht, Ungerechtigkeiten (strukturelle Gewalt) und problematische Ideologien aufgedeckt und pädagogische Möglichkeiten erkundet, die persönliche Gewaltbereitschaft einzudämmen. In der Friedensforschung müssen Erkenntnisse verschiedener Wissenschaften koordiniert werden: Politikwissenschaft, Soziologie, Wirtschaft (Rüstungsindustrie, Krieg als ökonomischer Faktor), Pychologie und Pädagogik. Es ist heute klar, dass Frieden mehr ist als die Abwesenheit von Krieg; dieser «negative Frieden» sollte zu einem positiven Frieden werden, in dem Individuen wie Gruppen und Staaten die Möglichkeit haben, ihre Grundbedürfnisse, Existenzerhaltung und -entfaltung ohne Angst vor Gewalt zu verwirklichen.

Frigidität Unfähigkeit einer Frau, sexuelle Befriedigung zu finden. Man sollte nur dann von Frigidität sprechen, wenn eine Frau sexuelle Beziehungen teilnahmslos oder unlustvoll erlebt. Die weit verbreiteten → Orgasmusschwierigkeiten sind kein Zeichen von Frigidität. Die Ursachen der Frigidität liegen in einer mangelnden Übereinstimmung der Sexualpartner, in Erziehungseinflüssen oder in einer → Neurose (Fehlverarbeitung der kindlichen Sexualität).

Frustration Von S. Freud als «Versagung» eines Wunsches oder → Bedürfnisses beschrieben, im amerikanischen Sprachraum mit «frustration» übersetzt und in der deutschen Fachsprache wieder eingeführt (das Tätigkeitswort frustrieren für versagen ist ebenfalls in Gebrauch). Mögliche → Reaktionen auf eine Frustration sind → Aggression, → Regression, Verleugnung (→ Verneinung), → Fixierung und gesteigerte oder verringerte Reaktionsstärke. Wenn man zum Beispiel Versuchspersonen die Aufgabe stellt, eine Blume heranzuholen, ohne ein mit Latten ausgelegtes Gebiet zu verlassen, und ihnen nach der erfolgreichen Lösung (mit Hilfe eines Stuhls, der als Verlängerung des Arms verwendet wird) sagt, es gebe noch eine zweite (tatsächlich nicht mögliche) Lösung, dann fangen einige an, nach der Blume zu werfen (Aggression), andere verleugnen die ungelöste Aufgabe (Verleugnung) oder erzählen Märchengeschichten wie: Man müsste die Blume dazu bringen, herbeizuwandern (→ Regression).

Frustrations-Aggressions-Lehre Die gut bewiesene Tatsache, dass → Aggression eine mögliche Reaktion auf Frustration ist, hat J. Dollard und seine Mitarbeiter veranlasst, eine eigene Erklärung der Aggression zu entwickeln: Diese ist demnach immer die Folge von

Unterschiedliche Führungsstile und die davon abhängigen Formen der Kommunikation zwischen Führern und Geführten.

Quelle: Wolfgang Schmidbauer «Ich in der Gruppe», Otto Maier Verlag, Ravensburg 1975

Frustration. Gegen diese Auffassung ist eingewendet worden, dass Aggression sich auch als Werkzeug einsetzen lässt, dass der Aggressionsbegriff an sich zu umfassend ist (vom Kind, das nach der Mutter schlägt, die ein Verbot ausspricht, bis zum politischen Revolutionär, der gegen einen korrupten Staatschef einen Aufstand plant) und dass aggressives Verhalten eher durch → Bekräftigung eingeübt wird.

Frustrationstoleranz Fähigkeit eines Individuums, vorübergehende oder dauernde Versagungen von Bedürfnissen und Erwartungen zu verarbeiten. Im Zug der experimentellen Forschung über Frustrationen fiel S. Rosenzweig 1944 auf, dass Versuchstiere über unterschiedliche Fähigkeiten verfügen, frustrierende Situationen zu ertragen. Da die menschliche Entwicklung reich an Frustrationen ist, gilt der konstruktive Umgang mit ihnen als zentrales Erziehungsziel. In der Frustrationstoleranz sind angeborene und erworbene Komponenten eng verwoben. Wer bereits viel Frustrationtoleranz entwickeln konnte, wird in seiner Ausdauer und Willenskraft durch Erfolge belohnt; wer hingegen sogleich aufgibt und sich vermeintlich befriedigenderen Situationen zuwendet, hat weniger Erfolgserlebnisse und ist daher auf schnelle Belohnungen angewiesen. Frustrationstoleranz gilt als wesentliches Zeichen der Reife und Anpassungsfähigkeit einer Person. Umgekehrt sind seelisch Kranke umso schwerer gestört, je geringer ihre Frustrationstoleranz ist. Personen mit geringer Frustrationstoleranz können nicht regelmäßig arbeiten und keine Ziele erreichen, für die langfristige Planung notwendig ist. Sie müssen immer sogleich einen Erfolg ihrer Handlungen sehen.

Führer Wenn eine Gruppe entsteht (→ Gruppendynamik), bildet sich auch die → Rolle eines oder mehrerer Führer heraus. Sie ist dadurch gekennzeichnet, dass vom Führer erwartet wird, die → Aktivitäten der übrigen Gruppenmitglieder anzuleiten, zu verändern und zu überwachen, damit sie die Richtung auf die Gruppenziele hin einhalten. Dabei sind Versuche fehlgeschlagen, → Eigenschaften herauszufinden, die jeden Führer auszeichnen, also eine typische Führerpersönlichkeit (→ Charisma) zu entdecken, die etwa durch «stählernen Willen», Überlegenheit, Unbeugsamkeit, Entschlusskraft ausgezeichnet sein soll. Wahrscheinlich trifft die Vermutung Freuds zu, dass in diesem Idealbild eines Führers nur die inneren Idealvorstellungen der Geführten durch → Projektion nach außen verlegt wurden (→ Ich-Ideal). Die bisherige Forschung über die Rolle des Führers in Gruppen hat gezeigt:

1. Der Rang eines Individuums in der Gruppe ist umso höher, je mehr sich dieses mit den Wertvorstellungen und Zielen der Gruppe eins fühlt.
2. Die wichtigsten Merkmale des Führers sind seine Fähigkeiten, besonders zur Zufriedenheit der Gruppenmitglieder und zum Erreichen des gemeinsamen Ziels der Gruppe beizutragen.
3. Es gibt zwei grundlegende Führertypen, die auch gemeinsam auftreten können: den «Fachmann» und den «Sozialspezialisten». Der Erste leitet meist Gruppen, die in erster Linie das Ziel haben, eine besondere Aufgabe zu bewältigen (in Küstengewässern, wo es gilt, durch Riffe zu steuern, übergibt der Kapitän dem Lotsen das Kommando). Herrschen hingegen sozialemotionale Bedürfnisse der Gruppenmitglieder vor, dann wird der Führer nach seinen Fähigkeiten ausgewählt, diese zu befriedigen. In vielen Gruppenbildungen findet sich eine Zweiheit der Führung: Generalstabschef (Fachmann) und General (Sozialspezialist).

Funktion Zweck, Aufgabe, Leistung. Seelische Funktionen (im Gegensatz zu seelischen Kräften = Trieben) sind Leistungen des Organismus (wie → Wahrnehmung oder → Denken), die der Erfüllung von Triebwünschen dienen – im psychoanalytischen Sprachgebrauch Ich-Funktionen.

Funktionalismus Seelische oder gesellschaftliche Besonderheiten werden als Folge eines Anpassungsprozesses erklärt und aufgrund ihrer Leistung im Dienst der Arterhaltung beurteilt.

Funktionelle Störungen Im Gegensatz zu organischen Störungen Hindernisse im Funktionsablauf eines körperlichen Vorgangs. Das Herz kann zum Beispiel durch einen Infarkt so geschädigt sein, dass es nicht mehr regelmäßig schlägt (organische Störung), oder aber wegen einer → Neurose unregelmäßig arbeiten (funktionelle Störung).

Funktionslust Lust, die durch den Einsatz und die Übung seelischer oder körperlicher Funktionen entsteht. Ohne sie sind viele Spiel- und Freizeitaktivitäten (Kreuzworträtsellösungen oder Sport) nicht zu erklären; ihr biologischer Sinn liegt darin, → Funktionen für den «Ernstfall» zu üben.

Furcht Meist gleichbedeutend mit → Angst gebraucht; gelegentlich von ihr dadurch unterschieden, dass Angst «objektlos» sei, das heißt, der Ängstliche weiß nicht, wovor er Angst hat, während sich Furcht immer auf bestimmte Dinge richtet. Diese Unterscheidung gilt wegen der grundlegenden Ähnlichkeit beider → Affekte als fragwürdig.

G

G-Faktor Wesentliche Annahme der von Charles Spearman in der ersten Dekade des 20. Jahrhunderts entwickelten Intelligenztheorie. Demnach wirken in jeder geistigen Leistung eine allgemeine Begabung (der general factor) und eine spezielle Begabung (der special factor) zusammen.

Ganzlernmethode Vorgehen beim → Lernen, in dem nicht aus kleinen Lernschritten größere Einheiten aufgebaut werden (synthetische, das heißt zusammensetzende → Methode), sondern zunächst eine Ganzheit (wie ein ganzes Wort) aufgefasst und dann später in seine Einzelteile zerlegt wird (in die Buchstaben).

Geburtstheorien (infantile) Vorstellungen kleiner Kinder über den Geburtsvorgang, nach Auffassung der → Psychoanalyse ein wichtiger Teil der kindlichen Sexualforschung und damit der → Neugieraktivität und der das Sexualleben des Erwachsenen vorgestaltenden kindlichen Sexualität. Die Theorien enthalten Vorstellungen der Empfängnis durch den Mund (Küssen, Essen) und der Geburt durch den Nabel oder durch den After.

Geburtstrauma 1. Schädigung des Gehirns oder anderer Organe bei der Geburt, meist durch Sauerstoffmangel oder mechanische Einflüsse (Zangengeburt); eine Ursache von → Geistesschwäche. 2. Umstrittene Theorie, wonach das Geburtserlebnis auf jedes Kind mehr oder weniger stark seelisch verletzend (traumatisch) wirkt und für die spätere Neigung zu → Angst mitverantwortlich sei.

Gedächtnis Speicher eines Lebewesens, aus dem es Nachrichten über vergangene Ereignisse gewinnt. Schon sehr niedere Tiere (auch Plattwürmer) haben ein Gedächtnis und können damit lernen. Dabei ist die chemische Grundlage des Gedächtnisses jener der Vererbung ähnlich, also der von Generation zu Generation weitergegebenen Nachrichten (Informationen). Eine Gedächtnisleistung oder eine Erbinformation ist chemisch eine bestimmte Aneinanderlagerung von Eiweißmolekülen (Ribonukleinsäuren). Das Kurzzeitgedächtnis scheint auf elektrischen Vorgängen im Gehirn (in der Art von Schwingkreisen?) zu beruhen. Es kann durch einen → Elektroschock oder eine heftige emotionale Erschütterung ausgelöscht werden. Beim Langzeitgedächtnis (ab 24 Stunden) ist das nicht mehr der Fall. Die Gedächtnisleistung des Menschen ist außerordentlich groß, wobei viele Inhalte freilich nicht mehr wiedergegeben (reproduziert), sondern nur wieder erkannt werden können

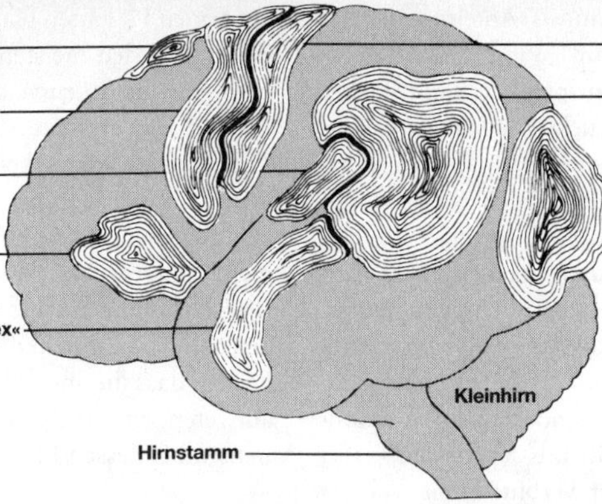

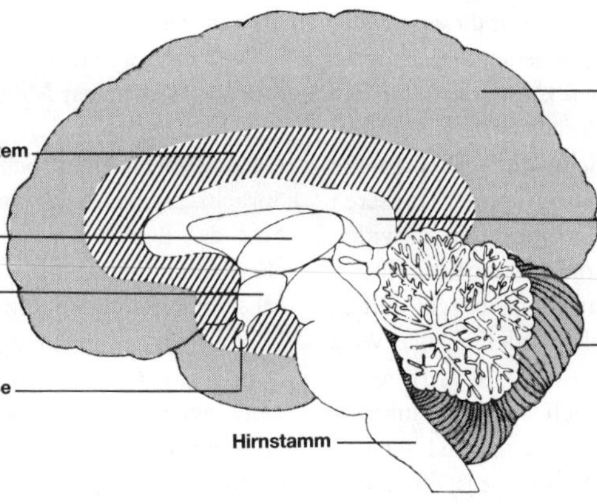

Oben: Außenseite der linken Großhirnhälfte. Unten: Die ältesten Teile des Gehirns liegen tief im Innern des Kopfes. Dort werden lebenswichtige Körperfunktionen automatisch geregelt, und dort entstehen auch Gefühle und Emotionen.

Quelle: Erwin Lausch «Manipulation. Der Griff nach dem Gehirn», Rowohlt Taschenbuch Verlag, Reinbek bei Hamburg 1974

oder nur in Träumen wieder erscheinen. Die Speicherkapazität des Gehirns lässt weit höhere Gedächtnisleistungen zu, als sie vom Menschen in der Regel erreicht werden.

Gefühl Zunächst oft schwer bestimmbare, meist allmählich deutlichere → Gestalt annehmende und dann mit einem Handlungsdruck (→ Bedürfnis, → Motiv) einhergehende Zustände des

→ Ichs, die man als Anteilnahme des Bewusstseins am Wirken der Handlungsantriebe ansprechen kann. Daher auch der Ausdruck Emotion für Gefühl (lateinisch: e bedeutet aus, movere bewegen). Gefühle können entweder innerlich anwachsende primäre → Bedürfnisse bewusst machen (zum Beispiel das Gefühl von Hunger, Durst) oder durch ihre Art der Begleitung eines äußeren Eindrucks (Anblick einer schönen Frau) bisher noch nicht so deutliche innere Bedürfnissituationen klarer machen. Ferner verbinden sie sich (→ Assoziation, → bedingter Reflex) mit zahlreichen Situationen, welche mittelbar oder unmittelbar mit diesen primären, biologisch gegebenen Bedürfnissen zusammenhängen. Oft geraten die Gefühle in einen Gegensatz zum vernünftigen, zweckgerichteten → Denken. Sie sind immer «naiv», spiegeln unseren Bedürfniszustand unmittelbar wider, gleichgültig, ob diese Bedürfnisse in der jeweiligen Situation angebracht und zu verwirklichen sind oder nicht. Viele Menschen in unserer Industriegesellschaft neigen (auch aufgrund ihrer → Erziehung) dazu, diese innere Fülle und Freiheit der Gefühle abzuspalten und zu verdrängen (→ Verdrängung). Das ist eine Forderung, die in der → Sozialisation von Männern noch weit ausgeprägter auftritt als in der von Frauen. Eine solche Gefühlsverleugnung kann das Bewältigen von → Konflikten unmöglich machen, weil sie ein angemessenes Verstehen der Gefühle des Partners erschwert (→ Einfühlung).

Gegenübertragung Form der → Übertragung, mit der ein Psychotherapeut auf seinen Patienten reagiert. Sie wurde früher von den meisten Psychoanalytikern nur als Störung der Behandlung und unangemessene Einstellung des Therapeuten angesehen, während sie heute, ebenso wie die → Übertragung, als allgemeine Erscheinung gilt, die nicht unterdrückt, sondern bewusst verarbeitet und fruchtbar gemacht werden soll (etwa indem der Therapeut erkennt, dass in ihm ähnliche Gefühle auftreten, wie sie das Verhalten des Patienten bei dessen Eltern auslöste).

Gehirn Jedem menschlichen Erlebnisinhalt entspricht ein elektrochemischer Vorgang im Gehirn. Wird dieses geschädigt, dann macht sich auch ein Verlust an psychischen Möglichkeiten bemerkbar. So kann durch eine Gehirnblutung bei einem Schlaganfall das Sprachzentrum so geschädigt werden, dass der Betroffene nicht mehr sprechen kann (Aphasie). Manche Menschen mit nicht allzu schweren Schäden können dann das Sprechen wieder erlernen. Das Gehirn ist aus verschiedenen Teilen aufgebaut und mit einem Spazierstock vergleichbar, auf den man einen Hut gelegt hat. Der Stock entspricht dem Rückenmark, der Knauf des Stockes dem Stammhirn, in dem Lebensvorgänge wie Atmung, Kreislauf, Körpertemperatur, Hunger und Durst gesteuert werden, während der Hut dem Großhirn gleicht, in dem Wahrnehmung, Denken und Körperbewegungen ihre Nervengrundlage haben. Viele seelische Vorgänge erfassen dabei das ganze Gehirn (so wird die Wachheit durch ein Zusammenwirken von Stammhirn und Hirnrinde gesteuert). Die Vermutung, dass es für jede Fähigkeit eine genau umgrenzte Hirnstelle gibt, ist nicht richtig. So bestimmt etwa die → Aktivität der Großhirnrinde den besonderen Inhalt eines Bewusstseinsvorgangs, während das Aktivierungssystem im Stammhirn festlegt, vor welchem gefühlshaften Erlebnishintergrund er abläuft.

Gehirnwäsche Als während einer Überschwemmung das Wasser auch in die Arbeitsräume von I. P. Pawlow (der den → bedingten Reflex entdeckte) eindrang, mussten die dressierten Hunde fast einen Tag lang um ihr Leben schwimmen. Nach dieser Anstrengung hatten sie fast alle erlernten → Reaktionen vergessen. Von dieser Beobachtung leitet sich die Technik her, durch gezielte Überforderung seiner psychischen Leistungsfähigkeit einen Menschen so weit zu bringen, dass er die meisten bisher gelernten Inhalte seines → Ich aufgibt und sich nicht mehr gegen neue Inhalte (wie eine bisher abgelehnte politische Überzeugung) wehren kann. Ständige Verhöre, Nachtwachen, körperliche Erschöpfung durch Schlaflosigkeit, Hunger und Durst, Todesangst und Einzelhaft sind Mittel der «Gehirnwäsche», die einen Zusammenbruch der bisherigen Überzeugungen bewirken können und schon oft Menschen dazu geführt haben, unsinnige Geständnisse endlich «freiwillig» der Öffentlichkeit gegenüber abzulegen. Allerdings ist ein solcher Überzeugungswandel oft nicht von Dauer. Wenn der Betroffene wieder in Kontakt mit anderen Menschen kommt, die sein früheres Ich kannten, wird er sich häufig von dem, was während und nach dem Ausnahmezustand der Gehirnwäsche mit ihm geschah, wieder entfernen. → Manipulation

Gehorsam Soziale Tiere entwickeln oft eine Rangordnung, und zwar umso zuverlässiger, je höher sie organisiert sind. Von der «Hackordnung» der Hühner zu den komplizierteren Strukturen der Wolfsrudel oder Pavianhorden beruht das Grundprinzip der Hierarchie darauf, dass ein niederrangigeres Individuum sich in der Anwesenheit eines höherrangigen so verhält, wie es dieses fordert. Die kulturelle Formulierung dieser Situation spricht vom Gebot des Gehorsams, welcher der «Obrigkeit» geschuldet ist; wer gehorcht, kann in dieser Situation seine sonstigen inneren Normen außer Acht lassen. In den bekannten Versuchen von Stanley Milgram war ein hoher Prozentsatz der Versuchspersonen (in der Regel etwa zwei Drittel) bereit, als fiktive «Lehrer» einem «Schüler» (tatsächlich einem Mitarbeiter Milgrams) schmerzhafte, zum Teil als lebensgefährlich ausgewiesene Stromschläge zu versetzen, obwohl das Opfer jammerte, um Schonung bat usw. Erst als die Versuchspersonen angewiesen wurden, die Hand des «Opfers» selbst auf die Schockfläche zu drücken, verweigerten sich mehr Versuchspersonen als sich fügten. Wurden die Versuchspersonen aber Zeuge, dass sich eine andere Versuchsperson (in Wahrheit ein vom Versuchsleiter instruierter Schauspieler) widersetzte, so verweigerten 90 Prozent ebenfalls. → Konformität

Geist In der wissenschaftlichen Fachsprache heute ungebräuchlicher Ausdruck für die Gesamtheit der Denkprozesse und ihre vermutete Grundlage im Menschen (der «menschliche Geist»), in ganzen Völkern («Volksgeist») oder bestimmten geschichtlichen Abschnitten («Zeitgeist»).

Geisteskrankheiten Während bei der → Neurose ein Mensch die Wirklichkeit noch richtig wahrnimmt und die eigenen Schwierigkeiten als etwas Unerwünschtes, Fremdes erlebt, kann der Geisteskranke äußere und innere Erfahrung nicht mehr auseinander halten. Er glaubt, dass ihn Menschen verfolgen, denen er in Wirklichkeit gleichgültig ist (während sie ihm nicht gleichgültig sind), hört Stimmen, die es nicht gibt, klagt sich eines Verbrechens an, das er offenbar nicht begangen haben kann. Geisteskrankheiten werden häufig auch → Psychosen genannt, wobei man → endogene und exogene Psychosen unterscheidet. Endogene Psychosen entstehen auf den ersten Blick ohne erkennbare äußere Ursache oder aufgrund einer mangelhaften Bewältigung von Anlässen, die andere Menschen verarbeiten können (zum Beispiel einer Liebesenttäuschung). Exogene Geisteskrankheiten werden durch Gifte (→ Alkoholismus), Altersabbau, Verletzungen und Entzündungen des → Gehirns ausgelöst.

Geisteswissenschaftliche Psychologie Natürliche Vorgänge erklärt man, indem man versucht, «letzte Einheiten» (etwa Atome) zu ermitteln und aus den Gesetzen, denen sie unterliegen, den Aufbau der äußeren Gestalt zu ermitteln. Seelische Vorgänge entziehen sich diesem Vorgehen, wenn man sein Augenmerk auf die ganzheitlichen, geistigen Vorgänge richtet. Eine Idee, eine geschichtliche Persönlichkeit, eine Liebesbeziehung lassen sich nicht in «letzte Einheiten» zergliedern. Bei der Beschränkung auf die reine Verhaltensanalyse (→ Behaviorismus) ist das eher möglich. Psychologen, die an geschichtlichen Ereignissen und den durch Selbstbeobachtung eröffneten Möglichkeiten der → Einfühlung interessiert waren, haben die «geisteswissenschaftliche» Psychologie begründet, als deren besondere Verfahren das Verstehen, Nacherleben, die genaue Erlebnisbeschreibung (Phänomenologie) und die → Deutung angesehen werden können. Die frühere Feindschaft und gegenseitige Geringschätzung der «geisteswissenschaftlichen» und «naturwissenschaftlichen» Richtung der Psychologie macht heute gelegentlich der Einsicht Platz, dass es sich bei beiden um Aspekte des Forschungsgegenstandes handelt, die sich sehr wohl auch gegenseitig ergänzen können.

Geistige Behinderung Unvollständige oder ungenügende Entwicklung der geistigen Fähigkeiten, von der ungefähr drei Prozent der Bevölkerung betroffen sind. → Intelligenz

Geiz Süchtige Sparsamkeit. Während zu einer vernünftigen Wirtschaft Sparsamkeit gehört, die uns lehrt, nicht mehr auszugeben, als wir uns leisten können, kann der Geizige nicht aufhören zu sparen, auch wenn er längst mehr ausgeben oder verschenken könnte, ohne auch nur die Zinsen seines Kapitals ganz zu verzehren. Geiz ist eine Leidenschaft; sie übersteigert, was man als auf die Geldwirtschaft übertragene Befriedigung des primitiven Jägers und Sammlers deuten kann: Ein «Schnäppchen» zu finden, andere in einem günstigen Einkauf zu übertreffen, ein hochwertiges Gut um einen geringen Preis zu erwerben, sind Befriedigungen, die die meisten Bürger der Industriegesellschaft kennen und die von der Werbeindustrie berücksichtigt und ausgebeutet werden. Krankhafter Geiz geht weit darüber hinaus, die Sparsamkeit wird zum Selbstzweck, oft werden ihr zuliebe auch Gesundheitsschäden in Kauf genommen. Genauere Analyse zeigt zwei Komponenten im Geiz, von denen nur eine in Freuds Beschreibung des «analen Charakters» erfasst ist: die Schwierigkeit, anderen etwas Gutes abzugeben, nicht alles für sich behalten zu wollen. Die andere Seite ist eine heftige, unersättliche Gier, die dadurch gezügelt wird, dass ihr ständig finanzielle Grenzen gesetzt werden, sodass der Geizige nach Sparsamkeit giert und Geld ansammelt, weil es sozusagen ein Symbol und ein Konzentrat der Befriedigungen ist, die er sich nicht gönnen kann. Geiz ist oft eine Reaktion auf große Armut, andere Geizige verarbeiten ein frühes Trauma, dass die Familie durch die Verschwendungssucht eines Elternteils ruiniert wurde. Dazu kommt, dass Geiz einen sozialen Regelkreis in Gang setzt: Wer lieber nimmt als gibt, dem wird auch lieber genommen als gegeben; daher bestätigt seine Umwelt den Geizigen in der Phantasie, dass er nichts Gutes zu erwarten hat und seine Güter horten muss, um auf schlechte Zeiten vorbereitet zu sein.

Geltungstrieb Gleichbedeutend mit Geltungsstreben; wichtiges → Motiv, das eine Ausdrucksform der primären sozialen Bezogenheit des Menschen ist. Fast jeder Mensch legt Wert darauf, von anderen Menschen angenommen und für «gut» gehalten zu werden (was auch immer die besondere, gesellschaftlich bestimmte Form des «Guten» ausmacht). Wenn ein Mensch sich in der → Gemeinschaft nicht angenommen fühlt, kann es zu einer ausgleichenden (kompensatorischen) Übersteigerung des Geltungsstrebens kommen. Der Betroffene wird unfähig, Fehler einzugestehen, neigt zu Angeberei und versucht, andere herabzusetzen, um die eigene Geltung zu steigern. → Narzissmus

Gemeindepsychologie Die Gemeinschaft eines Dorfes, welche ihre sozialen Probleme (zum Beispiel die Sorge für Kranke, Arme und Behinderte) solidarisch löst, ist seit der Verstädterung und der damit einhergehenden → Individualisierung und Ausgrenzung der sozial Schwachen zum Idealbild einer rückwärts gerichteten Utopie geworden. Gemeindepsychologie sucht die Mängel einer an dieser Individualisierung und Zweckhaftigkeit orientierten psychologischen Forschung auszugleichen, indem sie soziales Engagement vom psychologischen Forscher verlangt und der Technisierung therapeutischer Hilfeleistungen entgegenwirkt. Psychisch Kranke sollen zum Beispiel nicht in entfernten Kliniken behandelt, sondern in gemeindenahen Einrichtungen betreut werden.

Gemeinschaft Verbundenheit zwischen Menschen, die sich persönlich kennen und gefühlshaft aufeinander beziehen, z. B. Familie, Verein, Nachbarschaft, Kirchengemeinde. In der Soziologie spielt die Unterscheidung von Gemeinschaft und Gesellschaft eine große Rolle, die nach ihrer ersten Formulierung durch Schleiermacher vor allem Ferdinand Tönnies ausgeführt hat: Gemeinschaft beruht auf einer natürlichen, gesinnungshaften Verbundenheit und auf ungeschriebenen Regeln; Gesellschaft hingegen auf äußeren Vereinbarungen. In gesellschaftlichen Ordnungen werden oft die Werte der Gemeinschaft idealistisch und nicht realistisch gesehen: Wenn es darum geht, Nachbarschaft zu pflegen, Kriminalität zu bekämpfen und angemessen für Kinder und Alte zu sorgen, preisen wir die Werte der Gemeinschaft; wenn es hingegen darum geht, verlässliche Regeln zu haben, unerwünschte Einmischung in das eigene Leben fern zu halten und einer bedrückenden sozialen Kontrolle zu entgehen, würden sich vermutlich viele, die aus ihrer gesellschaftlichen Situation heraus ein Lob der Gemeinschaft anstimmen, wieder zurück in die «kalte» Realität der Gesellschaft sehnen. Eine arbeitsteilige Gruppe, die eine bestimmte Größe überschreitet und dem Konkurrenzdruck anderer Gruppen ausgesetzt ist, kann der Entwicklung zur Gesellschaft nicht entgehen. Die Pflege der Gemeinschaftswerte muss dann als gesellschaftliche Aufgabe gesehen und auf eine entsprechende rechtliche Grundlage gesetzt werden, was zum Beispiel die Solidaritätsgebote der modernen Sozialversicherungen versuchen.

Gemeinschaftsgefühl Begriff aus der → Individualpsychologie, in der das Gemeinschaftsgefühl als → Motiv gilt, welches dem → Machtstreben entgegenwirkt und die Gruppenbindungen aufrechterhält. Wenn man A. Adler, dem Begründer der Individualpsychologie, oft unterstellt, er habe das Machtstreben als wichtigsten Trieb angesehen, so beruht das auf einem Irrtum. Tatsächlich sah Adler im Gemeinschaftsgefühl, das heißt (biologisch durchaus richtig) in der Gruppenbezogenheit des Menschen, den Ur-Antrieb. Es ist für ein gruppenlebendes Tier durchaus sinnvoll, vor allem in der Kindheit, alle übrigen Bedürfnisse zurückzustellen, um den Anschluss an die Gruppe wieder zu finden.

Gemüt Gesamtheit der Gefühlsvorgänge in einem Menschen; Gefühlsansprechbarkeit.

Gemütloser Psychopath Person, bei der kaum eine Gefühlsansprechbarkeit nachweisbar ist (→ Psychopathie). Manchmal auch als «moralischer Schwachsinn» (englisch moral insanity) beschrieben. Ein typisches Beispiel sind manche Mörder, die durch das Leiden ihrer Opfer nicht bewegt werden und auch später ihre Tat nicht bereuen.

Generationskonflikt Spannungsverhältnis zwischen Altersgruppen, wobei die ursprüngliche Spanne von 30 Jahren («Trau keinem über 30») heute durch eine raschere und unübersichtlichere Abfolge von Konflikten abgelöst wird; eine Zwanzigjährige kann z. B. von ihrer vierzehn Jahre alten Schwester sagen: «Die gehört zu einer anderen Generation!» Der klassische Generationskonflikt entstammt einer Zeit, in der zum Beispiel ein Bauernhof an einen Nachfolger «übergeben» werden musste und die Auseinandersetzung darüber entbrannte, ob der junge Bauer schon gut genug oder ob der alte noch gut genug für die Rolle des Hofbesitzers sei. Da sich heute die Wirtschaft in viel schnellerem Rhythmus verändert, spielen sich die meisten Generationskonflikte lange vor solchen wirtschaftlichen Szenarien in der Auseinandersetzung um soziale Werte, kulturelle Vorstellungen und Konsumbedürfnisse ab. Sie bestimmen das Familienleben, sobald Kinder anfangen, sich an den Vorstellungen ihrer Altersgenossen zu orientieren und diese auch gegen die Vorstellungen ihrer Eltern aufrechtzuerhalten. Während in der traditionellen Gesellschaft der typische Generationskonflikt nach der Volljährigkeit einsetzte, beginnt er heute erheblich früher und endet im guten Fall, sobald während der Adoleszenz die Entidealisierung der Eltern abgeschlossen ist und diese wieder als Partner gesehen werden, mit denen zusammen sich der Jugendliche in einer von den Eltern meist nur wenig geprägten Studien- und Arbeitswelt zurechtfinden muss. Dabei spielen zum Beispiel in den vielen eingewanderten Familien die Jugendlichen eine Elternrolle, sie dolmetschen bei Behörden, beantragen Renten, organisieren einen Krankenhausaufenthalt oder eine Ehescheidung der Eltern, was gegenüber dem klassischen Generationskonflikt gänzlich neue Konfliktpotenziale darstellt. In milderer Form spiegelt sich diese Situation in den vielen Familien, in denen die Jugendlichen ihre Eltern im Umgang mit neuen Technologien (Computer, Video) beraten.

Geopsychologie Richtung der psychologischen Forschung, die sich mit den Auswirkungen von Klima, Wetter, Boden, Landschaft, Jahreszeiten auf das menschliche Erleben und Verhalten befasst. Primitive Vorstufen der Geopsychologie waren die Konstruktionen mancher evolutionstheoretisch orientierter Historiker, wonach zum Beispiel nur in einem gemäßigten Klima eine Hochkultur entstehen kann und eine tropische Umwelt jede höhere geistige Leistung unmöglich macht. Diese schlichten Modelle gelten heute als veraltet; es gibt genügend Gegenbeispiele (Mesopotamien, Ägypten, Mittelamerika). Eine neuere Entwicklung der Geopsychologie ist die «kosmische Psychologie», die der Frage nachgeht, wie sich der Aufenthalt in Raumstationen auf die Psyche auswirkt.

Gerontopsychologie Psychologie alternder und alter Menschen. Die seelische Entwicklung im Alter verläuft weniger aufgrund der Reifung seelisch-geistiger Anlagen wie während der Entwicklung in der Kindheit. Sie wird stärker durch prägende Ereignisse bestimmt, die ein Individuum treffen oder verschonen können, zum Beispiel stabile Beziehungen oder ihr Mangel, eigene Kinder und Enkel, Erfolg im Berufsleben oder Arbeitslosigkeit, krankheitsbedingte Einbußen an Leistungsfähigkeit oder Erhalt der seelisch-geistigen Möglichkeiten. Am sinnvollsten ist es daher, das Erwachsenenleben als eine Folge von kritischen Ereignissen zu betrachten, deren Bewältigung die seelischen Funktionen auf einer höheren Stufe organisiert, während ein Versagen in einer dieser «Prüfungen» Depressionen oder Resignation und damit eine Stagnation der künftigen Entwicklungsmöglichkeiten mit sich bringt. So gesehen, bereitet die Bewältigung des frühen Erwachsenenlebens auf die Bewältigung des Alterns vor. Auch darin geht es darum, einen vernünftigen Mittelweg zwischen Ideal und Wirklichkeit zu finden, zum Beispiel zu akzeptieren, dass der Arbeitsplatz, der einem angeboten wird, nicht höchstes Gehalt mit leichter Arbeit verknüpft, oder dass die künftigen Lebenspartner nicht weniger Schwächen und Mängel haben als man selbst. Die unausweichlichen Einbußen des Alters an körperlicher und geistiger Leistungsfähigkeit verarbeitet dementsprechend der am besten, der einerseits ihre Realität akzeptiert (und daher den Unfällen entgeht, die zum Beispiel Sportler oder Autofahrer dann heimsuchen, wenn sie sich und anderen beweisen wollen, dass es etwas wie ein Nachlassen der körperlichen und geistigen Leistungen bei ihnen nicht gibt), andererseits aber den Anspruch an sich stellt, so viel zu erreichen, wie eben möglich ist. Trainierte, neugierige Alte sind viel besser vor Resignation und Abbau geschützt als Alte, die ihr Alter nicht wahrhaben wollen, es verleugnen und schließlich, wenn das nicht mehr möglich ist, ihr Selbstbewusstsein gänzlich verlieren. Das bisher gelebte Leben, die Auseinandersetzung mit anderen Menschen und die Fähigkeit, Beziehungen zu pflegen und aufrechtzuerhalten, sind für alte Menschen noch wichtiger als für junge; wer sich während seiner Jugend darin nicht geübt hat, tut sich im Alter sehr schwer, seine Beziehungskompetenz zu erweitern und der Isolation zu entgehen. Ein erstes Zeichen der Altersproblematik ist die Midlife-Crisis: Hier entdeckt der Mensch zum ersten Mal, dass seine Zeit begrenzt ist und Erfolge nicht nur sich steigern, sondern auch nachlassen können. Von dieser Begrenztheit nicht entmutigt, sondern angeregt zu werden, sich auf das Wesentliche zu konzentrieren und sich nicht mehr in jedem Detail selbst beweisen zu müssen, ist einer der großen Anstöße des Alters für die seelische Entwicklung.

Geruch Der Geruchssinn des Menschen ist im Zug der kulturellen → Evolution zunehmend unwichtiger geworden. In den Zivilisationen bemüht man sich sogar, die natürlichen Duftstoffe, die auch der Mensch (zusammen mit dem Schweiß oder im Bereich der Geschlechtsteile) ausscheidet, möglichst auszuschalten. Der Geruchssinn reagiert auf gasförmige, fein verteilte Stoffe in oft erstaunlich geringen Mengen (wobei hier der Mensch gegenüber vielen Tieren sehr unempfindlich ist) und arbeitet offenbar nach einem «stereochemischen» Gesetz, das heißt, die Moleküle der Geruchsstoffe lösen dann bestimmte → Empfindungen aus, wenn sie räumlich in die Aufnahmeorgane (Rezeptoren) in der Nasenschleimhaut passen.

Geschlecht Seelische und körperliche Eigentümlichkeiten von Frauen und Männern; Geschlechtsmerkmale sind immer auch → Geschlechtsunterschiede.

Geschlechtsrolle In jeder Gesellschaft begegnen Männer oder Frauen bestimmten Verhaltenserwartungen und → Normen (→ Doppelmoral), die häufig durch angeblich «natürliche» Unterschiede zwischen den Geschlechtern gerechtfertigt werden (→ Geschlechtsunterschiede). Meist sind die Geschlechtsrollen durch den wirtschaftlich-sozialen Aufbau der Gesellschaft bestimmt, vor allem durch die Arbeitsteilung. Die Notwendigkeit, ein Kind nach der Geburt ausreichend zu stillen, führte etwa in den ursprünglichsten erhaltenen Kulturen (Jäger und Sammler) dazu, dass die Frauen in der Nähe der Lagerplätze pflanzliche Nahrung und Kleintiere sammelten, während die Männer weit umherschweiften und größere Tiere zu erbeuten suchten. Häufig entstehen aus unterschiedlichen Geschlechtsrollen auch Machtunterschiede, die an den Besitzverhältnissen, dem Erbrecht oder dem Wohnort nach der Heirat erkennbar sind. Geschlechtsrollen werden schon sehr früh gelernt (→ Erziehung) und erscheinen dann als «selbstverständlich». Erst der Vergleich verschiedener Kulturen zeigt, wie groß die Veränderungsmöglichkeiten hier sind. Die Ergebnisse großer kulturvergleichender Untersuchungen zeigen aber doch gewisse Schwerpunkte: Männer jagen überall häufiger als Frauen; ihre Hauptaktivitäten, die selten von Frauen ausgeübt werden, sind ferner der Waffen- und Bootsbau, die Metallarbeit und der Bergbau. Frauen kümmern sich fast überall um die Kinder, den Haushalt, das Weben; sie sind häufig allein für die Feldarbeit und die Essenszubereitung zuständig. In machen Kulturen verrichten die Frauen die meiste körperliche Arbeit; gelegentlich scheinen unsere westlichen Geschlechtsrollen fast umgekehrt: Frauen gelten als tüchtig und leistungsbezogen, Männer als geschwätzig und eitel. Die meisten Unterschiede der Geschlechtsrollen sind über Generationen geschichtlich entstanden und gesellschaftlich festgelegt.

Geschlechtsunterschiede Der Ursprung der Unterschiede zwischen den beiden Geschlechtern ist wegen der starken sozialen Gestaltung des jeweils «geschlechtstypischen» Verhaltens schwierig zu bestimmen (→ Geschlechtsrollen). In → Tests sind Männer meist in der groben Körperbewegung (die Kraft erfordert), räumlichen Orientierung und dem Verständnis für Mechanik überlegen, Frauen in der Wahrnehmungsgeschwindigkeit, Genauigkeit, Wortflüssigkeit. Ob es sich dabei um genetisch bedingte oder durch → Lernen erworbene Einflüsse handelt, ist ungeklärt und wohl eine unzutreffend gestellte Frage (→ Erbe-/Umwelt-Problem). Die größere Körperkraft von Männern dürfte stark durch erbliche Einflüsse bestimmt sein; im Übrigen kann man davon ausgehen, dass Männer und Frauen gleich intelligent sind.

Geschlechtsverkehr Vollzug einer sexuellen Beziehung durch Einführen des Gliedes in die Scheide und wechselseitige Reizung bis zum → Orgasmus eines oder beider Partner. In homosexuellen Beziehungen (→ Homosexualität) manchmal auch in Beziehungen zwischen Männern und Frauen, wird der normale Geschlechtsverkehr durch andere Formen ersetzt oder ergänzt. → Analverkehr, Cunnilingus, Fellatio

Gesellschaftskritik Im Namen einer übergeordneten Instanz vorgetragenes Urteil über die → Gesellschaft. Vorformen einer Gesellschaftskritik lassen sich in allen religiösen Reformbewegungen vom Buddhismus bis zum Islam nachweisen; eine ausdrücklich von Wissenschaft und Vernunft bestimmte Gesellschaftskritik entstand während der bürgerlichen Aufklärung, die unter anderem die Voraussetzungen für die Emanzipationsbewegungen und die Französische Revolution schuf. Die Ordnungen der Gesellschaft wurden nicht mehr als gottgegeben und unantastbar angesehen, sondern als rationale Verträge, die untersucht und notfalls auch aufgekündigt werden können. Lange Zeit war Gesellschaftskritik mit utopischen Gegenentwürfen zum vorhandenen Zustand der sozialen Umwelt fast identisch; das Scheitern der revolutionären Bewegungen in ihrem Versuch, eine ideale Gesellschaft zu schaffen, wurde zunächst als Hinweis darauf gedeutet, dass die Gesellschaftskritik nicht radikal genug vorgetragen und umgesetzt worden sei. Ein Protagonist dieser Deutungsversuche war Karl Marx. Er stellte fest, dass die bürgerliche Revolution nur die Macht des Kapitals an die Stelle der feudalen Machtstrukturen setzen konnte. Erst die Verstaatlichung der Produktionsmittel könne eine wirklich gerechte Gesellschaft herstellen. Allerdings zeigte sich, dass die marxistische Gesellschaftskritik keinen Schutz vor Diktaturen schaffen konnte, welche versuchten, jede kritische Stimme zu unterdrücken und Kritik nur gegen jene zuzulassen, die sich nicht dem Machtapparat der eigenen Partei unterwarfen. Diese Erfahrungen haben die utopischen Entwürfe der Gesellschaftskritik gemäßigt, ihre Unentbehrlichkeit jedoch bekräftigt.

Gestalt Schon früh wurde von Psychologen auf die «Ganzheit» als besondere Eigenschaft von Erlebnissen hingewiesen, die sich nicht aus dem Zusammenzählen einzelner Teile erklären lassen, sondern nur durch eine besondere innere Ordnung oder Struktur. Heute hat sich der Begriff der Gestalt als Präzisierung des Ganzheitsbegriffs durchgesetzt. Die Eigenart eines Ganzen kann einerseits schon durch relativ kleine Veränderungen vollkommen umgestaltet werden, andererseits bleibt sie in Änderungen, welche alle Teile betreffen (Austausch des Materials, Versetzung in andere Sinnesgebiete), oft in ihrer Eigenart erhalten. Man kann zum Beispiel einen Kreis durch eine kreisför-

«Wasserfall», Lithographie von M. C. Escher, 1961: Trotz unmöglicher Konstruktion des Bauwerks versuchen wir, ein sinnvolles Ganzes, eine Gestalt wahrzunehmen.

mige Anordnung erhabener Punkte ersetzen, das Licht ausschalten und die Versuchsperson äußern lassen, was sie ertastet: Es ist wieder ein Kreis, obwohl keine einzelne Empfindung gleich geblieben ist. Diese «übersummative», eine bloße Summe von Empfindungen übersteigende Beschaffenheit nennt man «Gestaltsqualität». Die Gestalt ist etwas anderes als die Summe der Teile, aus denen sie besteht. Ihr Einfluss ist mächtiger als die starre Zuordnung zwischen Reiz und → Empfindung. Die Annahme einer Beständigkeit (Konstanz) in dieser Beziehung muss aufgegeben werden. An ihre Stelle tritt das Streben zur «guten Gestalt», die das seelische Feld (→ Feldtheorie) möglichst prägnant gliedert, auch auf Kosten der «Richtigkeit» der → Wahrnehmung (→ optische Täuschung).

Gestaltpsychologie Von M. Wertheimer, W. Köhler, K. Koffka und K. Lewin begründete Schule der → Psychologie, die sich besonders mit der Erforschung von → Wahrnehmungsvorgängen, → Denken und später → Gruppendynamik befasste.

Gestalttherapie Aus der → Gestaltpsychologie abgeleitete Form der → Psychotherapie, in der die → Verdrängung als «unerledigte Aufgabe» angesehen und mit Hilfe der intensiven Anleitungen des Therapeuten, sich im Hier und Jetzt der Gefühle und inneren Empfindungen voll bewusst zu sein, überwunden werden soll. Charakteristisch ist die gestalttherapeutische Form der → Traumdeutung, bei der sich der Träumer mit jedem Stück des Traumes eins fühlen und den Traum aus dieser Sicht erzählen soll – als Zimmer, als Tisch, als Schlange ..., um sich der darin liegenden verborgenen Seiten seiner Person bewusst zu werden. Formen der Gestalttherapie werden in → Encounter-Gruppen viel angewendet.

Gewalt Handlungen, die andere Personen eigenen Bedürfnissen auch um den Preis unterwerfen, sie seelisch oder körperlich zu verletzen. In der menschlichen Gesellschaft wird der Gewaltbegriff meist auf die Auseinandersetzung mit Artgenossen begrenzt; da der Mensch seine Evolution als Raubtier und Pflanzenfresser vollzogen hat, ist ihm Gewalt gegen andere Lebewesen selbstverständlich und wird auch von denen hingenommen, die Gewalt gegen Artgenossen ausdrücklich verurteilen. Es gibt allerdings Religionen wie den Buddhismus, die auch die Gewalt gegen Tiere ablehnen; fortschrittliche Staaten bekämpfen immerhin die sinnlose Gewalt gegen Tiere als Tierquälerei. In den Auseinandersetzungen zwischen Menschen war Gewalt immer ein «letztes Mittel», wobei schon früh die Unterscheidung zur Geltung kam, dass Angehörige der eigenen Gruppe von Gewalt verschont bleiben müssen, solange sie sich an die Gruppennormen halten, während Gewalt gegen Angehörige einer Fremdgruppe nicht nur erlaubt, sondern bewundernswert ist. (Dieser Mechanismus gilt für schriftlose Kulturen, etwa die Kopfjäger, die erst dann heiraten dürfen, wenn sie der Familie der Braut einen erbeuteten Kopf eines Mitglieds des verfeindeten Nachbardorfes vorlegen, ebenso wie für die Landbevölkerung in Bayern, wo noch im 19. Jahrhundert die Burschen von A-Dorf ihre Männlichkeit dadurch bewiesen, dass sie sich auf dem Tanzboden mit den Burschen von B-Dorf prügelten. Der zentrale sozialpsychologische Schritt im Umgang mit Gewalt liegt zwischen Faustrecht und öffentlichem Recht. In der modernen Lehre vom Staatsrecht, die Thomas Hobbes begründete, ist der Mensch für den Menschen ein Wolf; diese gegenseitige Gefährdung kann nur überwunden werden, wenn alle Menschen zusammen ihre Gewaltpotenziale an den Staat abtreten, der nun ein Monopol darauf erwirbt und dieses mit Hilfe von Polizei und Justiz durchsetzt.

Wie schwer es solche rationalen Modelle haben, kann jeder von uns im eigenen Erleben aufspüren. Wenn uns jemand beleidigt, wenn er ungefragt in unsere Wohnung eindringt oder uns durch einen Betrug schadet, ist die Versuchung groß, das Faustrecht wieder zu beleben und nicht die Hilfe der Polizei oder eines Anwalts zu suchen. Daher spielt die These eines Aggressionstriebes in der Psychologie eine wichtige Rolle (→ Aggression). In der aktuellen Erforschung von Gewaltexzessen spielt allerdings der Narzissmus eine größere Rolle. Demnach dient Gewalt vor allem dazu, das Selbstgefühl aus Gefahren zu retten oder eine auf anderen Wegen nicht erreichbare narzisstische Bestätigung zu gewinnen. Das äußert sich beispielsweise darin, dass die Schläger in einer Schulkasse meist die sind, welche durch ihre geistigen Leistungen kaum Erfolgserlebnisse haben und diese narzisstische Mangelsituation kompensieren. Allerdings macht keineswegs jedes Misserfolgserlebnis zum Schläger; bei ihm klaffen die hohen Ansprüche, etwas zu gelten, und die Unfähigkeit, dies durch konstruktives Verhalten zu erreichen, weit auseinander. Auch die Gewalt gegen Frauen und Kinder setzt häufig dort ein, wo diese eine für den Täter für unentbehrlich gehaltene narzisstische Bestätigung verweigern. Ein zweiter Faktor ist dann, ob sich die Opfer aus eigenen narzisstischen Bedürfnissen (zum Beispiel eine Partnerin zu sein, die lieber leidet als die Polizei zu verständigen und damit ihre eigene Ohnmacht zuzugeben, den gestörten Partner zu «heilen») nicht wehren.

Die Gewaltbereitschaft wird in der modernen Welt dadurch gesteigert, dass das Leben sehr geordnet verläuft und Gewaltvorstellungen ein wichtiges Mittel sind, die Langeweile zu vertreiben. Daher spielen Gewaltdarstellungen und gewalttätige Lösungen in den Massenmedien eine große Rolle; sie sind einfach fesselnder als der innere Prozess, sich von dem eigenen Jähzorn zu distanzieren und auf das Gewaltmonopol des Staates zu vertrauen. Ein verantwortungsbewusster Umgang mit diesem Problem fehlt in den Medien weitgehend; es ist daher zum Beispiel nicht leicht, in der schulischen Erziehung die Gewaltbereitschaft pädagogisch anzugehen. Erfolg versprechend sind hier Schülerinitiativen, in denen Schüler zu Mediatoren ausgebildet werden, welche Streit zwischen Klassenkameraden schlichten, ehe Gewalttätigkeiten eskalieren. Außerdem sind Polizisten manchmal schlecht ausgebildet und ihrerseits nicht in der Lage, eigene Gewaltpotenziale kritisch zu sehen; die feindliche Abgrenzung einer Gruppe gegen die «Bullen» führt dann dazu, dass die internen wie die Konflikte nach außen wieder nach dem Faustrecht angegangen werden. Bessere soziale Vernetzung der Polizei und größere Bereitschaft der Bürger, mit Polizisten zu kooperieren, bieten wesentliche Möglichkeiten, der wachsenden Bereitschaft zu immer brutalerer Gewalt in den meisten Industriegesellschaften abzuhelfen.

Gewissen Meist mit → Über-Ich gleichgesetzt. Von manchen Autoren aber als rationale oder religiös unterbaute Grundlage der → Moral von den unbewussten, oft unvernünftigen Eltern-Vorschriften, welche das Über-Ich aufbauen, abgegrenzt. Studien zur → Entwicklung des Gewissens (J. Piaget) haben gezeigt, dass in einer frühen Phase (bis etwa zum siebten oder achten Lebensjahr) Kinder grundsätzlich jede Regelverletzung bestrafen wollen, während die → Motive ohne Bedeutung sind (ein Kind, das eine große Vase versehentlich zerbricht, soll strenger bestraft werden als eines, das ein kleines Glas absichtlich zerbricht). Später gewinnen sie einen Begriff der Billigkeit und berücksichtigen mehr und mehr die gesamte Situation und die Motive des Regelverletzers.

Graphologie Kunde (griechisch logos) vom Schreiben (griechisch graphein). Neben den Aufgaben des Schriftsachverständigen (der besonders die Echtheit von Handschriften prüft) wird der Begriff in der Psychologie vor allem für die Versuche verwendet, aus der Handschrift Schlüsse auf die → Persönlichkeit zu ziehen. In ihrem wissenschaftlichen Wert ist die Graphologie bis heute umstritten; sie wird in der amerikanischen Psychologie, die in vielen anderen Bereichen die internationale Forschung bestimmt hat, als «nutzlose Methode» (J. P. Guilford) abgelehnt. Jedenfalls sollte die Graphologie nicht als einziges Verfahren angewendet werden, wenn es darum geht, Aufschluss über die Persönlichkeit eines Menschen zu gewinnen (→ Tests). «Ferngutachten» (wenn zum Beispiel einem Graphologen die Handschriften eines Mannes und einer Frau vorgelegt werden und er ihre Persönlichkeit im Hinblick auf eine Ehe prüfen soll) sind vom wissenschaftlichen Standpunkt aus in ihrem Wert unbewiesen. Nachprüfungen haben gezeigt, dass im «Blindversuch» bereits dann große Irrtümer auftreten, wenn der Graphologe nur das Geschlecht des Schreibers bestimmen soll. Andererseits ist die Schrift sicherlich oft (nicht immer) ein wichtiger → Ausdruck der Persönlichkeit des Schreibers, wobei nach den wenigen genauer (statistisch) überprüften Untersuchungen vor allem Eigenschaften wie Steuerung, Selbstkontrolle und Störbarkeit abgelesen werden können.

Gruppe Ansammlung mehrerer unterscheidbarer Teile; in der Psychologie Ansammlung von Menschen, die sich entweder persönlich «von Angesicht zu Angesicht» (face-to-face) kennen oder durch Gemeinsamkeiten in irgendeiner Form miteinander verbunden sind (Vereinsmitglieder, Angehörige einer

Partei). Gruppen sind für den Menschen von entscheidender Bedeutung; man unterscheidet dabei die erste Gruppe, die ein Mensch erfährt, als «Primärgruppe» (in unserer Gesellschaft meist die → Familie) von den «Sekundärgruppen» des späteren Lebens: Schulklasse, Verein oder Arbeitsgruppe im Betrieb. Eine weitere Unterscheidung ist die zwischen formellen Gruppen, deren Zusammensetzung und Tätigkeit durch Vorschriften oder soziale Einrichtungen geregelt sind, und informellen Gruppen, die aufgrund persönlicher, gefühlshafter Beziehungen entstehen.

Gruppenarbeit Zusammenwirken mehrerer Personen in der Ausführung von Aufgaben. In der → Erziehung, vor allem in der Schule, ist damit – im Gegensatz zum «Frontalunterricht» (der Lehrer spricht zu allen Schülern) – die Arbeit in kleinen Gruppen gemeint, in denen der Stoff unter Aufsicht und mit Unterstützung des Lehrers erarbeitet wird. Diese Unterrichtsform setzt sich an den Schulen und an der Universität mehr und mehr durch. Sie kennzeichnet auch den Übergang von einem mehr autoritär (→ Autorität) orientierten zu einem auf Zusammenarbeit abgestellten Vorgehen in der Menschenführung. Viele wissenschaftliche und technische Probleme, aber auch Dienstleistungen (Krankenhaus, Theater, Schule) sind ohne das Zusammenwirken verschiedener Spezialisten mit jeweils besonderen Aufgaben gar nicht mehr lösbar (Teamwork).

Gruppendynamik Lehre von den Kräften (griechisch dynamis), die in Gruppen entstehen und von Gruppen auf deren Mitglieder ausgeübt werden. Der Ausdruck wurde 1936 von K. Lewin geprägt, der damals nachweisen konnte, dass die Besprechung eines Themas in Gruppen mit anschließender Beschlussfassung ein wirksameres Mittel ist, → Einstellungen zu verändern, als der Vortrag eines anerkannten Fachmanns. Schon vorher, unabhängig von Lewin, hatten verschiedene Therapeuten Gruppenvorgänge in der → Psychotherapie eingesetzt (→ Gruppentherapie). Einige Gesichtspunkte der Gruppendynamik sind:

1. Wie entstehen Gruppen? Die Passagiere eines Flugzeugs sind noch keine Gruppe, sondern eine reine Menschenansammlung, unter denen einige Untergruppen (wie Ehepaare oder Geschäftspartner) sind. Wenn das Flugzeug notlanden muss, bildet die gemeinsame Aufgabe, zu überleben und einen Ausweg zu finden, sehr rasch eine Gruppe mit einer inneren Ordnung (Struktur), verschiedenen → Rollen und einem oder mehreren → Führern. Gruppen entstehen durch gemeinsame Aufgaben und Ziele, durch längere Bekanntschaft, durch gefühlsbetonte Wahlen.

2. Was hält Gruppen zusammen? Im Fall der notgelandeten Flugzeugpassagiere die gemeinsame Aufgabe; wenn ein Rettungsflugzeug kommt, verliert die bisherige Gruppe wieder ihre Ordnung. Allgemein schafft das Zusammensein auch das Gefühl der Zusammengehörigkeit. Eine Gruppengrenze bildet sich, die das «wir» von «denen da» trennt und «denen da» meist

schlechtere Eigenschaften zuschreibt als dem «wir» (die Parallelklasse ist schon nach den ersten Schulwochen «blöd», obwohl sich die «nicht blöden» Mitglieder der A-Klasse erst seit einigen Tagen kennen).
3. Was schafft Zusammenhalt zwischen feindlichen Untergruppen? Eine gemeinsame Aufgabe, eine gemeinsame Gefahr, kurz jedes übergreifende Ziel, das die Wettbewerbssituation unterbricht.
4. Die Übereinstimmung in einer Gruppe ist ein sehr mächtiges seelisches Druckmittel zur Überzeugung des einzelnen Mitglieds, das eine abweichende Ansicht hat. Diesen Einfluss machen sich die → Gruppentherapie, aber auch die politische Belehrung und die religiöse Bekehrung zunutze.
5. Führungsstile in Gruppen. Hier sind vor allem → autoritäre, demokratische und gleichgültige Verhaltensweisen des → Führers untersucht worden. Eine andere Einteilung unterscheidet den autoritären vom sozial-integrativen (einordnenden) Führungsstil (→ Erziehung). Bei diesem machen sich gegenüber dem autoritären Führungsstil, bei dem der Führer alle Handlungen festlegt und nach Maßstäben beurteilt, die den Gruppenmitgliedern nicht bekannt sind, folgende Veränderungen bemerkbar: Die Leistung wird bei gleicher Menge in der Beschaffenheit besser, schöpferischer und vielfältiger. Durch die zurückhaltende, freundliche und teilnehmende Art des Führers wird selbständiger gearbeitet und treten mehr eigene Beiträge an die Stelle vorsichtigen Abwartens. Die Beziehungen zwischen den Gruppenmitgliedern sind eher durch Zusammenarbeit als durch Wettbewerb und Aggressionen gekennzeichnet.

Gruppensex Sexuelle Beziehungen (→ Geschlechtsverkehr) zwischen mehr als zwei Beteiligten. Die Partner können dabei getauscht werden oder auch nicht; bedeutsam ist das Heraustreten aus der → Intimsphäre, in der sich Sexualität sonst abspielt. In vielen Primitivkulturen nur in Verbindung mit religiös begründeten Festen (Orgien) erlaubt.

Gruppentherapie Psychotherapie in einer Gruppensituation. Es gibt viele verschiedene Verfahren; die wichtigsten sind:
1. Lehrende und übende Heilverfahren in Gruppen. Hier werden die Gruppenmitglieder zusammen angeleitet, bestimmte Übungen zu vollziehen, etwa das → autogene Training.
2. Therapie in der Gruppe. Hier wird vor der Gruppe in einer mehr oder weniger einem einzeltherapeutischen Verfahren ähnlichen Form mit dem Patienten gearbeitet, der sich «gemeldet hat». Die Gruppenmitglieder können sich spontan beteiligen oder gelegentlich auch die Rolle von Co-Therapeuten (Helfern des Therapeuten) übernehmen. In der → Gestalttherapie arbeitet der Therapeut auf diese Weise, ähnlich in der → Transaktionsanalyse.
3. Die von selbst ablaufenden (spontanen) gruppendynamischen Vorgänge in einer Therapiegruppe werden vor allem in der analytischen Gruppenpsychotherapie eingesetzt. Hier versteht sich der Leiter als teilnehmender Beobachter an

dem Gruppengeschehen, der versucht, therapeutisch für eine Erweiterung des → Ich durch → Einsicht nutzbar zu machen, was in der Gruppe geschieht. Er fordert die Teilnehmer zu Beginn meist nur auf, ihre Gefühle und Eindrücke möglichst offen auszusprechen, und wartet dann ab, was in der Gruppe geschieht. Er greift nur ein, wenn sich Gelegenheit zu einer → Deutung ergibt oder besondere Verhaltensweisen von Gruppenmitgliedern (starke Erregung, Angst, heftige, zerstörerische Aggression, deutliches Ausweichen vor einem wichtigen Thema) sein Eingreifen erfordern, damit der Gruppenprozess weiterlaufen kann.

4. Aktionsgruppen. Hier werden → Konflikte und belastende Situationen aus Vergangenheit (Kindheit) und Gegenwart nicht durch Sprechen geklärt, sondern durch Ausspielen in der Art eines Seelentheaters (→ Psychodrama). Der Leiter wirkt wie ein Spielführer, er kann die Szenen beschreiben, die Rollen besetzen (besser, die Gruppenmitglieder bitten, sich zur Verfügung zu stellen), den Ablauf bestimmen (etwa: Das «Kind» soll mit dem «Vater» die Rolle tauschen, um auf diese Weise dessen verborgene Gefühle zu erkennen und zu verstehen).

Die Ursprünge der Gruppenpsychotherapie liegen in psychotherapeutischen Seminaren, in denen ein Therapeut in der Art eines Lehrers versucht, therapeutische Inhalte zu vermitteln. Daraus entwickelte sich die Einzeltherapie vor einer Gruppe, wobei die Gruppenmitglieder Zeugen einer therapeutischen Arbeit mit einem Gruppenmitglied werden. Sie können zuhören, beobachten und so an dessen Einsichten teilhaben. Während der dozierende Stil eines Therapeuten die notwendige, intensive Beschäftigung mit einem Einzelnen unmöglich macht, liegt die Einschränkung bei der Einzeltherapie vor einem Publikum darin, dass sich der Therapeut meist genötigt fühlt, möglichst spektakuläre Deutungen oder Interventionen zu machen, die den Erfordernissen eines Heilungsprozesses nicht entsprechen, sondern diesen auf dem Weg über (Massen-)Suggestionen eher vortäuschen.

Die eigentliche Gruppenpsychotherapie ist durch eine Verknüpfung von Psychotherapie und Gruppendynamik begründet; die Gruppe wird selbst zum Werkzeug einer Behandlung, welche der Leiter nur lenkt, aber nicht produziert. Diese Formen der Gruppenpsychotherapie finden in kleinen Gruppen mit 8 bis 12 Mitgliedern statt, die sich über längere Zeit kennen und intensiv miteinander kommunizieren, wobei der Leiter den Gruppenprozess deutet und möglichst konstruktiv gestaltet, der Gruppe aber auch die Freiheit lässt, sich zu finden und möglichst viel eigene Kompetenzen zu entwickeln. Gruppenpsychotherapie in dieser Form der gruppendynamisch-therapeutisch orientierten Kleingruppenarbeit ist in vielen Fällen von Neurosen, aber auch bei Persönlichkeitsstörungen und Psychosen hilfreich. Sie verbessert fast immer die Beziehungskompetenz der Mitglieder, baut soziale Ängste ab und erleichtert den konstruktiven Umgang mit Konflikten.

Gruppentraining Unter verschiedenen Bezeichnungen (→ Sensitivitätstraining, → Encounter, → Marathon, → Gestalttherapie, → Psychodrama, → Transaktionsanalyse, → Gruppendynamik, T-Gruppe) seit dem Zweiten Weltkrieg entwickelte Verfahren, in der Erwachsenenbildung nicht nur Wissen zu vermitteln, sondern Persönlichkeitseigenschaften zu überprüfen und zu verändern.

Guru Aus Indien stammender Ausdruck für Lehrer, Meister. Viele wesentliche Inhalte asiatischer Lehren (Yoga, buddhistische → Meditation) lassen sich nur durch persönlichen Unterricht bei einem Guru erwerben. Da weltliche Geltung und Gelderwerb in der Regel nicht Inhalte der östlichen Guru-Tradition sind, ist Misstrauen gegenüber den in westlichen Zivilisationen auftretenden indischen Gurus angebracht.

H

Hackordnung Ausdruck für Rangordnungen bei Tieren, zuerst an Hühnern entdeckt. Solche tierischen Hackordnungen (Dominanzordnungen) sind dadurch gekennzeichnet, dass in der Tiergruppe genau festgelegt ist, welches Huhn welches andere hacken darf. Am oberen Ende steht das «Despothuhn», das alle Übrigen hacken kann, am unteren ein Prügelknabe, der sich meist mit zerzausten Federn irgendwo am Rand herumdrückt. Hackordnungen sind manchmal nicht folgerichtig: Huhn A hackt Huhn B, dieses Huhn C, aber C hackt A. Das erklärt sich daraus, dass sie aus den Ergebnissen von Einzelkämpfen aufgebaut sind. Ihre Aufgabe ist es, dauerndes Kämpfen mit den daraus folgenden schädlichen Wirkungen auf die Gruppe zu vermeiden: Jedes Tier weiß, welchen anderen es aus dem Weg gehen muss.
Es ist nicht sinnvoll, von menschlichen Hackordnungen zu sprechen, weil alle menschlichen Gruppen (und übrigens auch schon Affengruppen) mit dem groben Werkzeug einer Dominanzordnung nicht verstanden werden können. → Rolle, Gruppendynamik, Rangordnung.

Halluzination Wahnwahrnehmung; es gibt optische (Sehen von Bildern) oder akustische (Hören von Stimmen) Halluzinationen, die von den Betroffenen als wirklich angesehen werden, aber keine objektive Wirklichkeit besitzen.

Haltung, therapeutische Dieses Konzept wurde entwickelt, weil sich herausstellte, dass in der Ausbildung von Therapeuten das Einüben von einzelnen Techniken, Deutungen oder Interventionsstrategien nicht ausreicht, um sie auf die Vielfalt der möglichen Verläufe in Behandlungen vorzubereiten. Die therapeutische Haltung wird durch Gebote (den Patienten zu respektieren, ihn anzunehmen, ihn zu bestätigen, das professionell Mögliche für ihn zu tun), Verbote (keine unprofessionellen Vorteile aus der Behandlung zu ziehen, wie überhöhte Honorare zu fordern, eine sexuelle Beziehung zu beginnen) und inhaltliche Ziele gewährleistet, die sich an Theorie und Methode der jeweiligen Therapierichtung orientieren. Bei der Psychoanalyse geht es zum Beispiel darum, durch Deutungen Einsicht zu vermitteln, bei der Verhaltenstherapie darum, durch Lernen Verhalten zu verändern.

Hass Feindseliger → Affekt. Von Hass bestimmte → Aggression ist eine allein dem Menschen eigene Verhaltensweise, die im Zusammenhang mit Kränkungen im Werterleben (→ Narzissmus) auftritt und zu besonders heftigen Zerstörungen führt. Beispiele dafür sind Religionskriege oder ideologisch begründete Auseinandersetzungen.

Hedonismus (griechisch hedone = Freude, Lust) Weltanschauung, welche die → Motive der Menschen und den Sinn ihres Lebens auf das Streben nach Lust zurückführt.

Hedonistische Relativität Die Häufigkeit eines Verhaltens steigt, wenn entweder die Belohnung für es wächst oder die Belohnung für konkurrierende Verhaltensweisen abnimmt. In einem Verkehrsstau neigen zum Beispiel sonst vernünftige Autofahrer dazu, für einen Vorsprung von einigen hundert Metern große Risiken auf sich zu nehmen, weil es in dieser Situation kaum andere Möglichkeiten gibt, sich zu verhalten. Im Gefängnis gewinnen kleine Freiheiten eine ungeheure, für den Nichthäftling unverständliche Bedeutung.

Heißer Stuhl Ausdruck der → Gestalttherapie. Wer auf dem «heißen Stuhl» sitzt, den der Therapeut neben sich stellt, erklärt sich bereit, dass dieser (und die Gruppe) sich mit ihm beschäftigen. Im → Sensitivitätstraining gelegentlich als → Feedback-Übung verwendet. Jedes Gruppenmitglied sagt dem, der sich auf den «heißen Stuhl» setzt, die ihm gegenüber empfundenen Gefühle oder nennt eine positive und eine negative Eigenschaft.

Helfersyndrom Von Wolfgang Schmidbauer 1977 konzipiertes Modell der seelischen Probleme in den sozialen Berufen. Die Rolle des Helfers wird gewählt, um Ängste vor Abhängigkeit abzuwehren und für die eigenen Schützlinge jene ideale Elterngestalt zu sein, die in der eigenen Kindheit schmerzlich vermisst wurde. Übermäßige Ausprägung dieses «Helfens als Abwehr» führt zu → Depressionen, Erholungsunfähigkeit und → Burnout.

Hemmung Einschränkung der an sich einem Menschen möglichen Verhaltensweisen. Jemand ist zum Beispiel zu gehemmt, um eine Beziehung zu einem Partner des anderen Geschlechts anzuknüpfen (sexuelle Hemmung, die sich auch als → Impotenz äußern kann). Es gibt soziale Hemmungen, Lernhemmungen, Arbeitshemmungen, aber auch Hemmungen, sich zu entspannen und zu freuen. In jeder Gesellschaft gelten dabei bestimmte Hemmungen als «normal», andere als «anormal» (die Hemmung, bei Tisch zu rülpsen, gilt in Europa als normal, in China vor Einführung der europäischen Sitten als

nicht normal). Hemmungen werden meist in der Kindheit als unmittelbare Folge einer einschränkenden → Erziehung oder als → Abwehr Angst einflößender Situationen ausgebildet.
In einer engeren, von der Nervenforschung (Neurologie) hergeleiteten Bedeutung bezieht sich Hemmung auf die Unterdrückung nervöser Abläufe im Gegensatz zur Erregung.

Herzneurose Krankheit mit oft anfallartig auftretenden Herzschmerzen, Herzstechen, Druckgefühl, heftigem Herzklopfen und → Angst, die meist darauf bezogen wird, das Herz könnte stehen bleiben. Objektiv nachweisbare Zeichen eines Herzleidens fehlen oder sind nicht eindeutig (etwa ein Elektrokardiogramm, das unterschiedlich gedeutet werden kann). Die Patienten bemühen sich oft heftig, die seelische Entstehung ihres Leidens zu verleugnen, und bewerten kleine Anzeichen (wie die Verschreibung eines «Herzmittels» durch den Arzt) als Hinweis, dass man ihnen über die «wahre» Natur ihrer Erkrankung nichts sage. Die Ursache der Herzneurosen sind meist unbewusste seelische → Konflikte. → Neurose

Hierarchie Rangordnung, ursprünglich «geheiligte Ordnung», zum Beispiel die Hierarchie der Götter oder der Engel. Heute wird der Begriff für alle sozialen Systeme verwendet, in der es eindeutige Bezeichnungen für Höherstehende gibt; in vielen Hierarchien werden entsprechende Statussymbole entwickelt, zum Beispiel die militärischen Rangabzeichen, aber auch die Höhe des Gehalts, die Größe des Büros und des Dienstwagens in einem Industrieunternehmen. Die Hierarchie hat sich dort bewährt, wo es darum geht, innerhalb einer einheitlichen Organisation, deren Hauptinhalt die Machtausübung ist, verbindliches Handeln durchzusetzen. Angesichts von Situationen, in denen auch untere Entscheidungsebenen rasch und spontan handeln, Kreativität und eigene Initiative entwickeln sollen, funktioniert die Hierarchie im traditionellen Sinn schlecht; hier sind Teams, die sich eher an demokratischen Entscheidungsfindungen orientieren und die schöpferischen Kräfte des Einzelnen möglichst fördern, der Hierarchie überlegen.

Hilflosigkeit, erlernte Setzt man Versuchstiere wiederholt Schmerzreizen aus, die sie nicht vermeiden oder anders durch ihr Verhalten beeinflussen können, «lernen» sie Hilflosigkeit. Bietet man ihnen später die Möglichkeit, sich das Vermeidungsverhalten anzueignen, gelingt es den so vorbelasteten Tieren viel schlechter als unbelasteten. Solche Tierversuche wurden als Modell verwendet, um menschliche → Depressionen zu erklären.

Hilfsbereitschaft Verhalten, das eigene Interessen so weit zurückstellt, dass die Interessen eines tatsächlich oder vermeintlich Schwächeren befriedigt werden. Bereits kleine Kinder zeigen, auch wenn sie nicht eigens darauf hingewiesen werden, spontan hilfsbereites Verhalten. Hilfsbereitschaft widerspricht einem vernünftigen Egoismus ebenso wenig wie dem Narzissmus; sie stellt im Gegenteil sogar eine

Form narzisstischer Absicherung dar, denn derjenige, dem ich helfe, muss ja schwächer sein und etwas von meinem Überschuss erhalten wollen. Im → Helfersyndrom wird dieser narzisstische Gewinn aus der Hilfe für andere zu einer Abwehrhaltung, die Beziehungen weitgehend auf die Möglichkeit reduziert, seine eigene Hilfsbereitschaft und damit Überlegenheit demonstrieren zu können. In der normalen Hilfsbereitschaft sind solche narzisstischen Motive in ein stabiles Prinzip des Austauschs eingebettet: Je verlässlicher ich meinen Freunden oder auch Fremden helfe, wenn diese in Not sind, umso sicherer kann ich auch sein, dass sie es mir erwidern werden, wenn ich sie brauche.

Höhenangst Es gibt eine normale Höhenangst; die meisten Menschen haben zum Beispiel keine Schwierigkeit, auf einer Eisenbahnschiene zu balancieren, würden aber mit massiver Angst reagieren, wenn sie auf einer derart schmalen Unterlage einen Abgrund überqueren müssten. Die Höhenangst dramatisch zu überwinden, macht den Reiz von modernen Risikosportarten wie Fallschirmspringen, Gleitschirmfliegen oder Bungeespringen aus. Krankhafte Höhenangst kann dazu führen, dass die Bewegungsfähigkeit stark eingeschränkt ist, weil zum Beispiel keine Brücke überquert werden kann, offene Treppenhäuser gemieden werden und Flugreisen unmöglich sind. Psychoanalytiker vermuten, dass die krankhafte Höhenangst mit der Abwehr einer urtümlichen Flugphantasie zusammenhängt, die mit Hilfe der Angst abgewehrt wird. Diese Hypothese würde auch erklären, weshalb sich Höhenängstliche von dem Abgrund auch angezogen fühlen. Goethe berichtet, dass er seine eigene Höhenangst überwand, indem er auf das Straßburger Münster stieg und dort in schwindelnder Höhe so lange ausharrte, bis er sich beruhigt und gewissermaßen gegen die Angst immunisiert hatte.

Homosexualität Im Verhalten erkennbare, bis zu gegenseitiger sexueller Reizung und Befriedigung gesteigerte gleichgeschlechtliche Beziehung. Bei den meisten Menschen sind in irgendeiner Form (Phantasien, Träume, Verhalten in der Kindheit) Neigungen zur → Bisexualität nachzuweisen. → Verdrängung von homosexuellen Neigungen spielt in der Entstehung von → Neurosen eine sehr wichtige Rolle. Die Ursachen der Homosexualität sind noch nicht voll geklärt. Wie überall, ist auch hier keine eindeutige Entscheidung einer Frage nach dem → Erbe-/Umwelt-Problem sinnvoll. Wahrscheinlich wirken eine vorgegebene Veranlagung zur Bisexualität, die stärker als im Regelfall ausgeprägt ist, Einflüsse der frühkindlichen Umwelt, Vorbilder im Jugendalter, Verführung und kulturelle Bewertung homosexuellen Verhaltens zusammen. In der Vorgeschichte von homosexuellen Männern (umgangssprachlich «Schwule») lässt sich häufig eine → Familie nachweisen, in der ein schwacher, zurückgezogener Vater und eine starke Mutter, welche das Geschehen in der Erziehung und im Familienalltag beherrscht, dem Kind keine sinnvollen männlichen → Identifizierungen anboten. → Fellatio, Analverkehr, Perversion

Hormon Körpereigener Stoff, der von bestimmten Drüsen (Hoden, Nebennieren, Schilddrüse, Hirnanhangdrüse) hergestellt und unmittelbar in die Blutbahn abgegeben wird, wo er die Körpergebiete und Organe erreicht, auf die er seine Wirkung ausübt. Die gesteigerte Absonderung (Exkretion) von männlichem Geschlechtshormon (Testosteron) während der Pubertät führt zur Ausbildung sekundärer Geschlechtsmerkmale wie vermehrtem Haarwachstum im Gesicht (Bart) und in der Schamgegend (Schamhaare) oder der tieferen Stimme.

Hospitalismus (psychischer) Unter Hospitalismus versteht man Zustände, die durch den Aufenthalt in Krankenhäusern ausgelöst werden, etwa die Ansteckung mit Keimen, die gegen Antibiotika widerstandsfähig geworden sind. Seelischer Hospitalismus ist vor allem an Säuglingen und Kleinkindern beschrieben worden, die längere Zeit in Heimen verbrachten. Da dort keine persönliche, dem einzelnen Kind geltende Zuwendung möglich und die Umgebung höchst eintönig ist, verkümmern viele dieser Kinder in ihrer Fähigkeit, Gefühlsbindungen zu anderen Menschen zu entwickeln, aber auch in ihren geistigen Fortschritten (sie können manchmal mit vier Jahren noch nicht gehen und sprechen). Eine andere Form des seelischen Hospitalismus ist die «Verödung» oder «geistige Versandung» von → Schizophrenie-Kranken in schlecht geführten Anstalten, wo sie in einem eintönigen, auf Verwahrung abgestellten Betrieb seelisch verkümmern.

Humanistische Psychologie Richtung der amerikanischen Psychologie, die sich gegen den dort herrschenden → Behaviorismus wendet und damit Überlieferungen der europäischen → geisteswissenschaftlichen Psychologie aufgreift; Selbstbeobachtung (→ Phänomenologie), Betonung der besonderen menschlichen Fähigkeiten zu seelischer → Einsicht (→ Denken) und zur Entwicklung schöpferischer Persönlichkeitseigenschaften. Führende Vertreter sind E. Fromm, Ch. Bühler, C. Rogers, A. Maslow, R. May.

Humor Seelische Einstellung, in der Widersprüche, Konflikte und Gefahren des Lebens dadurch entschärft werden, dass auf ihre komischen Seiten hingewiesen wird. Die gültigste Definition des Humors ist der knappe Spruch: «Humor ist, wenn man trotzdem lacht!» Humor hat für die seelische Gesundheit des Menschen viele Vorzüge. Er wirkt dem → Fanatismus entgegen und nimmt narzisstischen Kränkungen die Spitze, indem er Abstand herstellt. Dadurch verhindert er, dass narzisstische Konflikte entgleisen. Sie verlieren durch ihn die Qualität des Unbarmherzigen. Diese Leistung vollzieht der Humor oft dadurch, dass er ein bestehendes Übel so übertreibt, dass der reale Schmerz harmlos erscheint – ich habe mich in den Finger geschnitten und sage: «Gut, dass er noch dran ist!» Wenn der Dieb, der am Montag gehängt werden soll, sagt: «Die Woche fängt ja gut an!», nennen wir das etwas abschätzig Galgenhumor. Aber dieser ist keine verächtliche Abwandlung des Humors, sondern drückt dessen zentrale Qualität aus: angesichts der unentrinnbaren Tatsache, dass Schmerz, Alter und Tod unvermeidlich sind, nicht zu verzagen, sondern die eigene Phantasie anzustrengen, um den Sendboten des Leides eine Narrenkappe aufzusetzen und dadurch für eine Weile über sie zu triumphieren. Wenn es gelingt, sich selbst über den Tod lustig zu machen, wie viel komischer noch sind die zahllosen Fälle des Lebens, in denen sich Menschen blähen, aufspielen, bedeutungsvoll tun und doch nackt sind, wie es das Märchen von des Kaisers neuen Kleidern lehrt.

Hypnose Zustand geänderter Aufmerksamkeit bei einem Menschen, der entweder selbständig (Autohypnose) oder in der Mehrzahl der Fälle durch die Einwirkung einer anderen Person herbeigeführt wird. Um eine Hypnose einzuleiten, werden meist fortlaufend wiederholte → Suggestionen verwendet, die darauf abzielen, Entspannung, Aufmerksamkeit auf die Stimme des Hypnotiseurs («Sie hören nur noch meine Stimme»), Müdigkeit, Schließen der Augen zu bewirken. Diesen Vorgang nennt man Induktion (= Herbeiführen) der Hypnose. Er gelingt bei etwa 10 Prozent der europäischen Erwachsenen überhaupt nicht, während die «tiefen» Stadien der Hypnose bei 20 bis 30 Prozent erreicht werden. Patienten, bei denen diese Hypnose gelingt, sind besonders empfänglich für Suggestionen. Ist eine Hypnose einmal eingeleitet, kann man für spätere Induktionen der Hypnose ein Zeichen vereinbaren, das den Prozess der Einleitung verkürzt. Im Gegensatz zu manchen Filmszenen und Romanberichten ist es fast nie möglich, einen Menschen gegen seinen Willen zu hypnotisieren. Andererseits ist leichte Hypnotisierbarkeit nicht das Zeichen von Willensschwäche, sondern hängt mit lebhafter → Phantasie, Art der → Intelligenz und einer positiven Einstellung zu dem Gedanken, hypnotisiert zu werden, zusammen.

Die Zeitspanne der Einleitung einer Hypnose ist abgeschlossen, wenn die Versuchsperson bereitwillig alle Aufforderungen des Leiters zu verwirklichen sucht. Die menschlichen Fähigkeiten übersteigen dann häufig das, was bei wachbewusstem Zustand möglich ist. Die Körperkraft ist gesteigert; Muskeln können länger gespannt gehalten werden, sodass sich Lähmungen darstellen lassen. Die Reaktionen auf Suggestionen greifen tief in körperliche Vorgänge ein. Sagt man einem Hypnotisierten, er würde essen, dann deuten nicht nur die persönlichen Aussagen auf Sättigung, sondern auch die Hungerkontraktionen des Magens hören auf, Magensäure wird vermehrt abgesondert. Nach der suggerierten Zufuhr von bestimmten Speisen verändert sich die Produktion von Verdauungsstoffen (Enzymen wie Pepsin, Trypsin, Lipase und Maltose) entsprechend. Suggeriert man Schmerzlosigkeit, dann empfindet der Proband nicht nur keinen Schmerz, wenn man ihn mit einer Nadel sticht oder eine chirurgische Operation durchführt, sondern auch die körperlichen Schmerzreaktionen werden aufgehoben (zum Beispiel verringerter Hautwiderstand gegen elektrischen Strom). In Hypnose können verschiedene Persönlichkeitsänderungen erzeugt werden; Regressionen zu früheren Altersstufen, wobei manchmal → Reflexe auftreten, die für Neugeborene typisch sind, oder die Versuchspersonen wie als Babys wieder einkoten. Manchmal gelingt es auf diese Weise, verschüttete Kindheitserinnerungen ans Licht zu bringen. Stimmungsänderungen lassen sich ebenfalls relativ leicht erzeugen, doch halten sie – ebenso wie Verhaltensänderungen (Aufgeben des Rauchens) – nicht lange an; man muss dann unter Umständen die Hypnose täglich wiederholen. Eine Verbindung von Hypnose und → Psychoanalyse, wobei die Hypnose den Zugang zum Unbewussten erleichtern soll, nennt man Hypnoanalyse. In der Zahnmedizin und der Chirurgie bedient man sich vielfach der Hypnose, um Schmerzfreiheit bei Eingriffen und Operationen in Fällen zu erreichen, wo eine Betäubung mit chemischen Mitteln gefährlich wäre. Die Entstehung der Hypnose ist noch nicht geklärt. Sie ist kein Schlafzustand (griechisch Hypnos = Schlaf), wie frühere Untersucher annahmen, sondern eher ein Zustand ausschnitthafter Wachheit, gesteigerter Empfänglichkeit für Suggestionen, den man auch mit anderen Formen der Hingabe, zum Beispiel in der Verliebtheit, vergleichen kann.

Hysterie Form der → Neurose, vom griechischen hysteron = Gebärmutter abgeleitet (eine im Altertum geläufige Erklärung der Hysterie besagte, dass bei diesen Kranken – immer Frauen – die Gebärmutter im Körper herumkrieche und bald dieses, bald jenes Organ befalle). Vor allem der → Psychoanalyse ist die Einsicht zu danken, dass die Hysterie eine in unbewussten, seelischen → Konflikten wurzelnde Krankheit ist. Die früheren körperlichen Erklärungen erwiesen sich als ebenso unbegründet wie die Vermutung einer angeborenen Nervenschwäche. Die Krankheitszeichen (Symptome) der Hysterie sind sehr vielgestaltig; Dämmerzustände, Wahnvorstellungen, → Epilepsie-ähnliche Anfälle, Wein- und Schreikrämpfe (die sich stets nur in Gegenwart anderer Personen ereignen), Störungen verschiedener Sinne (Blindheit, Taubheit), Lähmungen, Zittern, Nicht-stehen- und Nicht-gehen-Können gehören zu ihnen, ebenso auch Beschwerden, die bekannten körperlichen Krankheiten ähneln (Herzanfälle, Magenleiden, Gallenkoliken).

Hysterie und «eingebildete» Krankheit. Im allgemeinen Sprachgebrauch nennt man «hysterisch» abschätzig ein Verhalten, in dem Schmerzen, Erlebnisse, Gefühle unserem Gefühl nach übertrieben ausgedrückt und «vorgezeigt» werden (demonstratives Verhalten, Sich-zur-Schau-Stellen). Man spricht auch von «eingebildeten Kranken» und meint damit Menschen, denen trotz ihrer eindrucksvollen Leidensschilderungen «in Wirklichkeit nichts fehlt». Hier ist es nötig, zwischen Hysterie und → Simulation zu unterscheiden. In der Hysterie empfindet der Kranke wirklich die Schmerzen seines Leidens, und er drückt sie so

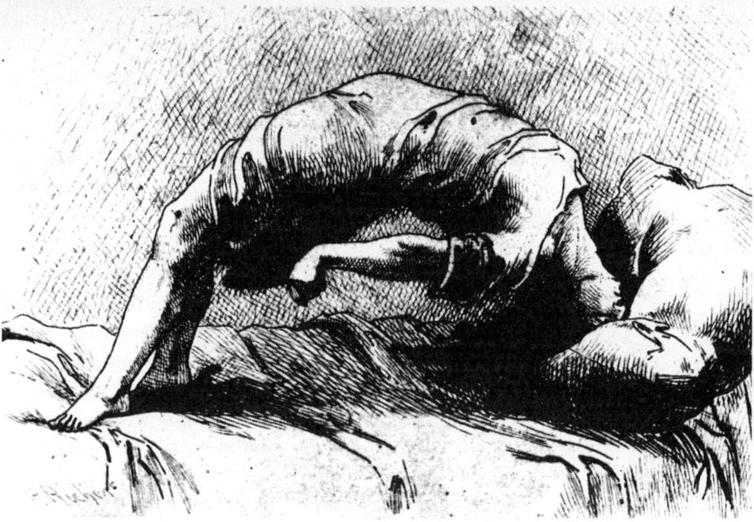

Hysterischer Anfall

deutlich aus, um die Zuwendung seiner Umwelt zu erhalten, die ihm häufig in der Kindheit fehlte, oder die er damals nur mit ähnlichen Mitteln erreichte. In der Simulation wird eine Krankheit bewusst vorgetäuscht, zum Beispiel um sich der Wehrpflicht zu entziehen. Gelegentlich kann zur hysterischen Neurose noch eine Simulation hinzutreten, wenn der Kranke nach dem Motto «Mir glaubt ja sonst doch keiner» bewusst zusätzliche Einzelheiten erfindet, um eine an sich in unbewussten → Motiven wurzelnde Situation glaubhaft zu machen.

Ursachen. Nach der Psychoanalyse wurzelt die Hysterie in Verdrängungen aus der Zeit des → Ödipuskomplexes (Alter von drei bis sechs Jahren). Wenn diese Urverdrängungen durch seelische Konflikte des späteren Lebens (vom Beginn der Pubertät an) erneut belastet werden, treten die → Symptome als «fauler Kompromiss», als die Lebenstüchtigkeit beeinträchtigender Mittelweg auf.

Gruppen-Aspekte. Hysterische Menschen tragen oft kindliche Entschlüsse (→ Transaktionsanalyse) in sich, die etwa so lauten: «Niemand hört auf mich, wenn ich nicht übertreibe», «Es ist sinnlos, sich anzustrengen, man muss Glück haben und den Augenblick genießen!» Diese inneren Formeln entsprechen einer Reaktion auf eine → Familie, in der die Eltern launenhaft sind und von ihren Kindern verlangen, nach außen bestimmte → Rollen zu spielen. Die Rolle des «Kranken» bietet sich an, wenn andere Möglichkeiten, genügend Geltung zu erlangen, verschlossen scheinen (häufig durch überhöhte Ansprüche an die eigene Person). Sie verbindet vermehrte Zuwendung von außen mit einem Schutz des Selbstgefühls («Ich wäre ja ein großer Künstler, aber weil ich krank bin...») und einer Selbstbestrafung, die das → Über-Ich zufrieden stellt.

I

Ich Der Begriff entsteht zu einem Zeitpunkt der seelischen → Entwicklung, an dem das Kind fähig wird, sich selbst als etwas zu erleben, das von anderen verschieden ist, und eigene → Bedürfnisse zu befriedigen sucht, die es sprachlich äußern lernt. In der → Psychoanalyse wird der Ich-Begriff verwendet, um eine innere Instanz zu kennzeichnen, die im Dienste der → Anpassung an die Außenwelt versucht, die triebhaften Wünsche des → Es und die durch → Identifizierung mit den → Eltern aufgenommenen Ge- und Verbote des → Über-Ich mit den tatsächlich bestehenden Lebensmöglichkeiten in Einklang zu bringen. Gegen die Triebansprüche und gegen manche Über-Ich-Verbote schützt sich das Ich durch die → Abwehrmechanismen. Der wichtige Abwehrteil des Ich liegt somit im → Unbewussten; Ich und Bewusstsein sind nach der Lehre der Psychoanalyse nicht dasselbe. Während Freud noch annahm, dass das Ich aus dem Es in der Art einer Rindenschicht hervorgeht, sprechen manche Psychoanalytiker heute von angeborenen, selbstbestimmenden (autonomen) Ich-Fähigkeiten, manche sogar von einer ursprünglich dem Ich dienenden Energie (→ Neugieraktivität), während Freud annahm, dass alle Ich-Energie den Trieben im Es abgerungen werden müsse.

Ich-Funktion Leistung oder Fähigkeit des → Ich, wie → Intelligenz, → Wahrnehmung, → Denken, aber auch → Abwehr. Man unterscheidet zwischen vorgegebenen (primär autonomen) Ich-Funktionen, die zur ererbten Ausrüstung des Organismus gehören, und sekundär autonomen Ich-Funktionen, die sich erst im Lauf der → Entwicklung herausbilden (dazu gehören Leistungen, die auf → Sublimierung beruhen).

Ich-Ideal Im Laufe der → Entwicklung ausgebildetes, persönliches Bild des richtigen Verhaltens und Erlebens, oft einer wirklichen Person nachgezeichnet; angestrebte Seite des → Über-Ich. Ein Missverhältnis (Diskrepanz) zwischen dem tatsächlichen → Ich und dem Ich-Ideal ist eine häufige Ursache neurotischer Spannungen und → Depressionen. Das Ich-Ideal kann die Entwicklung fördern oder lähmen, je nachdem, ob es realistisch oder unrealistisch ist. Es kann einen Künstler dazu führen, sich allmählich bis zu den Grenzen seiner Möglichkeiten zu vervollkommnen. Wenn es aber unrealistisch und überhöht ist, wird er eine Arbeitshemmung entwickeln, sodass er sich selbst nicht erreicht. Wer aufgrund eines überhöhten Ich-Ideals zu viel von sich fordert, bringt nicht annähernd das zustande, was er leisten könnte, wenn er weniger von sich fordern würde.

Ich-Stärke Leistungsfähigkeit des → Ich in der → Anpassung an die Wirklichkeit und in der Verarbeitung innerer und äußerer Belastungen. Mangelnde Ich-Stärke ist eine Entstehungsbedingung von → Neurosen und → Psychosen.

Ich-Triebe Auf die Selbsterhaltung und verwandte → Motive gerichtete → Triebe. Von Freud den Sexualtrieben (→ Libido) gegenübergestellt.

Idealisierung Vorgang, durch den ein anderer Mensch oder ein gesellschaftlicher Wert zum → Ich-Ideal erhoben wird. → Narzissmus.

Identifikation, Identifizierung Verinnerlichung eines anderen Menschen. Das menschliche Gehirn ist ein so empfindlicher und umfassender Steuerungsapparat, dass es wahrscheinlich die Reizfülle von innen und außen nicht bewältigen könnte, wenn es nicht fähig wäre, von anderen Menschen bereits vorgeformte → Gestalten der Bewältigung von Situationen zu übernehmen. Den Vorgang dieser Übernahme nennen wir Identifizierung. In ihr wird ein Mensch so wie ein anderer, zu dem er augenblicklich eine Beziehung hat. Eine Identifizierung ist selten vollständig (→ Introjektion); sie kann bewunderte wie abgelehnte Züge der Person, die nachgeahmt wird, enthalten (→ Identifizierung mit dem Angreifer). Das menschliche → Ich und → Über-Ich werden weitgehend durch Identifizierung aufgebaut; die Lösung des → Ödipuskomplexes durch Identifizierung lässt sich in folgende Formel fassen: «Wenn ich schon nicht den Vater besiegen und die Mutter ganz für mich haben kann, dann will ich wenigstens werden wie er!» Identifizierung ist mehr als → Nachahmung; neben den Kopien des Verhaltens der betroffenen Person enthält sie auch den Ansatz «Was würde X in dieser Situation tun?» und «Wie würde X diese Situation erleben?»

Identifizierung mit dem Angreifer Sonderform der → Identifizierung, in der nicht ein bewunderter Mensch zum Vorbild genommen wird, sondern ein gehasster oder gefürchteter (→ autoritäre Persönlichkeit). Ein Kind zum Beispiel ahmt den Gesichtsausdruck des Lehrers nach, vor dem es besondere Angst hat, oder ein Lehrer kopiert die Ausdrucksweise eines Vorgesetzten, den er zutiefst hasst. Diese Form der Identifizierung ist ein → Abwehrmechanismus. Durch die Verschmelzung mit dem Angst einflößenden Angreifer wird Angst vermindert. Als Kinder fürchten wir unsere Eltern, und als Erwachsene entdecken wir, dass wir geworden sind wie sie.

Identität Gleichheit, Entsprechung; als Abkürzung von Ich-Identität (E. H. Erikson) das Gefühl einer Einheit zwischen Selbstbild, sozialer Aufgabe und Anerkennung durch bedeutsame Bezugspersonen, das dem Empfinden hinreichender Selbstverwirklichung entspricht.

Identitätskrise Krisenhafte Verunsicherung der → Identität. Sie kann auftreten vor einem Berufswechsel, einer Änderung der religiösen oder politischen Orientierung, einer Ehescheidung.

Ideologie Weltanschauung und Handlungsanleitung, die im Gegensatz zur Religion sich nicht auf übernatürliche Offenbarung, sondern auf vernünftige Verarbeitung der Wirklichkeit beruft. Ideologiekritik kann sich nur als grundsätzlich unabgeschlossener Prozess des Aufdeckens unbewusster Ideologie verstehen; wer sich selbst eine «ideologiefreie» oder «rein wissenschaftliche» Grundlage zubilligt, ist sich seiner Ideologie in der Regel nicht bewusst. In der → Psychoanalyse wird Ideologie manchmal als Sonderform der → Rationalisierung angesprochen.

Idiotie Schwerster Grad von → Geistesschwäche; Idioten sind kaum bildungsfähig, können keine berufliche Tätigkeit auch einfachster Art ausführen, werden oft nicht sauber und lernen nicht sprechen.

Illusion Im Unterschied zur → Halluzination, bei der Nicht-Vorhandenes wahrgenommen wird, die Verkennung eines an sich vorhandenen Gegenstandes oder die Erklärung eines in der Phantasie vorhandenen Gegenstandes für wirklich (in diesem Sinn hielt S. Freud die Religion für eine Illusion).

Image Englisch für Bild, Vorstellungsbild. Gesamtheit von Gedanken, Gefühlen und Vorurteilen, die mit einem Gegenstand der sozialen Wahrnehmung verknüpft sind. «Durch den Absturz unseres Jumbojets hat das Image unserer Fluggesellschaft gelitten.»

Imago Lateinisch für Bild; in der → Psychoanalyse die Vorstellungsbilder wichtiger Bezugspersonen der Kindheit (Vater-Imago, Mutter-Imago).

Imbezillität Mittlerer Grad von → Geistesschwäche: Der Imbezille ist in Grenzen bildbar, also kein Idiot (→ Idiotie), aber nicht fähig, selbständig zu leben.

Implosionstherapie Eine «innere Explosion» belastender Ängste wird von manchen Verhaltenstherapeuten dadurch angestrebt, dass (anders als bei der schrittweisen → Desensibilisierung) mit einem maximalen Angstreiz begonnen wird. «Übersteht» der Patient diese Situation, wird er geringere Angstsituationen nicht mehr so fürchten. Wer zum Beispiel Angst vor dem Fahren in Aufzügen hat, wird dazu gebracht, gefesselt in einer finsteren Kiste auszuharren. Unter dem Eindruck, dass es möglich ist, diese Situation zu überleben, fürchtet er sich nicht mehr vor dem Aufzugfahren. Der praktische Wert dieser Behandlungsmethode ist bisher ebenso wenig gesichert wie die ethische Vertretbarkeit beziehungsweise die Möglichkeit, Patienten für dieses Vorgehen zu motivieren.

Impotenz Unfähigkeit, Ohnmacht. Meist für die Unfähigkeit gebraucht, den Geschlechtsakt zu vollziehen (weibliche Impotenz → Frigidität).

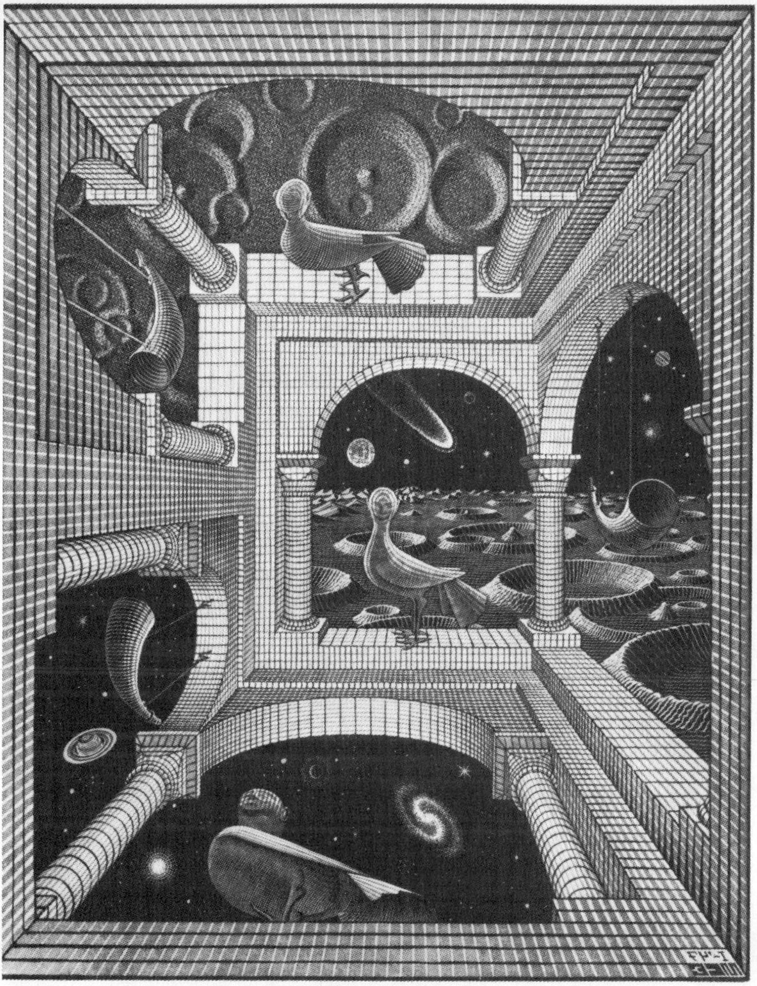

«Andere Welt», Holzstich von M. C. Escher, 1947: Mit den perspektivischen Mitteln der Tiefenillusion wird der Widerspruch von Raum und Zeit dargestellt.

Man unterscheidet dabei die vollständige Impotenz (dem Betroffenen ist noch nie ein → Geschlechtsverkehr gelungen) von der teilweisen (in bestimmten Situationen und bei bestimmten Partnern versagt die Potenz), ferner die erektive Impotenz (es kommt zu keiner ausreichenden Steifung des Glieds) von der orgiastischen Impotenz (es tritt keine Befriedigung ein, → Orgasmus). Impotenz ist meistens seelisch bedingt (etwa 95 Prozent der Fälle); gelegentliches Versagen oder Versagen beim ersten Versuch eines → Geschlechtsverkehrs sind sehr häufig und beruhen meist auf einer starken Erwartungsangst. Die ängstliche Beobachtung, ob die Erektion nun kommt und ausreichend bleibt, stört den natürlichen Ablauf. Diese Angst kann sich in einem zweiten Schritt einschleifen, weil der Geschlechtsverkehr das letzte Mal misslang. Die Abhilfe ist ein völliger Verzicht auf erneute Versuche, bis genügend Sicherheit und Gelassenheit im körperlichen → Kontakt mit dem Sexualpartner gewonnen sind.

Individualisierung Vor hundert Jahren lebten noch mehr als zwei Drittel aller Deutschen in Landgemeinden. Die von der Industrialisierung geforderte Mobilität der Familien führte dazu, dass soziale Probleme von der Qualität der Einwanderer- oder Gastarbeitersituation überall auftraten; in den USA, wo sie am deutlichsten waren, wurden sie auch am meisten erforscht. Während in den traditionellen sozialen Ordnungen die Familie und deren «Stand» auch das persönliche Rollenverhalten prägten, ist in der von solchen Individualisierungsprozessen bestimmten Gesellschaft der Einzelne seines Glückes Schmied, seine Leistung entscheidet, ob er Tellerwäscher bleibt oder Millionär wird. Der «Bedarf» an Psychologie – das heißt Erforschung der Verwertbarkeit individueller Eigenschaften – wuchs mit diesen sozialen Prozessen sprunghaft an, sodass es seit der Mitte des 20. Jahrhunderts in den meisten Industriestaaten Diplom-Psychologen gibt, deren Studienordnung sich teilweise eng an die der Diplom-Ingenieure anlehnt. Individualisierung ist charakterisiert durch große Freiheiten und Möglichkeiten für den Tüchtigen, durch große Härte und erst spät einsetzenden Schutz für den Schwachen und Behinderten. → Gemeindepsychologie.

Individualität Unteilbarkeit, Einzigartigkeit der Persönlichkeit.

Individualpsychologie Sammelbegriff für die Lehre von A. Adler, einem Schüler von S. Freud. Adler betonte das → Ich und die sozialen → Antriebe, wo Freud die Sexualität und die Triebgrundlagen des → Es hervorhob. Menschliche Grundtriebfeder ist für Adler das Gemeinschaftsgefühl, grundlegendes Geschehen in der → Neurose der Ausgleich von → Minderwertigkeitsgefühlen, die zu einem Streben nach Macht und anderen «Arrangements», künstlichen Einrichtungen und Verhaltensweisen führen, etwa auch neurotischen → Symptomen. Wer sich minderwertig fühlt und keine andere Möglichkeit mehr finden kann, Macht und Geltung zu gewinnen, greift auf eindrucksvolle Krankheiten zurück

(→ Hysterie), um sich durchzusetzen. Freud sprach hier vom «sekundären Krankheitsgewinn. Die Individualpsychologie hat nicht nur die → Psychotherapie weit über den Rahmen der unmittelbaren Anhänger Adlers hinaus beeinflusst, sondern auch die → Erziehung und die Sozialarbeit.

Individuation Reifung und Verwirklichung der menschlichen Persönlichkeit. Der von C. G. Jung geprägte Ausdruck bezeichnet die Umwandlung der im → kollektiven Unbewussten angelegten → Archetypen und → Triebe in das Einzigartige, nur der betreffenden Person eigene → Selbst.

Innere Instanz Gruppe seelischer Vorgänge, die so viele Gemeinsamkeiten aufweisen, dass man sie als innere Funktionseinheit ansprechen kann. Der Ausdruck wird vor allem für → Es, → Ich und → Über-Ich in der → Psychoanalyse gebraucht.

Inspiration Begeisterung; Zustand erhöhter seelischer oder körperlicher Leistungsfähigkeit, etwa bei einem Künstler, der über seiner Arbeit Essen und Trinken vergisst. Inspiration kann als «→ Regression im Dienst des → Ich» aufgefasst werden: Ein innerer Zustand wird hergestellt, in dem die unbefangen-schöpferische Haltung des Kindes im Rahmen der Fähigkeiten eines Erwachsenen auftritt, und die kritischen, zweifelnden oder verbietenden Einflüsse aus dem → Über-Ich verstummen.

Instinkt Wir sprechen vom «untrüglichen Instinkt», der zum Beispiel Zugvögel dazu führt, ihr Ziel zu erreichen, oder Bienen anleitet, ihre Waben zu bauen. Wir sprechen von instinktiver Abneigung oder instinktiver → Furcht, wenn wir selbst ein Erleben oder Verhalten zeigen, das uns unwillkürlich erscheint und ohne unser Zutun sofort auftritt, ehe wir die bewusste Überlegung einschalten können. «Instinkt» als Hauptwort wird für ein Verhalten von Tieren verwendet, das zweckmäßig ist, relativ starr und unveränderlich abläuft (man wird Bienen durch keine → Dressur dazu bringen, viereckige Waben zu bauen) und offenbar nicht eigens erlernt werden muss. «Instinktiv» nennt man menschliche Handlungen, die als spontane Reaktionen rasch und unüberlegt ablaufen.
Der Instinkt bei Tieren. Nicht nur körperliche Eigentümlichkeiten, sondern auch geordnete Abläufe von Verhaltensweisen, die durch eine vom Gehirn aufgebaute Erregung herbeigeführt werden, dienen der Anpassung eines Tieres an die Umwelt. Sie werden deshalb von den «Baumeistern» der Artentwicklung (→ Evolution), der Mutation (Veränderung von Erbanlagen) und Selektion (Auslese von Tieren) gestaltet. Im typischen Fall eines Instinkts kann man beobachten, dass ein Tier von innen heraus in Unruhe gerät, dazu neigt, bestimmte Situationen zu suchen («Appetenzverhalten») und, wenn es sie gefunden hat (zum Beispiel eine Nistgelegenheit), ganz typische Verhaltensabläufe zu zeigen, die man «Instinktreaktionen» nennt. Solche vorgegebenen Abläufe im tierischen Nerven-

system steuern einen sehr großen Anteil des Verhaltens von Insekten, aber auch von niederen Wirbeltieren (Lurche, Fische, Vögel). Bei den Säugetieren spielen bereits Lernvorgänge eine sehr viel wichtigere Rolle. Doch ist der Einfluss der Instinkte nach wie vor sehr mächtig (so bei jahreszeitlichen Abläufen des sexuellen Verhaltens). Lernen ist möglich und bei manchen Arten auch sehr wichtig, doch wird das Gelernte in ein bestehendes, festes Gerüst von Instinktvorgängen eingebettet.

Menschliche «Instinkte»? Auch beim Menschen gibt es → Bedürfnisse, die nicht durch → Lernen erworben werden. Sie sind, in den Zusammenhängen der Entwicklung betrachtet, die Nachfolger der tierischen Instinkte. Doch führen sie, abgesehen von Ausnahmen im Säuglingsalter, in der Regel nicht zu Instinkthandlungen, also starren Bewegungsabläufen, sondern zu einem inneren Zustand der Bedürftigkeit, der nun mit weitgehend von Lernen gestalteten Mitteln behoben wird. An die Stelle der von Instinkten vorgegebenen Ordnung der Lernvorgänge tritt eine gesellschaftliche Ordnung; damit hängt zusammen, dass der Mensch sich nicht an eine vorgegebene Natur anpassen, sondern lernen muss, sich in eine kulturell gestaltete Umwelt zu fügen und diese weiterzuentwickeln. Man kann somit die → Triebe als Entsprechung der Instinkte auffassen und als Unterscheidung festhalten, dass ein Trieb eine Forderung des Körpers an ein aus ererbten und erworbenen Teilen bestehendes Steuerungssystem (das → Ich) darstellt. → Einsicht, Intelligenz

Zusammenfassung. Zwischen Instinkt- und Trieb-Begriff wird oft, vor allem im amerikanischen Schrifttum, nicht genau unterschieden; das deutsche Wort Trieb wird abwechselnd mit instinct oder mit drive übersetzt, und in Rückübersetzungen kommt es zu weiterer Verwirrung. Beide Begriffe sind nur Vorstufen einer wirklichen Klärung, da sie keine Vorstellung über die zugrunde liegenden Gesetzmäßigkeiten vermitteln. Es ist wenig gewonnen, die Orientierung der Zugvögel oder das Zusammenleben in einem Ameisenstaat durch «Instinkte» zu erklären, solange nicht die beteiligten Kräfte genauer erforscht werden: Zum Beispiel die Steuerung durch → Hormone oder die Fähigkeit, Magnetfelder wahrzunehmen bei den Vögeln, die Steuerung durch Geruchstoffe (Pheromone) bei den Ameisen.

Institution Einrichtung sozialer Art, die Werte einer gesellschaftlichen Gruppe verwirklicht (Ehe, Erziehung, Demokratie) oder dieser Verwirklichung dient (Standesamt, Schule, Parlament, Krankenhaus).

Integration, soziale Einbettung von Einzelnen in einen größeren sozialen Zusammenhang. Der Begriff wird im Allgemeinen im Zusammenhang mit Personen verwendet, deren soziale Integration aufgrund besonderer Merkmale, zum Beispiel geringe Sprachkenntnisse, soziale Störungen, Behinderungen, auffallendes Aussehen erschwert ist und die Gefahr laufen, ausgegrenzt und diskriminiert zu werden. Solche Integration wurde früher eher vermieden; damals legte man zum Beispiel große Anstalten für Geisteskranke und Behinderte weit außerhalb der Großstädte an, um eine Vermischung beider Gruppen zu erschweren. Heute gilt die Integration von Behinderten als gesellschaftliche Aufgabe; um Vorurteile abzubauen, werden beide Gruppen schon im Kindergarten gemeinsam erzogen und Versuche unternommen, auch später die Behinderten in die normalen sozialen Abläufe einzubetten. Die Integration fordert die Zusammenarbeit unterschiedlicher Berufe und ein Umdenken in der Bevölkerung; es ist zum Beispiel für normal Bewegliche kein Problem, Toiletten, Aufzüge oder Türen zu benützen, die auch für Rollstuhlfahrer geeignet sind, während die Behinderten große Mühe haben, mit den «normalen» architektonischen Standards umzugehen. Dennoch ist es bisher nicht gelungen, das behindertengerechte Bauen zum allgemeinen Standard zu machen, was zum Beispiel bedeutet, dass es erheblich kostspieliger ist als eine «normale» Bauweise.

Allgemeiner bedeutet soziale Integration die Herstellung eines einheitlichen sozialen Gebildes, die der amerikanische Soziologe T. Parsons mit folgenden Einteilungen beschrieben hat:

1. Kulturelle Integration als Beständigkeit der allgemeinen Wertvorstellungen.
2. Normative Integration als Übereinstimmung von Werten und Bedürfnissen.
3. Kommunikative Integration als problemlose Übermittlung von Normen und Werten.
4. Funktionelle Integration als tatsächliche Stimmigkeit und reibungslose Verbindung von Forderungen, Erwartungen und tatsächlichem Verhalten.

Intelligenz Fähigkeit, sich an neue Situationen anzupassen und in ihrer Bewältigung die → Ich-Funktionen einzusetzen (→ Wahrnehmung, → Gedächtnis, → Denken, Raumauffassung, Zahlenverständnis). Der Inhalt des Intelligenzbegriffes ist nicht genau festgelegt; manche Autoren verbinden ihn ausschließlich mit einsichtigem Verhalten (→ Einsicht), was der Wortgeschichte nach berechtigt ist (lateinisch intellegere = einsehen, verstehen). Die Ausdrücke Intelligenz und Intellekt werden meist gleichbedeutend verwendet; Intelligenz ist eher der Mengenaspekt – man kann mehr oder weniger Intelligenz haben –, Intellekt die besondere Denkfähigkeit des Menschen. Einige wichtige Ergebnisse der Intelligenzforschung sind:

Es gibt nicht eine Intelligenz schlechthin, sondern viele unterschiedliche Formen von Intelligenzbegabung. Diese lassen sich unter anderem durch → Faktorenanalyse der Ergebnisse von Intelligenztests ermitteln, was zu einer Reihe von (widersprüchlichen) Formeln geführt hat. Sie laufen darauf hinaus, dass es eine mehr verbal-theoretisch und eine mehr praktisch ausgerichtete Intelligenz gibt (englische Schule), dass neben einem allgemeinen Intelligenzfaktor viele besondere Einzelbegabungen nachweisbar sind (Spearman) oder in jeder Intelligenzleistung verschiedene Faktoren zusammenwirken, jeweils in unterschiedlicher Stärke: Wortverständnis, Zahlenverständnis, räumliche Orientierung,

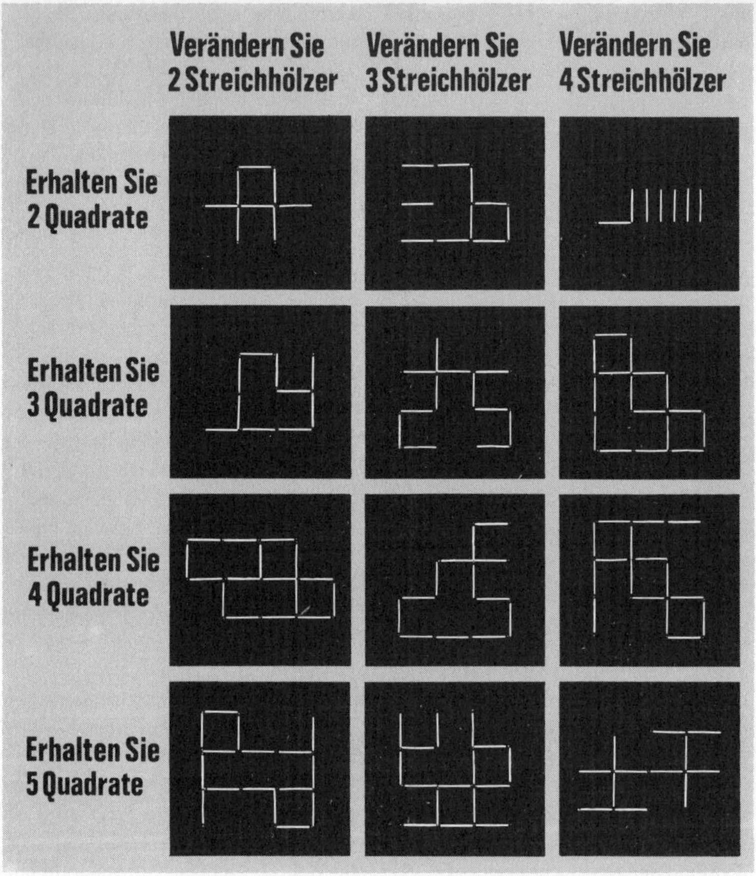

Denkaufgabe

Quelle: Werner Kirst/Ulrich Diekmeyer «Intelligenztraining», Rowohlt Taschenbuch Verlag, Reinbek bei Hamburg 1972

logisches Verständnis, Geschwindigkeit der Wahrnehmung, Wortflüssigkeit, Gedächtnis (Thurstone). Diese Faktorenanalysen sind immer in einer bestimmten Weise willkürlich; sie werden es wohl auch bleiben, da die Zusammenhänge zwischen Intelligenzleistung und → Gehirn bisher nur in ganz groben Umrissen bekannt sind.

Intelligenz und Persönlichkeit. Bisher haben sich keine sicheren Zusammenhänge zwischen bestimmten Formen der Intelligenz und anderen → Persönlichkeitszügen ergeben, wie Anlagen

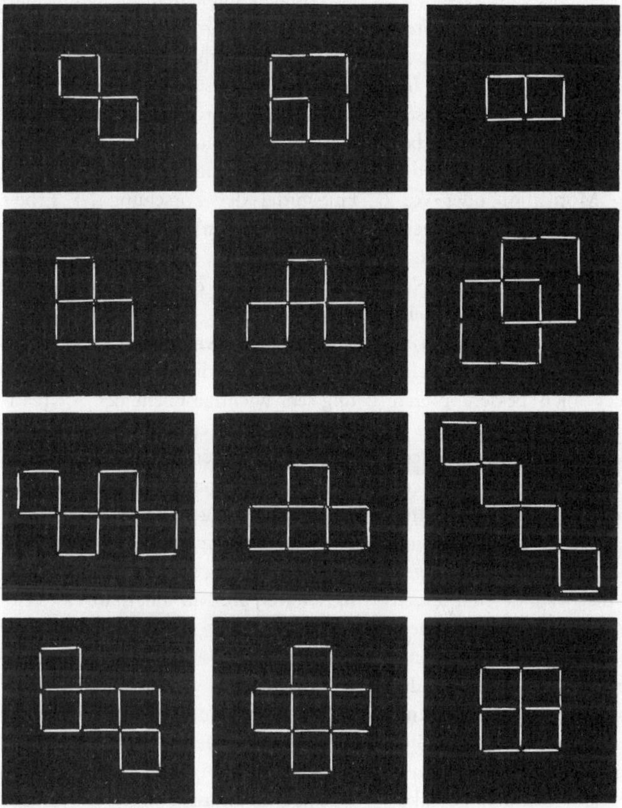

Auflösung der Denkaufgabe von Seite 128

des → Gefühls oder → Motive. Doch gibt es auf der Ebene der Intelligenz verschiedene «Stile», während andererseits die Fähigkeiten, mit der Intelligenz etwas im Leben auszurichten, sehr stark mit der → Motivation zusammenhängen, das heißt mit den Grundlagen der Intelligenzleistung im → Antrieb. Hochintelligente Personen sind häufiger als der Bevölkerungsdurchschnitt beruflich erfolgreich, körperlich gesund und frei von Zeichen seelischer Erkrankungen. Die Anekdoten vom «Streber, der im Leben versagt», oder vom «verrückten Genie» sind offenbar Ausnahmen, die keine Regel bestätigen.

Intelligenz und Schule. Schulnoten sind, grob geschätzt, zur Hälfte durch die Intelligenz bedingt, während die andere Hälfte von anderen Einflüssen (günstigere oder ungünstigere Vorbereitung in der → Familie, Stärke des Lernwillens, → Motivation oder Vorhandensein neurotischer Hemmungen) bestimmt wird. Daher können auch hochintelligente Schüler schlechte Noten bekommen, während andererseits weniger begabte gute Leistungen bringen. In der Regel aber wird ein intelligenterer Schüler auch bessere Noten haben.

Messung der Intelligenz. Die gebräuchlichen Intelligenztests (→ Test) verwenden eine «Batterie», das ist eine Zusammenstellung einzelner Testreihen, um durch Vergleich der Einzelleistungen ein Bild über die besonderen Formen der Intelligenzbegabung zu bekommen. Als Maßstab wird meist der Intelligenzquotient, abgekürzt IQ, verwendet, der auf einer «Normalverteilung» (sie entspricht in ihrem Kurvenbild einer Glocke) die Stelle angibt, welche der Getestete innerhalb der gesamten Bevölkerung seines Alters einnimmt. Ein Intelligenzquotient von 100 ist dabei die → Norm, also der mittlere und der in der Bevölkerung häufigste Wert. Da die Ergebnisse der meisten Tests nicht ganz genau sind, bewertet man den gesamten Bereich zwischen 90 und 110 Punkten im Intelligenzquotienten als «normale» oder «durchschnittliche Intelligenz». Die meisten Intelligenztests messen verschiedene Einzelfähigkeiten (Sprachverständnis, Schlussfolgern, Raumauffassung, mathematisches Verständnis, praktische Fähigkeiten ...), damit man beispielsweise für die → Beratung (Berufsberatung, Schulberatung) ein genügend verfeinertes Bild erhält. Die unterschiedlichen Werte der Einzeltests werden dabei in einer Profil-Linie aufgezeichnet. Intelligenztests dienen als Hilfsmittel der Forschung (→ Erbe-/Umwelt-Problem) und der psychologischen Beratung, sind aber noch weit davon entfernt, ein richtiges Bild von den gesamten → Begabungen eines Menschen zu vermitteln. Sie vernachlässigen meist die für den Lebenserfolg sehr wichtige Ebene der → Kreativität, des schöpferischen Erfindens und der künstlerischen Fähigkeiten. Zudem hängen sie in ihren Ergebnissen stark von der jeweiligen Testsituation, den Motiven des Getesteten und des Testers (der den Prüfling ermutigen und entmutigen kann) ab. Nur innerhalb eines Gesamtbildes der Persönlichkeit, ihrer Vergangenheit, sozialen Situation und möglicherweise vorliegenden neurotischen → Hemmungen können sie richtig verstanden werden.

Intelligenztraining Kann Intelligenz geübt werden? Früher glaubte man, dass → Begabung etwas Angeborenes ist. Heute ist deutlich geworden, dass der bei Erwachsenen gemessene Intelligenzquotient (→ Intelligenz) zur Hälfte bis zu zwei Dritteln auf Umwelteinflüsse zurückgeht (R. Meili). Intelligenz müsste sich also, ähnlich wie die Muskeln des Körpers, durch Training verbessern lassen. Allerdings liegen bisher keine gesicherten Ergebnisse über den

Erfolg käuflicher Trainingsbücher vor; ein solcher Erfolg ist nicht einmal besonders wahrscheinlich, da bisher nur eine unterschiedliche Umwelt in der Kindheit (wie Akademikerfamilie/Arbeiterfamilie) als über lange Zeit formender Einfluss auf die Intelligenzentwicklung (zum Beispiel bei → Zwillingen) ermittelt worden ist.

Interesse Neigung zur Beschäftigung mit bestimmten Gegenständen, Tätigkeiten oder Aufgaben. Sie hängt von den besonderen → Begabungen des → Individuums (was man gut kann, tut man gerne), von Umwelteinflüssen (vielleicht der → Identifizierung mit bestimmten Personen) und von den gesellschaftlich vorgegebenen Möglichkeiten ab. Die Feststellung von Interessen ist vor allem in der → Beratung (Berufswahl) bedeutungsvoll. Es gibt für sie spezielle → Tests (Berufs-Interessen-Test, Differentieller Interessen-Test), in denen etwa 15 unterschiedliche Interessenrichtungen ermittelt werden (für Musik, Politik und Wirtschaft, Technik und Naturwissenschaften, soziale Berufe, bildende Kunst ...).

Intermittierende Verstärkung Wer einem bettelnden Hund nur ganz selten einen Happen vom Tisch gibt und glaubt, auf diese Weise das Betteln weniger stark in dessen Verhaltensrepertoire zu verankern, begeht einen aus unserer kausalen Logik erklärbaren Denkfehler. Die Alltagserfahrung und das Tierexperiment zeigen, dass die intermittierende (unterbrochene) Verstärkung eines Verhaltens durch Belohnung dazu führt, dass dieses viel hartnäckiger bestehen bleibt als bei regelmäßiger Belohnung. In einem Experiment mit Tauben wies Skinner nach, dass durch intermittierende Verstärkung eine Taube dazu gebracht werden kann, bis zu 73 000 vergebliche Pickreaktionen auszuführen, während sie bei kontinuierlicher Verstärkung schon nach etwa 50 nicht belohnten Versuchen nicht mehr pickt.

Interview Befragung; in der Psychologie wichtiges Mittel der sozialpsychologischen Forschung (→ Sozialpsychologie) und der zum Beispiel vor einer → Psychotherapie notwendigen → Exploration. Es gibt viele verschiedene Formen von Befragungen, wobei man in der Regel an Vielfalt der Antwortmöglichkeiten einbüßt, je genauer und zuverlässiger die Auswertung möglich sein soll. Neutrale Interviews beruhen auf einer strikten Anweisung, die genau eingehalten werden muss; sie enthalten oft vorformulierte Fragen (geschlossene Fragen), auf die nur ein «Ja» oder «Nein», die Auswahl aus vorgegebenen Antworten oder die Angabe der «Stärke» von Zustimmung beziehungsweise Ablehnung auf einer → Skala möglich ist.

«Harte» Interviews fordern vom Befrager eine aktive Haltung, Nachfassen oder in Widersprüche verwickeln, ähnlich dem Verhör. «Weiche» Interviews werden aus der Haltung des «teilnehmenden Beobachters» vorgenommen und sind die häufigste Form in der → klinischen Psychologie und in der → Psychotherapie, wo nur aufgrund eines Vertrauensverhältnisses tiefere Einsicht gewonnen werden kann.

Intimität Seelische Nähe; die Fähigkeit zu mitmenschlichen Beziehungen, welche den Beteiligten das Gefühl der Intimität vermitteln, ist ein wichtiges Teilstück der gesunden seelischen Entwicklung. Kontaktschwierigkeiten wurzeln oft in der Unfähigkeit, Intimität zu ertragen. Die Betroffenen fürchten etwa, in einem engen Kontakt eine verletzende → Beziehung zu Eltern wiederzuerleben, die ihnen keine Freiheit ließen, sie einengten oder sie in ihren kindlichen Liebesgefühlen enttäuschten. Diese Angst kann unbewusst sein, aber dazu führen, dass alle Beziehungen oberflächlich bleiben, die Partner schnell wechseln oder in länger dauernden Beziehungen immer wieder Gefühlsnähe abgewehrt wird. → Näheangst.

Intimsphäre Gesellschaftlich bestimmter Verhaltensbereich, über den der Einzelne nur mit wenigen anderen spricht, zu denen er eine enge → Beziehung hat (intim stammt von lateinisch intimus = innen, zum Beispiel der innerste Bereich eines Hauses). In den meisten Gesellschaften gehört das sexuelle Verhalten in den Intimbereich; es gilt als unschicklich, wenn Dritte sexuelle Handlungen beobachten. → Intimität

Introjektion Aufnahme von bestimmten Teilen des Verhaltens oder Merkmalen einer anderen Person, während bei der → Identifizierung eine ganze Person als Vorbild nachgeahmt wird. Häufig wird nicht genau zwischen Introjektion und Identifizierung unterschieden, obwohl diese Unterscheidung durchaus sinnvoll sein kann.

Introversion Wendung nach innen; neben der Wendung der seelischen Energie nach außen (→ Extraversion) eine seelische Grundeinstellung, bei der innere Vorstellungsbilder bedeutsamer werden als äußere Wahrnehmungen. In neueren, mit → Tests durchgeführten Untersuchungen hängen «Introversion» und «Neurotizismus» (→ Neurose) zusammen, was sicher der Auffassung von C. G. Jung nicht entspricht. Dieser begründete seine → Typenlehre von Intro- und Extraversion vorwiegend geistesgeschichtlich. Danach ist für die introvertierte Haltung der Idealismus in der Philosophie bezeichnend (die Begriffe und Ideen sind vor den Erscheinungen da, wie auch Platon behauptet hat), für die extravertierte Haltung der Realismus (die Begriffe sind aus den Erscheinungen abgeleitet).

Intuition Innere Schau. Jemand erfasst Zusammenhänge durch Intuition oder intuitiv, wenn er Teile seiner inneren oder äußeren Wahrnehmung neu zu einem Ganzen verbindet, ohne sich der einzelnen Schritte seiner Überlegung voll bewusst zu sein. Beispiel: Ich bin nach kurzer Betrachtung überzeugt, dass mein Gegenüber in der Bahn ein Arzt ist; eine Frage bestätigt diese Auffassung. Eine solche Intuition entsteht durch die unbewusste Verarbeitung zahlreicher einzelner Eindrücke. → Einsicht.

Invarianz Unverständlichkeit. Es ist für Pädagogik (→ Erziehung) und → Psychotherapie sehr wesentlich, welche seelischen Eigenschaften relativ beständig sind und welche verändert werden können. Wegen der Nähe solcher Fragestellungen zu konservativen bzw. rassistischen («Schwarze sind unintelligent», «Juden sind parasitär», «Deutsche sind grausam») → Vorurteilen ist die Invarianzforschung stärker als zum Beispiel die Wahrnehmungspsychologie durch heftige Kontroversen bestimmt. Invarianz wird zum Beispiel für die moralischen Grundeinstellungen, für die → Intelligenz und für den menschlichen Spracherwerb angenommen.

Inzest Sigmund Freud hat in dem Modell des → Ödipuskomplexes die Inzestphantasie als wesentliches Merkmal der unbewussten Dynamik beschrieben. Ein vollzogener Inzest ist jedoch viel häufiger, als die Polizeistatistik erweist. Die Opfer des einen finden dabei nur selten den Schutz des anderen Elternteils. Besonders belastend sind die Sprachverwirrungen und Drohungen, mit denen die schuldigen Erwachsenen versuchen, ihre Taten zu vertuschen. Sie führen zu hartnäckigen Ängsten, sexuellen Störungen und manchmal zu → Borderline-Phänomenen bei den Opfern.

Inzesttabu Verbot sexueller Beziehungen zwischen Blutsverwandten, das in verschiedenen Formen bei fast allen Kulturen zu finden ist.

Irrational Aussagen, die sich nicht durch Gesetze der → Vernunft (lateinisch ratio) einsichtig machen lassen.

Isolation Vereinzelung, meist als soziale Vereinzelung verstanden. Ein gewisses Maß an Isolation ist für lebensgeschichtliche Umbruchszeiten kennzeichnend, also auch für das Jugendalter: Die bisherigen Formen sozialer Beziehungen erweisen sich als unbefriedigend, während noch keine neuen Formen gefunden wurden. Dauert die Isolation längere Zeit, dann spielen wahrscheinlich Schwierigkeiten herein, → Intimität zu anderen Menschen herzustellen, sich anderen anzuvertrauen und sich bei ihnen wohl zu fühlen. Sie hängen oft mit einem Mangel an → Urvertrauen zusammen und werden scheinvernünftig begründet (rationalisiert): «Niemand interessiert sich für mich, weil ich so hässlich (oder so intelligent, so dick, so fremdartig, aus einer solchen Familie ...) bin, und deshalb kümmere ich mich um keinen!»

Isolationsexperiment Werden Tiere oder Menschen in einer reizarmen Umgebung isoliert, sind die Folgen dieser → Deprivation umso belastender, je jünger und je höher organisiert die Opfer sind. Isoliert aufgewachsene Rhesusaffen zeigen trotz guter körperlicher Versorgung schwere Verhaltensstörungen, die denen von vernachlässigten Heimkindern gleichen: Entwicklungsverzögerung, Intelligenzausfälle, Selbstbeschädigung, gesteigerte Aggressivität oder Apathie.

Isolierung Abwehrmechanismus, bei dem ein unerfüllbarer Wunsch nur dadurch bewältigt werden kann, dass er in entstellter Form befriedigt wird, wobei er als fremd, nicht der eigenen Person zugehörig, erlebt wird. Isolierung tritt häufig bei → Zwangsneurosen auf, wo zum Beispiel die Zwangsvorstellung, andere Leute könnten auf der Straße tot umfallen, an die Stelle eines vom → Ich nicht annehmbaren Todeswunsches gegen den Vater tritt.

J

Jugend Das Jugendalter umfasst die Zeitspanne vom Beginn der Pubertät (zwischen 11 und 14 Jahren) bis zur Mitte der zwanziger Jahre. Manchmal trennt man noch die → Adoleszenz als besondere Periode ab (vom 18. bis 25. Lebensjahr). In dieser Zeit hat der Heranwachsende eine Reihe von Aufgaben zu bewältigen, die für seine spätere Entwicklung von entscheidender Bedeutung sind. Seine → Intelligenz erreicht bei vielen Leistungen einen Höhepunkt (im Alter zwischen 14 und 18 Jahren); die körperlichen Veränderungen setzen ein Jahr nach dem «Fettschub» der Vorpubertät mit einem Wachstumsschub und der Ausbildung der sekundären Geschlechtsmerkmale (Busen, Bart, Schambehaarung, Stimmbruch) ein und führen zu einem Höhepunkt der Körperkraft und -schnelligkeit gegen Ende des Jugendalters (oft auch schon früher, wie das sinkende Alter der sportlichen Rekordhalter erweist). Die in unserer Gesellschaft vorherrschende → Norm der geschlechtlichen Enthaltsamkeit im frühen Jugendalter führt dazu, dass fast alle männlichen und etwa die Hälfte der weiblichen Jugendlichen zur sexuellen → Selbstbefriedigung finden. Die ersten geschlechtlichen Beziehungen sind häufig sehr krisenhaft, weil sie mit → Konflikten einhergehen, die in Widersprüchen zwischen den elterlichen Vorschriften und den → Bedürfnissen der Jugendlichen wurzeln. Sie werden häufig noch dadurch verschärft, dass der Jugendliche in zwei «Wertwelten» lebt: der seiner Familie und der seiner Altersgenossen, die zunehmenden Einfluss auf seine Entwicklung gewinnen und in ihm neue → Einstellungen aufbauen. Dabei bemüht sich der Jugendliche, einen neuen, eigenen Standpunkt zu finden, der oft radikal und weltfern anmutet, aber auch Anstrengungen einschließt, die überlieferten Werte der Erwachsenen zu übernehmen, meist in einer gemilderten, «lässigen» Haltung.
→ Erziehung, Identität, Sozialisation

Jugendreligionen Umstrittener Begriff für Religionsformen oder Sekten, die eine besonders für Jugendliche verführerische Missionsarbeit betreiben. Kritisch wird angemerkt, dass sich auch diese Religionen an Erwachsene wenden und die Etikettierung als «Jugendsekte» den Konkurrenzneid der etablierten Kirchen auf den charismatischen Erfolg ausdrücke. Die wichtigsten Gruppierungen sind die Vereinigungskirche (Mun-Sekte), die Kinder Gottes (Familie der Liebe), die Internationale Gesellschaft für Krishna-Bewusstsein, die Scientology-Organisation, die Divine-Light-Mission und die Transzendentale Meditation. Sie alle verknüpfen eine oft oberflächliche und eklektische Auswahl aus Elementen der großen Weltreligionen mit einem starken Führerkult und einer intensiven, das ganze Leben umfassenden, persön-

lichen Zuwendung. Es sind Religionsformen, die sich nicht auf Sonntagsgottesdienste beschränken, wie es oft das Christentum tut, das die Jugendlichen an ihren Eltern erleben.
Zur Jugend gehört die Aufgabe, sich von der → Idealisierung, mit der das Kind seine Eltern ausrüstet, zu lösen und eigene Wege einzuschlagen. Da sich Jugendliche dann auch von den religiösen Vorstellungen der Kindheit befreien, sind sie besonders ansprechbar für neue Wertvorstellungen. Die Jugendreligionen und Jugendsekten nutzen noch fortbestehende, im Grunde kindliche Abhängigkeitsbedürfnisse aus, um junge Menschen zu einem radikalen Bruch mit der Vergangenheit, zur völligen Verleugnung jeder Bindung an die Eltern und oft selbst schädigendem Verhalten zu bringen. Wenn nach Abbruch von Schule oder Studium scheinbar die Chancen auf einen Platz in der Gesellschaft außerhalb der Sekte verschwunden sind und alle Freunde der Sekte angehören, ist es sehr schwer, sich von ihr zu trennen, selbst wenn die seelische und materielle Ausbeutung inzwischen durchschaut wird. → Psychosekten

Jugendsexualität Abschnitt der sexuellen Entwicklung, der durch ein großes sexuelles Bedürfnis und eine je nach Gesellschaft verschiedene Steuerung dieses Bedürfnisses ausgezeichnet ist. In manchen Primitivkulturen (Samoa, Melanesien) geht die → kindliche Sexualität fast ohne Übergang in die Formen des → Geschlechtsverkehrs Erwachsener über, in anderen (bei den amerikanischen Indianerstämmen der Arapao, Cheyenne) werden die Geschlechter bis zur Heirat streng getrennt. In den Industrieländern herrscht immer noch eine Sexualmoral vor, welche die sexuellen Beziehungen durch soziale, religiöse und auch juristische Vorschriften auf die festen Partnerschaften Erwachsener zu beschränken sucht. Die Jugendsexualität wird formell (bis zum 16. Lebensjahr) und informell auch noch darüber hinaus verboten oder doch eingeschränkt (zum Beispiel auf → Petting). Doch lässt sich in den letzten Jahrzehnten eine Entwicklung feststellen, in der diese → Tabus gelockert werden: schrittweise Bejahung der kindlichen Sexualität, deutlichere sexuelle Aufklärung, geringere Ablehnung der → Selbstbefriedigung, früherer Beginn von heterosexuellen Beziehungen mit Geschlechtsverkehr, Abbau der → Doppelmoral mit «Freizügigkeit bei Liebe» als häufigstem sexuellem Standard. Eine Gefahr dieser Entwicklung liegt in neuen, scheinbar lustfreundlichen Sexualnormen, welche die Scheu vieler Jugendlicher vor früher sexueller Intimität nicht respektiert. → Repressive Entsublimierung

K

Kastrationsangst Angst, das Geschlechtsorgan oder einen anderen Körperteil zu verlieren. Von S. Freud als häufigste Angst der Kindheit aufgefasst, wobei neben der Drohung der Eltern, das (etwa zur → Selbstbefriedigung betastete) Glied abzuschneiden, auch die Beobachtung des vom Knaben als kastriert erlebten Mädchens genügt, um die Kastrationsangst auszulösen. In ihrer unmittelbaren Bedeutung ist die Kastrationsangst meist unbewusst; bewusstseinsnah ist eine allgemeine Beschädigungsangst, die Furcht vor Verletzungen bis zur Hypochondrie (Neigung zur Krankheitseinbildung). Das Kind fürchtet die Trennung (von den Sicherheit gewährenden Bezugspersonen) mehr als den (nicht vorstellbaren) Tod. Die Kastrationsangst ist ein urtümliches Bild der Trennung von einem wichtigen Körperteil und damit auch von den frühen Bezugspersonen.

Katalepsie Beibehalten einer einmal eingenommenen Haltung über ungewöhnlich lange Zeit. Sie tritt als «wächserne Biegsamkeit» spontan bei bestimmten Formen der Geisteskrankheit (→ Schizophrenie) auf, kann aber auch durch → Hypnose herbeigeführt werden.

Kataplexie Vorübergehende Schwächeanfälle mit Verlust der aktiven Muskelspannung, die durch emotionale Erlebnisse (Angst, Ärger, Wut) ausgelöst werden.

Kathartische Methode Form der → Psychotherapie, bei der durch → Hypnose oder andere Formen der → Suggestion verdrängte, gefühlsbelastete Erlebnisse noch einmal durchgemacht und auf diese Weise abreagiert, das heißt ihrer schädigenden Macht beraubt werden sollen. → Primärtherapie

Keuschheit Sexuelle Enthaltsamkeit. Die früher verbreitete Vermutung, Keuschheit diene der körperlichen und seelischen Leistungssteigerung, gilt heute als widerlegt. Wie andere körperlich-seelische Leistungen sinkt auch die sexuelle Erregbarkeit und Leistungsstärke durch sehr lange Keuschheitsperioden ab, während kürzere Enthaltsamkeit zu einem Stau der → Libido führt. → Askese

Kindertherapie Wenn → Neurosen in der Kindheit entstehen, liegt es nahe, sie schon an Kindern zu behandeln, um einer späteren Fehlentwicklung vorzubeugen (→ Child Guidance Clinic, → Erziehungsberatung). Die Kindertherapie verfügt über verschiedene Zugangswege, von denen der wichtigste wohl das kindliche → Spiel ist. Angesichts der geringen Möglichkeiten von Kindern, über ihre inneren Erlebnisse zu sprechen, tritt es an die Stelle solcher Mitteilungen. Während bei der Behandlung von Erwachsenen der Therapeut mit dem → Patienten unmittelbar den Behandlungsvertrag eingeht, muss er in der Kindertherapie fast immer mit den Eltern oder anderen Bezugspersonen des Kindes zusammenarbeiten. Das erfordert von ihm Kenntnisse, die über die Kindertherapie hinausgehen. In der Regel hat ein Kindertherapeut deshalb eine Ausbildung, die der eines Psychotherapeuten von Erwachsenen ähnlich ist, und erlernt erst dann die besonderen Notwendigkeiten der Kinderbehandlung (ähnlich einem Kinderarzt). Während es weiterhin sonst in der → Psychotherapie nicht üblich ist, dass der Therapeut in körperlichen Kontakt mit seinen Patienten kommt, sie erzieht und mit bestimmten Werten vertraut macht, gehören alle diese Verhaltensweisen in die Behandlung von Kindern, die ebenso Nach-Erziehung wie Psychotherapie ist.

Kindliche Sexualität Nach S. Freud unterscheidet man eine → orale Phase oder Periode, eine → anale Phase und eine → phallische Phase. Das Vorhandensein dieser kindlichen Sexualität wird heute fast allgemein anerkannt; ihre Bedeutung für die Entstehung von → Neurosen aber unterschiedlich eingeschätzt. Möglicherweise spielen hier Vorgänge des Wandels in der Gesellschaft eine Rolle. Um die Jahrhundertwende, als die → Psychoanalyse entstand, war die Sexualität sicherlich der am meisten mit Verboten belastete Teil des kindlichen Verhaltens. Sie gab daher den häufigsten Anlass zu → Konflikten zwischen Eltern und Kindern, später zu Konflikten zwischen → Über-Ich (den verinnerlichten Eltern), → Ich und → Es.

Klient Rat- und Hilfesuchender. Der Begriff wird bei der Behandlung neurotischer Störungen (→ Neurose) häufig anstelle von → Patient verwendet.

Klinische Psychologie Zweig der → Psychologie, der sich mit der Anwendung psychologischer Ergebnisse und Forschungswege im «klinischen Bereich», das heißt im Bereich seelischer Störungen befasst. Die Aufgaben des klinischen Psychologen sind dabei teils diagnostisch, teils therapeutisch: Er untersucht die Patienten mit Hilfe verschiedener → Tests und → Interviews (→ Exploration), übernimmt aber auch mehr und mehr Aufgaben der → Psychotherapie, wobei sich die Übernahme von bisher vorwiegend den Ärzten vorbehaltenen Aufgaben allmählich durchsetzt. Klinische Psychologie ist dabei nicht nur in Krankenhäusern wichtig, sondern auch in Beratungsstellen (Erziehungsberatung, Drogenberatung, Ehe- und Familienberatung, Selbstmordverhütung). Der klinische Psychologe kann unmittelbar mit → Patienten arbeiten oder auch versuchen, Krankenschwestern, Sozialarbeiter und ähnliche Berufsgruppen weiterzubilden oder die innere Ordnung von Krankenhäusern so umzugestalten, dass die Aufgaben besser erfüllt werden können und schädliche Auswirkungen dieser Einrichtungen auf die Patienten (→ Hospitalismus) seltener werden.

Kognitive (Verhaltens-)Therapie Während die klassische Verhaltenstherapie experimentell orientiert ist und den Denkvorgängen oder Wertorientierungen des Patienten keine besondere Aufmerksamkeit schenkt, ist die kognitive Therapie eine Fortentwicklung der Verhaltenstherapie und zugleich ein Rückgriff auf alte philosophische Traditionen wie jene der antiken Stoiker, die ebenfalls dafür plädierten, dass der Mensch dank seiner Vernunft seine Emotionen beherrschen und unerwünschte Gefühle durch erwünschte ersetzen könne. Wer rational an Dinge und Menschen herangeht und sich an wissenschaftlich nachprüfbaren Fakten orientiert, hat eine größere Chance, glücklich und zufrieden zu leben. An sich ist «kognitive Verhaltenstherapie» ein Widerspruch in sich (es sei denn, man entschließt sich zu dem Kunstgriff, Denkvorgänge als «inneres Verhalten» anzusehen); viele Autoren sprechen daher lieber von kognitiver Therapie und verstehen darunter eine Basiswissenschaft, in der es darum geht, die Denkfähigkeit eines Menschen dazu einzusetzen, um seinen seelischen Zustand zu verbessern. Neben der rational-emotiven Therapie von A. Ellis, der in einem stark konfrontierenden Vorgehen dem Kranken alle irrationalen, krank machenden Überzeugungen «auszureden» sucht, ist A. T. Beck der führende Vertreter der kognitiven Therapie. Seine Arbeit beruht auf Forschungen über die kognitiven Störungen zum Beispiel der Depressiven – verzerrte, überpointierte Wahrnehmungen, unexakte Benennungen, Denkstereotype, willkürliche Schlussfolgerungen. In der Praxis setzt Beck weniger auf Konfrontation als auf eine partnerschaftliche Kooperation, Sensibilität und Geduld.

Beck, A. T.: Wahrnehmung und Wirklichkeit der Neurose, München, Pfeiffer 1979

Ellis, A.: Die rational-emotive Therapie, München, Pfeiffer 1977

Koitus interruptus Lateinischer Ausdruck für «unterbrochener → Geschlechtsverkehr». Der männliche Partner zieht das Glied vor dem Samenerguss aus der Scheide. Wohl die häufigste und verbreitetste Verhütungstechnik, aber aus mehreren Gründen unbefriedigend: 1. Sie ist nicht sicher, da schon vorher (sehr selten) kleine Samenmengen austreten können. 2. Sie bedeutet für beide Partner eine Einbuße an Befriedigung mit der Gefahr schädlicher Folgen der vergeblichen Erregung und der Angst vor einer ungewünschten Schwangerschaft.

Kollektives Unbewusstes Allen Menschen gemeinsame, unbewusste Erlebnisformen, von C. G. Jung als «geistige Erbmasse der Menschheitsentwicklung, wiedergeboren in jeder individuellen … Struktur» angesprochen und vom persönlichen → Unbewussten abgegrenzt. Die Inhalte des kollektiven Unbewussten sind die → Archetypen.

Kommunikation Übermittlung von Nachrichten zwischen einem Sender und einem Empfänger von Informationen. Menschen können auf verschiedene Weisen Kommunikationen austauschen oder kommunizieren. Die zwei Worte «Komm mit!» gewinnen ganz unterschiedliche Bedeutung, wenn sie von einem Polizisten in drohendem Ton, von einem Fremdenführer mit neutraler Stimme oder von einem befreundeten Mädchen liebevoll gesagt werden. In allen Fällen ist der in den Worten enthaltene (verbale) Inhalt der Kommunikation derselbe, während durch nicht-verbale Mitteilungen (Stimmklang, Stimmlage, Gesichtsausdruck) über diese Kommunikation kommuniziert wird (Metakommunikation). Widersprüche zwischen verbalen und nicht-verbalen Inhalten in Kommunikationen sind verwirrend (→ Doppelbindung). Während verbale oder in anderen, lexikalischen Einheiten (Wörter, Zahlen, Symbole mit umgrenzter Bedeutung) abgefasste Kommunikationen in der Regel eindeutig sind (digitale Kommunikation, die im Prinzip auch durch einen Computer gehandhabt werden kann), spielen sich Kommunikationen über Gefühle, Stimmungen und mitmenschliche Bezüge oft im Bereich einer nur durch Einfühlung und mit Hilfe von → Intuition aufzunehmenden Bedeutung ab (analoge Kommunikation).

Kompensation Ausgleich einer bewussten oder unbewussten Minderwertigkeit. Sie wurde zuerst von A. Adler als Antwort auf «Organminderwertigkeit» gesehen (der Stotterer übt so intensiv seine Stimme, dass er endlich ein großer Redner wird). Oft werden bestimmte Defekte überkompensiert.

Komplex Gebilde stark mit Gefühlen und Triebwünschen besetzter, verdrängter Vorstellungen, das im Unterbewussten weiterwirkt und den Verlauf freier Einfälle, Träume und Phantasien gestaltet. Der Ausdruck stammt von C. G. Jung und wird in der → Tiefenpsychologie viel verwendet. → Minderwertigkeitskomplex, Ödipuskomplex

Konditionierung Lernen von einfachen und zusammengesetzten Verbindungen zwischen einem Reiz und einer Reaktion (Antwort) auf diesen Reiz. Man unterscheidet in der Regel das «klassische Konditionieren» nach dem Prinzip des → bedingten Reflexes vom «operanten Konditionieren» (→ Behaviorismus), bei dem nicht vorgegebene, sondern neue, aktive Verhaltensweisen (operants) erworben werden. Weitgehend bedeutungsgleich mit dem operanten Konditionieren ist das instrumentelle Konditionieren. In beiden Fällen tritt die → Bekräftigung, auf der die erworbene Reiz-Reaktions-Verbindung beruht, erst nach erfolgter Reaktion ein: Das Verhalten wird durch seine Folgen gesteuert (das instrumentelle Konditionieren wird mit Bechterews Berichten aus dem Jahr 1913 verbunden; das operante mit B. F. Skinner, der die entsprechenden Forschungen angeregt hat).

Konflikt Bestehen von zwei einander widersprechenden seelischen → Motiven zur gleichen Zeit. Ein Kind, das von der Mutter bestraft wird, gerät in folgenden Konflikt: Wegen der Schmerzen, welche die Strafe auslöst, hasst es die Mutter und will gegen sie aggressiv sein; weil es gleichzeitig von der Mutter abhängig ist und sich ihre Liebe unbedingt erhalten muss, kann dieser Hass nicht ausgedrückt werden. Dieser Konflikt wird in der Kindheit meist durch → Verdrängung gelöst. Der Hass verschwindet aus dem Bewusstsein, wird aber nicht unwirksam, sondern kann zum Beispiel dazu führen, dass das Kind die Mutter heimlich bestiehlt (→ Ersatzbefriedigung), einer alten Dame in der Nachbarschaft ein Fenster einwirft (→ Verschiebung) oder als Erwachsener gerne frauenfeindliche Schriftsteller zitiert.

K. Lewin (→ Gruppendynamik, Gestaltpsychologie) hat verschiedene Formen von Konflikten unterschieden: 1. Zwei an sich wünschenswerte Ziele widersprechen sich insofern, als man nur eines davon erreichen kann (Annähe-

rungs-Annäherungs-Konflikt, etwa: «Sollen wir morgen auf einen Berg steigen oder ins Schwimmbad gehen?» – «Soll ich Ilse oder Ulrike heiraten?»). 2. Um ein Motiv zu befriedigen, muss etwas Unlustvolles in Kauf genommen werden (Annäherungs-Vermeidungs-Konflikt, etwa: «Soll ich mir jetzt das teure Auto kaufen?» – «Soll ich in die Spielbank gehen?»). Das Auto wird gewünscht, der teure Preis verabscheut; in der Spielbank wird der Gewinn gewünscht, ein Verlust befürchtet. 3. Es besteht eine Wahl zwischen zwei unlustvollen Situationen (Vermeidungs-Vermeidungs-Konflikt, etwa: «Soll ich heute in die Schule gehen oder mich krank stellen und im Bett bleiben?» – «Soll ich jetzt den Zug verpassen oder eine Polizeistrafe wegen überhöhter Geschwindigkeit in Kauf nehmen?»).
Diese Einteilung berücksichtigt nicht, dass Konflikte auch zwischen bewussten und unbewussten Anteilen der → Persönlichkeit möglich sind (→ Psychoanalyse). Die Aufklärung früherer und gegenwärtiger Konflikte ist eine wichtige Aufgabe jeder Form von → Psychotherapie, wobei es darum geht, die schädlichen Folgen einer Konfliktbewältigung durch → Verdrängung rückgängig zu machen und reifere Formen des Umgangs mit Konflikten zu entwickeln. Wenn das eingangs geschilderte Kind, das an einem unbewussten Hass gegen die eigene Mutter leidet und diesen auf andere Frauen überträgt (→ Übertragung), als Erwachsener, nach zwei gescheiterten Ehen, in einer → Psychoanalyse den ursprünglichen Konflikt in der Beziehung zu seiner strafenden Mutter wieder erlebt, dann hat er auch eine Möglichkeit, künftige Wiederholungen dieses Konfliktes und seiner Folgeerscheinungen zu vermeiden.

Konfliktfähigkeit Die Fähigkeit, → Konflikte bewusst zu erkennen und sich mit ihnen auseinander zu setzen, ist für die Lösung zwischenmenschlicher Schwierigkeiten sehr wichtig. Die Konfliktvermeidung, das Ausweichen vor einem Konflikt, seine Verleugnung oder → Verdrängung führen dazu, dass keine Einigung erzielt werden kann, sondern die Wahrnehmung des Konflikts abgespalten wird, bis er zu zerstörerischen Folgen führt. So enden Ehen, in denen alle Konflikte vermieden werden, nach Jahren scheinbarer Übereinstimmung in einer plötzlichen, radikalen Trennung. In der → Erziehung kann Konfliktfähigkeit dadurch aufgebaut werden, dass auch die Erzieher ihre Konflikte zugeben und den Kindern nicht als vollkommene Personen gegenübertreten. Parallel dazu ist es wichtig, keine lebensfremden Idealvorstellungen von konfliktfreien Beziehungen zu vermitteln (als ob etwa «wahre Liebe» dadurch ausgezeichnet wäre, dass nie Konflikte auftreten).

Konformität Übereinstimmung, Tendenz, sich in seinen Urteilen und Meinungen möglichst nicht von den Mitgliedern einer Bezugsgruppe zu unterscheiden. Wenn unter sieben Studenten, von denen sechs heimliche Mitarbeiter des Versuchsleiters sind, diese sechs eine falsche Lösung einer einfachen Wahrnehmungsaufgabe anbieten, unterwirft sich ein Drittel der Versuchspersonen diesem Urteil, das ihrem eigenen Eindruck widersprechen muss. Bei komplexeren Aufgaben oder unter größerem Druck als einer schlichten Meinungsäußerung ist die Konformität noch größer. → Gehorsam

Konkurrenz Wettbewerb, Wunsch, andere zu übertreffen. Dieses Motiv ist in der europäischen Gesellschaft seit der griechischen Antike nachweisbar und hat sich heute global durchgesetzt. Es kann einerseits den Menschen zu hohen Leistungen anspornen, andererseits gefährdet es viele Merkmale, die wir als human ansehen und bewahren wollen. Ungemilderte Konkurrenz bringt soziale Gefahren mit sich, weil sie keinen inneren Schutz vor faschistischen Entgleisungen enthält und in ihren Konsequenzen z. B. die nicht konkurrenzfähigen Individuen als «lebensunwert» behandeln kann.

Konstitution Beschaffenheit der ererbten oder in der frühen Kindheit erworbenen, typischen (→ Typenlehre) Reaktionen auf Umweltreize. Als Unterschied in der Konstitution sprechen wir zum Beispiel an, wenn ein Mensch fast durch nichts aus der Ruhe gebracht werden kann, ein anderer aber schon nach kleinen Belastungen «hochgeht» (→ Temperament).

Konstitutionstypen Verbindung von körperlichen und seelischen Merkmalen zu «typischen», das heißt immer jeweils gleichen Formen. Der Zweck ist eine erste Einordnung von → Persönlichkeitszügen. Wer sich dabei an der Konstitutionstypologie von W. Kretschmer orientiert, wird bei einem schmalen, aufgeschlossenen (= leptosomen) Menschen ein eher kühl zurückhaltendes, wenig kontaktfreudiges Verhalten erwarten, während er einen kurzen, rundlichen (= pyknischen) Menschen für einen aufgeschlossenen, aktiven und extravertierten Typen hält. Zur Kritik → Typenlehre.

Konsumpsychologie In den Industriegesellschaften spielt die Erforschung der Bedürfnisse von Verbrauchern eine große Rolle. Unser Konsumverhalten wird durch soziales Lernen, → Konformität und Reklame gestaltet. Während psychologische Forschung im Dienst der Werbeindustrie auf → Evaluation und Optimierung der Manipulation des Verbrauchers hinarbeitet, untersucht eine kritische Konsumpsychologie die selbstzerstörerischen Verhaltensweisen des Homo consumens (Wolfgang Schmidbauer 1972) und die Bedingungen ökologischer Neuorientierungen.

Kontakt Berührung, Nähe. Unter Kontaktfähigkeit versteht man die Herstellung positiver sozialer Beziehungen zu anderen Menschen. Sie hängt von Kindheitserlebnissen ab (→ Urvertrauen), aber auch von der gegenwärtigen sozialen Lage eines Menschen.

Konversion Umwandlung eines seelischen → Konflikts in ein körperliches → Symptom, wobei vor allem der → Affekt des Konflikts (wie ein nicht zulässiger Sexualwunsch) körperlich gebunden wird. Eine Frau wird blind, sobald sie von einer Untreue ihres

Mannes erfährt. Eine organische, also körperliche Ursache der Blindheit lässt sich nicht nachweisen. Zugleich mit der Blindheit hat die Frau ihre Fassung wiedergewonnen, sie spricht mit eindrucksvoller Gleichgültigkeit von ihrem Leiden, das den Mann nun weit mehr an sie bindet, und von den lächerlichen Gerüchten über seinen Seitensprung. Die durch Konversion entstandenen Krankheitszeichen haben oft symbolische Bedeutung; im vorliegenden Fall die eines Nicht-sehen-Wollens. Das gilt aber keineswegs für alle seelisch bedingten Körperkrankheiten (→ Psychosomatik). Die Konversion tritt bei → Hysterie besonders häufig auf und setzt wahrscheinlich eine spezielle → Disposition voraus.

Konzentration Sammlung der seelischen → Funktionen (→ Wahrnehmung, → Denken) auf einen bestimmten Gegenstand (→ Aufmerksamkeit, → Interesse).

Störungen der Konzentration (→ Lernen) treten vor allem dann auf, wenn (1) der vorliegende Stoff nicht wirklich interessiert, (2) andere Inhalte sich in den Vordergrund des Bewusstseins drängen (zum Beispiel Ängste, eine Prüfung nicht zu bestehen, Hassgefühle gegen Eltern, welche einen ungeliebten Beruf aufnötigen, Konflikte in anderen Bereichen des Seelenlebens, die → Aufmerksamkeit auf sich ziehen und (3) durch lähmende Perfektionsvorstellungen, die in der → Erziehung vermittelt wurden. Es ist bei Konzentrationsstörungen hilfreich, den Stoff in kleine, überschaubare Einheiten einzuteilen und immer wieder Erholungspausen einzuschalten.

Korrelation Gemeinsames Auftreten von Merkmalen, zum Beispiel von Körpergröße und Körpergewicht, nennt man eine «positive Korrelation». In der Regel ist ein größerer Mensch auch schwerer. Doch ist dieser Zusammenhang nicht so eng wie der zwischen Größe und Gewicht von Stahlkugeln; diese entsprechen einander vollständig und würden mit einem «Korrelationskoeffizienten» (abgekürzt r) von +1 angegeben, während Körpergröße und Körpergewicht von Menschen vielleicht mit etwa $r = +0{,}7$ zusammenhängen. Solche Berechnungen werden in vielen Gebieten der Psychologie durchgeführt, etwa die Korrelation zwischen der → Intelligenz von Vätern und Söhnen oder von → Zwillingen. Korrelieren beispielsweise die Intelligenzquotienten von eineiigen Zwillingen mit 0,90, wenn beide Geschwister zusammen aufgewachsen sind, aber nur mit 0,75, wenn sie getrennt in verschiedener Umgebung aufwuchsen, dann kann man daraus schließen, dass die Umwelt einen bestimmten Einfluss auf die Intelligenzentwicklung hat. Die Unterschiede zwischen den in derselben Umwelt aufgewachsenen Zwillingen könnten dabei allein durch Ungenauigkeiten der → Tests bedingt sein.

Die Intelligenzquotienten von Geschwistern in derselben Familienumwelt zeigen normalerweise eine Korrelation von 0,54 bis 0,62 (in verschiedenen Untersuchungen).

Die Auswertung von Korrelationen ist unter anderem ein wichtiges Teilgebiet der psychologischen Statistik, die vor allem mit den Verfahren der → Faktorenanalyse durchgeführt wird. Es ist dabei notwendig, klar zu sehen, dass eine Korrelation keinen Ursache-Wirkungs-Zusammenhang beweist, sondern auf sehr verschiedene Weise zustande kommen kann. Sie kann zufällig entstehen (wie die in vielen Anekdoten erwähnte positive Korrelation zwischen der Zahl der Geburten und der Zahl der Storchennester) oder häufiger einen Zusammenhang an der Oberfläche erfassen, dessen Ursache erst geklärt werden muss (wenn während der deutschen Teilung in West-Berlin die Selbstmordhäufigkeit doppelt so groß war wie in München, dann kann das nicht nur an dem besonderen politischen Zustand West-Berlins gelegen haben, sondern auch an der Überalterung der dortigen Bevölkerung – alte Menschen töten sich häufiger).

Kreativität Fähigkeit zu schöpferischen Leistungen, zum Entdecken neuer Beziehungen, zu ungewöhnlichen Einfällen und zur künstlerischen Gestaltung. In der herkömmlichen Intelligenzforschung vernachlässigte Seite der menschlichen Leistungsfähigkeit, die für den sozialen und persönlichen Erfolg im Leben nicht weniger wichtig ist als die → Intelligenz. Da die meisten → Tests der Intelligenz nur vorgegebene Antworten erlauben, welche der Kreativität keinen Spielraum lassen, wird sie von ihnen auch nicht erfasst. Inzwischen ist viel am Aufbau von Verfahren gearbeitet worden, auch Kreativität zu messen. Man fordert Versuchspersonen zum Beispiel auf, möglichst viele originelle Überschriften für eine Geschichte zu erfinden. Dabei ergaben sich Unterschiede zwischen «hoch kreativen» und «hochintelligenten» Personen. Hochintelligente sind angepasster, folgsamer; hoch kreative bei Lehrern oft trotz guter Schulleistungen weniger beliebt, kritischer gegenüber herkömmlichen Wertvorstellungen. Ein typisches Merkmal der hoch kreativen Persönlichkeit ist ihr ausgeprägter Sinn für Humor. Kreativität setzt ein gewisses Maß an Intelligenz voraus (durchschnittlich bis überdurchschnittlich), aber sie lässt sich dann nicht mehr durch den Intelligenzquotienten herkömmlicher Tests feststellen.

Kriminalität Die Kriminalpsychologie hat eine Reihe von Ursachen herausgefunden, die einen Menschen dazu bringen, gegen Gesetze zu verstoßen. Sie hängen vor allem mit der → Sozialisation zusammen (→ Erziehung) und betreffen den Aufbau des → Gewissens (→ Über-Ich), der Verinnerlichung sozialer Normen. Eine weitere Voraussetzung ist der Aufbau beständiger mitmenschlicher Beziehung (→ Urvertrauen, → Hospitalismus). Es hat sich gezeigt, dass die wichtigste einzelne Ursache der Kriminalität gestörte Familienverhältnisse in der Kindheit sind, die zu gehäuften Heimaufenthalten und einem mangelhaften Aufbau der Fähigkeit zu menschlichen Beziehungen auf der Grundlage gegenseitigen Wohlwollens führen. Neben diesen Ausfällen in der Entwicklung des → Ich und → Über-Ich gibt es noch den «Verbrecher aus Schuldgefühl», der wegen seiner übermächtigen Schuldgefühle ein Strafbedürfnis ausbildet und es dadurch befriedigt, dass er sich bei einem Gesetzesbruch so ungeschickt anstellt, dass

Kreativitätsspiel: Aus Linien und Kurven werden thematisch vorgegebene Bilder entwickelt.
Quelle: Werner Kirst / Ulrich Diekmeyer «Creativitätstraining», Rowohlt Taschenbuch Verlag, Reinbek bei Hamburg 1973

er ertappt und bestraft werden muss. Ein ähnliches Verhalten findet man oft bei Kindern, die sich so «ungezogen» benehmen, dass sie endlich bestraft werden – nicht weil sie ein besonders schwaches, nachlässiges Über-Ich haben, sondern weil sie ihren inneren Normen (→ Ich-Ideal) nicht genügen können und durch die Strafe ihr inneres Gleichgewicht wieder herstellen.

Krisenintervention Die zentralen Symptome seelischer Krisen sind → Angst und → Depression, oft verbunden mit Schlaflosigkeit, Appetitlosigkeit, Arbeitsunfähigkeit. In manchen

Fällen ist der gebeutelten Person klar, wodurch die Krise ausgelöst wurde: Verlust des Arbeitsplatzes, Tod eines geliebten Menschen, Entdeckung, dass der Partner untreu ist, Entdeckung einer Straftat, Streit mit nahe stehenden Personen. In anderen Fällen wird die Krise durch ein an sich «normales» Ereignis ausgelöst; sie verdeutlicht dann, dass die seelische Fähigkeit, die anstehenden Belastungen zu verarbeiten, schon geraume Zeit bis an ihre Grenzen gefordert war und sozusagen keine Reserven mehr übrig sind. Manche Krisen sind zeitlich verzögert; so erkrankt ein zehnjähriges Mädchen nicht, als ihm die Mutter stirbt, sondern erst, als der Vater mit ihr zu einer neuen Frau in ein neues Haus zieht; ein Mann übersteht die Trennung von der Frau, mit der er zwanzig Jahre verheiratet war, und bricht zusammen, als sich eine Geliebte von ihm trennt, die er erst ein halbes Jahr kannte. Psychologische, ärztliche und sozialpädagogische Hilfe in einer seelischen Krise erfolgt in den Praxen der niedergelassenen Nervenärzte und Psychotherapeuten, aber auch in eigenen Abteilungen (Krisenstationen) der Nervenkliniken und in sozialpsychiatrischen Diensten. Da sich Krisen nicht nach Terminen und Öffnungszeiten richten, ist ein Notdienst bzw. die Möglichkeit, von den Hilfesuchenden dauernd erreicht zu werden, ein wichtiges Angebot der Krisenintervention. Daher ist für viele Menschen die Telefonseelsorge eine wichtige Anlaufstelle. Die zentrale Aufgabe der Krisenintervention liegt darin, den schwer belasteten Kranken so weit zu schützen und zu entlasten, dass er nichts Unüberlegtes tut, vor allem keine Gewalt gegen sich oder andere richtet. In vielen Fällen lassen sich solche Neigungen, wenn sie offen angesprochen werden, durch einen Vertrag unter Kontrolle bringen, sich während einer definierten Beratungsphase zurückzuhalten. Auf diese Weise kann erst einmal Zeit gewonnen werden, ein Arbeitsbündnis aufzubauen und einen Plan zu erarbeiten, wie die Betroffenen ihre Krise überwinden können. Wo das nicht gelingt und zum Beispiel die Selbstmordabsichten nicht aufgegeben werden, ist unter Umständen die Einweisung in eine Nervenklinik notwendig. Wer Menschen in Krisen helfen will, darf nicht zögern, sie notfalls auch vor sich selbst zu schützen.

Kulturpsychologie Von W. Dilthey begründete Richtung der Psychologie, welche einzelne Gebiete der Kulturentwicklung verstehend zu deuten sucht. Sie lässt sich unterteilen in die Kunstpsychologie, Musikpsychologie, Literaturpsychologie, Filmpsychologie usw. Aufgegeben wurden inzwischen die an einer unmittelbaren Übertragung der Evolutionstheorie auf die Kulturentwicklung orientierten Richtungen der Kulturpsychologie. S. Freud sprach etwa vom «Unbehagen in der Kultur», ohne zu spezifizieren, welche Kultur damit gemeint war. Kulturpsychologische Forschungsziele sind heute von der Sozialpsychologie einerseits, der Kulturanthropologie andererseits übernommen worden. Man hält eine sozusagen grundsätzliche Erforschung von Kultur an sich nicht mehr für möglich; demgegenüber hat sich die interkulturelle Forschung intensiviert, beispielsweise in der Psychiatrie, wo sich herausgestellt hat, dass viele Geisteskranke eine kulturspezifische Gestalt haben.

Kunstpsychologie Teil der Kunstwissenschaft, die sich durch ihre Sachorientierung von der Wertorientierung der Ästhetik unterscheidet. Im engeren Sinn ist die Psychologie der bildenden Kunst gemeint, die Wahrnehmung, Verständnis, Einfühlbarkeit im Kontext mit Kunstwerken erforscht, ferner die Untersuchung und «Messung» künstlerischer Begabungen und der Wirkung von Kunstwerken auf ihre Betrachter.

Kunst und Psychologie Die Psychologie kann der Kunstwissenschaft eine ganze Reihe von Ansätzen zur Verfügung stellen: 1. Aufhellung der Zusammenhänge zwischen dem Lebensschicksal von Künstlern und ihrem Werk (vor allem in der → Psychoanalyse durchgeführt). 2. Klärung der Wahrnehmungs- und Denkvorgänge, welche das Entstehen von Kunstwerken begleiten, wobei vor allem die → Gestaltpsychologie Beiträge leistet. 3. Die grundlegenden Vorgänge während des Prozesses der Rezeption (Aufnahme) von Kunst durch andere Künstler, Sachverständige und Laien. 4. Untersuchung der Bedeutung des künstlerischen Schaffens in Zuständen seelischer Krankheit. 5. Aufhellung der → Entwicklung künstlerischer Leistungen.

Kybernetik Abgeleitet vom griechisch kybernetes = Steuermann, wird dieser Ausdruck heute für eine «Querschnittswissenschaft» verwendet, die viele herkömmliche Wissenschaften von der Physik und Mathematik bis zur Psychologie und Biologie verbindet. Sie befasst sich mit den Steuerungsvorgängen in Systemen, in denen mehrere unterschiedliche Teilbereiche aufeinander einwirken und so das Ganze gestalten. Ein grundlegendes Bild von Vorgängen, welche die Kybernetik untersucht, ist der Regelkreis (→ Feedback): Das Systemverhalten wird durch die Rückmeldung der augenblicklichen Fehlergrößen so verändert, dass der Fehler verkleinert wird (wenn zu viel Geschlechtshormon im Blut kreist, sondert die Hirnanhangdrüse ein Steuerungshormon ab, welches die Ausschüttung des Geschlechtshormons vermindert). Die kybernetische Forschungsrichtung in der Psychologie versucht heute vor allem, mit Hilfe von Daten verarbeitenden Maschinen (Elektronengehirn, Computer) seelische Vorgänge nachzuahmen, nach dem Grundsatz: «Erst was ich nachbauen kann, habe ich wirklich verstanden.»

L

Lampenfieber Ausdruck für die → Angst vor dem Auftritt bei Schauspielern, Sängern, Rednern. Wie die Angstforschung gezeigt hat, ist leichtes Lampenfieber dem Gelingen der künstlerischen Aktion förderlich, während heftige Ängste den Ausdruck lähmen.

Langeweile Als negativ erlebter Zustand, der durch Eintönigkeit, Interesseverlust und geringe geistige Konzentration charakterisiert ist. Es bestehen enge Verbindungen zwischen Langeweile und → Depression. Allerdings führen Langeweile und die mit ihr verbundenen Zustände innerer Leere auch zu anderen Ausgängen als einer Depression; manche Personen suchen diesen Zustand zu beenden, indem sie ein Delikt begehen, Rauschmittel zu sich nehmen oder sich selbst verletzen. Langeweile wurzelt oft in einem Konflikt zwischen realen Möglichkeiten und Wünschen: Was der Gelangweilte haben kann, interessiert ihn nicht; was ihn interessiert, kann er nicht haben, oft weil er die kleinen Schritte entwertet, die schließlich zu dem begehrten Ziel führen könnten. So entsteht Langeweile oft aus einer Situation der Verwöhnung. Wer hungrig ist, langweilt sich nicht.

Latente Traumgedanken Der unbewusste, verborgene (latente) Gehalt eines Traums an verdrängten Vorstellungen, die sich auf aktuelle und kindliche → Motive beziehen (→ Traum).

Latenzphase Zeitspanne der kindlichen Entwicklung, die der → phallischen Phase und dem «Untergang des → Ödipuskomplexes» folgt. Sie entspricht dem Grundschulalter und ist durch Zurücktreten der → kindlichen Sexualität und den Erwerb von Kulturtechniken (Lesen, Schreiben, Rechnen, soziale Fertigkeiten) gekennzeichnet. Die Annahme einer Latenzphase beruht auf Beobachtungen an Kindern der europäischen Mittel- und Oberschicht.

Lebenskrise Durch Erschütterung bisheriger Werte, innere Unsicherheit und häufig auch äußerlich bemerkbare Verhaltensänderungen gekennzeichnete Zeit im Leben eines Menschen, in der er aufgrund innerer und/oder äußerer Ursachen versuchen muss, seinem Leben einen neuen Inhalt und eine neue Zielrichtung zu geben. Anlässe können ein nicht bestandenes Examen, eine zunächst nicht weiter erklärbare → Depression, das Scheitern einer Ehe oder der Verlust einer beruflichen Position sein. → Psychotherapie, Identität

Lebenslaufpsychologie Psychologische Untersuchung der Entwicklung eines Menschen, die möglichst sein gesamtes Leben, seine innere und äußere Geschichte zu erfassen sucht. Sie arbeitet ebenso mit → Tests und → Experimenten wie mit der Bearbeitung von Tagebüchern, Briefen, freien Aussagen oder Behandlungsberichten aus einer → Psychotherapie. Die gewonnenen Daten werden für den Aufbau möglichst genauer Aussagen über allgemeine Gesetzmäßigkeiten des menschlichen Lebenslaufs verwendet.

Lebensraum Viele Lebewesen kennzeichnen (Hunde durch Duftmarken) einen umschriebenen Raum (ihr Territorium), aus dem sie ihren Lebensunterhalt gewinnen und den sie notfalls auch gegen Eindringlinge verteidigen. Die Vermutung, dass auch der Mensch derartige «territoriale Instinkte» habe, ist unbewiesen und aufgrund der völkerkundlichen Forschung auch nicht besonders sinnvoll. Es scheint weitgehend von gesellschaftlichen Wertvor-

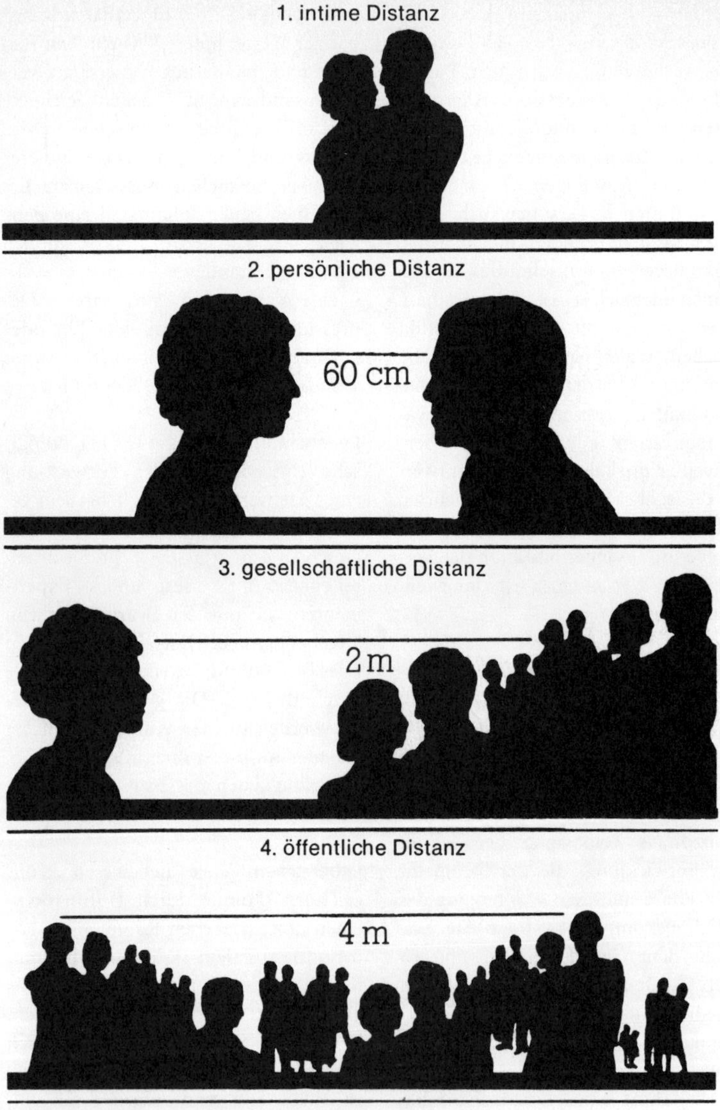

Bedeutung des Raums zwischen Menschen unseres Kulturkreises

Quelle: Rainer E. Kirsten / Joachim Müller-Schwarz «Gruppentraining», Rowohlt Taschenbuch Verlag, Reinbek bei Hamburg 1976

stellungen abzuhängen, ob zum Beispiel ein einzelner Mensch Grundbesitz haben kann oder nicht, oder ob eine Gruppe von Menschen ihr Land gegen alle Eindringlinge verteidigt oder nicht. Die gleiche kulturelle Gestaltung gilt wohl auch für den «persönlichen Raum», zum Beispiel für die Entfernung, in der wir einen Nachbarn im Eisenbahnabteil noch als angenehm oder neutral oder als unangenehm empfinden.

Lebenstrieb Von S. Freud angenommene → Motiv-Grundlage der Selbsterhaltung und der → Sexualität (→ Libido), die er als Gegenspieler des → Todestriebes ansah.

Lehranalyse → Psychoanalyse von Personen, die selbst als Psychotherapeuten oder Psychoanalytiker arbeiten wollen. Wichtiges Stück der Ausbildung nicht nur in diesem, sondern auch in vielen anderen sozialen Berufen (Lehrer, Ärzte, Sozialarbeiter, Heimerzieher), wobei sie auch als Gruppenanalyse erfolgen kann. Wegen des Zeitaufwandes und der fortbestehenden gesellschaftlichen Vorurteile gegen die Psychoanalyse wird die Lehranalyse viel seltener angewandt, als nützlich wäre. Sie unterscheidet sich in ihrer Durchführung kaum von einer «Heilanalyse», also einer → Psychotherapie eines neurotisch Kranken, und soll ermöglichen, dass «blinde Flecken» und ungelöste eigene Probleme den Angehörigen eines sozialen Berufs weniger in der klaren Wahrnehmung anderer Menschen beeinträchtigen und ihn im Umgang mit ihnen nicht behindern.

Leib-/Seele-Problem Die Frage nach dem Zusammenhang zwischen körperlichen und seelischen Vorgängen, zwischen Materie und Geist wird von verschiedenen wissenschaftlichen Positionen her unterschiedlich beantwortet, wobei eine Entscheidung über die Wahl einer bestimmten Haltung immer ihre ideologische (→ Ideologie) Seite hat. Im Marxismus befürwortet man einen «materialistischen Monismus»: Die materiellen, körperlichen Vorgänge sind die Grundlage des Erlebens, das die Welt der Materie widerspiegelt. Dass es eine von körperlichen Vorgängen unabhängige Seele gibt, gehört zu den Überlieferungen der christlichen Religion und vieler anderer Glaubenshaltungen. Letzten Endes ist keine der Grundaussagen «Alles ist Materie» oder «Alles ist Geist» oder «Seele» zu widerlegen oder zu beweisen; es handelt sich eher um einen (gefühlsbetonten) Streit um Worte und Bedeutungen. Wissenschaftlich nachgewiesen sind bisher nur seelische Vorgänge in Abhängigkeit von gleichzeitig ablaufenden Veränderungen elektrischer und chemischer Art im Nervensystem (→ Gehirn), wobei Eingriffe in den Stoffwechsel der Gehirnzellen (etwa durch → Drogen oder durch mangelhafte Blutversorgung) auch zu einschneidenden Einbußen an seelischer Leistungsfähigkeit führen. Körperliche und seelische Vorgänge werden je für sich untersucht und beschrieben, doch können sich diese Beschreibungen, auf dieselben Erscheinungen bezogen, durchaus ergänzen.

Leitbilder Vorbildhafte Menschen oder Berichte über bedeutsame Ereignisse, die in einer bestimmten Gruppe als → Norm angesehen werden. → Identifizierung

Lernen Verhaltensänderungen, die relativ dauerhaft sind und auf Erfahrung beruhen, bezeichnet man als Lernen. Die Lernfähigkeit ist ein wesentliches Merkmal der lebenden Organismen. Bei den höheren Wirbeltieren ist sie am stärksten ausgeprägt und unter diesen wiederum besonders beim Menschen. Es gibt wahrscheinlich kein Teilstück menschlichen Verhaltens, das nicht durch Lernen verändert werden kann. Andererseits ist Lernen kein beliebiges Geschehen: Nicht alles kann gelernt werden, und was gelernt wird, bestimmen sehr häufig innere Mechanismen (→ Trieb, → Instinkt, → Motiv), die ererbt sind.

Als einfache Lernvorgänge kann man den → bedingten Reflex und das → Konditionieren auffassen; mit ihnen verwandt ist das Lernen durch Versuch und Irrtum. Sperrt man eine Ratte in einen «Problemkäfig», der sich nur durch den Druck auf einen schwer zu findenden Hebel öffnet, dann kann das Tier ihn in der Regel nach einer langen Reihe vergeblicher Zufallsbewegungen öffnen. Der erfolgreiche Versuch wird immer rascher gelingen, weil die Irrtümer nicht verstärkt (→ Bekräftigung) werden; so ist problemlösendes Verhalten auch ohne → Einsicht möglich.

Für die menschliche Sozialisation wichtig ist das beiläufige Lernen. Im Gegensatz zum zielgerichteten, als solches beabsichtigten Lernen werden hier Inhalte aufgenommen, ohne dass es bewusst gewollt wird. Im Alltag ist diese Form des Lernens weiter verbreitet als das zielgerichtete Lernen; es baut einen großen Teil der jeder Kultur eigenen «Selbstverständlichkeiten» auf.

Lernpsychologie Die Klärung von Lernvorgängen ist wahrscheinlich die wichtigste praktische Aufgabe der Psychologie. Sie kann dazu führen, dass Verbrecher erfolgreich eingegliedert, → Neurose- und → Psychosekranke geheilt oder Kinder sinnvoll und wirksam erzogen und unterrichtet werden. Sie ist ein unerlässliches Werkzeug in einer Gesellschaft, in der auch der berufliche Erfolg meist von der Lernfähigkeit abhängt. Man kann mehrere grundlegende Auffassungen der Lernpsychologie unterscheiden:

1. Die Reiz-Reaktions-Lehren (→ Behaviorismus). Sie gehen davon aus, dass der Organismus von den ihm möglichen Reaktionen auf Umweltreize jene beibehält, die bekräftigt werden, weil sie Erfolg haben. Diese sehr einfache Gesetzmäßigkeit könnte schon zu beträchtlichen sozialen Veränderungen führen, wenn man sie zum Beispiel in der Behandlung von Gesetzesübertretungen berücksichtigen würde (der Gewinn durch das Verbrechen erscheint in einer an → Bekräftigung armen sozialen Umwelt anziehender als in einer daran reicheren Umwelt; die herkömmlichen Strafprozeduren führen zu einer weiteren Verarmung der Umwelt und damit zu weiteren Verbrechen).

2. Lernen durch → Einsicht (→ Gestaltpsychologie).

3. Die psychoanalytische Lerntheorie. Sie verbindet eine Auffassung des Lernens durch → Nachahmung (→ Identi-

fizierung) mit einer Untersuchung der Abwehrleistungen von Lernvorgängen und der oft selbstschädigenden Natur von Lernen in einer ungünstigen Umwelt (Neurose).
Wahrscheinlich genügt keine der bisherigen Lerntheorien, um das Lernen wirklich umfassend zu erklären. Alle sind noch zu sehr vom Ausgangsmaterial der Forscher geprägt, und es ist klar, dass eine Lerntheorie nicht allgemein zutrifft, wenn sie aus Tierexperimenten mit Ratten (Reiz-Reaktions-Lehren) oder aus der Behandlung seelisch gestörter Menschen (→ Psychoanalyse) abgeleitet ist.

Lernstörungen Behinderungen des Lernens, die nicht auf Intelligenzmangel oder einem ungenügenden Entwicklungsstand beruhen. Die Ursachen können sehr vielfältig sein. Es gibt Behinderungen, die auf körperlich nicht nachweisbare, geringfügige Gehirnstörungen zurückzuführen sind und durch besondere Übungen ausgeglichen werden können. Sehr viel häufiger sind Lernstörungen durch → Neurosen, die sich in gefühlsbedingten Blockierungen oder Schwierigkeiten bei der → Konzentration äußern. Sie beruhen möglicherweise auf zu hohen Anforderungen an die eigene Leistung (→ Ich-Ideal), auf einem unbewusst begründeten Mangel an → Motivation (es wird auf ein Examen gelernt, das nicht als eigenes Ziel, sondern als Wunsch der Eltern erlebt wird; die Lernstörung verbindet dann die Rache an den Eltern mit der Selbstbestrafung für die unbewusste Feindseligkeit diesen Eltern gegenüber). Lernstörungen verschiedener Art (wie → Leseschwäche) sind heute die häufigste Schwierigkeit, mit der Erziehungsberater aufgesucht werden. Neben den individuellen sind hier also auch gesamtgesellschaftliche Ursachen zu sehen (Wettbewerb in der Leistungsgesellschaft).

Leseschwäche (Legasthenie) Minderleistung in Lesen und Rechtschreibung bei sonst normal, ja sogar überdurchschnittlich begabten Schülern. Der Begriff ist in den letzten Jahren zunehmend infrage gestellt worden, weil in der Mehrzahl der Fälle von Leseschwächen sicher keine organische Schädigung des Gehirns vorliegt, von der die Kinderärzte, welche den Begriff zuerst verwendeten, noch ausgingen. Die wichtigsten Ursachen der Leseschwäche scheinen ungeeignete, überfordernde Unterrichtsverfahren im ersten und zweiten Schuljahr zu sein, mangelnde Förderung des Kindes zu Hause (die sonst die Mängel eines schlechten Unterrichts ausgleichen kann), → Identifizierung des Kindes mit einem ebenfalls leseschwachen Elternteil oder gestörte Beziehungen in der → Familie.

Leukotomie (Lobotomie) Chirurgischer Eingriff, bei dem bestimmte Nervenbahnen im Gehirn zerstört werden. Sie wurde für sonst nicht behandelbare Kranke mit → Schizophrenie und → Zwangsneurose entwickelt. Die Kranken werden ruhiger, büßen aber an geistiger Leistungsfähigkeit ein. Daher wird diese Behandlung nur noch sehr selten angewendet.

Libido Sexuelle Triebkraft, durch die der Mensch angeregt wird, Lustgewinn aus → erogenen Zonen des Körpers zu suchen. Die Äußerungen der Libido entwickeln sich in der Kindheit in drei unterscheidbaren Phasen (→ orale, → anale, → phallische Phase), wobei besondere Befriedigungsmöglichkeiten durch → Fixierung festgehalten und anlässlich späterer Belastungen in einer → Regression wieder aufgesucht werden können. S. Freud fasste seelische Krankheiten als Störungen der Libidoentwicklung auf. Er hat aber die Libido stets als eine (wenn auch besonders wichtige, da besonders starken Verboten unterliegende) Triebkraft unter mehreren angesprochen. Durch → Sublimierung kann Libido in kulturell wertvolle und anerkannte → Motive umgewandelt werden: die Sexualforschung des Kindes zum Beispiel in den Forschungsdrang des Erwachsenen. Die große Bedeutung der Libido ist heute weitgehend anerkannt, während eine Erklärung seelischer Störungen aus der Libidoentwicklung allein weitgehend infrage gestellt wird und wohl nicht aufrechtzuerhalten ist.

Liebe Positive Gefühlsbindung, die meist mit sexuellen Empfindungen verknüpft ist; wo nicht, spricht man von «reiner», «platonischer» Liebe. Das Element der Leidenschaft unterscheidet die Liebe von der Freundschaft. Liebe ist mit wissenschaftlichen Mitteln schwer zu fassen und in der Psychologie vor allem von der Psychoanalyse untersucht worden. Die Bedeutung von Liebesbeziehungen für das seelische Wohlergehen kann aber kaum überschätzt werden. Während S. Freud annimmt, dass Liebe zunächst der eigenen Person gilt (→ Narzissmus) und erst durch die sexuelle Reifung andere Menschen «besetzt», geht M. Balint von einer «primären Liebe» aus, die von Anfang an auf andere Menschen gerichtet ist und auch die erste Gefühlsbindung des Säuglings an seine Bezugsperson bestimmt. Während die Liebe in früheren Jahrhunderten als eher gesetzlose, unberechenbare Kraft galt – die Minnesänger hielten zum Beispiel Liebe zwischen Eheleuten für widernatürlich –, hat sie mit dem Anbrechen der bürgerlichen «Liebesehe» enorme gesellschaftliche Bedeutung gewonnen und wird von vielen Menschen als zentrale Hoffnung auf eine von → Langeweile befreite, keinem Leistungszwang unterworfene Oase in einer durchrationalisierten Arbeitswelt erlebt. Damit wird Liebe so sehr mit Bedeutungen überfrachtet, dass viele junge Menschen große Probleme haben, Liebe auszudrücken, und in vielen Biographien die «richtige», die «große» Liebe wie eine Fata Morgana erscheint: lockend, aber jenseits der gelebten Realität.

Die menschlichen Liebesbeziehungen sind aus zwei Elementen zusammengesetzt: der sexuellen, leidenschaftlichen Triebbefriedigung und der zärtlichen, Geborgenheit verheißenden Bindung zwischen Eltern und Kind. Beide Strebungen geraten nicht selten in Konflikt; zum Beispiel werden dann neben einem festen Partner, der die Sicherheitsbedürfnisse erfüllt, Abenteuer gesucht, welche die sexuelle Leidenschaft befriedigen. Das moderne Modell der Zweierbeziehung, das verspricht, erotische und Nähewünsche gemeinsam zu befriedigen, gerät dadurch unter heftige Spannungen. Es entwickelt sich in bestimmten Bevölkerungsschichten aus der lebenslangen Bindung in Richtung auf eine «Lebensabschnittspartnerschaft», in der Verträge für einen bestimmten Lebensabschnitt geschlossen werden, zum Beispiel die Erziehung von Kindern, den Aufbau eines Geschäfts, den Schritt in den Ruhestand.

Liebesentzug Entzug von Zuwendung und Aufmerksamkeit, meist als «Mutterberaubung» (englisch maternal deprivation) untersucht, welche bei Heimkindern (→ Hospitalismus) zu verschiedenen Schäden führt.

Liebesfähigkeit Die Fähigkeit, Liebesbeziehungen herzustellen, hängt von verschiedenen Einflüssen ab. Subjektiv wird sie meist als mehr oder weniger große Schwierigkeit erlebt, den «richtigen» Partner zu finden oder, wenn er gefunden ist, ihn zu «halten». In Verhaltensbegriffen gesprochen, schließt Liebesfähigkeit ein, dass ein Mensch für einen anderen genügend → Bekräftigungen aussendet und fähig ist, die Bekräftigungen eines anderen anzunehmen. Die Bekräftigungen können in Worten ausgesprochen werden (Ich liebe dich, du bist schön, du bist der Beste...) oder nichtverbal mitgeteilt werden, durch Blicke, Zärtlichkeiten.
Die häufigste Störung der Liebesfähigkeit beruht darauf, dass eine einfache Tatsache nicht erkannt oder vergessen wird: Nur der erhält positive Bekräftigungen («Streicheleinheiten» nach dem Ausdruck der → Transaktionsanalyse), der sie auch gibt. In → Konflikt-Beziehungen erwartet häufig ein Partner, gestreichelt zu werden, wenn er den anderen kritisiert, herabsetzt, in der Art eines Elternteils anklagt und Bestätigungen fordert. Solche Störungen der Liebesfähigkeit wurzeln meist in gestörten Kindheitssituationen, in denen das Kind sich entweder mit einem kritisierenden Elternteil identifizierte (→ Identifizierung) oder ein Misstrauen (→ Urvertrauen) gegen jede Form von Zuwendung, Bestätigung und Nähe (Intimität) entwickelte, weil es sich vor schmerzlichen Enttäuschungen schützen wollte.

Liebeskummer Zustand nach eingetretenem oder vorgestelltem Verlust eines Liebespartners. Während der Liebeskummer eines Verlassenen leicht einfühlbar ist, scheint es oft schwer verständlich, weshalb auch Personen an Liebeskummer leiden, deren Liebesbeziehung anscheinend stabil ist und deren Partner seine Zuneigung bekräftigt. In solchen Fällen hängt der Liebeskummer mit nicht bewussten eigenen Trennungswünschen zusammen, mit einem vorweggenommenen Abschied, entweder um sich dadurch vermeintlich auf dieses verletzende Ereignis vorzubereiten, oder aufgrund unbewusster Aggressionen gegen den bewusst geliebten Partner.

Liebesverlust Zentrale Quelle menschlicher → Angst ist die Phantasie, die Liebe der Eltern oder der Personen zu verlieren, die in unserem Gefühlsleben an ihre Stelle getreten sind, zum

Beispiel eines Liebespartners. Wenn Menschen aus Angst vor Liebesverlust bereit sind, «alles» zu tun, und ihre bisher vertretenen Wertvorstellungen preisgeben, sprechen wir von Hörigkeit. Drohung mit Liebesentzug («Wenn du das tust, hat Mami dich nicht mehr lieb») gilt als «schwarze Pädagogik» und wird mit Depressionen und Selbstgefühlsstörungen von Kindern in Zusammenhang gebracht.

Life-Event-Forschung Life event bedeutet im Englischen ein Lebensereignis. Gemeint sind vor allem «kritische» Situationen, Schwellenerlebnisse wie Schulabschluss, Berufsanfang, feste Bindung, Geburt von Kindern, Umzug, Tod eines nahen Angehörigen. Die Forschung über solche Ereignisse sucht zu gewichten, welche äußeren Veränderungen schwer wiegende seelische Folgen haben. Insgesamt ist das Leben eine Prüfung der → Ich-Stärke; wer bereits den Auszug aus dem Elternhaus, eine intime Bindung und ein Universitätsexamen verkraftet hat, wird bei gleichen neurotischen Symptomen bessere Erfolgsaussichten für eine → Psychotherapie haben als eine Person, die solche Schritte noch nicht bewältigt hat.

Literatur und Psychologie Zwei Fragestellungen bieten sich hier an: einmal die Stellungnahme von Schriftstellern und Dichtern zur Psychologie, zum anderen die psychologische Betrachtung literarischer Werke. Ein Satz wie «He was jung und she was freudened» bei James Joyce zeigt ebenso wie das «magische Theater» in Hermann Hesses «Steppenwolf» sehr deutlich, dass vor allem die → Psychoanalyse und die anderen Schulen der → Tiefenpsychologie die Aufmerksamkeit der Schriftsteller auf sich gezogen haben. Thomas Mann war mit Freuds Familie befreundet und hat in seinen späteren Werken (seit dem «Zauberberg») die Psychoanalyse ebenso aufgenommen, wie er sich in seiner Anfangszeit an dem Begriff der → Degeneration orientierte («Buddenbrooks»). Die Beziehung zwischen Literatur und Psychoanalyse ist gegenseitig. Seit S. Freuds Hinweis auf den Tagtraum-Charakter vieler Werke der Literatur haben sich vor allem Psychoanalytiker mit dem Zusammenhang zwischen der Lebensgeschichte eines Autors und den Gestalten seiner Werke befasst. Während Freud noch die literarische Arbeit als → Sublimierung auffasste, haben andere Tiefenpsychologen (wie C. G. Jung) darauf hingewiesen, dass → Kreativität eine ursprüngliche Leistung des → Unbewussten sei. Umgekehrt beruht ein Teil der Faszination der Psychoanalyse darauf, dass zum Beispiel Freuds Krankengeschichten «sich wie Novellen lesen» («Studien über Hysterie»).

Lügendetektor Gerät, mit dem verschiedene Körperreaktionen (vor allem der elektrische Hautwiderstand und die Atem- sowie Herzschlag-Häufigkeit) fortlaufend aufgezeichnet werden. Die Anwendung zur Aufdeckung von Lügen beruht teilweise auf → Suggestion, teils auf der Ermittlung besonderer seelischer Spannungen, die sich zum Beispiel in einem Absinken des Hautwiderstandes ausdrücken können. Man bittet die geprüfte Person etwa zuerst, an eine einstellige Zahl zu denken, sagt die Zahlenreihe und kann dann (was höchst eindrucksvoll ist) dem Betreffenden meist genau sagen, an welche Zahl er gedacht hat, weil bei ihrer Nennung eine Veränderung der Messwerte erfolgt. Damit wird eine suggestive Wirkung erzielt, welche die Wahrhaftigkeit von Aussagen wohl ebenso fördert wie die weitere Kontrolle des körperlich-seelischen Spannungszustandes während eines Verhörs. Der Lügendetektor ist somit kein Mittel, um «Lügen» zu entdecken, sondern um erhöhte seelische Spannung zu ermitteln. Diese kann durch Lügen entstehen, aber auch durch viele andere Einflüsse. Deshalb ist viel Erfahrung notwendig, um mit diesem Gerät erfolgreich zu arbeiten, und die Ergebnisse sind nicht immer zuverlässig. In den meisten Ländern wird der Lügendetektor deshalb nicht als Beweismittel vor Gericht anerkannt.

Lustprinzip Richtlinie des Verhaltens (→ Bekräftigung); jeder Organismus strebt danach, lustvolle Zustände herzustellen und unlustvolle zu vermeiden. Nach der Vorstellung der → Psychoanalyse wird das Lustprinzip im Lauf der → Entwicklung durch das → Realitätsprinzip ersetzt.

M

Macht, Machtstreben Verhalten oder der Wunsch dazu, andere Menschen zu beherrschen oder ihnen überlegen zu sein. Machtstreben ist ein kulturell geprägter Wert, der in vielen Primitivkulturen weitgehend unbekannt ist, während er in den Leistungsgesellschaften eine recht große Bedeutung gewinnt. → Autoritäre Persönlichkeiten erleben mitmenschliche Beziehungen grundsätzlich als einen Kampf um Macht über Unterlegene oder als notwendige Unterordnung unter Überlegene. Eine ähnliche Haltung drückt sich zum Beispiel in der Forschungsrichtung der → Ethologie aus, vorwiegend oder ausschließlich die → Hackordnung in Tiergesellschaften zu untersuchen. In der → Psychotherapie findet man als Ursache eines ausgeprägten Machtstrebens häufig ein tiefes Misstrauen (→ Urvertrauen) und eine mangelhafte Fähigkeit, sich geborgen und geliebt zu fühlen. → Individualpsychologie, Gemeinschaftsgefühl, Minderwertigkeitsgefühl

Magersucht Gestörtes Essverhalten, vor allem bei Mädchen nach Eintritt der → Pubertät (Pubertätsmagersucht, Anorexia nervosa), ein nervös bedingtes Hungern. Anlass sind oft kleine Bemerkungen («Ein bisschen pummelig bist du schon») oder die Entdeckung, dass der Körper weibliche Formen annimmt. Der Wunsch, abzumagern, wird zu einer → Sucht; er wird auch dann noch zwanghaft befriedigt, wenn schwere körperliche Schäden durch das Untergewicht drohen. Meist ist die Nahrungsaufnahme allgemein gestört: Zu den Mahlzeiten wird nicht gegessen oder nach den Mahlzeiten erbrochen; in nächtlichen Raubzügen der Kühlschrank geplündert, nach Nahrungszufuhr oft versucht, durch Erbrechen oder Abführmittel den Körper wieder zu «reinigen». Die Ursachen liegen in unbewussten, durch eine → Psychotherapie aufzudeckenden und zu bearbeitenden Schwierigkeiten, die weibliche → Rolle zu übernehmen (dabei auch sich mit der Mutter genügend zu identifizieren). → Bulimie

Magie Auffassung natürlicher Vorgänge, bei der unerwiesene Ursache-Wirkungs-Zusammenhänge als erwiesen angenommen werden (etwa: Der Tod eines Mannes nach einem Schlangenbiss beruht darauf, dass ein Zauberer die Schlange geschickt hat). Die Magie geht von einer «Allmacht der Gedanken» (S. Freud) aus, die sich auch in manchen → Neurosen (→ Zwangsneurose) findet. Man hat versucht, in ihr eine urtümliche Form des → Denkens zu sehen, die auf Fehlanwendungen von → Assoziations-Gesetzen und mangelnder Unterscheidungsfähigkeit (zum Beispiel zwischen dem ausgefallenen Haar eines Menschen, das ein Zauberer verbrennt, und dem Körper dieses Menschen selbst) beruht. Doch sind die Menschen in den Primitivkulturen, die an Magie glauben, in anderen Lebensbereichen sehr wohl zu kritischem, realistischem Denken fähig. Es ist wohl richtiger, das magische Denken als durchaus sinnvolle, allerdings – verglichen mit dem kritischen Denken – weniger erfolgreiche Form der geistigen Anpassung anzusehen. Die Magie erfüllt in ihrer Form als «weiße», wohlwollende Magie sehr wichtige seelische Stützfunktionen, um die zahlreichen Gefahren zu mildern, welche die Fortdauer des erwachenden menschlichen Bewusstseins gefährden mussten. Sie ist somit die älteste → Psychotherapie.

Manie Die ursprüngliche Bedeutung des aus dem Griechischen stammenden Wortes ist Raserei. In der → Psychiatrie wird sie als Gegenpol der → Depression (→ Melancholie) angesehen: Kranke, die an Manie leiden, sind unruhig, scheinen gehobener Stimmung, singen oder tanzen gern, verlieren jede Kritik an sich selbst. Unbehandelt dauern Manien selten länger als ein halbes Jahr; sie sprechen meist gut auf → Psychopharmaka an.

Manipulation Gezielte Beeinflussung von Personen (allgemeiner Sinn), ohne deren Wissen und Zustimmung (spezieller Sinn). Manipulation liegt zwischen Zwang und Überzeugung; das Opfer hat Möglichkeiten, sich zu wehren, doch wird seine abwägende Entscheidung nicht gefördert, sondern möglichst unterdrückt oder übergangen. Ein guter Verkäufer kann bekanntlich den Eskimos Kühlschränke andrehen. Amerikanische Sozialpsychologen haben solchen *salesmen* einige Tricks abgeschaut:

1. *Foot in the door*-Technik. Das Opfer wird um eine ganz kleine Gefälligkeit gebeten, die es kaum abschlagen kann. Auf diese Bitte folgt dann die eigentliche Forderung. Die Bereitschaft, auf diese einzugehen, ist wesentlich größer, wenn eine Anfangsbitte erfüllt wurde. Erklärung: Wer sich selbst implizit als Person definiert, die Bitten erfüllt, neigt auch dazu, dies konsequent zu tun.

2. *Door in the face*-Technik: Die Zielperson wird mit einer so hohen Forderung konfrontiert, dass sie diese abschlagen muss. Wenn dann der Verkäufer «nachgiebig» ist und sich mäßigt, wird die Zielperson bewogen, diesen «Gefallen» zu erwidern, um Schuldgefühle wegen ihrer mangelnden Kooperationsbereitschaft zu vermeiden.
3. *Low ball*-Technik: Der Autoverkäufer macht ein überzeugend niedriges Angebot und schraubt den Preis nachträglich in die Höhe, weil er angeblich «vergessen» hat, dass die Sonderausstattung nicht inbegriffen ist. Der Kunde fühlt sich subjektiv verpflichtet, zu seiner Entscheidung zu stehen, obwohl sich inzwischen die Bedingungen geändert haben, unter denen er sie traf.
4. *That's not all*-Technik: Der Verkäufer nennt dem Kunden einen überhöhten Preis und – ehe der Kunde Stellung nehmen kann – einen billigeren Preis («für Sie!») oder ein Zusatzangebot als Extra. Auch hier wird die «Norm der Reziprozität» verwendet («Gefallen gegen Gefallen») und dem Kunden weisgemacht, er bekomme etwas geschenkt, weil er unwillkürlich den ersten, überhöhten Preis akzeptiert.

Männlicher Protest Bei Männern und Frauen im Zuge einer Bewältigung von → Minderwertigkeitsgefühlen auftretende Neigung, weiblich, abhängig und passiv scheinende Regungen abzuwehren, um jeden Preis eine herrschende und aktive Rolle zu spielen. Der männliche Protest kann nur in patriarchalisch aufgebauten (also von Männern und einem → Ideal «harter Männlichkeit» beherrschten) Gesellschaften auftreten. Laut A. Adler, der den Begriff prägte, kennzeichnen ihn vor allem → Trotz, Überempfindlichkeit, → Machtstreben und Ehrgeiz.

Marathon-Gruppe Form der → Encounter-Gruppe, die sich ohne Unterbrechung für 16, 24, ja sogar 48 Stunden trifft, wobei die Gruppenmitglieder zusammen essen und häufig auch in einem Raum schlafen (auf einem Matratzenlager). Die gegenüber anderen Formen der → Selbsterfahrungsgruppen stark verlängerte Dauer der Sitzung dient dazu, den Gruppenprozess nicht durch mehr oder weniger künstliche Einteilungen abreißen zu lassen und auf dem Weg über die körperliche und seelisch-geistige Dauerbeanspruchung → Abwehrmechanismen zu schwächen, sodass neue Erfahrungen eher möglich werden.

Masochismus Im engeren Sinn sexuelle Anomalie, bei der Erregung und Orgasmus vorwiegend oder ausschließlich in Situationen zustande kommen, in denen der Masochist erniedrigt, getreten, geschlagen wird, wobei die Partnerin oder der Partner noch besondere Kennzeichen aufweisen sollen (Lederbekleidung, Peitsche, hohe Stiefel, Lehrerinnen- oder Offiziers-Habitus). Im weiteren Sinn selbstschädigende und selbstzerstörerische Neigungen allgemein, die oft in der Kindheit entstehen, zum Beispiel dadurch, dass die Eltern dem Kind, das sich wehgetan hat, Zuwendung geben und das fröhliche Kind ablehnen («Die Vögel, die in der Frühe am lautesten singen …»). Ein solches

Verbot, sich zu freuen und glücklich zu sein, kann dazu führen, dass der Betroffene immer wieder Situationen, in denen er glücklich sein könnte, abbricht oder von vornherein vermeidet. Ursachen des Masochismus im weiten Sinn ist ein sehr strenges → Über-Ich, das zu einem → Strafbedürfnis führt («Nichts ist schwerer zu ertragen als eine Reihe von guten Tagen»). → Depression

Massenpsychologie Gegenüber der kleinen → Gruppe, die sich von Angesicht zu Angesicht (face to face) kennt, betrifft der Ausdruck Masse eine nicht organisierte, meist vorübergehende Menschenansammlung «Ellbogen an Ellbogen». Massen neigen zu einer → Illusion der Macht, zu gegenseitiger Ansteckung mit Gefühlen und Gedanken und zur kritiklosen Übernahme von Anschauungen oder Verhaltensweisen, die manche Individuen darin einzeln nicht vertreten würden. Diese Vorgänge sind wissenschaftlich nur sehr ungenügend geklärt, weil sich die Forschung auf die → Gruppendynamik konzentrierte. Eine wichtige Rolle scheint die → Identifizierung mit einem bestimmten Ziel der Masse («Nieder mit dem ... ismus») oder mit einem bewunderten → Führer zu spielen, der von den Mitgliedern an die Stelle ihres eigenen, prüfenden und abwägenden → Über-Ich gesetzt wird.

Matriarchat Mutterherrschaft, von J. J. Bachofen aus literatur- und religionsgeschichtlichen Überlegungen entwickeltes Modell einer von Frauen beherrschten Gesellschaft, die später vom Patriarchat überwältigt wurde, was sich zum Beispiel in den Sagen von den Amazonen ausdrücke. Im Matriarchat wird die Blutsverwandtschaft über die Mutter bestimmt (Matrilinearität), der Ehemann lebt im Haushalt der Familie seiner Frau (Matrilokalität), die soziale Vaterrolle wird vom Bruder der Mutter übernommen, und die Frau gilt in der Kultur mehr als der Mann. Während die älteren Matriarchatstheorien bis hin zu der «Entwicklungsgeschichte des Bewusstseins» des Jung-Schülers E. Neumann im Matriarchat eine urtümliche Vorstufe des Patriarchats sahen, hat eine feministisch orientierte Forschung eher die Zerstörung einer hoch stehenden, als friedliebend und ausgewogen konstruierten matriarchalen Gesellschaft durch kriegerische Eroberer betont. In der Feldforschung bei primitiven Kulturen gibt es matrilineare Verwandtschaft und matrilokale Ehe, aber die Dominanz eines Geschlechtes über das andere existiert nicht in der von den Vertretern des Matriarchats konstruierten Form. So scheint der Verdacht begründet, die Theorie vom Matriarchat sei eine Gegenphantasie zum existierenden Patriarchat und keine wissenschaftlich dokumentierbare Phase der Kulturentwicklung. Typisch für primitive Kulturen sind eher getrennte, durch ausgearbeitete Regeln verbundene Machtbereiche von Männern und Frauen, in denen die Beziehungen zwischen den Geschlechtern genau geregelt sind, ohne dass nun einfach entschieden werden kann, welches Geschlecht das andere dominiert. Auch in der europäischen Tradition des «ganzen Hauses» hatten Männer und Frauen getrennte Machtbereiche;

Frauen regelten zum Beispiel im Mittelalter alles, was mit Geburtshilfe und Sexualität zu tun hatte. Erst durch die Veränderungen der Neuzeit, die Hexenverfolgungen und die Verwissenschaftlichung vieler Lebensbereiche wurde die Rolle der Frau beschnitten; in der Folge entstanden die Emanzipationsbewegungen.

Mediation Vermittlung; die vermittelnde Person nennt man Mediator. Aus englischen Traditionen («Friedensrichter») übernommene Einrichtung, bei der vor allem angesichts einer Ehescheidung (aber auch zum Beispiel vor einem Rechtsstreit zwischen Kindern und Eltern oder Erben) ein Verhandlungsleiter aufgesucht wird, der durch seine ausgewogene Haltung und seine juristischen Kenntnisse den für alle Beteiligten erheblich aufwendigeren Streit vor Gericht zu vermeiden hilft. Anwälte werden nach Streitwert bezahlt, was bei großen Vermögen sehr kostspielig sein kann; Mediatoren nach Stundensätzen. Die Ausbildung des Mediators baut auf juristischen, pädagogischen oder psychologischen Grundqualifikationen auf. Während ein Anwalt immer nur eine Partei beraten darf, berät der Mediator beide Parteien und sucht einen Vertrag zu erarbeiten, der dann vom Familienrichter bestätigt werden muss.

Meditation Das Wort ist von dem lateinischen «meditari» abgeleitet, das «üben» und «nachsinnen» bedeutet. Gemeint sind verschiedene, zunächst in religiösen Bereichen wurzelnde Techniken, innere Ruhe und Konzentration zu finden, den Grund des eigenen Lebens, des eigenen Selbst zu erfassen, wobei eine Einheit von vernünftigen Überlegungen und Gefühlen des Einswerdens mit der Wirklichkeit angestrebt wird. Meditation lässt sich psychologisch als eine Form der → Hypnose verstehen, wobei der Meditierende beide Rollen übernimmt: die des Hypnotiseurs und die des Hypnotisierten (Selbsthypnose). Die in dieser Form vermittelten Inhalte sind sehr unterschiedlich. Sie betreffen Elemente des christlichen Glaubens, wie in der Meditation während der Exerzitien nach Ignatius von Loyola, aber auch geistige Ziele östlicher Religionen (Yoga, Zen-Buddhismus). Durch bestimmte Körperhaltungen und begleitende Atemübungen werden in der Meditation unter Umständen seelische Ausnahmezustände erzielt, in denen neuartige Einsichten ermöglicht oder die Bewältigung innerer Schwierigkeiten erleichtert wird. Auf der anderen Seite ist die Gefahr einer → Regression in eine passive Haltung als Flucht vor einer unbefriedigenden und scheinbar unveränderlichen Wirklichkeit nicht zu verkennen. Meditation lässt sich auch kaum in Schnellkursen und mit Hilfe einfacher Kniffe (wie Aufsagen eines «geheimen» Wortes) erlernen, sondern bedarf individueller Anleitung und längerer Übung, wenn wirkliche Veränderungen im Sinn von mehr Gelassenheit, innerer Ruhe und körperlicher wie seelischer → Entspannung auftreten sollen.

Medium Vermittler, Person, die von einer außergewöhnlichen Macht beeinflusst ist und nun als Mittler zum Beispiel zwischen den Lebenden und den

Toten dient. Während in den traditionellen Kulturen die mediale Begabung als besondere Beziehung zum Geisterreich oder zu anderen metaphysischen Welten integriert war, wurde sie in der Hypnoseforschung des 19. Jahrhunderts auf eine besondere Suggestibilität reduziert: Das Medium wurde zur Versuchsperson, die von den Befehlen des Hypnotiseurs dazu gebracht wird, sich alles Mögliche – auch den Kontakt zum Geisterreich, die Begegnung mit einer früheren Inkarnation – «einzubilden».

Meinungsforschung Gewinn von Einsichten in die «öffentliche Meinung», wobei neben Meinungen auch → Einstellungen, Stimmungen oder Wünsche erforscht werden. Ihre Grundlage ist die Befragung von «Stichproben», das heißt ausgewählten Vertretern der Bevölkerung, die für die Gesamtbevölkerung «repräsentativ» sind, also ihre Zusammensetzung nach Alter, Geschlecht, Weltanschauung, Einkommen widerspiegeln. Eine Telefonumfrage etwa kann kaum eine solche repräsentative Stichprobe ergeben, weil sie nur die Menschen erfasst, die ein Telefon besitzen. Die Bedeutung solcher genau ausgewählter Stichproben ist allgemein deutlich geworden, seit 1936 eine amerikanische Zeitschrift mit über 10 Millionen Stimmzettel-Voranfragen eine falsche, G. Gallup mit einigen tausend → Interviews aber eine richtige Wahlvorhersage stellte. Seither ist die Meinungsforschung zu einem wichtigen Barometer besonders im Hintergrund politischer Entscheidungen geworden.

Melancholie Griechisch für «schwarze Galle»; nach der antiken Lehre von den Körpersäften sollte ein Übermaß dieser Galle zu gedrückter Stimmung führen. Heute meist gleichbedeutend mit schweren Formen der → Depression.

Metaphysik Lehre vom Übernatürlichen, von dem, was jenseits des Bereichs der Naturforschung (der Physik) liegt.

Metapsychologie Psychologische Erklärungen, die mit Begriffen arbeiten, deren Inhalt nicht mehr durch unmittelbare Beobachtung nachgeprüft werden kann, sondern solche Beobachtungen zusammenfasst. Der Ausdruck wird vor allem in der → Psychoanalyse gebraucht und bezieht sich auf seelisch nicht unmittelbar erlebte Instanzen (→ Es, → Ich, → Über-Ich) oder → Triebe (→ Lebenstrieb, → Todestrieb).

Methode Weg, auf dem in einer Wissenschaft Erkenntnis gewonnen wird. Die Methoden der Psychologie sind Beobachtung und → Experiment sowie die Bearbeitung der so gewonnenen Daten mit Hilfsmitteln der → Statistik. → Geisteswissenschaftliche Psychologie

Midlife-Crisis Krise während der Lebensmitte oder etwas später, die damit zusammenhängt, dass die eigenen Zukunftsmöglichkeiten und Karrierechancen im Alter von 40 bis 50 Jahren für die meisten Menschen transparent werden. Gerade bei Menschen, die ehrgeizig und erfolgsorientiert sind, kann dann das Gefühl entstehen, unter Zeitdruck zu geraten, weil sich viele Träume nicht erfüllt haben. Während die Krise der Lebensmitte bei Frauen schon lange beschrieben wurde und mit einem eigenen Krankheitsbild verknüpft wird (der Involutionsdepression, die mit der Verarbeitung bzw. dem Nichtverarbeitenkönnen der Menopause und dem Abschied von der Möglichkeit einer Schwangerschaft zusammenhängt), ist die männliche Krise der Lebensmitte erst in jüngerer Zeit untersucht und beschrieben worden. Die manchmal reißerischen Berichte über Männer, die plötzlich einen Sportwagen kaufen, sich scheiden lassen und mit einer jungen Geliebten zusammenziehen, verdecken die an sich ernste Problematik eher als sie aufzuklären. Die Midlife-Crisis hängt damit zusammen, dass das → Alter in der modernen Gesellschaft kein attraktiver Zustand mehr ist, obwohl (oder vielmehr gerade weil) ihn so viele Menschen erreichen.

Die Midlife-Crisis signalisiert die Umstellung von einer Sicht der eigenen Person, in der Kräfte, Erfolg und Kontrolle über das eigene Leben ständig zunehmen, zu der realistischen Sicht auf Grenzen und Einbußen. Diese machen sich zuerst während der Lebensmitte unabweisbar bemerkbar. Eine solche Umstellung gelingt den meisten Menschen mehr schlecht als recht, und Männer tun sich damit oft schwerer als Frauen, die sich viel früher mit den Grenzen ihrer Biographie auseinander setzen müssen. Viele hoffen, dass sie die Krise mit einem Schlag überwinden können und dann wieder so ausgeglichen leben werden wie vorher; realistisch ist es aber eher, die Beschäft[...] mit diesem Thema als eine dauerhafte Aufgabe zu akzeptieren, die Krise also dadurch zu entschärfen, dass ihr Inhalt von nun an zu einem Teil der eigenen Lebensbewältigung wird.

Milgram-Experiment Klassisches sozialpsychologisches Experiment zum → Gehorsam gegenüber einer Autorität, unter anderem unternommen, um aufzuklären, weshalb so viele anscheinend «normale» Personen in einem grausamen System (wie einem Konzentrationslager) grausam handeln. Umstritten ist die Tatsache, dass die Versuchspersonen hierbei getäuscht wurden: Man sagte ihnen, sie seien Gehilfen eines Psychologen, während sie in Wahrheit Objekte der Forschung waren. In dieser Gehilfenrolle verabreichten die meisten Versuchspersonen fiktiven «Schülern» als «lebensgefährlich» ausgewiesene Stromschläge, obwohl diese Schüler (in Wahrheit Partner des Versuchsleiters) zitterten und schrien. Sie unterwarfen sich den Anordnungen des Versuchsleiters, der sie nicht direkt unter Druck setzte, sondern nur immer wieder behauptete, dies zu tun sei Teil des Experiments.

Milieu Umwelt eines Menschen, wobei vor allem die kulturellen, wirtschaftlichen und mitmenschlichen Einflüsse gemeint sind.

Milieutheorie Lehre von der großen Bedeutung der Umwelteinflüsse, Environmentalismus im Gegensatz zum Nativismus, der Lehre von der prägenden Wirkung der Erbanlagen. Sie wurde vor allem vom Behaviorismus vertreten und behauptet in ihren Extremen, dass der Mensch unbegrenzt bildbar ist und dass durch geeignetes Training alle Einflüsse der Erbanlagen und der frühen Prägungen überwunden werden können. Diese Lehre ist als Forschungsrichtung produktiv, aber als Theorie nicht aufrechtzuerhalten; sie setzt dem Pessimismus der Erbtheoretiker einen emanzipatorischen Optimismus entgegen, aber es ist nicht zu leugnen, dass die Erbanlagen eine Bandbreite möglicher Entwicklungen abstecken. Der Streit, ob zum Beispiel Intelligenz angeboren oder erworben sei, wird heute nur noch von Journalisten geführt; in der Wissenschaft hat man sich auf das Konzept der Ergänzungsreihe (Konvergenztheorie) geeinigt: die Anlage disponiert, die Umwelt realisiert, beides in einer ununterbrochenen Interaktion.

Minderheiten Gesellschaftliche Gruppen, die sich von der Bevölkerungsmehrheit unterscheiden. Meist spricht man von Minderheiten in dem Sinn einer entwerteten, diskriminierten Gruppe, die von der Mehrheit gering geschätzt und manchmal auch schlecht behandelt wird; Adelige oder Unternehmer sind statistisch ebenfalls eine Minderheit, aber sie verstehen sich nicht als solche, werden auch nicht diskriminiert, sondern eher als Elite hoch geschätzt. Allerdings können sich durch gesellschaftliche Veränderungen Eliten in Minderheiten verwandeln, etwa die Adeligen während der Französischen Revolution oder das Bürgertum in der kommunistischen Revolution. Diskriminierte Minderheiten versuchen sich der Öffentlichkeit möglichst zu entziehen, sie leben nach eigenen Regeln und entwickeln besondere Arten von Humor, zum Beispiel den «jüdischen Witz». Beispiel: Ein Jude sieht einen Schwarzen in der New Yorker U-Bahn. Dieser liest eine jüdische Zeitung. «Findest du nicht, dass du übertreibst?», sagt der Jude.

Minderwertigkeitsgefühl, Minderwertigkeitskomplex Das → Gefühl der Minderwertigkeit ist bewusst, der entsprechende → Komplex unbewusst und nur durch besondere Methoden (→ Psychoanalyse) zu erschließen. Laut A. Adler, der diese Ausdrücke prägte, leidet schon das Kind darunter, dass es den Erwachsenen unterlegen ist, und entwickelt daraus ein kompensatorisches (ausgleichendes) → Machtstreben, vor allem dann, wenn in der → Erziehung diese Gefühle nicht berücksichtigt werden. In einer von Wettbewerb geprägten Gesellschaft ist es in der Erziehung aber fast allgemein verbreitet, den «Schlechteren» in einer Leistung geringer einzuschätzen als den «Besseren», und auf diese Weise dem Kind, das in allem «schlechter» ist, ein tiefes Gefühl der Minderwertigkeit einzuflößen. Als Minderwertigkeitskomplex sind die damit verbundenen Vorstellungen und → Reaktionsbildungen anzusprechen, darunter die Neigung, andere durch Kritik zu demütigen (→ Identifizierung mit dem Angreifer) und die eigene Geltung besonders zu unterstreichen.

Mobbing Unkollegiales Verhalten am Arbeitsplatz, das über Kleinigkeiten hinausgeht und aggressive Strategien einschließt. Das Opfer wird ausgeschlossen, lächerlich gemacht, die Kollegen kooperieren nicht mit ihm. Man unterscheidet Mobbing von oben (wenn zum Beispiel der Chef einen Mitarbeiter, den er loswerden möchte, dem er aber nicht kündigen kann, «hinausekeln» möchte) und Mobbing von unten, wenn zum Beispiel in einer Behörde längst unkündbare Mitarbeiter ihren Chef drangsalieren. Die meisten Mobbingfälle spielen sich aber unter Gleichgestellten ab, ihre Dynamik ist ähnlich den typischen Nachbarschaftsstreitigkeiten. Freud spricht hier vom «Narzissmus der kleinen Unterschiede». Wo Aggressionspotenziale entstehen, aber nicht konstruktiv umgesetzt werden können, werden winzige Eigenheiten eines nahe Stehenden zum Auslöser heftiger Wut. Entsprechende Interaktionen gewinnen eine Eigendynamik; die Frage, wer angefangen hat, wird oft unentscheidbar. In der Regel fühlen sich auch die Täter als Opfer, sind die Opfer auch Täter. Neben den betrieblichen Ursachen (Führungsschwäche) und den psychologischen Auslösern sind auch Probleme der Arbeitszufriedenheit und der Perspektive in einer Tätigkeit oft wichtige Faktoren. Aus erfolgreichen und produktiven Unternehmen wird viel seltener über Mobbing berichtet als aus wirtschaftlich gefährdeten oder zum Beispiel durch eine Fusion beunruhigten.

Moral Jede Gesellschaft kennt Verhaltensvorschriften, die für ihre Mitglieder gelten. Die Vorschriften, welche das soziale Verhalten betreffen, nennt man Moral; das in Europa wichtigste Beispiel für solche moralischen Gebote und Verbote sind die Zehn Gebote des Alten Testaments. Manche moralischen Vorschriften sind in allen Kulturen gültig; so ist es nirgends erlaubt, seine Mutter zu heiraten oder seinen Bruder zu erschlagen. → Inzesttabu, Über-Ich, Gewissen

Motiv Beweggrund menschlichen Handelns, der als → Gefühl, Wunsch oder → Affekt erlebt wird. Man kann primäre (naturgegebene) und sekundäre (kulturgegebene, erlernte) Motive unterscheiden. → Bedürfnis

Motivation Lehre von den → Motiven menschlichen Handelns oder die Antriebsseite des Verhaltens schlechthin. Versuche, Motive zu ordnen, sind seit längerer Zeit unternommen worden, wobei die starken Einflüsse von Lernvorgängen auf die menschliche Motivation aber eine genaue Aufstellung sehr erschweren. Viele Forscher haben den Unterschied zwischen angeborenen (primären) und erworbenen (sekundären) → Bedürfnissen zugrunde gelegt, der eine erste Einteilung ermöglicht, aber die Wechselwirkung zwischen beiden Bereichen vernachlässigt. Die auf ein oder zwei große Themen bezogenen Motivationstheorien, wie die → Libido-Theorie der → Psychoanalyse, sind zwar für die praktische Orientierung gut geeignet, aber sicher nicht umfassend genug. Wenige, grundlegende Bedürfnisse, aus denen sich zahllose kulturell, familiär und kreativ geprägte Einzelmotive entwickeln, sind das zurzeit wohl zutreffendste Bild. Dabei rücken neben den schon immer beachteten Grundbedürfnissen wie Hunger, Durst, Atmung, geeignete klimatische Umwelt, Ausscheidung in letzter Zeit die speziell auf die menschliche Natur als Gruppenwesen und «Kulturtier» bezogenen Bedürfnisse in den Mittelpunkt der Aufmerksamkeit: die → Neugieraktivität, das heißt das Bedürfnis nach Reizung der Sinnesorgane im Zug einer forschenden Erweiterung des Bildes der Umwelt (ein sehr wichtiges Bedürfnis von Kindern und unter günstigen Umständen auch von Erwachsenen), das Bedürfnis nach → Kontakt und bestätigenden mitmenschlichen Beziehungen (Sicherheitsbedürfnis). Hier scheinen auch die Bedürfnisse des → Ich im Gegensatz zu denen des → Es im Modell der → Psychoanalyse angesprochen.

Multiple Persönlichkeit Früher als Symptom einer → Hysterie angesehene «dissoziative» Störung, in der Verdrängungen nicht mehr von einem einzigen Zentrum (dem bewussten Ich) ausgehen, sondern von wechselnden «Persönlichkeiten». Die Kranken berichten zum Beispiel, dass sie sich plötzlich in einer fremden Stadt betrunken in einer anrüchigen Bar vorfinden, ohne zu wissen, wie sie als respektable Hausfrau und Mutter in einer anderen Stadt dorthin gekommen sind. Manche Therapeuten haben solche Zustände dadurch mehr zu stabilisieren als zu heilen gesucht, dass sie den einzelnen Zentren eigene Namen gaben und von einer «multiplen Persönlichkeit» sprachen. Andere bemühen sich in einer Behandlung, die Verdrängungen aufzuheben und die oben beschriebene Frau dazu zu bringen, ihre dunklen Seiten zu akzeptieren und in ihr bewusstes Ich zu integrieren. So gilt bei vielen Experten die multiple Persönlichkeit als Kunstprodukt von Therapeuten, die mit → Hypnose arbeiten und solche unterschiedlichen Ich-Zustände aufbauen, während die Vertreter dieses Modells behaupten, dass die Kranken wie erlöst reagieren, wenn sie endlich jemand versteht und ihnen hilft, mit ihren unterschiedlichen Teilpersönlichkeiten besser umzugehen. Gut dokumentiert ist auf jeden Fall, dass schwere seelische Verletzungen (wie sexueller Missbrauch in der Kindheit, sadistische Misshandlungen, Folter) dazu führen können, dass Opfer die Phantasie entwickeln, aus dem gequälten Ich «auszusteigen.»

Musikpsychologie Teilgebiet der Psychologie, das sich mit der musikalischen Begabung und mit der Wirkung der Musik auf den Menschen beschäftigt. Während anfänglich die Musikalität als typisches Beispiel einer «angeborenen» Fähigkeit gesehen wurde, wird heute akzeptiert, dass sie in hohem Maß trainierbar ist; beispielsweise können Versuchspersonen, die zunächst nur sehr schlecht Tonhöhen unterscheiden konnten (also ein «schlechtes Gehör» hatten), diese Fähigkeit durch Übung beträchtlich steigern. Das Gleiche gilt für das «absolute Gehör», d. h. die Fähigkeit, Tonhöhen auch ohne Vergleichsmöglichkeiten zu identifizieren. Ein weiterer wesentlicher Bestandteil der Musikalität ist das musikalische Gedächtnis; es scheint eine der wichtigsten Voraussetzungen für den Erfolg bei musikalischen Leistungen.

(Von Mozart wird berichtet, dass er einen 16-stimmigen Gesang nach einmaligem Anhören zu Papier bringen konnte.) Die Wirkung von Musikstücken ist ebenfalls untersucht worden: Dur-Tonarten werden als fröhlich, Moll-Tonarten eher als beschaulich eingeschätzt, hohe Töne und schnelles Tempo gelten als «lustig», das Gegenteil als «traurig». Andere Untersuchungen haben gezeigt, dass der Musikgeschmack und das Urteil über Musik zu den stabilsten Merkmalen einer Person gehören. So haben Musikexperten über einen Zeitraum von 25 Jahren durchweg Bach und Beethoven als die «größten Komponisten» bezeichnet.

Bruhn, H. Oerter, R., Rösing, H. (Hg.): Musikpsychologie. Ein Handbuch. Reinbek, Rowohlt Taschenbuch Verlag 1993 (re Nr. 55 526)

Musiktherapie Behandlung psychischer Störungen durch Musik. Die heilende Wirkung von Musik ist schon seit Jahrtausenden dokumentiert; ein bekanntes Beispiel ist die Heilung des Königs Saul von einer Depression durch das Harfenspiel von David. Heute wird Musiktherapie vor allem als Teil einer insgesamt auf seelisch-geistige Anregung angelegten Behandlung verwendet, die vor allem bei psychosomatischen Erkrankungen angezeigt ist. Dabei kann man eine passive und eine aktive Musiktherapie unterscheiden. Im ersten Fall hören die Kranken besonders ausgesuchte Musikstücke; ihre Erlebnisse werden dann in Gesprächen oder mit anderen Hilfsmitteln (Malen, → Psychodrama) weiterbearbeitet. Im anderen Fall produzieren die Kranken selbst Musik, meist mit einfachen Instrumenten, bei denen sich schnell Erfolgserlebnisse einstellen, zum Beispiel Schlagzeug, Flöten, Xylophone.

Muskelentspannung Da → Angst in der Regel einen Spannungszustand der Muskulatur auslöst, liegt der Gedanke nahe, durch gezielte Übungen (progressive Muskelrelaxation nach E. Jacobson) Ängste abzubauen. Auf diese Weise können in kleinen Schritten Ängste reduziert werden, die ohne dieses systematische Vorgehen den Körper erstarren lassen.

Mutismus Im Gegensatz zum körperlich behinderten Stummen ist beim Mutismus die Sprechfähigkeit organisch vorhanden, wird aber von Geburt an (primärer Mutismus) oder nach belastenden Ereignissen (sekundärer Mutismus) nicht benützt. Manchmal betrifft ein selektiver Mutismus nur bestimmte Personen. Kinder sprechen im Elternhaus nie, wohl aber in der heilpädagogischen Tagesstätte; ein zerstrittenes Ehepaar spricht viele Jahre lang nicht miteinander und kommuniziert das Nötigste durch Zettel, während beide mit Außenstehenden normal reden. In solchen Fällen ist der Zusammenhang des Mutismus mit der Aufnahme von → Kontakt leichter zu erkennen als bei mutistischen Kindern. → Autismus

Mutterbindung Für das Kind ist eine starke Bindung an die frühen Bezugspersonen selbstverständlich und lebenswichtig. Im Erwachsenenalter sollten diese Bindungen (wobei Mutterbindung nur ein patriarchalisch gefärbter

Oberbegriff für Bindungen an solche Bezugspersonen allgemein ist) von der wirklichkeitsbezogenen Vernunft geprüft und nur so weit beibehalten werden, als es den Interessen des Erwachsenen entspricht. Manchmal spricht man von einer Mutterbindung nur dann, wenn diese in ungewöhnlich verlängerter Form vorliegt (→ Abhängigkeit). Diese Bindung drückt sich keineswegs immer darin aus, dass die Mutter so verehrt wird, dass der Sohn zum Beispiel nicht heiratet, weil er es seiner Mutter nicht antun will. Sie kann sich auch in ständigen Streitereien mit der Mutter ausdrücken, in der mangelnden Fähigkeit, Abstand von den Forderungen und Wertvorstellungen der Mutter zu halten. In diesen Fällen erfüllt der Streit mit der Mutter die Funktion, eine Ablösung zu verhindern, in der ihre Bedeutung für die Gegenwart endgültig klar von ihrer Bedeutung in der Vergangenheit getrennt wird.

Mutter-Kind-Beziehung Die Annahme eines «Mutterinstinktes», der zwingend eine ganz besondere Verbindung zwischen Mutter und Kind herstellt, ist nicht bestätigt worden. Die Beziehung einer Mutter zu ihren Kindern wird durch ihre eigene Lebensgeschichte bestimmt; häufig sind in ihr → Übertragungen nachweisbar (das Kind wird möglicherweise als Rivale erlebt, wie früher ein Geschwister). Allgemein sind die frühesten Bezugspersonen eines Kindes von besonderer Bedeutung für seine → Persönlichkeit (→ Identifizierung). Dass unter diesen frühesten Bezugspersonen in den meisten Industriegesellschaften die Mütter eine besonders große Bedeutung haben, ist kein Naturgesetz, sondern ebenso das Ergebnis gesellschaftlicher Vorgänge wie die Berufstätigkeit meist nur des Vaters. In vielen Primitivkulturen wird diese Isolation von Mutter und Kind in der Kleinfamilie durch vielfältige Gruppenbeziehungen ersetzt.

Mythen Im Gegensatz zum Märchen ist der Mythos eine Erzählung, die in ihrer Ursprungskultur für wahr gehalten wird und wichtige Ereignisse, landschaftliche Merkmale, Eigentümlichkeiten von Himmel und Erde oder Machtverhältnisse erklärt. Mythen werden in vielen Religionen verwendet, um das Leben einzelner Menschen mit dem Göttlichen erzählend zu verbinden; sie sind sozusagen Idealtypen sozialer Ereignisse, menschlicher Tragik, komplexer Verwicklungen des Schicksals. Indem sie überliefert werden, prägen sie eine Kultur. So sind viele bildliche Darstellungen aus den alten Kulturen nur für den verständlich, der die Mythologie kennt, der sie entstammen – erst durch den erinnerten Mythos wird aus einem Mann mit Löwenfell und Keule Herkules, aus einer Frau mit Helm, Speer und Schild Pallas Athene. Da Mythen etwas für ihre Kultur und ihre Entstehungszeit allgemein Verbindliches ausdrücken, haben sie schon früh die Dichter interessiert, welche Ausdrucksmöglichkeiten für eine neue Vision der Kunst und der Gesellschaft suchten. Ein bekanntes Beispiel aus dem 19. Jahrhundert ist Richard Wagner, der auf die germanische Mythologie zurückgriff, sie aber eigenständig deutete und zu einer eigenen Mythologie umschuf. Ein Beispiel aus der Psychologie ist Sigmund Freud, der eine seiner wichtigsten Entdeckungen nach dem Helden der thebanischen Sage von Ödipus benannte und damit versuchte, den Gedanken der sexuellen Bindung des Sohns an die Mutter und seiner Rivalität mit dem Vater mit einem idealtypischen, überzeitlichen Geschehen zu verknüpfen. Jüngere Forschung legt nahe, dass es nicht angeht, den Mythos von Ödipus durch die «ödipale» Bindung des Kindes an die Mutter zu erklären.

N

Nachahmung Willkürliches oder unwillkürliches Geschehen, bei dem Verhaltensweisen eines anderen Menschen übernommen werden. Nachahmung ist bereits bei Affen ein wichtiger Weg, auf dem soziale Verhaltensweisen erworben werden; man spricht daher auch abschätzig von «nachäffen», ohne die große Bedeutung dieser Fähigkeit (Identifizierung) für die menschliche Entwicklung zu verstehen. Nachahmung dürfte auch die am häufigsten vorliegende Grundlage des Erwerbs sozialer Fertigkeiten beim Menschen sein (→ Lernen). Bei kleinen Kindern ist die Nachahmung noch unabsichtlich. Sie führen Bewegungen aus, die ihnen vorgemacht werden, auch wenn diese keinen erkennbaren Sinn für sie haben. Im späteren Leben wird die Nachahmung bewusst eingesetzt, wie zum Beispiel im Erlernen von Sportarten.

Nachbarschaft Räumliche soziale Nähe. Während in dünn besiedelten Gebieten eine persönliche und oft enge Beziehung zu den Nachbarn selbstverständlich ist, kann der typische Städter jahrelang von einem Nachbarn in einem Wohnblock nicht mehr wissen als das Stockwerk, in dem dieser aus und ein geht. Immer wieder werden Fälle berichtet, wo erst der Verwesungsgeruch die Nachbarn darauf aufmerksam macht, warum sie einen Bewohner auf dem gleichen Gang wochenlang nicht mehr gesehen haben. Nachbarschaft entsteht, wo Menschen länger nebeneinander leben und eine Kultur ausgebildet haben, dass man sich um den Nachbarn kümmert. Das ist auf dem Dorf selbstverständlich, in der Stadt nicht; es kennzeichnet gut situierte Wohngebiete stärker als beispielsweise anonyme Hochhäuser oder Elendsviertel, während es in ganz armen Gegenden, in denen es zum Beispiel keine Wasserversorgung gibt, welche alle Wohnungen erreicht, intensivere Nachbarschaften gibt. Nachbarschaft wird keineswegs nur positiv erlebt, sie bringt immer auch ein gewisses Maß an sozialer Kontrolle mit sich, das vielen Menschen unangenehm ist, die sich ihr soziales → Netzwerk lieber selbst aussuchen. Experimente haben gezeigt, dass in Gebieten mit einem hohen Grad an Nachbarschaftsorientierung ein «verlassenes» Auto (keine Nummernschilder, Motorhaube geöffnet) wochenlang unangetastet stehen blieb und ein Passant sogar die Motorhaube zudrückte, während in Gebieten mit geringer Nachbarschaftsorientierung ein solches Fahrzeug bereits nach einigen Tagen vollkommen ausgeschlachtet war und Passanten in aller Ruhe Batterie und Scheinwerfer ausbauten oder ein Rad abschraubten.

Näheangst In den industrialisierten Ländern Europas und Amerikas sind die allein Lebenden (Singles) die am schnellsten wachsende Bevölkerungsgruppe. Viele Erwachsene erleben enge, dauerhafte Beziehungen als «stressig», belastend und ziehen das Leben in einem → Netzwerk lockerer Freundschaften vor, in denen gemeinsame Unternehmungen (zum Beispiel Urlaub) von Fall zu Fall ausgehandelt werden. → Schizoidie

Narzissmus Selbstliebe, Wendung der → Libido auf das eigene → Selbst. Ausdruck der → Psychoanalyse für einen Bereich des Erlebens, den man mit Selbstgefühl nur ungenügend kennzeichnen kann. Er schließt ein: 1. Den Aufbau des Selbst in der Kindheit, wobei unter Selbst das innere Bild des eigenen körperlich-seelischen Organismus zu verstehen ist. 2. Phantasien über ein großartiges, allmächtiges, eigenes Selbst und ein nicht klar von diesem getrenntes Selbst-Objekt (da in der frühesten Kindheit Selbst und → Objekt nicht als verschiedene Einheiten erlebt werden). 3. In reiferen Formen → Kreativität, Humor, Genießen der Natur (der Luft, des Wassers, der Landschaft in ihren das Selbst stützenden Eigenschaften). 4. Das Bedürfnis, mit idealisierten Menschen oder idealisierten Werten zu verschmelzen.

Die normale Entwicklung des Narzissmus verläuft von unreifen Formen, in denen andere Menschen unbedingt gebraucht werden, um das narzissstische Gleichgewicht zu erhalten (→ Abhängigkeit), zu reiferen Formen, bei denen die eigenen, inneren Werte und die verinnerlichten Objekte mit narzisstischer Libido besetzt werden. Diese Entwicklung wird dann gestört, wenn die frühen Bezugspersonen dem Kind nicht genügend narzisstische Bestätigung geben (der «Funken im Auge der Mutter», der das Da-Sein des Kindes bestätigend widerspiegelt). Das Kind wird nicht in seinem Da-Sein und damit seiner eigenständigen Entwicklung angenommen, sondern nur innerhalb der vom Narzissmus der Eltern bestimmten Vorstellungen («Der Junge muss einmal ein großer Schauspieler werden»). In der Psychoanalyse und → Psychotherapie werden die Erforschung und Behandlung von Menschen immer wichtiger, deren Entwicklung gerade im Bereich des Narzissmus gestört ist.

Nationalsozialismus Von A. Hitler begründete politische Doktrin, die ihre Programmatik skrupellos an den Vorurteilen und Illusionen der Bevölkerung im Deutschland der Zeit nach dem Ersten Weltkrieg orientierte. Hitler versuchte, sowohl der sozialistischen Linken (durch seine Rhetorik von der «Zinsknechtschaft») wie auch der traditionellen Rechten (durch sein Bekenntnis zu einem fanatischen Nationalismus) Wähler abspenstig zu machen; zusätzlich verwendete er den Mechanismus der Sündenbocksuche, indem er die «jüdische Rasse» für alle

Übel der Moderne, den Kapitalismus wie den Kommunismus, verantwortlich machte und versprach, durch Vernichtung der Juden in Europa die «arische Rasse» zu neuem Glanz zu führen. Der Nationalsozialismus war immer undemokratisch, er orientierte sich an einem angeblich germanischen Führerprinzip und respektierte die republikanische Verfassung nur so weit, wie es nötig war, bürgerliche Wähler zu täuschen. Warum es der NSDAP unter Hitler gelang, eine Mehrheit der Deutschen hinter sich zu bringen, ist nach wie vor nicht erschöpfend geklärt. Die Versuche, Hitler als dämonische Gestalt mit extremen rhetorischen Fähigkeiten darzustellen, dem die Massen folgten wie die Kinder in der Sage dem Rattenfänger von Hameln, sind sozialpsychologisch unglaubwürdig. Wir müssen davon ausgehen, dass der «Führer» durchaus Wünsche formulierte und durchzusetzen versprach, die die Bevölkerungsmehrheit in sich trug. Forschungen, die auf einer genaueren Analyse der propagandistischen Rituale und der deutschen Traditionen im Nationalsozialismus beruhen, haben in jüngster Zeit eingesetzt. Sie decken die «Faszination des Faschismus» auf, die damit zusammenhängt, dass diese Ideologie die Vereinbarkeit des Unvereinbaren (beispielsweise von größter Freiheit und größter Disziplin, von Selbstverwirklichung und Unterwerfung) verspricht.

Neid Gefühl, anderen etwas nicht zu gönnen, was man selbst gerne hätte, verknüpft mit Freude darüber, wenn jemand, der als überlegen angesehen wird, erniedrigt werden kann. Manchmal wird Neid von Missgunst unterschieden: Missgunst richtet sich gegen alle Bessergestellten; Neid hingegen vorwiegend gegen jene, die etwas haben, was der Neider auch haben könnte; der Arbeiter beneidet also nicht den Unternehmer, sondern den Kollegen, der befördert wurde. Neid wird oft verdrängt, weil er mit Scham besetzt ist. Das gilt vor allem für den Neid auf (vermeintlich) von den Eltern mehr geliebte Geschwister und noch ausgeprägter für den Neid auf die guten Beziehungen anderer Menschen, zu denen sich eine in ihrer Kontaktfähigkeit gestörte Person nicht in der Lage fühlt. Neid zu wecken, wenigstens mit ihm zu spielen, gehört zu den Grundsätzen der Werbung nach dem Motto: «Du kannst es so gut haben wie wir, wenn du nur unser Produkt kaufst!» Auch die auf Berichte aus Königshäusern und Prominentenwelten spezialisierten Medien spielen mit der Neidbereitschaft der Bevölkerung, indem sie immer wieder auf die Schwächen der Mächtigen und Bewunderten hinweisen. Wegen der im Neid versteckten Aggression gegen jene, die in einer Konkurrenz gesiegt haben, ist der Neid ein unheimlicher Affekt. Wer unter denen, die jetzt dem Star Beifall klatschen, würde sich über seinen Sturz freuen, ja ihm heimlich ein Bein stellen? Umgekehrt wird Neid oft auch fälschlich jenen unterstellt, die Privilegierte in Frage stellen.

Neo-Psychoanalyse Sammelbegriff für Richtungen, welche von S. Freud ausgehend grundlegende neue Begriffe in die → Psychoanalyse einführen wollten (Harald Schultz-Hencke, Erich Fromm, Franz Alexander). Da die Psychoanalyse grundsätzlich als sich entwickelnde Wissenschaft aufzufassen ist, scheint der Ausdruck ebenso sinnvoll wie etwa «Neo-Physik».

Netzwerk Soziale Netzwerke sind das Muster von Arbeits- und Gefühlsbeziehungen, in dem ein Mensch lebt. Die Linien des Netzes entsprechen den «Bindungen», die Knoten den «Personen». Im Zusammenhang mit der Auflösung traditioneller Gemeinschaften (zum Beispiel Dorf, Arbeitersiedlung) durch die moderne → Individualisierung wird jede(r) nicht nur seines oder ihres Glückes Schmied, sondern auch seines oder ihres sozialen Netzwerks Flechter(in). Heiner Keupp fasst die Netzwerk-Situation in Großstädten so zusammen:

1. Urbane Lebensformen sind nicht isolationsfördernd, eher im Gegenteil: Großstädter haben mehr Kontakte.
2. Netzwerke in Ballungsräumen sind keine Solidargemeinschaft, sondern lose geknüpft, vermitteln aber gleichwohl Gefühle der Geborgenheit.
3. Die «gewählten» Beziehungen im Netzwerk führen häufig zu homogenen Strukturen (gleiche berufliche Interessen, ähnliches Alter, ähnlicher sozioökonomischer Status), während traditionelle Gemeinschaften sehr heterogen sind («Urahne, Großmutter, Mutter und Kind ...»). So entstehen «Subkulturen».
4. Je mehr eine Person sich qualifizieren kann und je mehr sie verdient, desto mehr Ressourcen hat sie auch für den Aufbau «ihres» Netzwerks, desto weniger ist sie auf Verwandte und Nachbarn angewiesen. Je geringer der wirtschaftliche Status, desto stärker leidet eine Person zum Beispiel unter Verlust des gewohnten Netzwerks (zum Beispiel durch Sanierung eines Altbaus).

Neugieraktivität Wichtiges primäres → Bedürfnis nach der Erweiterung des bekannten Lebensraums, das äußeres und inneres Probehandeln anregt. Man kann mit K. Lorenz den Menschen als nicht-festgelegtes Neugierwesen ansprechen; die Neugieraktivität hat ihren biologischen Sinn darin, dass seelische → Funktionen für den Ernstfall geübt werden. Sie ist damit eine mit der → Funktionslust eng verbundene, dem → Ich verfügbare Quelle seelischer Energie. Wenn sie von den Bezugspersonen des Kindes angenommen und bestätigt wird, kann sich aus ihr → Kreativität des Erwachsenen entwickeln. Die Annahme einer ererbten → Disposition des Menschen zum Neugierverhalten überwindet dabei die Schwierigkeiten, welche die Auffassung der → Psychoanalyse über die → Sublimierung enthält.

Neurolinguistisches Programmieren (NLP) Verhaltenstechnologie, die darauf beruht, dass unser Erleben von unserem Nervensystem gesteuert wird (neuro), dass wir uns mit Körper- und Wortsprache (linguistisch) verständigen und oft so verhalten, als ob wir feste Programme wiederholen würden. NLP versteht sich nicht als Therapierichtung, sondern als Methodensammlung, um menschliches Verhalten zu verändern; mit dieser Absicht wurde es von einem Sprachwissenschaftler (John Grinder) und einem Psychologen (Richard Bandler) gegründet, die beide untersuchten, welche einfachen Techniken sich aus der Arbeit von Praktikern einer Kurzzeittherapie ableiten lassen; vor allem werteten sie die Berichte des originellen Hypnotherapeuten Milton H. Erickson aus. NLP hat sich sehr rasch ausgebreitet und wurde vor allem in der beruflichen Fortbildung eingesetzt; wegen des manchmal marktschreierisch vorgetragenen Anspruchs, menschliches Verhalten durchsichtig zu machen und es ebenso elegant wie wirksam zu verändern, ist NLP in Fachkreisen nicht unumstritten. Kritischere Vertreter ziehen es vor, statt von «Programmieren» von «Selbstorganisation» (Neurolinguistische Selbstorganisation) zu sprechen, um zu betonen, dass Menschen keine Computer sind und der kundige Helfer sie nicht programmiert, sondern in ihrer Fähigkeit unterstützt, sich selbst zu lenken und zwischen konstruktiven oder destruktiven Selbststeuerungen zu unterscheiden.

Neurose Störungen des Erlebens und Verhaltens, bei denen im Gegensatz zu den → Psychosen die Einsicht erhalten bleibt, dass eine solche Störung vorhanden ist. Als der Begriff im 18. Jahrhundert geprägt wurde, umfasste er neben der → Hysterie auch andere, heute als körperlich bedingt erkannte Leiden: den Zustand nach einem Schlaganfall, die → Epilepsie oder Nervenlähmungen. Erst S. Freuds Forschungen (→ Psychoanalyse) über die erlebnisbedingten Ursachen von Neurosen erlaubten eine immer deutlicher ... dende Grenzziehung zwischen solchen Störungen und anderen, die oft äußerlich ähnliche → Symptome bewirken, aber nicht auf einer gestörten Erlebnisverarbeitung, sondern auf organischen Schäden beruhen. Gleichzeitig konnte Freud zeigen, dass neurotische Störungen Extremformen – Vergröberungen und Vergrößerungen – von Vorgängen sind, die in der Persönlichkeitsentwicklung aller Menschen vorkommen (→ Ödipuskomplex, → Abwehr, → Identifizierung, → Verdrängung).

Man kann Freuds Neurosenlehre in einen formalen und einen inhaltlichen Teil gliedern. Formal gesehen entsteht die Neurose durch ein Missglücken der Abwehr unbewusster Wünsche (→ Motive), die entweder einen innerseelischen → Konflikt auslösen würden, der nicht überwindbar scheint, oder eine starke Bedrohung von außen nach sich zögen. Daher wird der Konflikt zwischen Wunsch und Abwehr nicht bewusst verarbeitet, sondern verdrängt: Die Wunschregung und ihre Abwehr verschwinden beide aus dem → Bewusstsein, bleiben jedoch im → Unbewussten aktiv und suchen erneut, in das Bewusstsein einzudringen, um damit den Zugang zu den Handlungsmöglichkeiten, welche dieses besitzt, zu gewinnen. Um eine vom Zusammenbruch bedrohte → Verdrängung aufrechtzuerhalten, benützt das → Ich nun zusätzliche, krankhafte → Abwehrmechanismen, darunter die → Verschiebung (statt des Vaters, der sich in der unbewussten kindlichen Phantasie für die sexuellen Wünsche rächt, wird ein Hund, ein Wolf, ein Pferd ... gefürch-

tet) oder die → Konversion: Ein körperliches Leiden zieht die Aufmerksamkeit des Bewusstseins an sich und befriedigt das Strafbedürfnis des → Über-Ich. Inhaltlich sind es vor allem sexuelle Phantasien aus der Kindheit, die den Verdrängungsprozess in Gang setzen, wobei → Fixierungen sowohl durch besondere → Trieb-Stärke wie durch besonders ungünstige Umwelteinflüsse zustande kommen können (→ kindliche Sexualität, → Ödipuskomplex).
Von anderen Vertretern der → Tiefenpsychologie und in jüngerer Zeit auch vonseiten der → Verhaltenstherapie ist diese Neurosenlehre erweitert, aber auch angegriffen worden. Den heutigen Stand der Diskussion kann man so zusammenfassen: An der Wirklichkeit und Bedeutung von Freuds Beobachtungen ist kein Zweifel mehr, doch sind seine Ansätze in den meisten Bereichen noch ergänzungsbedürftig und gelten wohl auch nicht für alle Neurosen, sondern nur für den in Freuds Patientenkreis (dem Bürgertum des 19. und beginnenden 20. Jahrhunderts) vorherrschenden Typ.

Neuroseformen Es gibt verschiedene Einteilungen von Neurosen. Die erste ist die in Psycho- und Organneurosen: in Neurosen mit seelischen → Symptomen (Zwangsvorstellungen, Ängsten) oder mit körperlichen Symptomen (→ psychosomatische Krankheiten). Eine andere Einteilung trennt die «Übertragungsneurosen» (→ Hysterie, → Zwangsneurose, → Phobien) von den «narzisstischen Neurosen», worunter Freud die → Psychosen verstand, weil er glaubte, dass diese Kranken keine zuverlässige Beziehung (→ Übertragung) zum Therapeuten herstellen können. In einer dritten Einteilung trennt man Symptom- und Charakterneurosen. Die Symptomneurosen sind durch auffällige Leidenszeichen wie → Ängste, → Konversion, Zwangssymptome, → Depressionen gekennzeichnet. Bei den Charakterneurosen sind es weniger auffällige Schwierigkeiten, mit dem Leben zurechtzukommen: oft ungeeignete Partnerwahl, immer wieder scheiternde Beziehungen, allgemeine Unzufriedenheit. → Borderline-Störungen, → Psychopathie

New Age Neues Zeitalter, ursprünglich von astrologischem Gedankengut (es soll ein «Zeitalter des Wassermanns» geben, das ein 2000-jähriges Fische-Zeitalter ablöst) beeinflusste Bewegung. Sie nahm ihren Ausgang im Westen der USA und gehörte in den Umkreis der Neubelebungen esoterischer, zum Teil mit naturwissenschaftlichem Denken legierter Strömungen. Diese lassen sich, wie Theosophie und Anthroposophie, aus den Beunruhigungen der Moderne und den unpersönlichen Qualitäten der Hochreligionen ableiten; da jedes Erlösungsversprechen im Lauf der Zeit an Glaubwürdigkeit einbüßt, ist es notwendig, periodisch neue Versprechungen zu machen, die noch nicht als trivial und unwirksam erkannt worden sind. Insgesamt ist jede Denkrichtung mit Skepsis zu betrachten, die sich als völlig neu und gleichzeitig universell gültig ausgibt. Es gibt richtiges und falsches Denken, aber kein «altes» und «neues» Denken. Die Phantasie, dass mit dem eindrucksvollen Wechsel einer Jahreszahl auch eine alte Welt untergeht und eine neue anhebt, hat Tradition; sie herrschte auch im Jahr 999. Im Jahr 1999 wurde sie zeitgemäß in apokalyptische Visionen von einem universellen Computerzusammenbruch gekleidet, an den sich seine Propheten seit dem problemlosen Übergang in das Jahr 2000 nicht mehr erinnern.

Nicht-direktive Psychotherapie Von C. Rogers begründete Richtung der → Psychotherapie, auch Gesprächstherapie oder klientenzentrierte Therapie genannt, bei der ohne eine ausgearbeitete → Neurosen-Lehre der Therapeut durch ein besonderes, mit Hilfe von Tonbandaufnahmen und Fragebögen (→ Tests) überprüftes Verhalten versucht, günstige Persönlichkeitsänderungen zu bewirken. Dieses Verhalten umfasst 1. → Einfühlung und mitmenschliche Wärme; 2. Verbalisierung emotionaler Inhalte der Äußerungen des → Klienten; dabei versucht der Therapeut mit Worten das auszudrücken, was seinem Empfinden nach der Klient augenblicklich fühlt; 3. → Echtheit

NLP → Neurolinguistisches Programmieren

Norm Wert, dessen Gültigkeit von einer größeren Gruppe der Gesellschaft angenommen wird. In der Psychologie sind zwei Arten von Norm wichtig: die Ideal-Norm und die Durchschnitts-Norm. Vom Standpunkt der Durchschnitts-Norm sind zum Beispiel selbst schädigende Verhaltensweisen wie Zigarettenrauchen und Bewegungsmangel «normal», während sie vom Standpunkt einer Ideal-Norm aus ebenso wenig normal sind wie etwa kariesbefallene Zähne, an denen ungefähr 95 Prozent unserer Bevölkerung leiden. Die Antwort auf die Frage «Ist das normal?» oder «Bin ich normal?», die der Psychologe so oft hört, setzt also voraus, dass zwischen diesen beiden Normvorstellungen unterschieden wird. Abweichungen von der Durchschnittsnorm werden mit Hilfe der Statistik ermittelt. Begriffe wie «normale Intelligenz», «normale Entwicklung» beziehen sich in der Regel auf die Durchschnitts-Norm.

Normalität Zustand, der einer bestimmten → Norm entspricht.

Nymphomanie Gesteigertes sexuelles Bedürfnis bei Frauen. Es entsteht häufig dadurch, dass durch ungünstige Familienbedingungen ein rastloser Hunger nach Bestätigung und Zuwendung entstanden ist, der im sexuellen Bereich ausgelebt wird. Eine Schlüsselsituation ist hier die → Pubertät. Die werdende Frau erkennt, dass sie als Sexualobjekt allseits begehrt wird, während sich früher niemand für sie interessierte. Da die Fähigkeit zu tiefer gehenden, gefühlshaften → Bindungen unterentwickelt blieb, ist wirkliche Befriedigung durch die sexuellen Beziehungen selten, zumal Nymphomanie in einer patriarchalisch bestimmten Gesellschaft sozial abgewertet wird (was sich auch daran zeigt, dass dieser Begriff kein männliches Gegenstück hat).

O

Objekt Ausdruck der → Psychoanalyse, in der man zwischen dem «Objekt» und dem «Ziel» eines → Triebes unterscheidet. Im weiteren Sinn für Menschen gebraucht, die für ein Kind oder einen Erwachsenen Bedeutung gewinnen. Es gibt etwa «gute» und «böse» Objekte, auch Teilobjekte (wie die Brust der Mutter).

Objektbesetzung Wendung von → Libido auf eine Person. Die früheste Objektbesetzung gilt in der Regel dem Menschen, der ein Kind vorwiegend betreut (→ Mutterbindung). Die in der Objektbesetzung nach außen verlegte Libido kann, wenn das Objekt aufgegeben wird (etwa wegen einer Enttäuschung oder einer Trennung), zurückgezogen werden. In anderen Fällen erfolgt diese Rückführung der Libido ins → Ich durch → Identifizierung.

Objektbeziehung Durch → Objektbesetzung entstandene → Beziehung zu einem anderen Menschen. Der Niederschlag der Objektbeziehungen ist ein wichtiges Stück im Werden der → Persönlichkeit eines Menschen. Jeder Mensch neigt dazu, die Art seiner frühen Objektbeziehungen auf spätere Beziehungen zu übertragen. → Übertragung, Familie

Obsession Besessenheit. Gleichbedeutend mit Zwang (→ Zwangsneurose).

Ödipale Phase Zeit der Ausbildung des → Ödipuskomplexes, → phallische Phase. Die ödipale Phase beginnt in der Regel im dritten und endet im siebten Lebensjahr.

Ödipuskomplex Ödipus war ein Held des griechischen Mythos, der wegen des Orakels, er werde seinen Vater töten und seine Mutter heiraten, als Kind ausgesetzt und bei Fremden aufgezogen wurde. Auf der Suche nach seinen leiblichen Eltern erschlägt er seinen Vater und gewinnt dadurch, dass er das Rätsel der Sphinx (eines Ungeheuers) löst, die Hand seiner Mutter. S. Freud hat in den Begründungen, welche die griechische Sage für den vollzogenen Inzest (den Geschlechtsverkehr mit engen Blutsverwandten) findet, → Rationalisierungen einer Ur-Phantasie gesehen, die in der Kindheit jedes Menschen eine wichtige Rolle spielt. Die Blendung des Ödipus nach Aufdeckung des Inzests vergleicht er mit der → Kastration, welche in der kindlichen Phantasie die Strafe für den Inzest ausmacht. In der → Psychoanalyse galt der Ödipuskomplex als «Kernkomplex der → Neurose», was wohl auch zutrifft, wenn man ihn als Kurzformel für die Gesamtheit der Gefühlsbeziehungen eines Kindes zu den Mitgliedern der Kernfamilie auffasst. In der engeren, an die → Libido-Theorie gebundenen Fassung des Begriffs enthält der Ödipuskomplex des Jungen die Liebe zur Mutter, verbunden mit Phantasien im Rahmen der → kindlichen Sexualität (oft als Parallele zu Beobachtungen an Tieren), die Mutter ganz in Besitz zu nehmen.
Der Ödipuskomplex kann durch eine

Strafdrohung untergehen (→ Kastrationsangst): Dem Kind wird beispielsweise gesagt, wenn es nicht aufhöre, an seinem Penis zu spielen, werde ihn der Vater (oder der Arzt) abschneiden. Diese Drohung kann durch eine Kastrationsphantasie ersetzt werden, wenn der Junge das (vermeintlich) kastrierte Mädchen nackt sieht. Endlich kann der Ödipuskomplex auch in Familien, welche die kindliche Sexualität nicht bestrafen, durch die heftige Scham verdrängt werden, die entsteht, wenn das Kind erkennen muss, dass es wegen des Größenunterschieds der Geschlechtsteile von der Mutter nicht ernst genommen werden kann. Beim Mädchen verläuft der Ödipuskomplex nach Freuds Auffassung anders. Es verliebt sich zuerst ebenfalls in die Mutter und lehnt den Vater als Nebenbuhler ab. Doch unter dem Eindruck des eigenen Penismangels entwickelt es eine Abneigung gegen die Mutter, die es nicht mit diesem Körperteil ausgestattet hat, und wendet sich dem Vater zu, der es besitzt. Der Peniswunsch drückt sich dann später im Kinderwunsch des Mädchens aus, wobei erst ein «Kind vom Vater» vorgestellt wird. Wegen dieses doppelten Ansatzes besteht der Ödipuskomplex bei Mädchen oft länger, bis in die → Pubertät hinein. Der «Untergang des Ödipuskomplexes» erfolgt beim Jungen durch die Kastrationsangst, beim Mädchen durch die Ablösung der Libido vom Vater; der Junge identifiziert sich dabei mit dem Vater, das Mädchen mit der Mutter. Damit ist nur der häufigste Verlauf geschildert, von dem es viele wichtige Ausnahmen gibt: die weibliche Einstellung zum Vater (umgekehrter Ödipuskomplex) oder die Situation der unvollständigen Familie ... Aus dem Ödipuskomplex stammen viele der → Verdrängungen, welche nach der Neurosenlehre der → Psychoanalyse für spätere neurotische → Symptome (vor allem der → Hysterie) verantwortlich sind. → Elektra-Komplex

Ökologische Psychologie Ökologie ist die Lehre vom Lebensraum der Pflanzen, Tiere und Menschen (griechisch oikos = Haus). Im Zuge der Zerstörung natürlicher Lebensräume durch die Industrialisierung und Übervölkerung haben sich auch Psychologen in die Umweltdebatte eingeschaltet. Eine zentrale Frage lautet: Wie kommt es, dass so viele Personen die Vernichtung der Natur geschehen lassen und für kurzfristige Komfortgewinne (Zentralheizung mit Erdöl, Automobil, Flugzeug) die Lebensmöglichkeiten künftiger Generationen ruinieren? Offensichtlich wirken hier → Erziehung, → Abwehrmechanismen und → Wahrnehmung zusammen, die aus dem Homo sapiens (der die Folgen seines Tuns voraussieht) den Homo consumens (Schmidbauer 1972) machen, der seine Umwelt und in der Folge sich selbst in Müll verwandelt. Die ökologische Psychologie wird eher auf sinnlich wahrnehmbare und Struktur gebende Maßnahmen setzen als auf moralische Argumente. Es ist zum Beispiel unwahrscheinlich, durch Erziehung allein umweltfreundliche, aber unbequeme und teure Verhaltensänderungen durchzusetzen. Erst wenn Benzinpreis und Abgassteuer den Autofahrer zwingen, wirklich alle Folgekosten zu bezahlen, wird eine Mehrheit ihr Tun neu bewerten.

Onanie Gleichbedeutend mit → Selbstbefriedigung. Der biblische Onan (1. Moses 38,8–10), nach dem der Ausdruck geprägt ist, übte den → Koitus interruptus aus. Das scheinbare Missverständnis der Wortwahl spiegelt die abwehrende und abwertende Haltung der Gesellschaft im vergangenen Jahrhundert wider, die Onanie zur Todsünde stempeln wollte und dabei auch vor einer Bibelverfälschung nicht zurückschreckte.

Operantes Lernen Lernen aktiver Verhaltensweisen (→ Konditionieren, → Behaviorismus), die dem Organismus im Gegensatz zu den unbedingten Reflexen (→ bedingter Reflex) nicht vorgegeben sind, durch schrittweise → Bekräftigung.

Opfer In der Psychologie vor allem eine soziale Rolle, die den eigenen Beitrag an der Entstehung von Spannungen und Konflikten verkleinert. So stellen sich Süchtige häufig als Opfer der Störung eines Partners oder ihrer Eltern dar und verbergen dahinter ihren eigenen Beitrag zu der belastenden Situation. Merkmale von Verbrechensopfern erforscht die Viktimologie (nach engl. victim = Opfer); es gibt zwar keinen einheitlichen «Opfertyp», doch entstehen viele Verbrechen durch Interaktionen, d. h. durch ein Zusammenspiel von Täter und Opfer. Das gilt für Gewalttaten ebenso wie für Betrug oder Diebstahl. Die Opferrolle bietet Schutz vor Schuldgefühlen, die zum Beispiel verarbeitet werden müssen, wenn eine Frau ihren prügelnden Ehemann anzeigt. Da ein Opfer die Verantwortung für die Situation an den Täter delegieren kann, kann es Angst vor eigenen Entscheidungen und vor einer Trennung verdrängen und auf Kosten des Täters einen Gewinn an (Selbst-)Bestätigung erringen, den es durch seine Leidensbereitschaft erkauft.

Optische Täuschung Durch den Gestaltcharakter der → Wahrnehmung (→ Gestaltpsychologie) bedingte, physikalisch «falsche» Wahrnehmung bestimmter Reize. Sie bietet gute Belege für die aktive Verarbeitung der Umwelt durch Auge und Gehirn. Bei diesem Zeichen

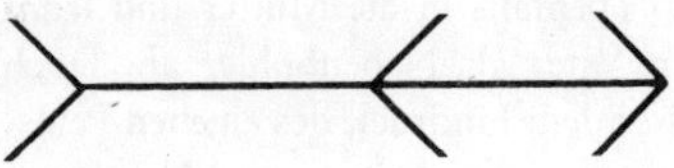

erscheint jedem Betrachter die linke Strecke länger als die rechte, obwohl beide gleich lang sind. Unser Wahrnehmungsapparat verwertet eben nicht nur Einzelreize, sondern die gesamte → Gestalt. Diese Prozesse der Gestalterfassung sind an den häufigsten Fällen der Wahrnehmung orientiert und zielen darauf ab, ein möglichst beständiges, der Orientierung dienendes Bild der Umwelt zu verschaffen. Die optischen Täuschungen (s. S. 177 f.) zeigen, dass das gelegentlich auf Kosten der spiegelbildlichen, genauen Erfassung von Einzelheiten geht.

Orale Phase Erste Phase der → Libido-Entwicklung (kindliche Sexualität), in der das Erleben des Kindes von den

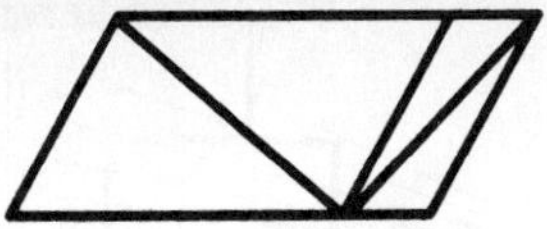

Die Diagonale im größeren Parallelogramm erscheint länger als die im kleineren.

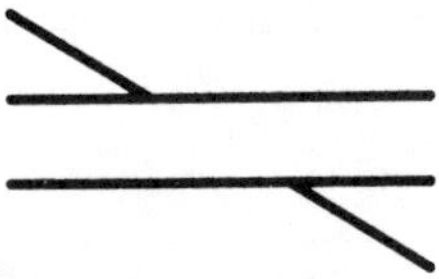

Der rechte Teil der von den Parallelen unterbrochenen Geraden erscheint gegenüber dem linken Teil versetzt.

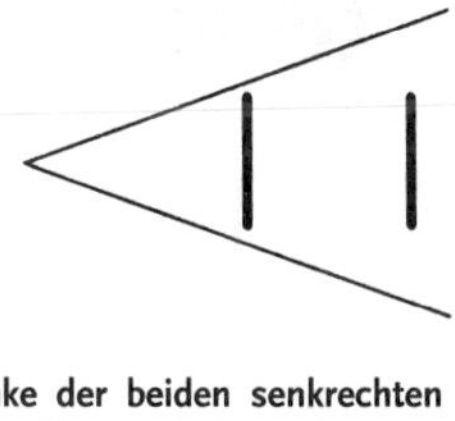

Die linke der beiden senkrechten Geraden erscheint länger als die rechte.

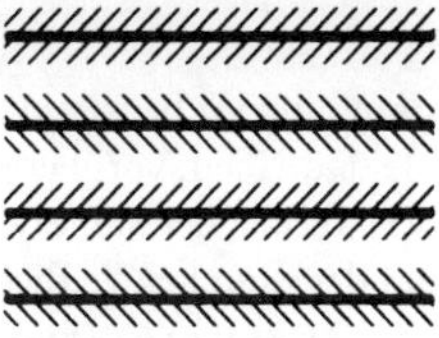

Die parallelen Waagerechten erscheinen nach oben rechts beziehungsweise unten rechts geneigt.

Empfindungen des Mundes (der Lippen und der Mundhöhle) bestimmt ist. Sie umfasst ungefähr das erste Lebensjahr, wobei manchmal eine frühere oral-aufnehmende (oral-rezeptive) und eine spätere oral-angreifende (oral-aggressive oder «kannibalische») Periode unterschieden werden. In der frühen oralen Phase ist das Kind noch nicht fähig, ganze Personen wahrzunehmen; es reagiert auf Teilobjekte (→ Objekt), zum Beispiel die Mutterbrust. In dieser Zeit kann die früheste Bezugsperson noch ohne auffällige Folgen ausgetauscht werden. In der späten oralen Phase, etwa vom sechsten Monat bis zum Ende des ersten Jahres, wird eine → Mutterbindung zu der Pflegeperson aufgebaut, die sich dem Kind besonders zuwendet. Das Kind ist in der oralen Phase völlig von der → Primärgruppe abhängig, die ihm ein angemessenes Gleichgewicht von Reizzufuhr und Reizschutz vermitteln muss. Störungen während dieser Zeit, die zu → Fixierung und späteren → Regressionen führen, sind nach den Vorstellungen der → Psychoanalyse Mitursachen für → Schizophrenie und → Depressionen. Weniger schwer wiegende Folgen sind übermäßiges Essen und Trinken, Rauchen, Persönlichkeitsveränderungen, bei denen der Wunsch nach Versorgtwerden, Bewundertwerden und Zuwendung mit großer Empfindlichkeit und einer Neigung zum Poltern oder Betteln (um Aufmerksamkeit zu erhalten) zusammentrifft oder durch → Reaktionsbildungen (betonter Leistungsehrgeiz) abgewehrt wird.

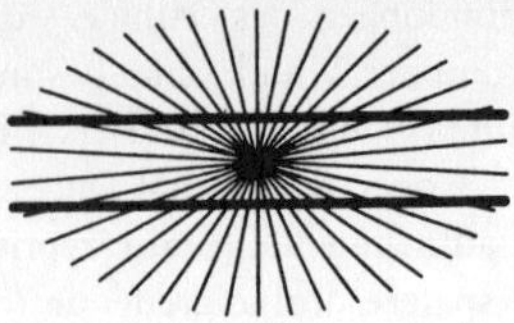

Die waagerechten Parallelen erscheinen um das Zentrum des Strahlenbündels herumgebogen.

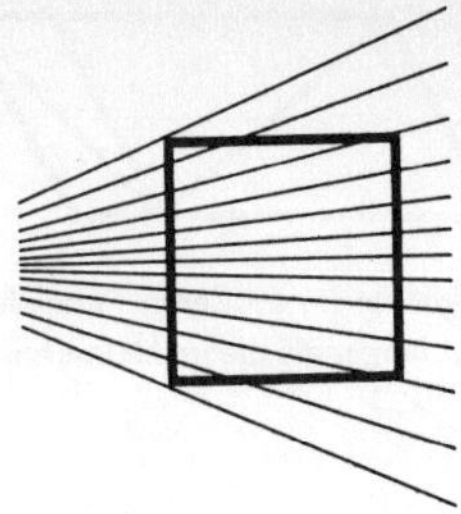

Das Quadrat erscheint zum Trapez verzerrt.

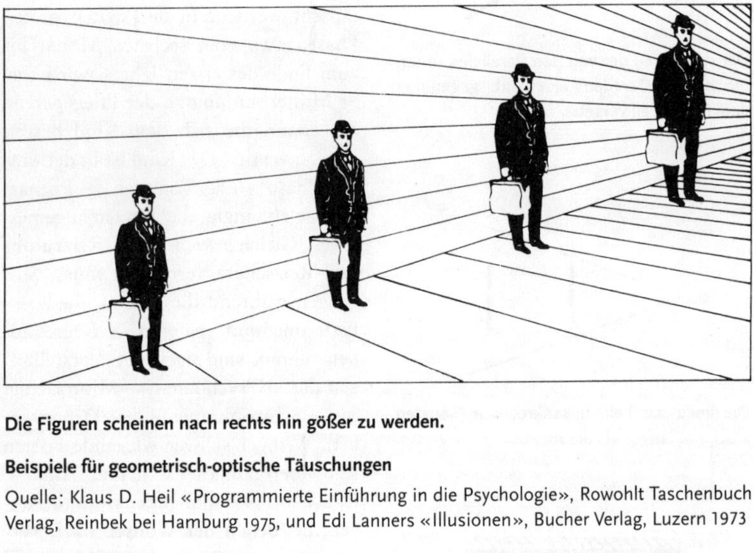

Die Figuren scheinen nach rechts hin gößer zu werden.

Beispiele für geometrisch-optische Täuschungen

Quelle: Klaus D. Heil «Programmierte Einführung in die Psychologie», Rowohlt Taschenbuch Verlag, Reinbek bei Hamburg 1975, und Edi Lanners «Illusionen», Bucher Verlag, Luzern 1973

Orgasmus Sexueller Höhepunkt, eine willkürlich nicht mehr steuerbare Entladung körperlich-seelischer Spannung. Sein psychisches Merkmal ist die größte Intensität sexueller Lust, seine körperlichen Anzeichen sind Muskelzusammenziehungen in der Zone der Geschlechtsorgane und im After, starke Blutansammlung im Becken, vor allem in Scheide und Glied, vorübergehender (teilweiser) Verlust der Sinneswahrnehmung und der räumlich-zeitlichen Orientierung, Ausstoßung (Ejakulation) der Samenflüssigkeit beim Mann, Zusammenziehung des verengten unteren Scheidendrittels bei der Frau (Pulsationen). Abgesehen von der Ejakulation sind sich die orgastischen Reaktionen von Mann und Frau recht ähnlich, doch scheinen Frauen häufiger durch einen wiederholten Orgasmus befriedigt zu sein als Männer. Obwohl Männer nach Umfrageergebnissen (Kinsey-Report und andere) öfter und regelmäßiger einen Orgasmus erleben als Frauen, scheinen die orgastischen Möglichkeiten der Frau größer: Sie kann gleich nach einem Orgasmus einen zweiten erleben, der Mann nicht.

Orgasmusschwierigkeiten Ein Orgasmus kann nicht erreicht werden, oder er ist nicht voll befriedigend. Verbreitete Störung, die von → Frigidität unterschieden werden muss und bei Männern oft als vorzeitige Ejakulation und seelische Unempfindlichkeit trotz vorhandener Potenz auftritt, bei Frauen als Zusammenbruch der Erregung kurz vor dem Orgasmus. Die Ursachen sind vielfältig, sie liegen fast immer im seelischen Bereich.

P

Paarbeziehung Beziehung zwischen zwei Menschen. Sie ist in der Regel die → Beziehung, in der die meiste Intimität, der nachhaltigste Austausch von Gefühlen und Gedanken möglich ist. Wenn in der Kindheit eine solche besonders enge Beziehung nicht möglich war oder massiv gestört wurde (durch dem Kind zugefügte Enttäuschungen, die umso heftiger schmerzen, je enger es an die Bezugspersonen gebunden ist), dann bleiben oft auch beim Erwachsenen Ängste vor einer zu engen Paarbindung, in der er die kindliche → Abhängigkeit zu wiederholen fürchtet.

Päderastie Knabenliebe; besondere Form der → Homosexualität, die auch dort strafbar geblieben ist, wo die homosexuellen Beziehungen unter Erwachsenen erlaubt sind. Manchmal wird Päderastie ausschließlich für → Analverkehr mit Knaben gebraucht; der weitere Begriff für homo- oder heterosexuelle Kontakte mit Kindern ist → Pädophilie.

Pädophilie Sexuelle Beziehungen mit Kindern, besonders häufig bei älteren Menschen. Sie beruht teilweise auf einer → Fixierung an die kindliche Sexualität, zum Beispiel die Zeit der → Doktorspiele. Manchmal (nicht immer) sind sexuelle Beziehungen mit gleichaltrigen Partnern gehemmt. Durch die hohen Strafen und die heftige Abneigung der Volksmeinung gegen solche Formen der Sexualität entstehen für den Täter und für das Kind → Konflikte. Manchmal erlebt das Kind den Kontakt mit dem Täter nicht als belastend, wohl aber die Reaktion seiner Erzieher (Verhöre, Gerichtsverhandlung, ständige Ermahnungen). Traumatisch für Kinder ist vor allem, wenn der Erwachsene plötzlich aus der «Sprache der Zärtlichkeit» in die «Sprache der Leidenschaft» (Sandor Ferenczi) wechselt und dadurch schwer wiegende Ängste auslöst, welche den Wirklichkeitsbezug des Kindes gefährden.

Panik Vom Bewusstsein nicht mehr kontrollierbare Angst, die zu Kurzschlussreaktionen führen kann, zum Beispiel zu einem für schwächere Personen, die sich nicht auf den Beinen halten können, tödlichen Gedränge, um einer wirklichen oder vermeintlichen Gefahr zu entfliehen. Von dieser durch äußere Gefahren – ob diese nun real oder eingebildet sind – ausgelösten Panik müssen die Panikattacken unterschieden werden, heftige, sehr qualvolle Angstanfälle, die keinen äußerlich fassbaren Anlass haben. → Angst

Paralyse Lähmung, Unbeweglichkeit eines Gliedes. Die progressive Paralyse («Gehirnerweichung») als Spätstadium der Syphilis war früher (vor der Entdeckung wirksamer Medikamente gegen diese Geschlechtskrankheit) eine häufige → Geisteskrankheit.

Paranoia Griechisch für «Vorbeidenken»; Ausdruck für → Geisteskrankheiten, bei denen Wahngedanken eine große Rolle spielen, vor allem in der Form des → Verfolgungswahns. Das zugehörige Adjektiv lautet paranoid («paranoide Reaktion»). → Schizophrenie

Parapsychologie Untersuchung «paranormaler» seelischer Vorgänge, vor allem von → Wahrnehmungen, die nicht auf normalem Wege zustande gekommen sein können (Telepathie, Hellsehen), und von physikalisch nicht erklärbaren Spukerscheinungen. Die Parapsychologie trat 1927 in ein «wissenschaftliches» Stadium ein, als unter Leitung von J. B. Rhine ein parapsychologisches Laboratorium an der Duke-Universität in den USA eingerichtet wurde. Hier wies Rhine die außersinnliche Wahrnehmung mit Hilfe statistischer Verfahren nach, wobei er offenbar das Glück hatte, «gute» Versuchspersonen zu finden. Seine Ergebnisse sind bis heute umstritten, da sie nicht eindeutig wiederholbar waren. Die rätselhafte Eigenschaft «Psi», welche Rhine für die paranormalen Vorgänge verantwortlich machte, hat sich bislang jeder Kontrolle entzogen; entgegen aufgebauschten Zeitungs- und Buchberichten ist sie auch noch niemals in sinnvoller Weise praktisch verwendet worden. Heute befasst sich die Parapsychologie wieder mehr mit spontanen Spukerscheinungen und ähnlichen Vorgängen. Sie befindet sich in der widersprüchlichen Situation, dass einerseits das Vorhandensein paranormaler Erscheinungen immer besser und unabweisbarer belegt werden kann, aber andererseits die Aussichten auf eine gezielte, kontrollierbare Verwendung solcher Erscheinungen und der ihnen unterliegenden Kräfte heute geringer denn je erscheinen.

Partialtrieb Teil eines als Ganzheit aufgefassten → Triebes. Der Ausdruck wird vor allem in der → Psychoanalyse verwendet, in der man zum Beispiel von einem oralen Partialtrieb der → Libido spricht (→ orale Phase).

Partnertherapie Behandlung von Beziehungen zwischen Partnern, bei der vor allem an der wechselseitigen Interaktion und Kommunikation gearbeitet werden soll. Sie ist eine Form der → Familientherapie und beruht auf speziellen Entwicklungen der unterschiedlichen Therapierichtungen; es gibt also psychoanalytische, verhaltenstherapeutische, gesprächstherapeutische usw. Formen der Partnertherapie. Ihnen gemeinsam ist eine stärkere Orientierung an systemischen Gesichtspunkten, d. h. die Partnerschaft wird als Einheit betrachtet, welche sich in den Rollen der beiden Partner ausformt und ihr Verhalten bestimmt. Wenn sich ein Partner ändert, muss das auch der andere tun; umgekehrt kann es auch sein, dass sich die Partner in einer destruktiven Entwicklung festhalten und erst durch das Eingreifen des Partnertherapeuten lernen, ihre Beziehung konstruktiver zu gestalten. Ein (oft überschätztes) Problem ist die Parteinahme des Therapeuten. Dieser ist zur Allparteilichkeit verpflichtet. Er soll sich engagieren, aber für alle Beteiligten, nicht nur für eine oder einen. Es geht also nicht um die neutrale Position eines Unparteiischen oder Schiedsrichters. Manchmal, vor allem angesichts von vorwiegend sexuellen Problemen in einer Partnerschaft, arbeiten zwei Therapeuten mit den Partnern, sodass zum Beispiel die Frau ein weibliches, der Mann ein männliches Gegenüber hat.

Partnerwahl Wahl eines anderen Menschen, in der Regel für eine → Paarbeziehung. Diese schicksalshaften Wahlen im Leben eines Menschen werden vielleicht durch Erbanlagen («Schicksalspsychologie» nach L. Szondi), sicher aber durch Einflüsse der → Primärgruppe bestimmt: Ob ein Mensch aktiv nach einem Partner sucht oder abwartet, bis er gewählt wird, nach welchen Eigenschaften er sich seine Partner wählt, hängt nicht zuletzt von → Übertragungen ab.

Patchwork-Identität Von dem Münchner Sozialpsychologen H. Keupp eingeführter Begriff, der die Entwicklung der menschlichen Identität in der spätmodernen Gesellschaft beschreibt. Patchwork ist eine Methode, Textilien herzustellen, bei der Stoffstücke (engl. patches) aufeinander gearbeitet werden, sodass sich spezifische Muster ergeben. Gemeint ist damit, dass von einer Identität in dem Sinn einer lebenslang stabilen und einheitlichen Struktur nicht mehr ausgegangen werden kann. Die Individuen basteln sich vielmehr aus unterschiedlichen Materialien ein Bild ihrer selbst und lernen auf diese Weise damit umzugehen, dass beispielsweise ein Beruf nicht mehr lebenslang durchgehalten werden kann, dass Ehen nicht mehr mit der Überzeugung einer Beständigkeit bis zum Lebensende geschlossen werden. Identität ist heute eher ein subjektiver Konstruktionsprozess, in dem das Individuum seinen Platz in einer vieldeutigen und fragmentierten Welt behauptet und dafür sorgt, dass innere und äußere Welt zusammenpassen.

Patient Leidender Mensch, der die Hilfe eines Arztes oder Psychotherapeuten sucht.

Peerorientierung Die Gruppe der peers (englisch für Alters- und Geschlechtsgenossen und -genossinen) spielt in der seelischen und sozialen

Entwicklung eine wichtige Rolle, die im Zug der → Individualisierung moderner Gesellschaften zunimmt. «Ist das Kind noch lange bereit, jeden Spielgefährten ‹Freund› zu nennen, so bekommt in der Pubertät das Wort eine eigene Dignität», fasst Charlotte Bühler ihre Eindrücke aus Mädchen-Tagebüchern zusammen. Empirische Untersuchungen haben aber gezeigt, dass die häufig ausgesprochene Vermutung, wachsende Peerorientierung entspreche zwangsläufig einer schwindenden Bedeutung der Eltern und anderer Erwachsener, in dieser Form nicht zutrifft. Wenn Jugendliche abschätzig über Erwachsene («die Alten») sprechen, heißt das keineswegs, dass deren Rat nicht in vielen Krisen sogar mehr Gewicht hat als der von peers.

Penisneid Von S. Freud beobachtete Reaktion des Mädchens auf den körperlichen Geschlechtsunterschied: Es hält das Glied (lateinisch Penis) des Jungen für wertvoller als die eigenen Geschlechtsorgane und beneidet die Männer um diesen Vorzug (→ Ödipuskomplex). Daraus können sich später im günstigsten Fall der Wunsch, im Geschlechtsverkehr einen Penis zu «bekommen», und der Wunsch nach (männlichen) Kindern entwickeln, bei ungünstiger Entwicklung Neid, Eifersucht und Konkurrenzhaltung gegenüber Männern sowie das ständige Gefühl, den Männern gegenüber benachteiligt zu sein.
Diese Vorstellungen Freuds sind heftig kritisiert worden. Auffällig ist, dass sich Freud an der Anatomie orientiert hat, nicht an der Funktion (Leistung) der Geschlechtsorgane. Hier gäbe es auch beneidenswerte weibliche Vorzüge – Gebärfähigkeit, größere Sicherheit der sexuellen Potenz. Wahrscheinlich ist der Penisneid nicht durch körperliche Unterschiede bedingt, sondern vor allem durch die gesellschaftliche Bewertung dieser Unterschiede in einer von Männern beherrschten Gesellschaft. Andererseits kann aber eine Frau durch die Vorstellung, wegen ihres Geschlechts immer benachteiligt zu sein, ihre eigene → Selbstverwirklichung blockieren: Sie versäumt es, über die Bindung an etwas nicht Veränderbares die realen Möglichkeiten einer Veränderung ihrer selbst und der Gesellschaft zu beachten.

Perfektionismus Das Streben, seelische Leistungen nicht dann zu akzeptieren, wenn sie für ihren Zweck gut genug sind, sondern erst dann, wenn sie keinen Makel mehr haben. Perfektionistische Menschen kompensieren oft ein schlechtes Selbstbewusstsein; sie finden es unerträglich, wenn ihnen jemand einen Mangel in ihrer Leistung vorwerfen könnte, und übersehen, dass die enorme Zeitvergeudung, welche durch den Perfektionismus oft entsteht, weit schwerer wiegt als viele Fehler, die durch ihn vermieden werden können.

Person Der Mensch schlechthin unter dem Blickwinkel der Psychologie als handelndes und empfindendes Wesen, als seelisch-geistige Einheit und als jemand, der sich bewusst auf andere Personen bezieht.

Persona Abgeleitet von lateinisch «Maske»; äußere Fassade der Anpassung an die Gesellschaft.

Persönlichkeit Während «Person» das menschliche Individuum als solches betrifft («Es waren drei Personen an Bord»), meint man mit Persönlichkeit die bei jedem Menschen besondere Ausprägung seelischer → Eigenschaften. In der psychologischen Forschung sucht man dabei den wertenden Beiklang, den «Persönlichkeit» im sozialen Raum oft hat, beiseite zu lassen («Dynamische Persönlichkeit als Abteilungsleiter gesucht»). In der → Psychoanalyse gilt die Persönlichkeit als Ausdruck der Anpassungsleistungen des → Ich nach innen und außen. Sie wird nach diesem Modell vorwiegend aufgebaut aus: 1. den → Identifizierungen mit den frühen Bezugspersonen in der → Primärgruppe; 2. den Folgen von gewohnheitsmäßig angewandten → Abwehrmechanismen; 3. den Niederschlägen späterer → Objektbeziehungen und 4. den ererbten Grundlagen der Entwicklung (wie Triebstärke). In den vom → Behaviorismus ausgearbeiteten Persönlichkeitsmodellen spielen vor allem zu Gewohnheiten gewordene Verbindungen von Reizen und Reaktionen eine Rolle, die durch → Bekräftigung erworben werden. Die meisten Persönlichkeitstheorien unterscheiden zwischen den intellektuellen und emotionalen (motivationalen, triebhaften) Seiten der Persönlichkeit.

Persönlichkeitsstörungen Früher wurden Menschen mit P. Psychopathen genannt. Sie galten als nicht behandelbar; in einem Bonmot eines Psychiaters heißt es, auf Hitler gemünzt: «In guten Zeiten diagnostizieren wir sie, in schlechten regieren sie uns!» Damit sind vor allem die soziopathischen Persönlichkeitsstörungen gemeint, Personen, welche die normale seelische Entwicklung zu einer Gewissensinstanz und einem von Einfühlung bestimmten Sozialverhalten nicht durchmachen, sondern entweder gleichgültig oder sadistisch mit anderen Menschen umgehen, allein an ihren eigenen Interessen orientiert. Der Psychopathiebegriff ist in dem traditionellen Sinn einer ererbten Abnormität bzw. einer Übergangsform zur endogenen Psychose inzwischen weitgehend aufgegeben worden. Persönlichkeitsstörungen können unter günstigen Bedingungen behandelt werden; dazu ist aber notwendig, dass die betroffene Person bereit ist, mit dem Therapeuten zu erarbeiten, dass sie selbst für einen Teil ihrer Probleme verantwortlich ist und nicht alle Störungen durch ihre «normalen» Reaktionen auf eine gestörte Umwelt entstehen. Diese Einsicht in die eigene Störung ist bei vielen Kriminellen und Süchtigen zunächst nur gering entwickelt; sie kann aber durch eine geduldige, weder verwöhnende noch moralisierende Haltung der professionellen Helfer erheblich vertieft werden.

Persuasionstherapie Überzeugungsbehandlung (von lateinisch persuasio = Überredung, Überzeugung). Der Arzt versucht, dem Patienten zu vermitteln, dass seine → Symptome auf → Einbildung beruhen und durch Willensanstrengung zu beseitigen sind.

Perversion Sexualverhalten, das von den im Sinne der Durchschnittsnorm (→ Norm) normalen Wegen der Befriedigung abweicht. Im weiteren Sinn alles sexuelle Verhalten, das andere orgastische Möglichkeiten sucht als den Geschlechtsverkehr zwischen zwei Personen verschiedenen Geschlechts und erwachsenen Alters. Daraus wird klar, dass der Perversionsbegriff stark von sozialen Normen geformt wird; homosexuelles Verhalten galt zum Beispiel in der Antike als normal, wird aber in Westeuropa vielfach als pervers eingeschätzt. Von einer krankhaften Perversion sollte man nur sprechen, wenn das Interesse an einer gesellschaftlich abgelehnten, ja mit Strafe bedrohten Sexualbefriedigung wie in einer → Sucht festgehalten wird und kein Ausweichen auf andere Befriedigungsmöglichkeiten gegeben ist. → Fetischismus, Masochismus, Sadismus

Petting Sexuelle Kontakte, die vom Küssen über die Reizung der Brüste und der Geschlechtsteile durch die Hand oder den Mund bis zum Orgasmus führen, bei denen aber der → Geschlechtsverkehr vermieden wird.

Phallische Phase Zeitspanne der kindlichen Entwicklung (drittes bis siebtes Lebensjahr), in der die erogene Reizung des Gliedes (griechisch phallos) oder des Kitzlers entdeckt wird. Die phallische Phase fällt mit der Ausbildung des → Ödipuskomplexes zusammen. In ihr gibt es laut Freuds (umstrittener) Annahme in der kindlichen Sexualvorstellung nur ein Geschlechtsorgan – das männliche Glied –, das entsprechend wichtig genommen wird. Kennzeichnend für eine → Fixierung an die phallische Sexualität ist eine abschätzige Haltung Frauen gegenüber. Sie verbindet sich manchmal mit einer homosexuellen Einstellung (→ Homosexualität), oder mit einer Neigung, im Geschlechtsverkehr die Befriedigung der Partnerin zu missachten beziehungsweise nur gegenüber Frauen voll potent zu sein, zu denen keine seelische Beziehung hergestellt wird (vor allem Prostituierte). Die «reife genitale Phase», die der Erwachsene nach dem Entwicklungsbild der → Psychoanalyse erreichen sollte, ist durch die Gegenseitigkeit der sexuellen Empfindungen und die Anerkennung ihres Austauschcharakters gekennzeichnet, in deren Dienst die phallisch-narzisstischen und exhibitionistischen Neigungen gestellt werden (→ Narzissmus, → Exhibitionismus).

Phänomenologie Lehre von den Erscheinungen. Als philosophisch-psychologische → Methode von E. Husserl begründet, der mit der Forderung «Zurück zu den Sachen» verlangte, sich von vorgefassten Theorien des Bewusstseins und des Erkennens zu lösen. Man sollte von der reinen Anschauung der Wirklichkeit des Erlebens ausgehen und aus ihr allgemeine Gehalte ableiten. Die → Psychoanalyse verbindet eine phänomenologische Methode mit einer biologisch-naturwissenschaftlich formulierten Theorie.

Phantasie Vorstellungskraft. Die menschliche Fähigkeit, mit abstrakten Begriffen (→ Denken) oder inneren Bil-

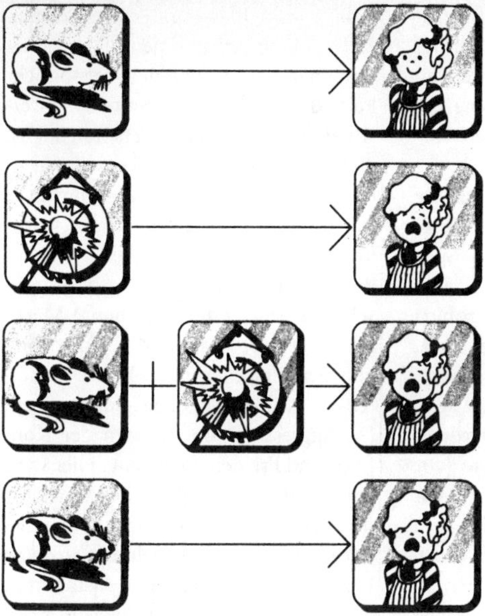

Entstehung einer Phobie durch Konditionierung

Quelle: Klaus D. Heil «Programmierte Einführung in die Psychologie», Rowohlt Taschenbuch Verlag, Reinbek bei Hamburg 1975

dern an einer subjektiv hergestellten, inneren Wirklichkeit probierend Veränderungen vorzunehmen und auf diese Weise neue Bilder zu gestalten, ist von großer Bedeutung für alle schöpferischen Leistungen. Die biologische, das heißt auf das Überleben gerichtete Aufgabe der Phantasie liegt sicherlich darin, dass in ihr, ohne in der Wirklichkeit etwas zu riskieren, allmählich immer vollkommenere Bilder eines im Bedarfsfall ausgeführten Verhaltens entworfen werden können. Dabei kann man mit S. Freud den «Primärvorgang» vom «Sekundärvorgang» trennen. Im Primärvorgang sind die Vorstellungen noch nach den Kraftlinien von Gefühlen und Wünschen geordnet, wobei auch in Wirklichkeit unvereinbare Phantasien nebeneinander bestehen können. Im Sekundärvorgang werden die logischen Ordnungen auf den Primärvorgang angewendet und dadurch ein wirklichkeitsgerechtes Bild hergestellt. Die Primärvorgänge sind den Gefühlen näher; weil sie noch nicht wirklichkeitsgerecht geordnet sind, können sie gewissermaßen ein viel größeres Feld von Verhaltensmöglichkeiten vorentwerfen als die logisch überprüften Sekundärvorgänge. In diesem weiten Feld finden sich allerdings auch Wünsche und sie verkörpernde Vorstellungen, die verdrängt werden müssen. Unter sehr einengenden Erziehungsbedingungen kann ein Mensch den Zugang zu seinen Primärprozessen weitgehend verlieren; seine Gefühlsmöglichkeiten verarmen, desgleichen seine schöpferischen Fähigkeiten. Daher versucht man besonders in den → Encounter-Gruppen und in der → Gestalttherapie gezielt die Phantasietätigkeit zu üben und anzuregen; das Gleiche geschieht in einer → Psychoanalyse.

Phobie Seelische Störung, bei der die Lebensmöglichkeiten durch → Ängste erheblich eingeschränkt werden: Agoraphobie (Platzangst; Angst, Plätze oder Straßen zu betreten), Tierphobien (vor Spinnen, Hunden, Katzen ...), Aichmophobie (Angst vor Höhen), Erythrophobie (Errötungsangst; Angst, in sozialen Situationen rot zu werden). Leichtere, phobieähnliche Ängste (vor der Dunkelheit, vor Bakterien, vor Flugreisen ...) sind «normal», im Sinn der Durchschnittsnorm (→ Norm). Man wird bei fast allen Menschen irgendeine Spur unvernünftiger Angst entdecken; von Phobie sollte man erst sprechen, wenn die Lebensführung dadurch ernstlich beeinträchtigt wird.

Physiognomik Lehre vom Erkennen der → Persönlichkeit aus dem Bau des Körpers, vor allem des Gesichts. Die frühen, aus der Überlieferung der Antike stammenden und von Lavater im 18. Jahrhundert aufgegriffenen Deutungen solcher Zusammenhänge gelten heute als bloße Vermutungen. Nur ein kleiner Teil konnte nachgewiesen werden. → Konstitutionstypen, Typenlehre

Politische Psychologie Anwendung psychologischer Forschungsmethoden und ihrer Ergebnisse auf politische Fragestellungen. Beispiele sind: 1. → Motiv-Forschung, um die Ursachen für bestimmte Entscheidungen (von Wählern, von Politikern) aufzuklären. 2. Persönlichkeitsbezogene Forschung, etwa nach einer typischen Persönlichkeit, die faschistische Systeme unterstützt (→ autoritäre Persönlichkeit). 3. Einstellungsbezogene Forschung, in der die Zusammenhänge bestimmter → Vorurteile mit sozialen (Rasse, Herkunft, Klassenzugehörigkeit, Ausbildung, Einkommen ...) und psychologischen (Art der Elternbeziehung) Merkmalen geklärt werden. 4. Erforschung von den Ursachen aggressiven Verhaltens von Einzelpersonen und Gruppen (→ Aggression) im Rahmen der Konflikt- und Friedensforschung. Hier wird der Begriff der «strukturellen Gewalt», das heißt der meistens in krassen Besitzunterschieden wurzelnden sozialen Ungerechtigkeit und damit Instabilität, in letzter Zeit immer bedeutsamer. 5. Forschung nach «Führungsstilen» in → Gruppen. 6. Psychoanalytisches Studium der Lebensgeschichte von Politikern und Klärung der unbewussten Hintergründe ihrer Entscheidungen.

Politische Psychologie ist häufig selbst ein Gegenstand oder eine Folge politischer Auseinandersetzung. Die in manchen sowjetischen Psychologie-Lehrbüchern stehenden Beschreibungen des Charakters der Sowjetmenschen zeigen den Zusammenhang zwischen Politik und Psychologie deutlich. Aber auch die scheinbar «wertfreie» psychologische Forschung des Westens hat ihre politische Bedeutung; in ihr steckt eine geheime → Ideologie. Erste Ansätze zu einer Klärung enthält hier K. Holzkamps Unterscheidung zwischen der «technischen» und der «emanzipatori-

Physiognomik: Aus dem Vergleich von Menschen- und Tiergesichtern wollte im 16. Jahrhundert der Neapolitaner G. B. della Porta die Persönlichkeit erschließen.

Quelle: David Katz «Psychologischer Atlas», Benno Schwabe Verlag, Basel 1945

schen» Bedeutung der Ergebnisse psychologischer Forschung.
Technisch bedeutsam sind Ergebnisse der psychologischen Forschung, wenn sich mit ihrer Hilfe besondere Fragen der Industriegesellschaft besser bewältigen lassen (wie Erkennen von Berufseignung, Herausfinden psychologischer Beeinflussungsmöglichkeiten in der Werbung). Emanzipatorisch bedeutsam sind hingegen Ergebnisse, die zeigen, auf welchen Wegen zum Beispiel reformfeindliche Einstellungen überwunden werden können. → Autoritäre Persönlichkeit, Emanzipation

Pollution Verunreinigung, Beschmutzung. Der Ausdruck wird oft für die nächtlichen Samenergüsse bei Männern verwendet, die geschlechtlich enthaltsam leben. Angesichts der großen Häufigkeit von → Selbstbefriedigung sind Pollutionen ein recht seltenes Ereignis, dem früher, zur Zeit der leibfeindlichen Sexualmoral des 19. Jahrhunderts, ungewöhnlich viel Aufmerksamkeit geschenkt wurde. Pollutionen sind häufig von sexuellen → Träumen begleitet und werden von unaufgeklärten Jugendlichen mit großem Schamgefühl erlebt.

Pornographie Darstellung sexuell anstößiger Szenen, wobei die Maßstäbe dessen, was für anstößig (obszön) gehalten wird, starken kulturellen und gesellschaftlichen Veränderungen unterliegen. Die früher verbreitete Ansicht, dass Männer weit mehr als Frauen durch Pornographie sexuell erregt werden, hat sich nicht bestätigt. Schädliche Auswirkungen pornographischer Darstellungen sind nicht nachgewiesen.

Positives Denken Gestaltung von Denkprozessen, um seelische und körperliche Gesundheit, Glück und Erfolg zu fördern. Der französische Apotheker Émile Coué entwickelte im 19. Jahrhundert eine Formel, die seine Patienten täglich minutenlang innerlich aussprechen sollten: «Es geht mir von Tag zu Tag, von Stunde zu Stunde, immer besser und besser.» Damit wollte er den Ängsten begegnen, die Kranke dazu führen, sich durch negative Gedanken in ihrem Befinden zu verschlechtern. Während nachgewiesen ist, dass positive Gedanken günstig für das körperliche und seelische Befinden sind und zum Beispiel die Immunabwehr mit ihrer Hilfe etwas besser funktioniert, wird die Macht des positiven Denkens oft auch überschätzt. Vor allem naive Kommandos wie «Denken Sie positiv!» oder «Sie müssen das positiver sehen, sonst werden sie noch kränker!» vertiefen angesichts wiederholt scheiternder Bemühungen die Ängste und Schuldgefühle der Kranken.

Postmoderne Umstrittener Begriff für einen Gesellschaftszustand «nach» der Moderne. Unsere gegenwärtige Situation überwindet die moderne Gesellschaft nicht. Sie ist nach wie vor von deren Merkmalen der Freisetzung, der Entzauberung, der Enttraditionalisierung und der Gleichzeitigkeit unterschiedlichster Lebens- und Wertmodelle («pluralistische Gesellschaft») geprägt. Auffällig ist das beschleunigte Tempo der bereits von K. Marx beschriebenen ständigen Innovationen im Arbeitsleben und seine Übertragung in den Freizeit- und Konsumbereich.

Posttraumatisches Syndrom Oft auch posttraumatisches Stresssyndrom, engl. Posttraumatic Stress Disorder (PTSD) genannter Zustand. Die Kriterien umfassen 1. ein traumatisches Ereignis, in der Regel die Konfrontation mit Todesgefahr, der Tod Nahestehender, Vergewaltigung, Verletzungen, Folter, Gefangenschaft. Dann muss die oder der Betroffene 2. unter zwanghaft auftretenden Erinnerungen an das Trauma leiden, 3. Angst- und Vermeidungsverhalten in Bezug auf das Trauma zeigen und 4. abnorm erregbar sein.
Es ist einerseits leicht, Extremereignisse anzuerkennen; andererseits ist es sehr schwer, die Grenze zwischen traumatischen Erlebnissen und den «normalen» Belastungen des Alltags – Verlust naher Angehöriger, Krankheit, Unfall, Scheidung, Liebeskummer – zu ziehen. Schmerz und Trauma sind nicht objektivierbar, sondern subjektive Erfahrungen. Zum Trauma wird, was eine Person als extreme Bedrohung für das Ich erlebt. Aber Erlebnisse gewinnen diese Qualität erst, wenn sie kognitive und emotionale «Filter» durchdrungen ha-

ben, die kulturell sehr stark variieren. Jahrzehntelang, ja das ganze spätere Leben hindurch wird das Opfer von traumatischen Bildern heimgesucht, welche die Fähigkeit bewahren, es in Panik zu versetzen. Sie treten als Albträume, quälende Tagträume und wahnhafte Rückerinnerungen («flashbacks») auf, in denen die Realitätskontrolle zerbricht und Betroffene wirken können wie Geisteskranke. Diese Erinnerungen können unter Laborbedingungen dadurch ausgelöst werden, dass man die Traumaopfer Reizen aussetzt, die sie an die verletzende Situation erinnern; dazu gibt es inzwischen eine reichhaltige Literatur.

Diese Auslösbarkeit traumatischer Zwangs-Erinnerungen führt nun zu dem dritten Kriterium: einem Vermeidungs- oder Betäubungsverhalten, das gerade darauf ausgerichtet ist, die Wahrscheinlichkeit zu vermindern, dass ein Opfer Reizen ausgesetzt ist, welche seinem Trauma in irgendeiner Weise ähneln. Diese Abwehr kann sich bis zur → Agoraphobie steigern: die Betroffenen verlassen ihre Wohnung nicht mehr, weil sie fürchten, «draußen» ihren Erinnerungen an das Trauma zu begegnen.

Das vierte und letzte Merkmal des PTSD ist übermäßige Erregbarkeit. Dabei sind Schlaflosigkeit und Reizbarkeit Symptome aller Angstkrankheiten, während übermäßige Wachheit und eine Neigung zu Schreckreaktionen spezifischer auf das posttraumatische Syndrom hinweisen. Manche Opfer wirken regelrecht paranoid; sie fühlen sich von allem und jedem verfolgt. Diese gesteigerte Schreckreaktion und die Übererregbarkeit des Nervensystems sind auch körperlich fassbar; es gibt eine Reihe von Untersuchungen, in denen Veränderungen im vegetativen Nervensystem, in den Reflexen (beispielsweise im Lidreflex), Schlafstörungen und Hormonstörungen (vor allem im Bereich der Endorphine) nachgewiesen sind.

Prägung Ein auf bestimmte Lebensabschnitte (die sensiblen oder kritischen Phasen) beschränktes → Lernen, das sich zunächst auf nur wenige, arteigene Merkmale (Auslöser) beschränkt und nicht oder nur erheblich schwerer als anderes Lernen wieder rückgängig gemacht werden kann. Während bei normalem Lernen das später Gelernte meist stärker in Erinnerung ist als das zuerst Gelernte, ist es bei der Prägung umgekehrt: Bestimmte Verhaltensweisen bleiben an eine ursprüngliche Verbindung von Reizen geknüpft. Dabei kann die Prägung schon erfolgen, bevor die Verhaltensweisen als solche ausgereift sind. Entenvögel paaren sich nach einem Prägungsexperiment nicht mit Artgenossen, sondern mit Vögeln, die sie während eines Zeitabschnitts ihrer frühen Entwicklung sahen, als ihr sexuelles Verhalten noch völlig unentwickelt war. Prägung im engeren Sinn ist bisher vorwiegend bei Vögeln festgestellt worden. Ob sich Prägung bei Säugetieren von normalen Lernvorgängen eindeutig unterscheiden lässt, ist noch nicht geklärt. Wahrscheinlich lässt sich prägungsähnliches Lernen von Menschen eher als besondere Eigenart allen Lernens verstehen, das mit → Objektbeziehungen zu tun hat (im

Versuchsanordnung von R. Hess, um die Prägung von Entenküken zu prüfen
Quelle: Science 130, 1959

Gegensatz zum Erwerb von Wissen über die nichtmenschliche Umwelt, einem stammesgeschichtlich jüngeren Prozess).

Prestige Ansehen, Geltung, nicht formal definierte Macht einer Person, den Geschmack einer Gruppe zu lenken, Vorbild in der Lösung von Problemen zu sein, respektiert zu werden. Auch Gruppen können Prestige haben oder nicht haben; so genießen Ärzte und Richter ein hohes soziales Prestige, Journalisten ein geringes, obgleich Journalisten unter Umständen mehr Macht haben und höhere Einnahmen erzielen. Prestige lässt sich auch messen, indem man zum Beispiel in einer Diskussionsgruppe einer Person eine prestigeträchtige oder weniger prestigeträchtige Rolle zuschreibt (Herr X wird als Universitätsprofessor, Herr Y als Hausmeister vorgestellt) und dann auswertet, inwieweit die inhaltlich identischen Diskussionsbeiträge von Herrn X und Herrn Y die Gruppenmeinung geprägt haben.

Primärgruppe Die erste Gruppe, mit der ein Mensch zu Beginn seines Lebens engere → Objektbeziehungen anknüpft; in der Regel die Familie oder ihr Ersatz (Wohngemeinschaft, Großfamilie, Gruppe im Heim ...).

Primärtherapie Von A. Janov beschriebene Form der → Psychotherapie, auch «Urschreitherapie» benannt. Der Patient wird durch suggestives Drängen des Therapeuten bewegt, belastende Kindheitserlebnisse («Urerlebnisse» oder Primals) wieder zu durchleben, die damals empfundenen Schmerzen und Gefühle auszudrücken und auf diese Weise wieder Zugang zu verlorenen Gefühlsmöglichkeiten (→ Primärvorgang, → Phantasie, → Gefühl) zu finden.

Primärvorgang Seelische Vorgänge, die durch Überwiegen des → Gefühls, des Erlebens in Wunschbildern gekennzeichnet sind (→ Phantasie, → Regression, → Traum).

Proband Person, die einem → Test oder Ähnlichem unterzogen wird.

Profilneurose Volkstümlicher Ausdruck für ängstliche oder aggressive Bemühungen, soziale Geltung für eine wirkliche oder vermeintliche persönliche Errungenschaft zu beanspruchen oder zu verteidigen. Die Profilneurose kompensiert oft ein → Minderwertigkeitsgefühl. Sie kann überall dort zum Problem werden, wo Menschen mit geringem → Prestige die Macht haben, andere zu schikanieren, von denen sie sich nicht genügend respektiert und beachtet fühlen.

Projektion Hinausverlegung eines unbewussten, verbotenen → Motivs in andere Personen. Ein Beispiel ist der «Beziehungswahn» einer erotisch unbefriedigten Frau: Sie glaubt sich von einem Mann mit unsittlichen Anträgen verfolgt, sucht möglicherweise sogar die Polizei gegen ihn einzusetzen, um ihn zu zwingen, ihr nicht mehr nachzustellen; tatsächlich jedoch will der Mann gar nichts mit ihr zu tun haben, vielmehr hat sie sich unbewusst in ihn verliebt. Ihr eigener Wunsch («Ich liebe ihn») wird hinausverlegt («Er liebt mich») und von ihr entrüstet abgewehrt («Was erlaubt er sich, mir nachzustellen!»). Es ist im Alltag oft nicht leicht, zwischen der richtigen Wahrnehmung der Motive eines anderen Menschen und einer Projektion zu unterscheiden, zumal sich die Projektion teilweise mit anderen Bereichen des sozialen → Lernens überschneidet. Als Kinder erfahren wir, dass unsere eigene Einstellung (Freundlichkeit etwa) auch bei anderen Menschen leichter Freundlichkeit auslöst. Zugleich werden wir weniger bestraft, wenn die bestrafte Handlung von einem anderen eingeleitet wurde. Von Projektion im engeren Sinn sollte man nur sprechen, wenn es sich um ein verdrängtes, unbewusstes Motiv handelt, das in andere hineingesehen wird. Den → projektiven Tests liegt ein weiter gefasster Projektionsbegriff zugrunde.

Projektive Tests Tests, die sich → Projektion zunutze machen, wobei der Begriff sehr weit aufgefasst wird. Man geht davon aus, dass die individuellen Unterschiede in der Reaktion auf ein vieldeutiges Ausgangsmaterial Unterschiede in der Persönlichkeit der Versuchspersonen widerspiegeln, die sich mit den üblichen «geschlossenen» Persönlichkeitstests nicht erfassen lassen. Die Gültigkeit und Zuverlässigkeit der projektiven Testverfahren ist bis heute umstritten, obwohl sie in der psychologischen Praxis viel verwendet werden.

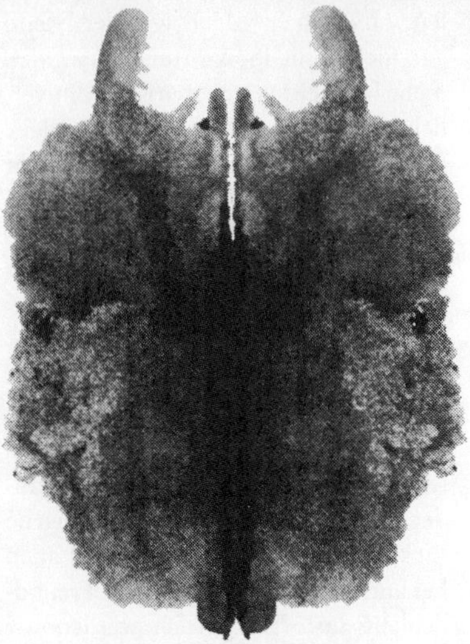

Mit Klecksbildern wie diesem wird im Rorschach-Test, einem projektiven Testverfahren, gearbeitet.

Die wichtigsten einzelnen Techniken sind: 1. Der Thematische Apperzeptions-Test (TAT) (→ Apperzeption), von dem es auch eine Fassung für Kinder gibt (CAT, Childrens Apperception Test). Hier geht es darum, aus Geschichten, die über ein vieldeutiges Bild (ein Mann und eine Frau oder eine Familie) erzählt werden, Aufschlüsse über grundlegende Wünsche oder → Abwehrmechanismen ... zu gewinnen. 2. Der Rorschach-Test. Hier wird aus den Deutungen von Klecks-Bildern eine inhaltliche (→ Motive) und eine formale Seite (→ Begabung) der Persönlichkeit abgeleitet, wobei auch die Art der → Intelligenz (produktiv oder reproduktiv, ganzheitlich oder teilerfassend) ermittelt werden kann. 3. Teilweise projektiv, teilweise ausdrucksbezogen sind die Zeichentests, bei denen etwa ein Mann, ein Baum oder eine Familie von Tieren gezeichnet werden muss.

Promiskuität Hetero- oder homosexuelle Beziehungen mit häufig wechselnden Partnern ohne persönlich verbindliche Gefühle.

Propaganda Verbreitung (lat.), Ausdruck für alle Versuche, Meinungen mit der Tendenz einer Einflussnahme auf die Öffentlichkeit zu verbreiten, wobei alle Mittel der Massenmedien, der öffentlichen Inszenierung (Aufmärsche, Veranstaltungen, Reden) und der heimlichen Indoktrination (Schleichwerbung, Public Relations, tendenziöse Pressemitteilungen) eingesetzt werden. Die Bedeutung der Propaganda für die Politik hat zuerst der Nationalsozialismus in ihrem vollen Umfang wahrgenommen (u. a. mit einem eigenen Propagandaministerium); seither ist sie Allgemeingut aller Diktaturen. Die gleichen Gesetze, die für die Propaganda gelten, werden auch in der Reklame (Werbung) für Konsumgüter und Dienstleistungen eingesetzt. In demokratischen Systemen ist Propaganda ein Teil der Parteienwerbung, vor allem im Wahlkampf, während in der Öffentlichkeit alle seriösen Medien sorgfältig zwischen Nachrichten und Meinungsäußerungen unterscheiden und es als Fehler gilt, Tatsachen im Dienst einer Propaganda zu verschweigen oder zu verfälschen.

Prostitution Gewährung sexueller Kontakte gegen materielle Entlohnung.

Seit ältesten Zeiten bekannt, hängt die Prostitution von Frauen wahrscheinlich hauptsächlich von der Zahl der unverheirateten Männer und der Stärke der Verbote vorehelicher und außerehelicher Sexualbeziehungen ab. Die «leichten» Mädchen dienen gewissermaßen dazu, ein Ventil für ein zu schwer lastendes Sexualverbot zu schaffen, das im Zuge der Entwicklung zu patriarchalischen und lustfeindlichen Gesellschaften entstanden ist. Sie erlauben es, am Ideal der Tugend und Reinheit der «anständigen» Frauen festzuhalten. Männliche Prostituierte für Homosexuelle sind meist nur gelegentlich aktiv; sie üben ihre Tätigkeit auch seltener aus, denn während die weibliche Prostituierte dafür bezahlt wird, dass ihr Kunde einen Orgasmus hat, hat der männliche Prostituierte fast immer einen eigenen Orgasmus; er ist (entgegen verbreiteten Vorstellungen) meist heterosexuell (bisexuell).

Prüfungsangst Angst vor Prüfungen, meist durch die unbewusste Gleichsetzung der Prüfung mit Gefahrensituationen aus der eigenen frühkindlichen Entwicklung (Trennung, Bestrafung verbotener Handlungen, Kränkung durch «Verhör» vonseiten der Eltern) bedingt. Es gibt auch irrationale Merkmale der Organisation einer Prüfung selbst (so die begrenzte Möglichkeit, sie zu wiederholen).

Psychagoge Tiefenpsychologisch ausgebildeter Pädagoge, der vor allem kindliche Verhaltensstörungen behandelt (→ Tiefenpsychologie).

Psychagogik Seelenführung; Ausdruck für abgekürzte, stützende Verfahren in der → Psychotherapie mit starkem erzieherischem Einschlag.

Psychiatrie Nervenheilkunde; auf seelisch-geistige Störungen angewandter Zweig der Medizin. Die Hauptaufgaben eines Psychiaters liegen in der klinischen Behandlung schwerer seelischer Störungen (→ Psychosen) mit Hilfe von → Psychopharmaka und in der diagnostisch-therapeutischen Betreuung der Bevölkerung. Nur eine kleinere Zahl von Psychiatern ist vorwiegend psychotherapeutisch tätig. Der Psychiater oder Nervenarzt verfügt über einen medizinischen Hochschulabschluss und bildet sich anschließend an verschiedenen Krankenhäusern zum Facharzt für Nervenheilkunde weiter. Er schätzt die Schwere seelischer Störungen ab (beurteilt etwa, ob ein Kranker durch Selbstmordneigung sich selbst gefährdet oder für andere gefährlich ist, sodass er in ein Nervenkrankenhaus gebracht werden muss) und stellt psychiatrische Diagnosen (wie → Alkoholismus, → Schizophrenie, → Depression, → Neurose, → Psychopathie), aus denen die Möglichkeiten einer Behandlung abgeleitet werden können. Der für Kassenpatienten zuständige, niedergelassene Nervenarzt ist meist schon allein aus Zeitgründen nicht in der Lage, selbst längere Behandlungen mit → Psychotherapie durchzuführen. Er überweist in solchen Fällen den Kranken (falls er eine Psychotherapie für aussichtsreich hält, was ein wesentlicher Teil seiner Beurteilung eines Krankheitsbildes ist) an einen psychotherapeutisch tätigen Arzt oder Psychologen. In den meisten Fällen wird ein Nervenarzt zunächst versuchen, einem Patienten mit Psychopharmaka zu helfen, die er mit beratenden Gesprächen (→ Beratung) verbindet.

Psychoanalyse Teilgebiet der Psychologie, das folgende Teile umfasst: 1. Eine Forschungsmethode, die dazu dient, die unbewusste Bedeutung sonst unverständlicher Erscheinungen (→ Fehlleistungen oder → Träume) zu erklären. 2. Eine → Methode der → Psychotherapie, die mit Hilfe einer besonderen Behandlungstechnik → Neurosen heilen kann. 3. Eine Theorie der seelischen Entwicklung, der Kultur und vieler psychologischer Vorgänge im Alltag, verbunden mit einer besonderen Erklärung der Neurosen.
Freud ging von Beobachtungen aus, dass ein Mensch in → Hypnose Aufträge ausführen kann, ohne von ihnen zu wissen; zur Rede gestellt, erfindet er eine Begründung (→ Rationalisierung). Er übertrug diese Erklärung auf Fehlleistungen des Alltags und endlich auf Träume, aus denen er ebenfalls Wünsche und Gefühle ableiten konnte, die dem Träumer unbewusst waren, aber sein Verhalten beeinflussten. Diese Alltagserscheinungen fand er endlich in den Krankheitserscheinungen bei Neurosen wieder.
Die psychoanalytische Methode. Freud entwickelte sie, als er die Hypnose aufgab, weil sich nicht alle Patienten tief genug hypnotisieren ließen und er mit diesem Mittel auch nicht genügend Aufschluss über die Entstehung der Neurose erreichen konnte. Statt einen Kranken zu hypnotisieren, forderte er ihn auf, alles zu sagen, was ihm zu einem bestimmten → Symptom oder Traum einfiel, ohne sich durch irgendwelche Rücksichten auf Sinn, Zusammenhang, die Person des Arztes oder gesellschaftliche Normen beeinträchtigen zu lassen. In diesen freien Einfällen oder freien → Assoziationen tauchte dann regelmäßig ein bisher unterdrückter Inhalt (→ Verdrängung) auf, häufig in entstellter Form. Diese Entstellungen werden durch die → Deutungen des Psychoanalytikers rückgängig gemacht, sodass endlich der Patient ein Stück seines bisher abgespalteten → Unbewussten dem bewussten → Ich angliedern kann.
Die weitere Forschung mit dieser Methode führte dazu, dass Freud die → kindliche Sexualität, den → Ödipuskomplex und damit die Bedeutung der Kindheit für die seelische → Entwicklung und den Aufbau der → Persönlichkeit entdeckte. Die Lehre vom Unbewussten wurde weiter ausgebaut, auf die Kulturgeschichte angewendet (da die Einflüsse der Kultur die Verdrängung mancher Triebwünsche erzwingen) und endlich zu einer → Metapsychologie erweitert, als Freud deutlicher sah, dass nicht nur das Verdrängte (das Unbewusste, zum Beispiel ein Triebwunsch), sondern auch das Verdrängende (die → Abwehr) nicht bewusst sind. Er schuf eine «Topik», das ist eine Lehre von verschiedenen → inneren Instanzen, dem → Es, → Ich und → Über-Ich, und eine neue Trieblehre: Hatte er früher die Sexualtriebe (Arterhaltung) den → Ich-Trieben (Selbsterhaltung) gegenübergestellt, so erklärte er seit 1920

die menschliche → Motivation durch das Zusammenwirken von → Lebens- und → Todestrieben, aus deren Mischung die verschiedenen Motive von → Liebe bis zur → Aggression entstehen.

Die Psychoanalyse ist bis heute die wichtigste und für das Alltagsleben aufschlussreichste psychologische Theorie; sie hat die meisten Formen der Psychotherapie angeregt und in vielen neueren Forschungen ihre Bedeutung, aber auch ihre lebendige Wandlungsfähigkeit bewiesen. Dabei werden viele einzelne Ansichten Freuds heute nicht mehr als allgemein gültig hingenommen, während man an der Fruchtbarkeit seiner Beobachtungen insgesamt nicht mehr zweifeln kann. Die umstrittenen Punkte der Lehre Freuds sind hauptsächlich seine Auffassung der Todestriebe, der → Sublimierung, der → Psychose, der → Libido-Theorie und des → Penisneids.

Psychoboom Im Wirtschaftsleben ist mit Boom (englisch Aufschwung) plötzlich steigender Umsatz einer Ware gemeint. Beim Psychoboom handelt es sich um psychologische Informationen sowohl in gedruckter wie in praktischer Form als Kurse, Weiterbildungen, «Lebenshilfe»-Gruppen oder → Psychotherapieangebote. Die Erklärung für die seit 1965 sprunghaft wachsende Nachfrage liegt wohl in einer zunehmenden Verunsicherung der Industriegesellschaften durch die Prozesse der → Individualisierung. Während seriöse Therapeuten die Möglichkeiten einer Glücksstiftung durch Psychotherapie skeptisch beurteilen, wird in manchen Angeboten des Psychobooms schnelle Hilfe bei allen Problemen versprochen, freilich ohne Erfolgsgarantie und Rückzahlung des Honorars, falls die zugesicherten Erlösungen nicht eintreten. Eine Gefahr des Psychobooms liegt darin, dass durch die falschen Versprechungen auch die tatsächlichen Hilfsmöglichkeiten durch Psychotherapie in Misskredit geraten.

Psychodrama Methode der Gruppentherapie, welche mit Hilfe von spontanen szenischen Darstellungen und Rollenspielen menschliche Konflikte sichtbar macht und so zu ihrer Bewältigung beiträgt. Begründer des Psychodramas ist Jacob Levy Moreno, der diese Methode aus der Beobachtung von Kindern entwickelte, welche ihre Konflikte im Spiel lösen. Ein wesentlicher Kunstgriff ist dabei der Rollentausch: Wenn eine Person mit einer anderen die Rolle tauscht, zum Beispiel der Ehemann mit seiner Frau, der Vater mit seinem Sohn, und beide eine von ihnen als problematisch erlebte Szene spielen, dann wird die Einfühlung in ein Gegenüber vertieft und ein vorher kaum auflösbarer Widerspruch gelöst. Eine andere Möglichkeit ist das Doppeln: In der Psychodrama-Gruppe fühlt sich ein Spieler nicht mehr in der Lage, eine Szene weiterzuspielen, oder ein anderer hat einen Einfall, der ihm zur Klärung der dargestellten Situation wesentlich erscheint; in dieser Situation «doppelt» er die Rolle und trägt so zur Klärung bei. Wer zu viel Angst hat, eine belastende Szene seiner Kindheit zu wiederholen, kann ein anderes Gruppenmitglied gewinnen, diese Szene für ihn darzustellen, und sich so gestalterisch einem Problem nähern, das er bisher nur passiv erleben konnte. Dadurch werden Ängste abgebaut und kreative Möglichkeiten erschlossen. Das Psychodrama wird bis heute in der klassischen Form nach Moreno unterrichtet, es gibt aber auch zahlreiche Abwandlungen, Weiterentwicklungen, Raubkopien, die in Gestalttherapie, Organisationsentwicklung, Familientherapie, Familienaufstellung, Rollenspiel, Encountergruppen usw. eingesetzt werden.

Leutz, G. A.: Psychodrama, Theorie und Praxis. Berlin, Springer 1974

Psychogen Seelisch bedingt.

Psychohygiene Lehre von der seelischen Gesundheit (englisch: mental health). Vor allem die Ergebnisse der → Psychoanalyse werden verwendet, um durch Aufklärung oder Veränderung an → Institutionen (Schulen, Rechtsprechung) seelischen Erkrankungen vorzubeugen. Wichtige Aufgaben wären eine bessere Vorbereitung und beratende Unterstützung der Eltern bei der → Erziehung, bessere Einrichtung von Säuglingsheimen, Kinderkrippen und Kinderheimen (→ Hospitalismus), verbesserte Möglichkeiten, Kinder aus einem schädlichen häuslichen → Milieu herauszunehmen oder dieses Milieu durch soziale Hilfe zu bessern, Versorgung seelisch Kranker auch außerhalb von Krankenhäusern, Verbreitung von mehr Wissen über Entstehung und Heilungsmöglichkeiten seelischer Krankheiten. Das Ziel der Psychohygiene ist kein geringeres, als für die seelische Innenwelt dasselbe zu leisten, was der Umweltschutz in der Erhaltung eines angemessenen Lebensraums bezweckt.

Psycholinguistik Die Wissenschaft der Linguistik (von lateinisch lingua = Zunge) untersucht die allgemeinen Regeln der Sprache. Wesentliche Einflüsse auf die Psycholinguistik kommen von Noam Chomsky, der ein System entwickelt hat, mit dem sich die Regeln aller bekannten Sprachen systematisch erfassen lassen («generative Transformationsgrammatik»). Ein wichtiges Untersuchungsgebiet ist der Spracherwerb von Kindern und in jüngster Zeit die Untersuchung «sprechender» Schimpansen, die mit einiger Mühe bis zu 150 Zeichen der Taubstummensprache erlernen und diese dann nicht nur reproduzieren, sondern auch teilweise spontan sinngemäß verwenden können. Eigene Erfindungen der Schimpansin Washoe, die von Allen und Beatrice Gardner wie ein eigenes Kind aufgezogen und in der amerikanischen Taubstummensprache Ameslan unterrichtet wurde, waren «Gimme tickle» (Kitzle mich) und «Open food-drink» (Kühlschrank aufmachen).

Psychologe Dieser Titel ist in Westdeutschland nicht geschützt; auf eine Universitätsausbildung in Psychologie verweist nur der Titel Diplom-Psychologe. Psychologie als eigenes Studienfach gibt es seit etwa hundert Jahren; viele der bedeutenden frühen Psychologen hatten eine philosophische oder naturwissenschaftliche Ausbildung (vor allem in Medizin). Das Diplom in Psychologie kann an den meisten westdeutschen Universitäten in einem Studium von acht bis zwölf Semestern erworben werden. Es ist in der Regel die Voraussetzung für eine fachliche Weiterbildung, oft die Promotion (zum Dr. phil. oder Dr. rer. nat.), eine Zusatzausbildung in → Psychotherapie, → klinischer Psychologie oder auch Pädagogik.

Psychologie Wissenschaft, die das Erleben und Verhalten von Lebewesen, besonders aber des Menschen untersucht. Beide Aspekte (Erleben *und* Verhalten) sind nur beim Menschen wissenschaftlich zugänglich; Tierpsychologie (→ Ethologie) ist immer Verhaltensforschung (→ Behaviorismus). Die Psychologie war lange Zeit ein Teilgebiet der Theologie und der Philosophie; sie wurde bis gegen Mitte des vergangenen Jahrhunderts rein spekulativ betrieben, also ohne den Versuch, Behauptungen mit wissenschaftlichen Mitteln zu beweisen. Das änderte sich mit der Gründung des ersten «Laboratoriums» für psychologische Experimente in Leipzig durch W. Wundt (1879). Nach und nach wurden viele Gebiete der Psychologie mit naturwissenschaftlichen Methoden der kontrollierten Beobachtung und des gezielten → Experiments untersucht (→ Wahrnehmung, → Denken, → Sinnesempfindungen, → Gruppendynamik, → Motivation, → Konflikt, → Persönlichkeit, → Lernen). Die Psychologie gewann parallel dazu in den Industriestaaten immer mehr an Bedeutung. Sie half, die Eignung für bestimmte Berufe zu ermitteln (Arbeitspsychologie), erforschte die Vorgänge bei Entscheidungen über Käufe (Marktpsychologie), half in der Lösung von Schul- und Erziehungsproblemen (→ Erziehung, → Erziehungsberatung), gewann Bedeutung für die Behandlung seelischer Krankheiten (→ Psychotherapie, → klinische Psychologie, → Verhaltenstherapie). Verwaltung, Schulwesen, Industrie, Handel, Sozialarbeit, Medizin und Rechtsprechung sind heute in einem Industriestaat ohne psychologische Mitsprache nicht mehr denkbar, obwohl die Vorurteile gegen eine wissenschaftliche Klärung von bisher der persönlichen Überzeugung oder dem Herkommen überlassenen Entscheidungsvorgängen noch keineswegs überall ausgeräumt sind.

Psychologische Kriegsführung Anwendung psychologischer Erkenntnisse, um einen Kriegsgegner zu schwächen. «Das erste Opfer auf dem Schlachtfeld ist die Wahrheit», sagt ein treffendes Sprichwort. Tatsächlich wird in jedem Krieg der eigene Erfolg, die Macht der eigenen Truppen und der eigenen Waffen übertrieben dargestellt und die Macht des Feindes ebenso wie dieser selbst entwertet. Bereits 1741 setzten die österreichischen Truppen in der Schlacht bei Mollwitz Flugblätter und Zeitungsmeldungen gegen die Preußen ein. Auch die deutschen Kriege gegen Napoleon wurden propagandistisch vorbereitet; im ersten «modernen», mit Maschinenwaffen und Eisenbahnen geführten Krieg, dem der amerikanischen Nordstaaten gegen die Sezession der Südstaaten, spielten die Zeitungen und Propagandaschriften beider Seiten eine große Rolle. Die Mittel wurden im Lauf der Zeit immer mehr verfeinert; neben direkte Propaganda, die nach wie vor eine Rolle spielt, traten gezielte Desinformationen über die Absichten eines Feindes und systematische Versuche, feindliche Soldaten zum Überlaufen zu bewegen. In Vietnam wirkte sich die Tradition, die Medien intensiv einzubeziehen, schließlich gegen den Krieg aus; immer weniger Menschen in den USA standen hinter der Kriegsführung und den Kriegszielen. Deshalb wurde im Golfkrieg um Kuwait 1991 die Presse wieder strikt reglementiert.

Psychologischer Psychotherapeut Durch das am 1. 1. 1999 in Kraft getretene deutsche Psychotherapeutengesetz (PTG) legalisierte Berufsgruppe, welche im Rahmen der kassenärztlichen Versorgung tätig ist. Psychologische Psychotherapeuten absolvieren nach dem Diplom in Psychologie eine mehrjährige Ausbildung in Psychoanalyse, tiefenpsychologisch fundierter Psychotherapie oder Verhaltenstherapie, dazu eine mindestens einjährige Weiterbildung in einer psychiatrischen Einrichtung. Sie sind dann den psychotherapeutisch weitergebildeten Ärzten gleichgestellt, rechnen selbständig mit den Krankenkassen ab und führen neben Kriseninterventionen gutachterpflichtige ambulante Psychotherapie im Umfang von 50 bis 300 Sitzungen (für Patienten der gesetzlichen Krankenkassen), Psychotherapie bei Privatpatienten, Gruppen- und Familientherapie durch.

Psychomarkt Bezeichnung für das kommerzielle Angebot an psychologischen Dienstleistungen, manchmal mit einer verborgenen Zuschreibung wie «rein» kommerziell oder «Bauernfängerei». Die Entstehung des Psychomarktes hing damit zusammen, dass angesichts des großen Veränderungs- und Neuerungsbedarfes in den sechziger Jahren weder die staatlichen Stellen noch das Gesundheitswesen genügend Angebote an Selbsterfahrungsgruppen, Erwachsenenbildung, psychologisch orientierter Freizeitgestaltung und Lebenshilfe machen konnten. Es gab lange Wartezeiten für eine Psychotherapie; an vielen Orten gab es überhaupt kein entsprechendes Angebot. So entstand eine bunte Mischung von «Therapie für Normale», d. h. von therapeutisch orientierten, aber auf den interessierten Laien zugeschnittenen und meist in Gruppen durchgeführten Möglichkeiten, sich selbst besser kennen zu lernen (Selbsterfahrung, Encounter), Konflikte im Rollenspiel zu bearbeiten (Psychodrama, Gestalttherapie), sich in verschiedenen «Psychotechniken» fortzubilden, oft mit dem nicht selten unrealistischen Angebot, nach einer relativ kurzen Ausbildung in Wochenendgruppen selbst als Trainer oder Leiter solche Gruppenangebote durchführen und damit Geld verdienen zu können. Das Angebot an den verschiedensten Methoden und Methodenkombinationen ist heute fast unüberschaubar; eine ernstliche Qualitätskontrolle gibt es nur dort, wo Therapie als Leistung von Krankenkassen bezahlt werden soll oder Supervision von Personen ausgeübt wird, die Mitglieder in einem Dachverband sind.

Psychoneuroimmunologie Erforschung der Zusammenhänge zwischen seelischen Einflüssen und körpereigener Abwehr. Schon früh wurden Beobachtungen gesammelt, welche einen Einfluss seelischer Faktoren auf das Immunsystem nahe legen. So gipfelte in den meisten Betrieben die Kurve der durch Erkältungskrankheiten ausfallenden Beschäftigten im Dezember, während die Angestellten bei der Post ihre Grippe erst nach Neujahr «nehmen»; sie fühlen sich angesichts der großen Belastungen durch die Weihnachtszeit offensichtlich verpflichtet, ihre Kollegen nicht im Stich zu lassen. Eine andere Beobachtung ist die «Examensangina»: Sehr häufig erkranken Studenten unmittelbar vor einer Prüfung an einer fiebrigen Halsentzündung. Solche Beobachtungen wurden später durch Versuche untermauert, in denen sich beweisen ließ, dass – analog etwa der Absonderung von Magensaft auf den Klang einer Glocke – auch eine Steigerung der Zahl aktiver Lymphozyten (also der zellulären Immunabwehr) durch bedingte → Reflexe beeinflusst werden kann. Diese Forschungen belegen, wie wichtig psychotherapeutische Hilfe auch bei körperlichen Erkrankungen und Infektionen (wie AIDS) sein kann.

Psychopathie Griechisch für «Seelenleiden»; vieldeutiger Begriff, der in verschiedenen Einteilungen der → Psychiatrie auch verschieden verwendet wird. Seine Hauptbedeutungen sind: 1. Seelische Abnormität, die auf einem erblichen Defekt beruht und dazu führt, dass der Psychopath entweder selbst leidet oder andere leiden macht (herkömmliche Auffassung der Psychiatrie). 2. Störungen der Persönlichkeit, die im Gegensatz zur → Neurose nicht als fremd und dem eigenen → Ich zuwider empfunden, sondern von den Betroffenen als unveräußerlicher Bestandteil des eigenen Charakters («ichsynton») akzeptiert werden. Diese Störungen sind neben Erbeinflüssen auch durch Umweltbedingungen in der frühen Kindheit zustande gekommen und auch therapeutischen Maßnahmen zugänglich, wobei allerdings die bei Neurosen üblichen Methoden der Behandlung geändert werden müssen. Die frühere «Erbtheorie» der Psychopathie führte die häufig ebenfalls ähnlich gestörten Eltern von Psychopathen als Beweis an. Doch lässt sich in einem solchen Fall die Ähnlichkeit zwischen den Generationen leicht durch einen Mangel an gesunden → Identifizierungen in der Kindheit erklären. In der angelsächsischen Literatur wird der Psychopathie-Begriff weitgehend auf «Soziopathie» eingeengt, worunter man Menschen versteht, die durch einen Mangel an Bindungsfähigkeit, echter Zuneigung und der Fähigkeit, Bedürfnisse aufzuschieben, gekennzeichnet sind. Diese Psychopathen schwören, sich zu bessern, und halten sich nie daran; sie lügen hemmungslos, können einen beträchtlichen Charme entwickeln, scheitern aber immer wieder an für andere belanglosen Hindernissen, hinter denen bei gründlicher Beobachtung ihre mangelnde Fähigkeit zu einer sinnvollen Lebensgestaltung und zu engeren menschlichen Bindungen hervortritt.

Psychopharmaka Seelisch wirksame Medikamente, die heute in der → Psychiatrie viel verwendet werden. Eine einfache Einteilung ist:
1. Anregende Mittel (Stimulantien, Energizer, Pep-Pills). Sie steigern den Wachheitsgrad des Bewusstseins (→ Drogen), führen bei Missbrauch zu nervöser Erschöpfung und → Symptomen, die einer → Psychose ähneln, zum Beispiel Verfolgungswahn. Die Gefahr einer → Sucht ist gegeben. Die bekanntesten Mittel sind Pervitin und Preludin. 2. Antidepressive Mittel (Antidepressiva, Thymoleptika). Sie wirken bei Menschen in einem seelischen Normalzustand nur ungenügend oder sogar widersinnig (manchmal einschläfernd), können aber bei Kranken, die an einer → Depression leiden, Erleichterung bringen. Keine Suchtgefahr. Das verbreitetste Mittel ist Imipramin (Handelsname: Tofranil). Limbatil kombiniert ein Antidepressivum mit einem Tranquilizer (Suchtgefahr!). 3. «Kleine» Beruhigungsmittel (Tranquilizer, Glückspillen, Sedativa). Sie erleichtern die bei → Neurosen oder heftigen Lebenskonflikten auftretenden Spannungen, vor allem → Angst und ihre körperlichen und seelischen Folgeerscheinungen. Es besteht die Gefahr, dass der Patient abhängig wird. Verbreitete Mittel sind Diazepam (Handelsname: Librium), Diezepoxyd (Handelsname: Valium) und Meprobamat (Handelsname unter anderem Miltaun). Weiterentwicklungen sind Tavor, Lexotanil, Adumbran und Frisium. Sie alle können süchtig machen, obwohl die Hersteller meist bei der Einführung behaupten, dies sei bei dem neuen Stoff nicht mehr der Fall. 4. «Große» Beruhigungsmittel (Neuroleptika, Psycholeptika). Diese Medikamente wurden vor etwa fünfundzwanzig Jahren entdeckt und sind eines der wirksamsten Hilfsmittel in der Behandlung von Erregungszuständen, wie sie bei → Schizophrenie und → Manien auftreten. Sie wirken stark beruhigend, dämpfen aber vor allem die Gefühls- und Antriebsseite des Erlebens, betäuben nicht das Bewusstsein, wie andere starke Beruhigungsmittel (wie Schlafmittel). In zu hoher Dosierung (das heißt wenn zu viel von diesem Medikament gegeben wird) führen sie zu typischen, unwillkürlichen Muskelzuckungen und Lähmungen. Angewendet werden sie in den Nervenkrankenhäusern und bei der Nachbehandlung von Menschen, die an einer Psychose erkrankt sind. Das älteste Mittel aus dieser Gruppe ist das Chlorpromazin (Handelsname: Megaphen); weitere verbreitete Stoffe sind das Trifluoperazin (Lyogen, Omca) und das Haloperidol (Haldol).

Psychose Geisteskrankheit; im Gegensatz zur → Neurose verliert der Psychotiker (der an einer Psychose Erkrankte) die Beziehung zur Wirklichkeit seiner selbst und seiner Mitmenschen. Diese Formen der Ver-Rücktheit sind naturgemäß sozial, durch die Übereinstimmung einer normalen Mehrheit (→ Norm) festgelegt. Sie ergeben daher einen fruchtbaren Ansatz für Gesellschaftskritik: Was ist das für eine Normalität, von der sich der Irre abwendet? Vertreter der «Anti-Psychiatrie» (R. Laing, Th. Szasz) geben hier die Antwort, dass man in den «unangepassten» Verhaltensweisen der Psychotiker durchaus auch eine eigenständige Form der Anpassung an eine verrückte Realität sehen kann. Der Gedanke ist fruchtbar, doch wohl nur als Antithese zur herkömmlichen → Psychiatrie möglich. Man unterscheidet exogene und endogene Psychosen; die exogenen sind durch Gifte und/oder grobe Schädigungen des Gehirns bedingt (→ Alkoholismus; Adernverkalkung, Alterspsychosen). Die endogenen Psychosen kommen durch innere Ursachen zustande, über deren Art bisher keine Einigkeit besteht. Die frühere Annahme, dass es sich um einen erblichen Mangel handelt, hat sich durch neuere → Zwillingsstudien nicht bestätigen lassen. Die Erbanlage allein verursacht keine Psychose; allerdings spielen ererbte Einflüsse eine Rolle als Vorbedingung, (→ Disposition); sie sind eine in ihrem Gewicht ungeklärte Teilursache. Die beiden wichtigsten endogenen Psychosen sind die → Depression beziehungsweise → Manie (als manisch-depressives Irresein zusammengefasst) und die → Schizophrenie.

Psychosekten Glaubensrichtungen, die an ihre Anhänger sehr weit gehende Forderungen richten und dabei psychologische Techniken einsetzen. Sekten sind immer Extremformen von Religionen; während die großen religiösen Traditionen in der Regel relativ bescheidene Mindestanforderungen stellen, um aufgenommen zu werden oder in ihnen zu bleiben, verlangen Sekten höhere Opfer und bieten intensivere Begegnungen. Das gilt ebenso für die Psychosekten, deren bekannteste Beispiele derzeit Scientology und die Bhagwan-Bewegung sind. Während zur wissenschaftlichen Psychologie Skepsis, Bestehen auf Beweisen und Bindung an den ethischen Kodex der Forschung gehören, werden psychologische Methoden in diesen Sekten nach dem Prinzip eingesetzt, dass der Zweck die Mittel heiligt. Während zum Beispiel Wissenschaftler mahnen, Ergebnisse einer Befragung mit Hilfe des so genannten «Lügendetektors» sehr kritisch zu interpretieren, wird in der Scientology-Sekte ein vereinfachter Lügendetektor-Test verwendet, um den Getesteten (die dafür oft sehr viel Geld bezahlen müssen) zu einem «höheren Bewusstsein» zu verhelfen. Diese Mischung aus (pseudo-)wissenschaftlichem Ritual und Heilsversprechen auf einem simplen theologischen Niveau charakterisiert weite Bereiche der Psychosekten, die ebenso begeisterte Anhänger wie desillusionierte Aussteiger produzieren. Wer die Geborgenheit der Sekte schließlich als zu eng und trügerisch erlebt, fühlt sich nicht mehr erlöst, sondern ärmer an Illusionen und an Geld. → Jugendreligionen, Psychomarkt

Psychosexuelle Entwicklung Entwicklung der seelischen Grundlagen des sexuellen Verhaltens. Nach dem Entwicklungsmodell der → Psychoanalyse wird sie in eine → orale, → anale und → phallische Phase unterteilt. → Libido, kindliche Sexualität

Psychosomatik Grenzgebiet von Medizin, Psychologie und Psychotherapie, das sich mit den seelisch bedingten oder mitbedingten körperlichen Erkrankungen befasst. Die Psychosomatik geht auf uralte medizinische Überlieferungen (vor allem der von → Magie bestimmten Heilkunde der primitiven Medizinmänner) zurück, erhielt ihre wichtigsten Anregungen aber von der → Psychoanalyse und → Tiefenpsychologie.

Im Lauf der Forschung fanden sich (mindestens) zwei grundlegende Mechanismen bei psychosomatischen Krankheiten: 1. Die → Konversion, bei der Teile des Organismus, die sonst willkürlich beherrschbar sind, durch unbewusste Kräfte gestört werden (Lähmung, Blindheit, Schluckvorgang, plötzlich auftretende Krämpfe). 2. Die «vegetative Neurose» (F. Alexander), eine Körperreaktion auf immer wiederkehrende Gefühlszustände, die gewissermaßen den Organismus so lange unter Druck setzen, bis er an einer schwachen Stelle mit einer Krankheit «entgegenkommt». Als typische Fälle für eine psychosomatische Betrachtungsweise gelten: Magengeschwüre, Bronchialasthma, Schlaflosigkeit, → Fett- oder → Magersucht, Menstruationsbeschwerden, Muskelrheuma, zahlreiche Fälle von Kopfweh, erhöhte Anfälligkeit für Infektionen und vieles andere mehr. Insgesamt sind nach verschiedenen Schätzungen zwischen 30 und 60 Prozent der Patienten einer allgemeinärztlichen Praxis psychosomatisch erkrankt. In diesen Fällen ist (vor allem bei längere Zeit auftretenden Symptomen) die rein medizinische Behandlung (auch die mit → Psychopharmaka oder Kuren) nicht erfolgreich. Sie müsste durch psychotherapeutische Maßnahmen ergänzt werden, um die ständigen Rückfälle zu vermindern.

Psychotherapeut Arzt oder → Psychologe mit einer Zusatzausbildung in → Psychotherapie. → Lehranalyse

Psychotherapie «Behandlung der Seele»; Sammelbegriff für eine Vielzahl psychologischer → Methoden, die dazu dienen, Störungen des Erlebens und Verhaltens zu beheben. Eine psychotherapeutische Behandlung befasst sich ausschließlich mit psychischen → Symptomen, kann aber durchaus auch auf körperliche Leiden (→ Psychosomatik) angewendet werden, wobei man davon ausgeht, dass diese seelisch bedingt sind. Sie muss von der körperlichen Behandlung psychischer Störungen unterschieden werden, wie der Behandlung mit → Psychopharmaka oder mit elektrisch erzeugten Krämpfen (→ Elektroschock).

Die Psychotherapie hat eine lange Vergangenheit und eine kurze Geschichte als umgrenzte, durchdachte Wissenschaft. Sie gehörte zu den wichtigsten Mitteln der urtümlichen Medizinmänner oder Schamanen, die als Priesterärzte der schriftlosen Gesellschaften eine wichtige Rolle in den frühen Kulturen spielten. Damals wurde die → Suggestion angewandt, aber nicht wissenschaftlich untersucht. Das geschah erst im vergangenen Jahrhundert. Doch konnten Suggestion und → Hypnose, die frühesten Mittel der wissenschaftlichen Psychotherapie, nicht den Anspruch erfüllen, den man an eine umfassende Erklärung seelischer Erkrankungen stellen muss. Man verbot den scheinbar sinnlosen Symptomen einfach ihr Fortbestehen, ohne ihre Ursachen aufzuklären. Der Erfolg war dementsprechend auch oft unbefriedigend. Eine erste umfassende Theorie seelischer Erkrankung und Heilung bot erst die → Psychoanalyse; sie und ihre verschiedenen Abänderungen (→ Individualpsychologie, → Gruppentherapie, → kollektives Unbewusstes, → Libido, → Neurose) ist bis heute die einflussreichste Erklärung der Vorgänge bei der Entstehung und Heilung seelischer Störungen geblieben.

Es gibt viele verschiedene Formen der Psychotherapie. Wir schildern ganz kurz einige der wichtigsten:

1. Psychoanalyse (Standardmethode). Der Patient liegt auf einer Couch, der Therapeut sitzt hinter ihm. Es sollen mindestens drei Stunden pro Woche gearbeitet werden. Der Patient soll «frei assoziieren» (→ Assoziation), das heißt ohne Kontrolle alles sagen, was ihm einfällt. Der Therapeut beschränkt seine Aktivität auf → Deutungen und ihre Vorbereitung (meistens durch klärende Fragen). Dieses Vorgehen erlaubt eine weitgehend vorurteilsfreie seelische «Grundlagenforschung» und ist für Neurosen mit noch guter Wirklichkeitsanpassung der gesunden Persönlichkeitsanteile geeignet.

2. Analytische Psychotherapie. Der Patient liegt oder sitzt; die Häufigkeit der Stunden ist geringer, der Therapeut ist etwas aktiver, er versucht, den Patienten möglichst gezielt an wichtige → Einsichten heranzuführen, wartet also nicht ab, welche Themen spontan auftreten. Es gibt auch Kurzverfahren in dieser Technik. Sie werden «Fokaltherapie» genannt, weil sich der Therapeut auf einen einzigen grundlegenden → Konflikt (Fokus = Herd) beschränkt.

3. Gesprächspsychotherapie, klientenzentrierte Therapie. Hier verzichtet der Therapeut auf Deutungen und versucht nur, den Gefühlszustand des → Klienten in einer von Gefühlswärme und → Echtheit bestimmten Atmosphäre widerzuspiegeln (→ Nicht-direktive Psychotherapie).

Weitere Formen der Psychotherapie sind Gruppentherapie, → Gestalttherapie, → Transaktionsanalyse, → Primärtherapie, → Verhaltenstherapie, → autogenes Training, Hypnose. Zwischen den verschiedenen Verfahren und ihren Vertretern besteht hinsichtlich wichtiger Punkte (Ursachen der Neurosen und Psychosen, Erfolgsaussichten der Behandlung, Ziele, die angestrebt werden sollen) keine Übereinkunft. In den von der Psychoanalyse herkommenden Methoden wird eher eine Änderung der gesamten → Persönlichkeit angestrebt, während in der Verhaltenstherapie die Veränderung einzelner Symptome als Ziel gilt. Die Diskussionen gehen nicht selten von unterschiedlichen Werten und → Normen aus. Auch die → Erwartungen der Patienten an die Psychotherapie sind sehr unterschiedlich und oft an dem Modell einer Arzt-Patient-Beziehung ausgerichtet, in der ein passiv bleibender Kranker von einem aktiven Arzt behandelt wird. Doch setzt eine erfolgreiche Psychotherapie immer die Bereitschaft des Patienten voraus, an sich zu arbeiten. Therapeut und Patient müssen die Gefahr erkennen, dass sich in ihrer → Beziehung die Situation eines manipulierten Kindes und eines mächtigen Elternteils wiederholt (wobei der Patient seinerseits auch den Therapeuten manipulieren kann, sobald sich dieser auf eine solche Beziehungsform einlässt).

Pubertät Im Lateinischen heißt pubertas Mannbarkeit. Die Pubertät ist die Zeit, in der aus dem heranwachsenden Kind in einer Umbruchperiode ein Erwachsener wird, der – lange ehe ihm die westliche Gesellschaft dies im Verhalten zubilligt – ein voll entwickeltes Sexualleben führen könnte (und das in manchen primitiven Kulturen auch tut). Die Dauer der Pubertät ist ebenso wie ihr Beginn bei verschiedenen Menschen sehr unterschiedlich. Sie setzt bei Mädchen meist etwas früher ein und ist durch ein klares Zeichen erkennbar: die erste Regelblutung. Bei Jungen gibt es kein vergleichbares Zeichen, da die → Selbstbefriedigung oft schon vor einer → Pollution einsetzt. Verglichen mit der ihr vorangehenden, späten Kindheit (→ Latenzphase) ist die Pubertät eine Zeit starker Gefühlsschwankungen und heftiger innerer wie äußerer Gegensätze. Zum ersten Mal werden → Konflikte eindringlich wahrgenommen und starke Stimmungsschwankungen bewusst durchlebt. Schroffe Gegensätze zwischen Idealvorstellungen (→ Ich-Ideal) und Wirklichkeit, zwischen hohen moralischen Ansprüchen und Empfindungen der eigenen Wertlosigkeit und Schlechtigkeit, oft tiefe Lebens- und Entwicklungsängste sind einige der Grundprobleme der Pubertät in unserer Gesellschaft. Der Jugendliche findet keine verbindlichen Vorbilder mehr, mit denen er sich identifizieren kann (→ Identifizierung); er übernimmt allenfalls einzelne, oft äußerliche Verhaltensweisen bestimmter Gruppen (Fanclub, Rockergruppe). Hinter der gelegentlich geäußerten radikalen Ablehnung der im Elterhaus übermittelten Werte steht oft eine fortdauernde → Abhängigkeit von den Eltern, verbunden mit der Angst, nie von ihnen loszukommen, nie eine befriedigende Beziehung zum anderen Geschlecht aufbauen zu können, keinen Beruf zu finden, der sinnvoll ist (→ Identität). Die → Rolle des Erwachsenen erscheint oft als so große Belastung, dass sie mit allen Mitteln verweigert wird (→ Magersucht). Das Verhalten eines Pubertierenden ist oft die Quittung für Erziehungsfehler der frühen Kindheit. Einsicht auf beiden Seiten (auch für die Eltern bedeuten die Umwandlungen der Pubertät einen Schritt ihrer Entwicklung zum Akzeptieren des eigenen Älterwerdens) kann die Gefahr zerstörerischer Folgen (→ Selbstmord, Jugendkriminalität, → Neurose) vermindern.

Puritanismus «Reinheit» der Sitten (auf → Askese abzielende Lebenseinstellung des protestantischen Bürgertums seit dem späten 16. Jahrhundert), die mit starrer Ablehnung außerehelicher Sexualität und einer feindseligen Einstellung gegenüber allen nicht auf Gelderwerb, Arbeit und Religionsausübung gerichteten Aktivitäten (wie Theater, Tanz) einherging.

Purkinje-Phänomen Von dem russischen Physiologen J. E. Purkinje zuerst beschriebene Verschiebung des Empfindlichkeitsmaximums in der Dunkelanpassung des Auges: Während in einem hellen Raum Orangerot heller wahrgenommen wird als Blaugrün, kehrt sich dieser Eindruck um, wenn der Raum abgedunkelt wird.

R

Rache Wunsch, einer Person, von der man sich geschädigt oder entwertet glaubt, Schaden zuzufügen. Die Rache ist ein urtümlicher Affekt, der schon immer die Menschen bedroht hat und früh Versuche weckte, ihr blindes Wüten einzudämmen. Bereits im Alten Testament ist sie in der Regel «Auge um Auge, Zahn um Zahn» sozusagen auf einen berechenbaren Austausch beschränkt. Ähnliches gilt für die «Blutrache», die bis in das 19. Jahrhundert auch in rückständigen Gegenden Europas (Korsika) Volksbrauch war und bis heute in der Mafia üblich ist. Sie fordert, für jedes Opfer der eigenen Gruppe ein Mitglied der Tätergruppe zu töten. Während die Rache in den Aufklärungs- und Emanzipationsbemühungen der bürgerlichen Kultur allmählich als unzivilisiert angesehen wurde und ihre Bedeutung verlor, gewinnt sie im Faschismus und in ihm verwandten Bewegungen, welche versuchen, die Widersprüche der modernen Gesellschaft mit Gewalt zu lösen, wieder Zulauf. Psychologisch entspringt die Rache einer Kränkung des → Narzissmus, die nicht durch reifere Formen des Umgangs mit Kränkungen – wie Kreativität und Humor – verarbeitet werden kann.

Rangordnung (soziale) Einfache Formen einer Rangordnung (Hierarchie) gibt es schon bei gruppenlebenden Tieren (→ Hackordnung). In den menschlichen Gesellschaften gibt es nicht durchweg Rangordnungen; die altsteinzeitlichen Kulturen der Jäger und Sammler kannten zum Beispiel keine Häuptlinge. Die Fragestellung, wer sich wem unterordnet, ist ihrerseits Zeichen einer bestimmten gesellschaftlichen Bewusstseinshaltung, die seit der Entwicklung des Privatbesitzes und der sozialen Einteilung in «Herren» oder «Sklaven» entstand. In den gegenwärtigen Gesellschaften treffen die meisten Rangordnungen nur auf einzelne Bereiche zu («Vorgesetzte» und «Untergebene» stehen nur in bestimmten Lebensbereichen in einer Rangordnung; der Chef hat zwar beruflich etwas zu sagen, nicht aber in das Privatleben hineinzureden). Vollständige Übermacht eines Teils ergibt sich nur in der → Erziehung (Eltern-Kind-Situation) oder unter besonderen Umständen (Konzentrationslager). Man unterscheidet formelle Rangordnungen (wie Leutnant-Gefreiter) und informelle Rangordnungen (wie der Anführer bei Streichen einer Jugendgruppe). → Führer

Rassenpsychologie Versuch, aus Rassenunterschieden psychologische Gesetze abzuleiten, zum Beispiel mit der Behauptung «Neger sind weniger intelligent als Weiße» (weil sie in → Tests durchschnittlich schlechter abschneiden). Solche Erklärungen durch Rassenunterschiede sind nur dann annehmbar, wenn alle anderen Einflüsse sicher ausgeschlossen oder doch in ihrem Gewicht genau bestimmt werden können. Wenn die untersuchten Schwarzen auch durchweg eine schlechtere Schulbildung und ein ungünstigeres häusliches → Milieu hatten, dann sind die Intelligenzunterschiede nicht mehr auf Rassenunterschiede zurückzuführen, sondern eher darauf, dass der Test Weiße bevorzugt. Da sich viele früher auf angeborene Rassenunterschiede zurückgeführte psychologische Unterschiede bei genauer Nachprüfung als erlernte, sozial-kulturelle Merkmale erwiesen haben, geht man heute meist davon aus, dass die körperlichen Rassenmerkmale (wie dunkle Haut, Mongolen-Lidfalte) angeboren, die seelischen aber weitgehend erworben sind.

Rationalisierung Vernünftige Bemäntelung von Verhaltensweisen, die in Wirklichkeit andere → Motive haben. Vor allem bei Gebildeten verbreitete Form der → Abwehr. Sie wird durch eine Erziehung bedingt, in der Fragen wie «Warum hast du schon wieder ...?» einen Terror der (Pseudo-) Vernunft schaffen, der später in einer → Identifizierung mit dem Angreifer gegen eigene und fremde Gefühle wirkt.

Reaktionsbildung Ausdruck der → Psychoanalyse für die → Abwehr eines unbewussten Wunsches durch starres Festhalten an einem entgegengesetzten Verhalten. Ein Kind, das für sein Kotschmieren bestraft wurde, entwickelt später vielleicht eine heftige Abneigung gegen allen Schmutz, der sich auch auf eine Reihe von Speisen erstreckt; ein enttäuschter Liebender verfolgt hasserfüllt die einst Geliebte.

Realitätsprinzip Was sich der naturgegebenen oder sozialen Wirklichkeit gemäß vollzieht, diese richtig einschätzt und erfolgreich verändert, entspricht dem Realitätsprinzip, das S. Freud dem → Lustprinzip gegenüberstellte. Dem Lustprinzip folgen die → Primärvorgänge, dem Realitätsprinzip die → Sekundärvorgänge (→ Phantasie).

Reflex Unwillkürliche, von selbst ablaufende Antwort auf Veränderungen der Umwelt, zum Beispiel Verengung der Pupille des Auges, wenn die Umgebung heller wird. → Bedingter Reflex, Konditionierung, Lernen

Regression Rückkehr zu früheren Erlebnisweisen, Formen der Triebbefriedigung oder der Bewältigung von Reizen. Ein Mädchen, das nach dem Verlust ihres ersten Freundes übermäßig zu essen beginnt («Kummerspeck»), zeigt eine Regression auf die → orale Phase. Eine solche Regression setzt eine vorangegangene → Fixierung voraus. Regression ist meist auch ein Schritt von wirklichkeitsorientierten, logisch kontrollierten Denkvorgängen zum bildhaft-symbolischen Erleben, vom → Sekundärvorgang zum → Primärvorgang (→ Phantasie). Deshalb ist es notwendig, zwischen gutartigen Formen einer «Regression im Dienst des Ich» (etwa beim Künstler, der seine Phantasie frei wirken lässt und anschließend das Gestaltete kritisch prüft) und bösartigen

Formen der Regression in seelischen Krankheiten zu unterscheiden.

Reinlichkeitserziehung Der meist durch eine Verbindung von Zureden und Strafe bewirkte Vorgang der bewussten Kontrolle über die Stuhl- und Urinausscheidung ist ein wichtiges Stück der frühkindlichen → Entwicklung (→ anale Phase). Die heute von den meisten Psychologen vertretenen Erziehungsvorschläge sind: Nicht zu früh beginnen (nicht vor einem Alter von zwei Jahren), keine Strafen anwenden, dem fast immer in diesem Alter einsetzenden spontanen Reinlichkeitsbedürfnis der Kinder vertrauen.

Reiz-Reaktion Ein Reiz ist alles, was einen nervösen Empfangsapparat (Rezeptor) im Körper in Tätigkeit bringt; die Reaktionen, also das antwortende Verhalten dieses Organismus, können als Folge äußerer (→ Wahrnehmung) oder innerer (→ Trieb) Reize aufgefasst werden. Es ist daher sinnvoll, Psychologie als eine Wissenschaft von Reiz-Reaktions-Verbindungen anzusehen. Die einfachste Form einer Reiz-Reaktions-Verbindung ist der → Reflex; die Verbindung eines Reflexes mit einem neuen, ursprünglich nicht wirksamen Reiz (→ bedingter Reflex) verkörpert eine grundlegende Form des → Lernens.

Repression → Verdrängung; wurde ursprünglich als englische Übersetzung diese Ausdrucks der Psychoanalyse verwendet und dann als Fremdwort wieder eingeführt, vor allem in der Adjektivform (repressiv). Dabei wird der Begriff oft in einer erweiterten Bedeutung gebraucht: Während die Verdrängung das Verschwinden eines → Motivs aus dem Bewusstsein bedeutet, als ob dieses nie da gewesen wäre, werden Repression und repressiv («repressive Erziehung», «gesellschaftliche Repression») besonders verwendet, um die bewusste Unterdrückung bestimmter Motive zu kennzeichnen. → Repressive Entsublimierung

Repressive Entsublimierung Nach der Prüderie des 19. und der ersten Hälfte des 20. Jahrhunderts zeigt sich in vielen Industriegesellschaften eine Tendenz, an die Stelle des früher gewünschten Triebverzichts und Befriedigungsaufschubs («schaffen, sparen, Häusle bauen») für möglichst rasche und umfassende Befriedigung zu plädieren («buy now, pay later» = gleich kaufen, später zahlen). Diese Befreiung ist nur scheinbar emanzipatorisch, weil an die Stelle des früheren Sparsamkeitsideals ein Konsumzwang tritt. Daher ist die Aufhebung der → Sublimierung, die Auflösung verzichtorientierter Normen häufig ihrerseits unterdrückend (repressiv). Im Bereich der Sexualität wird zum Beispiel ein Mädchen, das mit 20 Jahren «noch» Jungfrau ist, dazu gebracht, sich «unnormal» zu fühlen; wer kein Auto (Videogerät, PC) besitzt, stößt oft auf ähnliche Wertungen. → Konsumpsychologie, Jugendsexualität, Sublimierung

Rituale In fester Form und geregelter Folge ablaufende Verhaltensweisen, die eine bestimmte Bedeutung haben sollen, nennt man Rituale. Der Ausdruck wurde ursprünglich meist für religiöse Übungen verwendet: Eine katholische Messe verläuft nach einem bestimmten Ritual, ebenso ein chinesisches Begräbnis. In der Psychologie gewann «Ritual» einige neue Inhalte; so spricht man in der Verhaltensforschung an Tieren von Ritualen, wenn eine Folge von Verhaltensweisen ihren ursprünglichen Sinn gegen einen neuen vertauscht, der eine Mitteilung (Kommunikation) an Artgenossen enthält. Drohende Hirsche entblößen zum Beispiel ihre Zähne; dieses Ritual ist nur dann zu verstehen, wenn man davon ausgeht, dass ihre stammesgeschichtlichen Vorfahren tatsächlich mächtige Eckzähne hatten, mit denen sie zubissen. Auch die gleichförmig wiederholten Verhaltensweisen bei Kranken mit → Zwangsneurose werden Rituale genannt.

Rivalität Wettbewerb, Konkurrenz. Wichtige Verhaltensebene in einer leistungsorientierten Gesellschaft. Der Wert der Rivalität als gesellschaftliche Grundhaltung ist fragwürdig geworden, seit die Schattenseiten der Industriegesellschaft (Umweltverschmutzung, Ausbeutung, → Stress) deutlich sind. In menschlichen → Beziehungen führt Rivalität sehr häufig zu Schwierigkeiten, wenn sie etwa in eine Intimbeziehung hineingetragen wird. Solange Kinder mit der inneren Formel erzogen werden «Hammer oder Amboss sein» (entweder bin ich der Sieger – oder der Besiegte), wird es schwierig sein, Situationen zu bewältigen, in denen es nur zwei Sieger (oder zwei Besiegte) gibt. In einer Ehe führt Rivalität zum Scheitern für beide; Zusammenarbeit und Intimität hingegen lassen die Beziehung für beide Partner zu einem «Sieg» werden.

Rolle Ursprünglich «was ein Schauspieler aufzusagen hat»; darüber hinaus in der → Sozialpsychologie das einem Menschen von seinen Bezugspersonen (von den Gruppen, in denen er lebt und deren Urteile ihm wichtig sind) vorgeschriebene Verhalten. Dabei besteht immer eine Wechselwirkung zwischen dem eigenen Rollenverständnis und Verhalten nach außen und dem Einschätzen dieser Rolle seitens der Gruppe. Gesellschaftlich festgelegt ist beispielsweise die «Frauenrolle», die an jede Frau bestimmte → Erwartungen richtet, ungeachtet ihrer persönlichen Eigenschaften und Lebensumstände.

S

Sadismus Lustgewinn aus Verhaltensweisen, durch die andere Menschen, gelegentlich auch Tiere, gequält oder verletzt werden. Im Bereich des Sexuallebens entsprechen sich Sadismus und → Masochismus (Lustgewinn aus eigenem Erleiden von Erniedrigung und Schmerz), wobei genauere sexualwissenschaftliche Untersuchungen ergeben haben, dass für beide Sexualpartner in einer solchen Verhaltensfolge ein spielerischer, unverbindlicher Zug liegt. Wesentlicher als das Zufügen oder Erleiden von Schmerz ist das Phantasiebild des völligen Beherrschens (für den Sadisten) oder des völligen Ausgeliefertseins (für Masochisten). Solche sadomasochistischen Spiele im Einverständnis der Beteiligten dürfen als verbreitete sexuelle Abweichung angesehen werden. Entsprechende Phantasien und Ansätze zu sadomasochistischem Verhalten finden sich häufig auch bei normalen Menschen (→ Norm). Das Angebot an Lederkleidung, Peitschen, Stiefeln und ähnlichen Attributen in den einschlägigen Versandhäusern zeigt ihre weite Verbreitung. Sehr viel seltener ist die von Sadismus getragene sexuelle Aggressivität; Mord als Bestandteil sexueller Befriedigung kommt wohl nicht häufiger als bei einem unter einer Million Menschen vor.

Das Auftreten sadistischer Verhaltensweisen bei bisher unauffälligen Menschen in Versuchungssituationen (häufig bei Aufsehern in Konzentrationslagern) zeigt besonders deutlich, wie Sadismus im Hintergrund einer im Übrigen «normalen» Persönlichkeit (→ autoritäre Persönlichkeit) bestehen kann. Für seine Entstehung gibt es noch keine eindeutige Erklärung; Sadismus scheint ein Ausdruck einer lebensfeindlichen Einstellung, die sich in der Kindheit aus einer Erziehung entwickelt, in der die ursprünglichen Bedürfnisse des Kindes nach Zuwendung, Geborgenheit und Bestätigung seiner Existenz nicht erfüllt werden, sondern das Kind eine Spaltung zwischen seinen Gefühlen und Wünschen auf der einen, den Ansprüchen einer kontrollierenden, strengen Umwelt auf der anderen Seite verinnerlichen muss. Das Bedürfnis nach vollständiger Macht oder Ohnmacht im Sadomasochismus drückt einen Mangel an Vertrauen in wechselseitig bestätigende menschliche Beziehungen aus (→ Rivalität, Urvertrauen).

Sauberkeitsideologie Zu den → Reaktionsbildungen der → analen Phase gehört ein übertriebenes, zwanghaftes Interesse an Sauberkeit, wobei Reinlichkeit, Keimfreiheit und Geruchlosigkeit unbewusst mit moralischer Reinheit gleichgesetzt werden (eine Erscheinung, die sich zum Beispiel die Werbung der Waschmittelindustrie zunutze macht). Die Sauberkeit in dieser übertriebenen, von der Reklame manipulierten Form ist eine häufige Ursache von Hautkrankheiten (etwa 40 Prozent aller Patienten der Hautärzte leiden an Hautkrankheiten, die durch Verwendung von Reinigungsmitteln, Deodorants und Kosmetika bedingt sind) und der Umweltverschmutzung (die Grundstoffe der Waschmittel sind die wichtigste einzelne Ursache des biologischen «Umkippens» von Gewässern).

Schadenfreude Freude über die Niederlage eines anderen gehört zu den Folgen einer von → Rivalität bestimmten Erziehung. Sie ist Zeichen einer durch den Anblick der Unterlegenheit des anderen bestimmten Erleichterung eigener ängstlicher Gefühle, nicht wertvoll und überlegen zu sein. → Minderwertigkeitsgefühl, Machtstreben

Scham Im Schamgefühl erleben wir die fehlende Übereinstimmung einer Verhaltensweise mit unserem eigenen inneren Ideal, die uns durch die als höhnisch, verächtlich oder herablassend empfundene Haltung anderer

Menschen bewusst gemacht wird. Scham tritt auf, gleichgültig, ob diese Beschämung vor anderen in der Wirklichkeit stattfindet oder in der Vorstellung vollzogen wird. Während zur Schuld das Gefühl gehört, etwas Strafbares, Verbotenes getan zu haben (→ Schuldgefühl), tritt Scham auf, wenn etwas Lächerliches, Verächtliches oder Peinliches geschah. Man kann ein Kind durch Beschämung ebenso unterdrücken wie durch Drohung. Es bedeutet aber einen Unterschied für die Persönlichkeitsentwicklung, ob zum Beispiel der Vater zum Sohn in der Situation des → Ödipuskomplexes sagt: «Was willst du schon, du Schwächling?» (Scham) oder «Wer die Hand gegen seinen Vater erhebt, dem wird sie verdorren» (Schuld). Wie das → Ich-Ideal ist auch die Scham eine Folge bestimmter Bedingungen der → Erziehung (→ Sozialisation). Das gilt auch für die angeblich «natürliche» Scham vor Nacktheit, die es in zahlreichen Kulturen gar nicht gibt.

Schizoid Von einer schizoiden → Persönlichkeit oder Schizoidie als Persönlichkeitseigenschaft spricht man, wenn ein Mensch sehr dazu neigt, seine von außen wahrnehmbare gefühlshafte Ansprechbarkeit zu hemmen, sich gefühlsmäßigen Erlebnissen und Ansprüchen zu entziehen. Die von manchen Nervenärzten vertretene Ansicht, dass eine schizoide Persönlichkeit eine mildere Form von → Schizophrenie sei, ist umstritten. Vor allem scheint die Annahme einer Verankerung der Schizoidie in der → Konstitution (in den Erbanlagen) fragwürdig. Der Schizoide wirkt kühl, spröd, oft abweisend, er scheint von Gefühlen nicht bewegt zu werden. Dahinter verbirgt sich oft ein reiches Phantasieleben. In der Entstehung dieser Persönlichkeit spielt wahrscheinlich eine frühe und nachhaltige Versagung des kindlichen Bedürfnisses nach einer engen, gefühlshaften Austauschbeziehung mit den früheren Bezugspersonen die Hauptrolle: Weil die Nichtaufnahme oder Abweisung seiner Kontaktbedürfnisse in der Kindheit so schmerzlich war, verbindet der Schizoide jede Gefühlsäußerung mit einer solchen Verletzungsgefahr und scheut sich davor, jemals wieder eine Gefühlsbindung entstehen zu lassen, um die Gefahr einer erneuten Verwundung auszuschließen. In Partnerbeziehungen führt das oft dazu, dass die schizoide Zurückhaltung als Abweisung aufgefasst und vom Partner kritisiert wird, was den schizoiden Menschen wieder in seiner Vorsicht bestätigt («Wie weh würde mir diese Kritik tun, wenn ich mich wirklich engagiert hätte!»).

Schizophrenie Spaltungsirresein; der Ausdruck wird in verschiedenen Lehren der Nervenheilkunde sehr unterschiedlich verwendet (so spricht man in den Vereinigten Staaten viel häufiger von Schizophrenie als in Deutschland, wo manche Wissenschaftler diesen Begriff nur auf besonders schwere, zu dauernder Pflegebedürftigkeit führende Fälle anwenden möchten). Die Erkrankungswahrscheinlichkeit beträgt in den Industrieländern etwa 1 Prozent der Bevölkerung; die Gesamtzahl der Schizophrenen schätzt man hier auf 9 bis 15 Millionen. Bei der Erkrankung zeigen sich viele verschiedenartige → Symptome. Das wichtigste ist wohl das Erleben, dass die eigenen Gefühle, Gedanken oder Handlungen anderen Menschen bekannt oder von diesen gemacht seien. Dazu kommen (auch als Erklärungsversuch) Wahnvorstellungen, dass äußere Kräfte (Hexerei, Röntgenstrahlen, Mikrochirurgie) verantwortlich dafür seien. → Halluzinationen treten auf, oft Stimmen, welche das Denken und Handeln der Patienten erörtern. Das Sprechen und der Gedankenablauf sind oft erheblich gestört; der Patient findet, dass alltägliche Vorgänge wie Fernsehnachrichten eine besondere, auf ihn gemünzte Bedeutung haben.

Je nach den vorherrschenden Krankheitszeichen unterscheidet man Unterformen der Schizophrenie: Die paranoide Schizophrenie mit Wahnvorstellungen, meist einem Verfolgungswahn und Halluzinationen, die Hebephrenie (Jugendirresein) mit kindischem Verhalten, Gedankenstörungen, Albernheit, die Katatonie (Spannungsirresein) mit vorwiegenden Störungen der Körperbewegungen und der Aufmerksamkeit (völlige Unansprechbarkeit, Starre oder heftige körperliche Erregung mit fieberhaften Zuständen). Von schizoaffektiven → Psychosen spricht man, wenn eine Geisteskrankheit zugleich Zeichen des manisch-depressiven (→ Manie) und des schizophrenen Geschehens zeigt. Für praktische Zwecke bewährt sich eine grobe Einteilung in eine Kerngruppe der Schizophrenie (mit ungünstigen Heilungsaussichten und typischen Symptomen) von einer (weit größeren) Randgruppe mit untypischen Symptomen und guten Aussichten auf Besserung oder Heilung.

Über die Entstehung der Schizophrenie gibt es verschiedene Vorstellungen. Die Theorie einer Erbkrankheit ist inzwischen aufgegeben worden, obwohl eine ererbte Anlage wohl die Rolle einer Teilursache (→ Disposition) spielt. Ohne eine solche Anlage wird auch bei sehr großen Belastungen wohl keine Schizophrenie auftreten. Andererseits vermindert sich trotz ihrer geringeren Fortpflanzungsrate der Bevölkerungsanteil an Schizophrenen nicht; es kann sich also nicht um eine einzige Anlage handeln, sondern nur um eine Verbindung (möglicherweise eine ungünstige Kombination) von sonst günstigen Anlagen. Es scheint notwendig, dass zu diesen Erbeinflüssen verschiedene Einflüsse in der Kindheit treten. → Familien mit einem schizophrenen Mitglied zeigen schwer gestörte Formen des Umgangs miteinander, vor allem in der → Kommunikation (→ Doppelbindung). Sie haben ihre eigenen, häufig sehr unvernünftigen und absonderlichen Werte, die nach außen hin nicht deutlich in Erscheinung treten, jedoch die Wirklichkeitsanpassung des Kindes beeinträchtigen. Die Schizophrenie wird dann offenkundig, wenn das Kind vor der Aufgabe steht, selbständig zu werden und sich von den Eltern unabhängiger zu machen. Es findet sich nicht in der weiteren gesellschaftlichen Wirklichkeit zurecht; es kann die Vorstellungen und Werte der Eltern nicht mehr annehmen, aber auch von den verinnerlichten Idealvorstellungen nicht loskommen. In der Behandlung der Schizophrenie muss häufig eine Nach-Erziehung stattfinden. Eine mit Hilfe von Medikamenten oft leicht zu erreichende Ruhigstellung (→ Psychopharmaka) behebt die Gefahr eines Rückfalls meist nicht. Um eine Wiedereingliederung des Kranken zu erreichen, ist es notwendig, ihn in geschützten Arbeitsplätzen, verbunden mit anhaltender psychotherapeutischer Betreuung, allmählich von seinen (häufig höchst ehrgeizigen) inneren Idealen zu befreien und ihm eine befriedigende selbständige Lebensführung zu ermöglichen. Leider wird diese Rückführung der Schizophrenen in die Gesellschaft trotz der guten Heilungsaussichten durch ungenügende Unterstützung vonseiten des Staates und durch verschiedene Vorurteile (an denen die früheren Erbtheorien der Ärzte selbst nicht unschuldig sind) behindert.

Schlüsselreiz Meist auffälliger, festgelegter Reiz, der einen → AAM (angeborenen auslösenden Mechanismus) in Gang setzt. Der Begriff wird in der vergleichenden Verhaltensforschung (→ Ethologie) an Tieren verwendet, in der man Schlüsselreize mit Hilfe von künstlich nachgemachten Reizsendern (Attrappen) ermittelt. So greift ein Stichlingsmännchen nur diejenigen Stichlinge an, die einen roten Bauch aufweisen. Die naturgetreue Attrappe eines Stichlings ohne roten Bauch lässt es ungeschoren, während es eine unförmige, gänzlich unähnliche Attrappe mit rotem Bauch wütend attackiert. Man kann daraus schließen, dass für das Angriffsverhalten eines Stichlings der rote Bauch eines Fisches vergleichbarer Größe als Schlüsselreiz wirksam ist. Bei

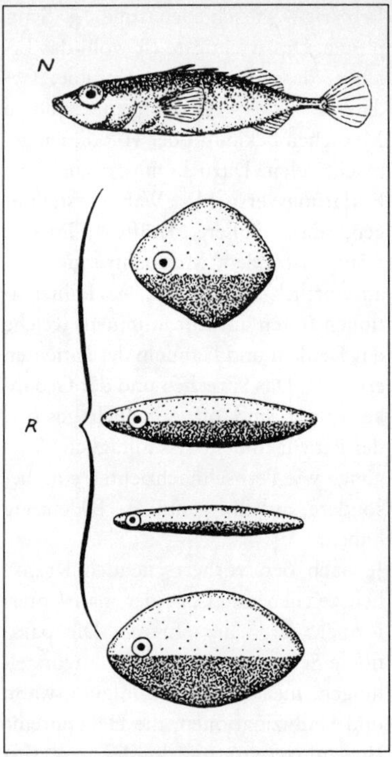

Schlüsselreize auf Stichlingsattrappen: Die genaue Nachbildung N ohne roten Bauch wird seltener angegriffen als die Attrappen der Serie R mit rotem Bauch.

Menschen gibt es Schlüsselreize im strengeren Sinn nicht, doch lassen sich ohne vorhergehendes Lernen auftretende emotionale Reaktionen, etwa auf das Weinen eines Kindes oder auf kindliche Körperformen, mit den AAM von Tieren vergleichen. Der Unterschied liegt darin, dass bei Tieren ausschließlich Verhaltensweisen in der Forschung herangezogen werden können, während beim Menschen Verhalten und Erleben beurteilt werden.

Schmerz Schädigende Reize auf den Organismus müssen frühzeitig erkannt werden. Diese Aufgabe erfüllt die Schmerzempfindung; sie führt zu einem Vermeidungsverhalten für Gefahren und dient daher dem Überleben. Allerdings kann sie diese Aufgabe nicht ohne die vom erlebenden Organismus als übertrieben empfundene Stärke und Dauer erfüllen. Ein einmaliger, kurzer Schmerzreiz würde genügen, um uns vor den körperlichen Belastungen zu warnen, die einen Knochenbruch bewirken können. Stattdessen schmerzt der Knochen viel länger, der Schmerz raubt den Schlaf; er wird – wie im Fall einer fortgeschrittenen Krebsgeschwulst – so unerträglich, dass nur noch der Selbstmord eine Erlösung zu bieten scheint. Der Schmerz zeigt uns sehr deutlich, dass unser Organismus nicht nach dem Prinzip unseres möglichen Wohlempfindens gebaut ist, sondern nach dem Prinzip des Überlebens. In der menschlichen Schmerzreaktion kann man zwei Bestandteile mehr oder weniger deutlich voneinander unterscheiden: die Schmerzempfindung als solche, die verschiedene Stärke haben kann, und die durch diese Empfindung ausgelöste seelische Verarbeitung eines Schmerzes. Für die Lust-Unlust-Bilanz ist die Verarbeitung wichtiger als die Empfindung. Bei Kindern beobachtet man zum Beispiel, dass sie den Schmerz einer leichten Risswunde erst dann spüren, wenn sie die blutende Wunde sehen. Die Schmerzreaktion Erwachsener ist ganz unterschiedlich, wenn sie genau wissen, welche Ursachen die Schmerzempfindung in einem Organ hat und wann sie wieder aufhören wird, oder wenn sie fürchten müssen, dass der Schmerz überhaupt nicht mehr aufhört. Die seelische Unterdrückung der Schmerzwahrnehmung bezeugt die → Hypnose: Der Schmerz wird noch empfunden, aber er tut nicht mehr weh. Andererseits kann ein Schmerz durch bewusste oder unbewusste Aufmerksamkeit sehr gesteigert werden. Ob man über Schmerzen spricht oder sie begleitende Ausdruckserscheinungen (Stöhnen, Schreien, Weinen, Schmerzmimik) kontrolliert werden, ist eine Frage der Erziehung, die in verschiedenen Kulturen, aber auch bei Männern und Frauen unterschiedlich gehandhabt wird.

Schmerztherapie Moderne Schmerzbehandlung ist Teamarbeit; es gibt an vielen größeren Kliniken eigene Schmerzambulanzen, in denen hartnäckige Schmerzen meist unter der Leitung eines Facharztes für Anästhesie behandelt werden. Da starke Schmerzmittel vom Opiat-Typus (das bekannteste ist Morphin) auch starke Suchtmittel sind, werden sie von vielen Ärzten zögernd verordnet und von Patienten oft gemieden. Das kann dazu führen, dass Opiate ängstlich dosiert werden und wirkungslos bleiben, was die behandelten Kranken zusätzlich demoralisiert und ihnen den Eindruck vermittelt, ihre Schmerzen seien stärker als die stärksten Mittel. Die moderne Schmerztherapie betont die große Bedeutung einer ausreichenden Dosierung, welche die Kranken wirklich schmerzfrei sein lässt. Der bärbeißige Doktor, der seine Patienten anherrscht, sie sollten sich zusammenreißen, ist nicht nur anachronistisch, sondern schadensersatzpflichtig, weil er unter Umständen aus gut behandelbaren Akutschmerzpatienten chronisch Schmerzkranke macht, die nur mit hohem Aufwand geheilt werden können. Schmerzspezialisten müssen sich auch damit auseinander setzen, dass viele Menschen so erzogen werden, dass sie es männlich oder tüchtig finden, Schmerz zu ertragen – «der Indianer kennt keinen Schmerz». Diese Einstellung ist problematisch, weil sie dazu führen kann, dass aus akuten Schmerzen chronische werden. Das unschädlichste Mittel gegen Schmerz ist in jedem Fall die (Selbst-)Hypnose. Anleitung in entsprechenden (auto-)suggestiven Übungen gehört zu einer Schmerztherapie ebenso wie andere Formen der Psychotherapie, in denen zum Beispiel unbewusste Versuche bearbeitet werden, sich durch seelische Bindung an den Schmerz selbst zu bestrafen. Schließlich werden bis heute viele Kinder durch Zufügen von Schmerz «erzogen», und diese Form der (Selbst-)Erziehung kann verinnerlicht und festgehalten werden, sodass sich Schmerzpatienten durch ihren Schmerz dafür bestrafen, dass sie immer noch nicht gesund sind – ein Teufelskreis.

Da Schmerzpatienten nicht immer sicher sein können, an einen Arzt zu geraten, der wirklich mit ihnen arbeiten kann, hat die deutsche Hospizstiftung ein Schmerz-Telefon eingerichtet, das Adressen von Schmerztherapeuten vermittelt (02 31 / 7 38 07 30).

Schüchternheit Soziale → Hemmungen, wie die → Angst, jemanden anzusprechen, etwas zu fordern, sich durchzusetzen. Solche Hemmungen sind sehr weit verbreitet; sie entstehen durch eine Lerngeschichte in Kindheit und Jugend, in der die selbstbewusste Aktivität verboten und bestraft wurde: «Kinder darf man sehen, aber nicht hören!» – «Kinder mit 'nem Willen krieg'n wat auf die Brillen!» (das Gesäß). Später verstärkt sich das schüchterne Verhalten oft selbst. Wenn der Schüchterne ein Mädchen anspricht, tut er es so ungeschickt und mit zögerndem Ausdruck, dass er vermutlich abgelehnt wird und sich in seiner Zurückhaltung bestätigt sieht. Dazu kommt, dass die Kehrseite der Gehemmtheit meist heftig wuchernde Phantasien sind, die ihrerseits durch die Schüchternheit (in der Art eines → Abwehrmechanismus) vom Durchbrechen ins Verhalten ausgeschlossen werden sollen.

Schuldgefühl Gefühlszustand, der auf eine eigene Handlung folgt, die ein Mensch als tadelnswert empfindet. Der erlebte Anlass für Selbstvorwürfe kann anderen Menschen angemessen (zum Beispiel nach einem Verbrechen) oder unangemessen erscheinen (zum Beispiel die Selbstanklagen bei einer → Depression). Im weiteren Sinn ist Schuldgefühl ein unklarer Gefühlszustand, der von der Empfindung persönlicher Unwürdigkeit und → Minderwertigkeit bestimmt ist. In der → Psychoanalyse spricht man darüber hinaus noch von einem «unbewussten Schuldgefühl», das als treibende Kraft (→ Motiv) von selbstschädigenden Verhaltensweisen (→ Kriminalität) zu verstehen ist. Eine Frau beginnt etwa immer dann, wenn es ihr gut geht, einen Streit mit ihrem Mann, als ob sie sich selbst beweisen müsste, dass diese Zufriedenheit und Übereinstimmung ihr nicht zustehen und nicht von Dauer sein dürfen. Es scheint, als ob eine Erleichterung darin läge, das unbewusste Schuldgefühl an etwas Wirkliches, Gegenwärtiges anknüpfen zu können. Anders als die innere, Schuldgefühle produzierende Instanz (→ Über-Ich) kann der beleidigte Partner wieder versöhnt werden.

Schule In den hoch entwickelten Gesellschaften wird die → Erziehung vom sechsten oder siebten Lebensjahr an eine Aufgabe des Staates. Ein Kind wird «schulpflichtig». Damit tritt es in den Einflussbereich der Schulen ein, gesellschaftlicher Einrichtungen, welche für die Ausbildung der Angehörigen einer arbeitsteiligen Gesellschaft maßgeblich sind. Die Psychologie befasst sich mit dieser Situation vor allem unter den folgenden Blickwinkeln:
1. Gesetzmäßigkeiten von → Lernen, → Gedächtnis, → Aufmerksamkeit, → Lernstörungen.
2. → Gruppendynamik in der Schulklasse. Die Schulklasse ist die wichtigste → Sekundärgruppe im Kindes- und Jugendalter. Da die von den Eltern übermittelten Wertvorstellungen und → Normen oft nicht mehr in den Lebensalltag der Kinder passen, findet das Kind beziehungsweise der Jugendliche in den Klassenkameraden Vorbilder, an denen eine Orientierung möglich ist. Zugleich bietet sich der Lehrer als Vorbild an. Ungünstig für die weitere soziale Entwicklung ist es, wenn ein Kind in der Schulklasse zum → Außenseiter wird, keine Freunde hat und dadurch mehr als andere den Prägungen durch die Familie ausgesetzt bleibt.
3. Die Schulsituation als Auslöser seelischer Störungen. Hier wirkt es sich ungünstig aus, dass die Schule oft selbstzweckhaft unterrichtet und daher schädliche Verhaltensformen ungeprüft und unkorrigiert von Lehrern auf Schüler übertragen werden. Durch den Vorgang der → Identifizierung mit dem Angreifer werden aus Schülern Lehrer, die ihre Schüler ebenso behandeln, wie sie selbst seinerzeit von ihren Lehrern behandelt wurden. Als schädlich hat sich ein Unterricht erwiesen, bei dem der Lehrer vor allem auf Fehler achtet und diese tadelt. Dadurch lernen die Schüler, sich vor allem zu bemühen, nichts falsch zu machen: Ihre → Kreativität wird unterdrückt. Der Leistungsdruck der Schule kann ebenfalls als schädlich angesehen werden: Kinder und Jugendliche in ihren oft labilen Entwicklungszuständen werden im Hinblick auf ihre späteren Aufstiegsmöglichkeiten einer von der Ausbildung her nicht gerechtfertigten, unter starkem Druck stattfindenen Auslese unterzogen.

Sekundärer Krankheitsgewinn Vorteile, die aus einer unbewusst motivierten seelischen Erkrankung (→ Neurose) gezogen werden: Eine Frau fürchtet, ihr Mann könne sie verlassen. Die Angst löst körperliche Symptome aus, unter ihnen heftiges Herzklopfen. Mit Hilfe dieser Herzkrankheit, die jederzeit – so behauptet, persönlich ehrlich überzeugt, die Frau – zu ihrem Tode führen könnte, wenn nicht ständig jemand bei ihr sei, gelingt es ihr, den Mann an das Haus zu fesseln. Der sekundäre Krankheitsgewinn muss von → Simulation unterschieden werden. In diesem Fall würde die Frau bewusst einen Herzanfall schauspielern, um den Mann am Verlassen des Hauses zu hindern. Der sekundäre Krankheitsgewinn ist meist kein echter Gewinn, sondern nur eine kurzfristige, letzten Endes abträgliche Hilfe. Der Mann in unserem Beispiel wird schließlich nicht mehr nur an einen Seitensprung denken, sondern sich scheiden lassen. Neurotische Mittel beschwören oft gerade herauf, was sie scheinbar bekämpfen.

Sekundärgruppe Sammelbezeichnung für alle Gruppen, die ein Mensch nach seiner → Primärgruppe kennen lernt; Schulklasse, Jugendgruppe, militärische Gruppen …

Sekundärvorgänge Im Gegensatz zu den von bildhaftem Wunschdenken bestimmten → Primärvorgängen (→ Phantasie) das durch vernünftige Überlegung und logische Kontrolle gesteuerte Denken.

Selbst Gesamtheit der eigenen Person, die dem erlebenden, bewussten → Ich als Inhalt gegeben ist. («Ich frage mich selbst, ob das richtig ist.») Der Begriff spielt vor allem in den neueren psychoanalytischen Untersuchungen (→ Psychoanalyse) über den → Narzissmus eine wichtige Rolle. Dieser richtet sich als Selbstgefühl auf die Gesamtheit des Organismus, wobei in frühen Entwicklungsabschnitten keine klaren Grenzen zwischen dem Selbst und den als allmächtig erlebten Bezugspersonen (→ Eltern) gegeben sind. In einer gestörten Entwicklung des Selbstgefühls bleiben oft Zustände der inneren Leere, der Auflösung (Fragmentierung) des Selbst ein ständiger Anlass zu Störungen.

Selbstbefriedigung Meist in der Bedeutung sexueller Selbstbefriedigung (Masturbation, → Onanie) gebraucht. Durch Erregung der Geschlechtsorgane (Glied bei Männern, Kitzler bei Frauen) mit den Fingern, mechanischen (Vibratoren) oder anderen Hilfsmitteln (zum Beispiel Dusche) wird ein → Orgasmus erzielt. Meist begleiten sexuelle → Phantasien diesen Vorgang. Während bis zum Beginn des 18. Jahrhunderts die Selbstbefriedigung kaum beachtet wurde, entwickelte sich vor allem im vergangenen Jahrhundert ein (gerade von Ärzten getragener) heftiger Kampf gegen dieses «Laster», der dazu führte, dass bis in den Beginn des 20. Jahrhunderts Mädchen der Kitzler amputiert und Jungen die Eichel mit ätzenden Salben beschmiert wurde, um sie von der Selbstbefriedigung abzuhalten. Schauerliche Gerüchte, dass sie Rückenmarkleiden oder Geisteskrankheit auslöse, wurden in die Welt gesetzt. Inzwischen gilt Selbstbefriedigung als normales Stadium der → Jugendsexualität in einer Kultur, in der die Spanne zwischen → Pubertät und Heirat sehr lang ist. Selbstbefriedigung ist für eine regelrechte sexuelle Entwicklung sogar wünschenswert, weil in ihr der Heranwachsende seine körperlichen Reaktionen gründlich kennen lernt.

Selbstbestimmung Die Fähigkeit, über sich selbst zu bestimmen, das heißt, sich nicht ohne weiteres den von außen auferlegten Vorschriften zu unterwerfen. In der bürgerlichen Kultur mit ihrer starken Betonung der persönlichen Verantwortung und des → Gewissens (→ Über-Ich) ist Selbstbestimmung sehr wichtig, während in Primitivkulturen häufig ein «Gruppengewissen» zu finden ist («Ich darf das nicht tun, weil sonst die Älteren traurig sind»). Auch in der von Massenmedien stark beeinflussten gegenwärtigen Industriegesellschaft beobachtet der amerikanische Sozialwissenschaftler D. Riesman eine Zunahme der «außengeleiteten» und eine Abnahme der «innengeleiteten» selbstbestimmten Personen.

Selbsterfahrung Erschließen neuer Erlebnismöglichkeiten des eigenen → Selbst, zum Beispiel in Selbsterfahrungsgruppen (→ Encounter, → Sensitivitätstraining, → Gruppendynamik) oder auch in den verschiedenen Formen der → Psychotherapie.

Selbsterhaltungstrieb Umfassende Bezeichnung für die → Bedürfnisse, welche das biologische Überleben des Menschen sichern. Wissenschaftlich ist eine solche Auffassung noch wenig fruchtbar: Die Selbsterhaltung als Tatsache ist unbestreitbar; die Art und Weise, wie sie ein Organismus vollzieht, ist durch die einfache Annahme eines zugrunde liegenden → Triebes noch nicht aufgeklärt. Erst wenn man (wie auch Freud) davon ausgeht, dass → Konflikte zwischen Selbsterhaltungs- und Sexualtrieben auftreten können, gewinnt eine solche Annahme mehr Sinn. → Psychoanalyse

Selbstliebe Unklarer, vielfach wertend verwendeter Begriff, der die Schätzung des eigenen → Selbst im Gegensatz zur Rücksicht und Zuneigung zu anderen betrifft (→ Altruismus, → Narzissmus). Die Vorstellung, dass der Mensch zunächst nur sich selbst liebt und zur Liebe zu anderen erzogen werden muss (unter Umständen dadurch, dass man ihn lehrt, Teile seines Selbst zu hassen), lässt sich durch genauere Beobachtungen nicht bestätigen. Vielmehr zeigt sich, dass ein Mensch, der sich selbst schätzt, auch eher andere schätzt. Als von Natur aus soziales und Kultur suchendes Wesen wird ein Mensch, dem man erlaubt, seine Selbstliebe frei zu entwickeln, am Ende diese wahrscheinlich in Liebesbeziehungen zu anderen fortführen. Die gespaltene Beziehung der christlich geprägten Gesellschaften zur Selbstliebe drückt sich in den wertenden Vorbehalten gegen sie beziehungsweise den → Egoismus aus.

Selbstmord Nur dem Menschen eigentümliches, bereits in Primitivkulturen (wenn auch sehr selten) beobachtetes Verhalten, das auf eine Beendigung des eigenen Lebens hinzielt. Die Ursachen sind sehr vielfältig. Eine sehr wichtige Unterscheidung ist die zwischen dem typischen Selbstmord und dem typischen Selbstmordversuch. Es hat sich gezeigt, dass der vollzogene Selbstmord am häufigsten bei älteren, körperlich kranken und depressiven Menschen (Depression) vorkommt,

…d der Selbstmordversuch (meist …hlaftabletten) vor allem bei jüngeren Menschen in einer akuten beruflichen (Schule, Studium, Arbeitsplatzverlust) oder privaten (Liebeskummer) Konfliktsituation zu beobachten ist. Dabei gibt es auch Fälle, in denen ein Selbstmordversuch «versehentlich» gelingt. Obwohl bei vielen Selbstmordversuchen eine Rettung unbewusst eingeplant ist, darf man sie nicht als «Show» oder «Demonstration» abtun. Jeder Selbstmordversuch ist ein Alarmzeichen für eine gestörte Persönlichkeitsentwicklung, wobei neben der Unfähigkeit, → Aggressionen offen zu äußern (der Angriff wird vielmehr gegen das eigene Selbst gerichtet), vor allem eine große Empfindlichkeit für Kränkungen des eigenen → Narzissmus festzustellen ist. Der Selbstmörder sucht meist nicht den Tod, sondern nur einen Ausweg aus einer für sein Selbstgefühl unerträglichen Situation. In vielen Großstädten gibt es heute Selbstmordverhütungszentren, die meist mit der Telefonseelsorge und mit Psychotherapeuten zusammenarbeiten. Sie helfen in Krisensituationen, wenn der Gedanke an einen Selbstmord übermächtig zu werden droht.

Selbstverletzungen In unserer Kultur sind Verletzungen, die sich die betreffenden Personen selbst zufügen, meist ein wichtiges Symptom schwerer seelischer oder geistiger Erkrankungen. Ausnahmen bilden nur manche Praktiken, die als Körperschmuck angesehen werden (Piercing), von denen manche einen fließenden Übergang zu pathologischen Selbstverletzungen darstellen, zum Beispiel Durchbohren der Zunge, der Schamlippen. Bizarre, lebensgefährliche Selbstverletzungen (Herausreißen der Zunge, eines Auges usw.) werden bei Geisteskrankheiten beobachtet; weniger radikale Praktiken des Schneidens, Brennens, Ausreißens von Haaren, Kratzens gelten als eines der Leitsymptome einer → Borderline-Störung. Oft lassen sich in der Lebensgeschichte solcher Personen schwere Formen von Vernachlässigung oder sexuellem Missbrauch während der Kindheit beobachten. Die Selbstverletzung schützt die Täterinnen und Täter vor Gefühlen innerer Leere und Verzweiflung, oft auch vor zerstörerischen Handlungen gegen Personen in ihrer Umgebung; diese werden eher zu Mitleid und Mitgefühl bewogen als zu Aggression; so gesehen kann die Selbstverletzung einen schwer wiegenden Mangel an Gefühlen ausgleichen, liebenswert zu sein und sich in einer sozialen Umgebung sicher fühlen zu dürfen.

Selbstverwirklichung Verwirklichung der persönlichen Möglichkeiten; nach C. G. Jung Einordnung der bisher abgelehnten Eigenschaften (des «Schattens») und Bewusstwerden der → Archetypen des → kollektiven Unbewussten im Zug der → Individuation. Im weiteren Sinn bezeichnet der Begriff das Ausschöpfen der Gefühls- und Denkmöglichkeiten eines Menschen, den vollen Einsatz seiner schöpferischen Fähigkeiten, die er häufig während der Kindheit zugunsten eines engen, vom Verstandesdenken allein bestimmten Anpassungsprozesses eingebüßt hat. → Psychotherapie, → Sensitivitätstraining

Selbstwahrnehmung Das bewusste Bild des eigenen → Selbst. → Narzissmus

Selbstwertgefühl Gefühl des eigenen Wertes (→ Selbstliebe, → Narzissmus). Wichtige Gruppe von Gefühlen, die das soziale Verhalten und die Beziehungen zu anderen Menschen stark beeinflussen. Ein geringeres Selbstwertgefühl (→ Minderwertigkeitsgefühl) wird laut A. Adler durch → Machtstreben ausgeglichen (→ Kompensation).

Semantik Lehre von der Bedeutung ganzer Sätze, im Gegensatz zur Linguistik (→ Psycholinguistik), die sich mit den Regeln beschäftigt, nach denen Worte und Sätze gebildet werden. Soziale Semantik erforscht zum Beispiel die unterschiedlichen Redeweisen von Männern oder Frauen, Arbeitern oder Akademikern.

Sensitiver Beziehungswahn In der Wirklichkeit nicht begründete Gefühle, Gedanken und Wahrnehmungen, die dem Betroffenen den Eindruck vermitteln, er werde von einer (oft hoch gestellten) Persönlichkeit geliebt, ja mit unerwünschten Liebesbeweisen geradezu verfolgt. In der Regel liegt eine → Projektion unbewusster Neigungen auf diesen «Verfolger» zugrunde.

Sensitivitätstraining Praktische Anwendung der → Gruppendynamik, um Erwachsenen mehr Feinfühligkeit (Sensitivität) zu vermitteln und ihnen durch die Rückkopplung (→ Feedback) vonseiten der Gruppe zu zeigen, was an ihrem Verhalten, von ihnen selbst nicht bemerkt oder ihnen unbewusst, andere abstößt oder anzieht. Häufig spricht man auch von einer «Psychotherapie für Gesunde» oder von «Selbstverwirklichung in der Gruppe»; in beiden Fällen wird gemeint, dass durch die klärende Auseinandersetzung über die Beziehungen, die in einer Gruppe einander bisher fremder Menschen entstehen, neue Verhaltensmöglichkeiten und Einsichten gewonnen werden können, die denen durch eine → Gruppentherapie vergleichbar sind. Eine solche Trainingsgruppe beginnt meist so: Eine Gruppe trifft sich, der Leiter gibt kein Thema, keine Regeln, sondern versucht als teilnehmender Beobachter den Gruppenmitgliedern zu helfen, die spontan entstehenden Beziehungen, Machtkämpfe, Sympathien oder Antipathien zu klären, die in dieser Gruppe entstehen.

Sexualangst Angst vor sexuellen Wünschen und sexueller Befriedigung. Sie entsteht meist durch eine ablehnende Einstellung der Familie oder anderer Bezugspersonen der frühen Kindheit zur → kindlichen Sexualität. Die Bestrafung sexueller Betätigung, zum Beispiel der kindlichen Sexualforschung (→ Doktorspiele) oder → Selbstbefriedigung, führt dazu, dass sexuelle Regungen mit Angst vor einer solchen Strafe verbunden werden, auch wenn diese tatsächlich nicht mehr droht. Auf diese Weise entstehen vielfältige Formen sexueller → Hemmung, von der weit gehenden Blockade sexueller Beziehungen überhaupt bis zu → Impotenz und → Frigidität. Wenn die Sexualangst nicht dazu führt, dass sexuelle Beziehungen überhaupt gemieden werden, kann sie im Erwachsenenleben allmählich abgebaut werden, da sexuelle Befriedigung eine gegensätzliche Bestätigung bedeutet. In einer besonders ausgeprägten Form jedoch führt sie zu den oben erwähnten Störungen, die zunächst nicht mehr als seelisch bedingt erkennbar sind, sondern als körperliches Versagen erlebt werden. Die Behandlung von Impotenz und Frigidität oder → Orgasmusschwierigkeiten ist immer auch eine Behandlung der zugrunde liegenden Sexualangst.

Sexualerziehung Erziehung zu einem befriedigenden sexuellen Verhalten wurde lange Zeit als Wissensvermittlung verstanden – wann und wie wird ein Kind richtig «aufgeklärt»? Heute ist nicht zuletzt durch die Forschungen der Psychoanalyse deutlich geworden, dass die Aufgabe der Sexualerziehung viel früher beginnt und das gesamte Verhältnis eines Kindes zu seinem Körper und zu seinen körperlichen Gefühlen umfasst. So wird es dem Erwachsenen nur unter großen Schwierigkeiten möglich sein, die Geschlechtsorgane als normale, Lust spendende Körperteile zu erleben, wenn ihm während der Kindheit in einer strengen → Reinlichkeitserziehung eingeprägt wurde, dass seine Ausscheidungen etwas Böses und Verwerfliches sind (→ Sauberkeitsideologie).
Eine leibfreundliche Erziehung ist wahrscheinlich die wichtigste Voraussetzung eines späteren befriedigenden Sexuallebens. In einer offenen Familienumwelt, in der alle Fragen gestellt werden dürfen, verschafft sich ein Kind dann von selbst das Wissen, das es braucht.

Sexualität Gesamtheit der mit den Geschlechtsorganen verbundenen Erlebnisse, Verhaltensweisen und ihrer körperlichen Grundlagen. Sexuelle Erlebnisse reichen dabei weit über die biologische Aufgabe der Fortpflanzung hinaus; die sexuelle Paarbindung ist eine wichtige und naturgegebene Voraussetzung menschlicher Kultur.

Sexualobjekt Objekt eines sexuellen Wunsches, in der Regel ein anderer Mensch verschiedenen, seltener gleichen Geschlechts (→ Bisexualität, → Homosexualität), in Ausnahmefällen auch Tiere (Sodomie, Zoophilie).

Sexualpsychologie Zweig der → Psychologie, der sich mit dem sexuellen Verhalten und Erleben befasst. → Sexualangst, Sexualerziehung, kindliche Sexualität, Pubertät

Sexualsymbolik Von S. Freud entdeckte Darstellung sexueller Vorgänge durch Bilder, wie sie auch der Mundart beziehungsweise Vulgärsprache in vielen Völkern vertraut ist, zum Beispiel Treppensteigen, Schwerarbeit leisten und Ähnliches für → Geschlechtsverkehr; längliche oder spitze Gegenstände (Schwert, Pfahl, Banane, Baum, Balken) als Symbole für das männliche Glied; rundliche, hohle Dinge als Symbole für die weiblichen Geschlechtsteile (Haus, Zimmer, Schlucht).

Signale Reize, die als Zeichen für etwas dienen und deshalb in der Regel besonders auffällig sind (Signalfarben, Eisenbahnsignal). In der Physik Reize, die Zeichen beziehungsweise Information enthalten, im Gegensatz zum Rauschen, das keine Information enthält (zum Beispiel im Fernsehgerät nach Programmschluss).

Signifikanz Messungen von Verhaltensweisen können zu Ergebnissen führen, die in absoluten Zahlen bedeutungsvoll scheinen, aber einer Prüfung ihrer statistischen Signifikanz (lateinisch significare = bedeuten) nicht standhalten, zum Beispiel weil die untersuchte Stichprobe zu klein, zu einseitig ausgewählt oder das untersuchte Merkmal nur mit erheblichen Schwankungen mathematisch erfassbar ist.

Simulation 1. Nachahmung seelischer Vorgänge, um sie besser zu verstehen, mit Hilfe verschiedener Apparate oder Modellvorstellungen. So verhilft zum Beispiel die Untersuchung der Problemlösung mit Hilfe von Elektronenrechnern zu einem besseren Verständnis der menschlichen Leistungen beim Problemlösen («Erst was ich nachbauen kann, habe ich wirklich verstanden»; → Kybernetik). 2. Nachahmung einer Krankheit, um auf diese Weise Vorteile zu gewinnen oder sich unangenehmen Situationen (etwa dem Wehrdienst) zu entziehen. Die bewusste Simulation – hervorragend geschildert in Thomas Manns Werk «Felix Krull» – muss vom → sekundären Krankheitsgewinn unterschieden werden, der bei unbewusst begründeten, seelisch bedingten Störungen (zum Beispiel einer → Hysterie, die zu einer Krankheit führt, für die Rente bezahlt wird) zu beobachten ist.

Skala Vom lateinischen scala = Leiter abgeleiteter Begriff für abgestufte Maßstäbe, welche eine Mengenangabe über die Ausprägung bestimmter Merkmale erlauben. Den Vorgang des Umsetzens von Maßangaben über Eigenschaften in Zahlenwerte bezeichnet man als Skalierung.

Skinnerscher Kasten (Skinner-Box) Versuchsapparat, durch den das → Lernen von Tieren auf der Grundlage von → Konditionierung gezeigt werden kann. Die Skinner-Box ist ein Käfig, der nur durch den Druck auf einen schwer zu findenden Hebel oder ähnliche Vorrichtungen geöffnet werden kann. Setzt man eine Ratte in diesen Käfig, so lernt sie von selbst, diesen immer schneller zu öffnen. Die «richtigen» Verhaltensweisen werden durch den Erfolg bekräftigt, die «falschen» durch den Misserfolg gelöscht. → Behaviorismus

Somnambulismus Schlafwandeln, seltene Form der Schlafstörung, bei der die betroffenen Personen aufstehen und in einem Zustand verminderter Bewusstseinsklarheit und Einsicht in die Bedeutung ihres Verhaltens handeln. Es bestehen Übergänge zu anderen Schlafstörungen, wie zum Beispiel dem Sprechen im Schlaf. Untersuchungen über die Hirnstrommuster von Schlafwandlern haben gezeigt, dass sie sich im Tiefschlaf befinden, der durch langsame Wellen charakterisiert ist, nicht in der

Phase des Traumschlafs mit schnellen Augenbewegungen. Während in der Realität Schlafwandler meist banale Dinge tun, zum Beispiel auf den gewohnten Wegen im Haus herumirren, wurde dieser Zustand zu Anfang des 19. Jahrhunderts als Ausdruck eines Zugangs zu magischen Kräften beschrieben. Das hing damit zusammen, dass in Hypnoseversuchen etwa fünf Prozent der Versuchspersonen ein Stadium des Somnambulismus erreichen, in dem sie umhergehen und in gewissem Umfang den Befehlen des Hypnotiseurs gehorchen. Diesen Personen wurden übermenschliche Fähigkeiten zugeschrieben, sie sollten Schätze finden, Totengeister in sich aufnehmen oder Fremdsprachen sprechen können, die sie nie gelernt hatten. Heinrich von Kleist hat dieses Motiv im «Käthchen von Heilbronn» aufgegriffen. Die Dichter des 19. Jahrhunderts ersannen auch das Motiv vom Schlafwandler, der sicher auf dem Dachfirst schreitet, aber – angerufen und aufgeweckt – von Schwindel ergriffen abstürzt. Ob das jemals geschehen ist, wissen wir nicht; es ist nicht unmöglich, aber auch nicht wahrscheinlich, da im somnambulen Zustand an sich keine neuen Fähigkeiten geschaffen, sondern lediglich vorhandene Einsichten und Steuerungen nicht aktiviert werden.

Sozialdarwinismus Übertragung einiger Aussagen der Evolutionstheorie von Charles Darwin auf die Gesellschaft. Vor allem geht es um die These vom «Überleben des Stärkeren», die dazu führen kann, dass zum Beispiel eine Kolonialmacht ihre Ausrottung der Ureinwohner als Naturgesetz legitimiert. Faschismus und → Nationalsozialismus haben viele Thesen des Sozialdarwinismus übernommen; Hitler setzte ihn in einen Rassenwahn um, in dem die «jüdische Rasse» gleichzeitig als extrem stark, bedrohlich und minderwertig dargestellt wurde. Auch die fälschlich Euthanasie genannte Vernichtung «lebensunwerten Lebens», also der Behinderten und Geisteskranken, hat sozialdarwinistische Züge. Nicht nur humanistische Argumente sprechen gegen den Sozialdarwinismus; die moderne Genetik hat auch die Ängste vor einer Verschlechterung des Erbgutes durch die soziale Integration Behinderter entkräftet.

Sozialisation (Sozialisierung) Vorgang, durch den ein Kind mit den Werten, Symbolen (Sprache, Schrift, Zahl) und typischen Verhaltensweisen einer bestimmten Gesellschaft vertraut wird und sie sich zu Eigen macht. Ziel der Sozialisation ist der Ersatz äußerer Anweisungen durch innere Kontrollen, sodass sich der Erwachsene an den Werten der Gesellschaft orientiert und diese weitervermittelt, auch wenn keine äußere Macht ihn dazu zwingt. Diese Verinnerlichung beruht darauf, dass die Folgen künftiger Handlungen in der Phantasie vorweggenommen werden. Diese vorgestellten Handlungsentwürfe unterliegen der Bewertung durch das → Über-Ich, das heißt durch die von den frühen Bezugspersonen übernommenen Werte, deren Annahme ursprünglich dazu diente, dem Kind die unentbehrliche Zuwendung der Erwachsenen zu erhalten. Die Fähigkeit des menschlichen Nervensystems zum Speichern, die biologisch gesehen von hohem Überlebenswert ist, führt dazu, dass auch Bestrafungen und Kritik der frühen Bezugsperson aufgenommen und bewahrt werden: Selbst auferlegte Strafen (→ Schuldgefühle) erleichtern dann selbst verursachte Qualen, die durch den inneren → Konflikt zwischen den kritischen, tadelnden, fordernden «Stimmen der Eltern» (des Über-Ich) und den bewusst angestrebten Bedürfnissen des Erwachsenen bedingt sind. Solche Pannen der Sozialisation, die der → Psychotherapeut in seiner Arbeit kennen lernt, sind ein Preis des Menschen für die Entwicklung zu einem Wesen, dessen zweite Natur der Erwerb kultureller Werte und Symbolsysteme geworden ist. Schwerer wiegen die günstigen Folgen der Sozialisation, die einem relativ kurzlebigen Einzelmenschen den Erwerb einer in Jahrtausenden entwickelten Kultur ermöglichen.

Sozialpädagogik Während Sozialarbeit ursprünglich vorwiegend Qualitäten der Verwaltung und der «Fürsorge» für arme, hilflose und behinderte Personen hatte, setzte sich in den Jahren nach dem Zweiten Weltkrieg in den Industriestaaten mehr und mehr die Sozialpädagogik durch. Sie geht davon aus, dass es nicht ausreicht, die Gelder für Hilfsbedürftige korrekt zu verwalten und behinderte Klienten zu betreuen, sondern dass erzieherische Hilfen bei Kindern, Jugendlichen und Erwachsenen unerlässlich sind, um die nachteiligen Folgen der sozialen Veränderungen (zum Beispiel Landflucht, Verstädterung, Scheidungen) aufzufangen. Sozialpädagogen werden vorwiegend an Fachhochschulen ausgebildet und sind in Bereichen der Jugendhilfe, Erwachsenenbildung und Familienhilfe tätig. Über Nothilfe und Fürsorge der traditionellen Sozialarbeit hinaus strebt die neuere Sozialpädagogik danach, ein differenziertes System vorbeugender, beratender und pädagogisch-therapeutischer Angebote aufzubauen. Ziele sind Rehabilitation und «Hilfe zu Selbsthilfe»; Sozialpädagogen arbeiten in Schulen, Jugendämtern, Sozialämtern, Heimen und therapeutischen Einrichtungen zum Beispiel der Suchtbehandlung sowie in Beratungsstellen.

Sozialpsychiatrie Während die traditionelle Psychiatrie sich an einem Modell der Erbkrankheit orientierte und die Lösung vorschlug, Geisteskranke möglichst vom Rest der Gesellschaft zu isolieren, orientierte sich die Sozialpsychiatrie an den Umweltaspekten der seelischen Erkrankungen. Sie forderte, diese zu rehabilitieren, sie in Familien und Betrieben einzugliedern. Wesentliche Anregungen verdankt die Sozialpsychiatrie der Kriegs- und Nachkriegszeit in Europa. Einmal stellte sich heraus, dass von den als «hoffnungslose Fälle» dauernd in einer Anstalt verwahrten Kranken erstaunlich viele sich sozial wieder eingliedern konnten, wenn die Gebäude zerstört wurden, in denen sie untergebracht waren, und sie sich unter dramatischen Umständen durchschlagen mussten. Aus solchen Beobachtungen und Einsichten, die durch die Not in den Massenlagern für psychisch Kranke erzwungen wurden, entstand das Konzept der therapeuti-

schen Gemeinschaft, einer möglichst demokratisch aufgebauten Selbstverwaltung von Gruppen psychisch Kranker, in denen die Experten zurücktreten und die Kranken möglichst viele Einzelheiten ihres Alltags selbst regeln können. Durch die beschleunigten Veränderungen der Gesellschaft in der Nachkriegszeit wurde auch immer deutlicher, wie groß der Anteil von Umweltfaktoren an der Entstehung psychischer Krankheiten ist, die man bisher für ererbt hielt. Es zeigte sich, dass die Erbtheorie höchst vorschnell entwickelt worden war. Zwar muss eine genetische Neigung zur Erkrankung vorliegen, diese ist aber meist unspezifisch. Ob die Krankheit tatsächlich ausbricht oder nicht, entscheidet sich im sozialen Milieu und in der Familie der Kranken. Eine logische Folge aus dieser Erkenntnis war die Entwicklung von Therapieformen, welche sich speziell auf die soziale Umwelt der psychiatrischen Patienten bezogen: Soziotherapie, Gruppentherapie, Familientherapie. In Ländern wie Italien, in denen die Verwahrpsychiatrie besonders rückschrittlich war, wurden viele psychiatrische Anstalten gänzlich abgeschafft; überall sonst wurden Möglichkeiten gesucht, die Kranken nicht ihren Familien und ihrer gewohnten Umgebung zu entfremden.
So wurden die Anstalten zu Kliniken und Krankenhäusern modernisiert, verkleinert, mit einem Auftrag zur Resozialisierung ausgestattet. Viele Geisteskranke werden heute schon in Allgemeinkrankenhäusern behandelt, deren psychiatrische Abteilungen völlig frei von den Erinnerungen an die Irrenanstalt sind. Anbindung an Rehabilitation, Familienberatung durch Sozialpädagogen und Nachsorgeeinrichtungen wie therapeutische Wohngemeinschaften für psychisch Kranke gehören heute zur Ausrüstung aller modernen psychiatrischen Kliniken; damit hat die Sozialpsychiatrie viele ihrer Ziele erreicht. Auf der anderen Seite wurden ihre radikalen Tendenzen abgeschwächt, welche sich gegen das medizinische Modell für auffälliges Verhalten schlechthin richteten und das Konzept der Psychose zu einem «modernen Mythos» erklärten.

Sozialpsychologie Auf gesellschaftliche Vorgänge angewandter Zweig der → Psychologie, der sich vor allem mit den Wechselwirkungen zwischen «Kultur» und «Persönlichkeit» befasst (→ Sozialisation). Wichtige Fragestellungen sind die Einflüsse von Erbe und/oder Umwelt auf menschliches Verhalten (→ Erbe-/Umwelt-Problem, Rassenpsychologie), die Verinnerlichung sozialer → Normen und → Einstellungen, die Vorgänge in Gruppen (→ Gruppendynamik, Gruppentherapie), die Entstehung von → Vorurteilen und Gerüchten, die Auswertung der völkerkundlichen Forschung und endlich, heute von besonderem Gewicht, die Konflikt- und Friedensforschung (→ Aggression).

Soziogramm Schaubild (Diagramm) zur Darstellung der Ergebnisse eines soziometrischen (das heißt die soziale Ebene messenden) → Tests. Geprüft werden dabei die (gewünschten) Beziehungen teils positiver («Mit welchem Klassenkameraden würdest du gerne in

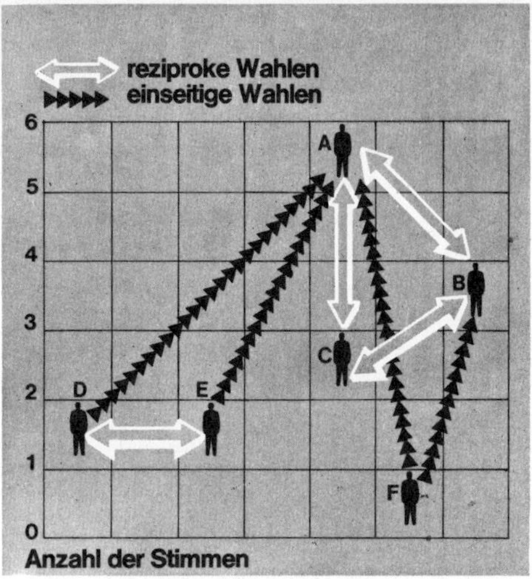

In diesem Soziogramm werden Beziehungen innerhalb einer Gruppe erfasst. Hier sind es sechs Mitglieder, die jeweils nach ihrer Sympathie für zwei der anderen gefragt wurden. A erhält von jedem eine Stimme, F erhält keine einzige. Der eine steht im Mittelpunkt, der andere ist Außenseiter (reziprok = gegenseitig).

Quelle: Wolfgang Schmidbauer «Ich in der Gruppe», Otto Maier Verlag, Ravensburg 1975

die Ferien fahren?»), teils negativer Art («Neben welchem Klassenkameraden möchtest du nicht sitzen?»). Die Beziehungswünsche verraten, welche Gruppenmitglieder besonders beliebt, welche besonders unbeliebt sind. Sie zeigen, ob sich einzelne Untergruppen (Cliquen) gebildet haben oder nicht. Das Soziogramm wird zeichnerisch als ein Netz von Quadraten, Kreisen usw. dargestellt (zum Beispiel verschiedene Zeichen für Männer und Frauen), die durch Linien oder Pfeile verbunden sind. Die Länge der Linien kann die sozialen Abstände zwischen den Gruppenmitgliedern anzeigen; gestrichelte oder verschiedenfarbige Pfeile zeigen verschiedene Wahlen an (positiv, ablehnend, als Begleiter bei Vergnügungen, als Arbeitskollege ...). In der geschilderten, von J. L. Moreno (dem Begründer des → Psychodramas) entwickelten Form ist das Soziogramm nur bei kleineren Gruppen anwendbar; bei Gruppen über 20 Personen wird es zunehmend unübersichtlich und muss durch andere Darstellungsweisen ersetzt werden.

Spaltung der Persönlichkeit Ausdruck der Umgangssprache, der so unscharf ist, dass man ihn für mindestens drei verschiedene psychologische Situationen verwenden kann: 1. den inneren Konflikt normaler Menschen zwischen Triebwunsch und wirklichkeitsangepasster Kontrolle («Zwei Seelen wohnen, ach, in meiner Brust!»); 2. die Abspaltung von gefühlsbetonten Erlebnissen bei → schizoiden Persönlichkeiten und bei → Schizophrenie; 3. die sehr seltene, mit bestimmten → Neurosen (vor allem der → Hysterie) verbundene Erscheinung, dass ein Mensch mehrere, voneinander getrennte Ich-Zustände hat, wobei er jeweils in dem einen Zustand nichts von dem anderen Zustand weiß. Ein «Ich» eines Mädchens ist zum Beispiel kokett und vergnügungslustig, das andere «Ich» entspricht den bürgerlichen Vorstellungen von einem «anständigen Mädchen». Gelegentlich findet sich das «anständige Mädchen» verwirrt und erschreckt in Kneipen, ohne zu wissen, wie es dahin gekommen ist, weil es in dem einen Ich-Zustand kein Wissen um den anderen hat. Man kann diese seltenen Fälle so erklären, dass ein unbewusster → Komplex in einem seelischen Ausnahmezustand (→ Ekstase, → Trance) Macht über das bewusste → Ich gewinnt.

Spiele 1. Das Spiel der Kinder und Erwachsenen im weiten Sinn ist eine Handlungsfolge, die keinen bestimmten Zweck verfolgt, der über die unmittelbare Lust am Spiel selbst hinausgeht (Puppe und Puppenhaus sind noch so wie vorher, wenn ein Kind zwei Stunden mit ihnen gespielt hat). Im Gegensatz zur Arbeit verändert das Spiel die materielle Umwelt nicht zweckmäßig, um → Bedürfnisse zu erfüllen; sein Inhalt ist die Funktionslust, die Freude an der Tätigkeit von → Wahrnehmung, → Denken, Muskulatur, am Zusammenspiel dieser Fähigkeiten. Da auch Tiere – vor allem Jungtiere – häufig spielen, kann man annehmen, dass das Spiel eine wichtige biologische Aufgabe erfüllt, die wohl in der spielerischen Übung jener Leistungsbereiche des Organismus besteht, für die es augenblicklich keine ernstliche, dem Überleben unmittelbar dienende Aufgabe gibt. Auf diese Weise wird verhindert, dass diese Fähigkeiten «einrosten». Ein Säugetier, das im spielerischen Raufen und Fangen mit seinen Geschwistern die Zusammenarbeit (Koordination) von Muskeln und Sinnesorganen übt, wird das später im Ernstfall gut brauchen können. Darüber hinaus wird im Spielen ein Antriebsüberschuss auf angenehme und konstruktive Weise abgebaut, der sonst nicht auf angemessene Weise zur Abfuhr kommen könnte, aber als Motivationsreserve für Notzeiten gebraucht wird (→ Motivation). In der Entwicklung des Spiels kann man eine frühe «Funktionsphase» erkennen, in der Tätigkeiten um ihrer selbst willen ausgeführt werden (einen Bauklotz hochheben und fallen lassen), gefolgt von Rollenspielen (das Kind versetzt sich in verschiedene → Rollen), Aufnahmespielen (Märchenlesen, Bilder anschauen, fernsehen) und Aufbauspielen (mit einem Metallbaukasten basteln). Auf jeder Spielstufe ist aber die zwischenmenschliche Auseinandersetzung das wichtigste Element: Soziales Verhalten, Zärtlichkeit und Raufen, Wettbewerb oder Zusammenarbeit, gütliche Einigung oder Streit werden spielerisch durchgeprobt.

2. Spiele im Sinn der → Transaktionsanalyse (E. Berne) sind eine Abfolge von verdeckten Mitteilungen (Transaktionen), in denen der eine Spieler bei einer Schwäche eines anderen einhakt und diese ausnützt; dabei verfolgt er einen hinter einem Vorwand verdeckten Zweck. Sinn solcher, meist eine wirkliche Befriedigung im Leben behindernder Spiele ist es, eine bestimmte, in der Regel unerfreuliche Kindheitssituation wieder herzustellen, die als vertrauter und weniger Angst einflößend

erlebt wird als ein neues, an sich aber langfristig befriedigendes Verhalten. Ein Patient fragt zum Beispiel: «Glauben Sie, dass sich mein Zustand bessern wird?» Wenn er sich auf eine entsprechende Versicherung des Therapeuten hin bedankt und zufriedener scheint, handelt es sich um kein Spiel, sondern um ein Trost-Ritual. Sagt der Patient hingegen nach der gleichen Versicherung des Therapeuten: «Wieso glauben Sie eigentlich, Sie könnten das wissen?», dann hatte seine erste Frage den verdeckten Sinn: «Ich werde es dir schon zeigen, dass du genauso unfähig bist wie mein Vater!» Die Einsicht in solche Spiele im Sinn der Transaktionsanalyse ist ein wichtiges Teilstück jeder → Gruppentherapie (in der → Psychoanalyse spricht man von → Wiederholungszwang).

Spiritismus Glaube an die Anwesenheit und Beteiligung der Geister Verstorbener am menschlichen Leben. In vielen Kulturen ist dieser Glaube selbstverständlich. So dienen zum Beispiel in Afrika viele der dort angefertigten Skulpturen dazu, die Geister Verstorbener zu beherbergen und sie dadurch zu befrieden. Auch der ausgefeilte Totenkult der Ägypter hing mit der Überzeugung zusammen, dass ein Toter weiterlebt und in seinem Grab Speise, Trank, Möbel benötigt, wobei die Ansicht, dass Geister auch von gemalten Broten satt werden, eine erste Wendung zur Abstraktion ausdrückt. Der Spiritismus des 19. und 20. Jahrhunderts ist eine außerhalb der wissenschaftlich fundierten Theologie und Psychologie stehende Lehre, in der davon ausgegangen wird, dass besonders begabte Personen (Medien) in einem Ausnahmezustand (Trance) Kontakt zu den Geistern der Toten aufnehmen können.

Sprache Die Sprache ist sicher ein entscheidendes Merkmal der psychologischen Situation des Menschen. Sie wird, indem sie die meisten kulturellen Normen vermittelt, zur Trägerin der → Sozialisation, leiht den verinnerlichten Verhaltensvorschriften die «Stimme des → Gewissens». Weiter erlaubt sie die kathartische Abfuhr (→ kathartische Methode) von Gefühlen, was sich die → Psychotherapie zunutze macht, ermöglicht eine innere Verbindung zwischen verschiedenen Abschnitten des Erlebens und überliefert (zusammen mit der Schrift) dem Menschen seine Geschichte.

Das derzeit am meisten untersuchte und umstrittene Problem der Sprachpsychologie sind die Sprachbarrieren. Hier unterscheidet man den «eingeengten Code» der Unterschicht (ungelernte Arbeiter, Facharbeiter) vom «ausgearbeiteten Code», den die Mittel- und Oberschichten (höhere Angestellte, Beamte, Akademiker) sprechen. Unter Code versteht man dabei, welche Teile aus der gesamten Welt sprachlicher Zeichen ein Mensch auswählt. Merkmale des eingeengten Codes sind einfache, oft unvollständige Sätze in Aktivform, starrer Satzaufbau, kurze Befehle und Fragen, sehr beschränkter Wortschatz. Der ausgearbeitete Code der oberen Schichten entspricht der literarischen Schriftsprache. Er wird im Bildungswesen (vor allem an den Gymnasien) vorausgesetzt. Daraus ergeben sich geringere Chancen für Unterschichtkinder, die durch ihren eingeengten Code benachteiligt sind, den Wissensstoff der höheren Schulen aufzunehmen. Problematisch und umstritten an dieser Sprachbarrierentheorie ist vor allem ihre Auffassung der sozialen Schichten und ihre Neigung, bei der Auswahl der geprüften Sprachmerkmale die Norm des ausgearbeiteten Codes (also die Norm der Mittel- und Oberschicht) anzulegen.

Statistik Sammlung und Auswertung von Zahlenmaterial, um über Häufigkeiten und Beziehungen zwischen Häufigkeiten Aufschluss zu erhalten. → Faktorenanalyse, Korrelation, Zwillingsforschung, Intelligenz, Test

Sterben Übergang vom Leben zum → Tod. Während in traditionellen Gesellschaften, erleichtert durch die Abwesenheit einer intensiven medizinischen Versorgung, das Sterben ein wichtiger sozialer Akt war, zu dem sich seine Angehörigen um den Sterbenden versammelten und Trennung von ihm vollzogen, wird in der modernen Medizin so um das Leben Schwerstkranker gekämpft, dass vielfach für eine menschenwürdige Gestaltung des Sterbens kein Raum bleibt. Erst in jüngster Zeit haben sich Bewegungen entwickelt, welche das Sterben wieder als sozialen Übergang gestalten. Sie plädieren dafür, eigene Einrichtungen zu gestalten, in denen sterbende Menschen aufgenommen und gepflegt werden können, ohne das Leben in einer sinnlosen Quälerei zu verlängern (Hospizbewegung). Eine Hilfe ist hierbei ein Patiententestament, in dem eine Person festlegt, welche lebensverlängernden Maßnahmen sie wünscht und welche nicht. → Thanatologie, Tod, Trauer.

Stereotyp Festgelegtes Bild von einer Person oder Gruppe. Während es für das kritische Denken wichtig ist, Urteile aufgrund von Wahrnehmungen zu fällen und Meinungen zu prüfen, sind Stereotype vorgefasste Urteile, Vorurteile, die nicht mehr hinterfragt werden und Erwartungen vermitteln – so sind zum Beispiel Deutsche fleißig und grausam, Italiener musikalisch und leichtsinnig, Schwarze sexuell besonders aktiv, Blondinen dumm und vergnügungssüchtig. Obwohl sie ungeprüft sind und zunächst der Realität nicht entsprechen, können Stereotype ihre eigene Realität nach dem Gesetz der *self-fulfilling prophecy* herstellen. Wenn zum Beispiel das Vorurteil besagt, dass Schwarze dümmer sind, werden sie entmutigt, auf höhere Schulen zu gehen, und bestätigen schließlich die Stereotype, die gegen sie gerichtet sind. Wenn der Gymnasiallehrer glaubt, dass Arbeiterkinder das Abitur nicht schaffen können, werden in seiner Klasse mehr Arbeiter- als Akademikerkinder durchfallen. Man unterscheidet ferner das Auto- und Heterostereotyp, d. h. das auf die eigene Gruppe gerichtete vom Vorurteil über eine andere Gruppe. Im Autostereotyp sind die Deutschen zum Beispiel fleißig und ehrlich, im Heterostereotyp hingegen fleißig und grausam.

Stottern Störungen des zusammenhängenden Redeflusses, der von krampfartigen Erscheinungen in den

Sprechorganen unterbrochen wird. Die Ursache liegt in der Regel (neben einer erblichen Neigung) in einer kindlichen → Neurose. Alle Maßnahmen, welche die Aufmerksamkeit auf den Sprechvorgang steigern, sind zu vermeiden, da sich dadurch das Stottern verschlimmert. Die Sprachtherapie, der sich Stotterer unterziehen können, konzentriert sich vor allem auf → Entspannung, auf Atemübungen und die Bearbeitung der zugrunde liegenden seelischen → Konflikte. Wenn ein Kind für das Stottern bestraft wird (wodurch sich das Stottern, das nun ängstlich vermieden werden soll, noch weiter verschlimmert), oder wenn man es deswegen verspottet, können noch weitere neurotische Erscheinungen auftreten.

Strafe Jeder unangenehme, schmerzliche Reiz wird als Strafe erlebt (→ Bekräftigung), es sei denn, es liegen besondere Bedingungen (→ Masochismus) vor. Die Steuerung des Verhaltens durch Strafmaßnahmen ist verbreitet, aber unzuverlässig und oft schädlich. → Erziehung, Kriminalität

Stress Körperliche und seelische Reaktion auf äußere oder innere Reize, die als anregend oder belastend empfunden werden. Ein einfaches Beispiel: Die trockene Hitze der Sauna ist zweifellos ein Stress für unseren Organismus. Zehn Minuten oder eine Viertelstunde lang wird sie als wohltuend und anregend empfunden. Wenn jemand aber zwei Stunden in der Sauna ausharren müsste, kann sein Kreislauf unter dieser Belastung zusammenbrechen. Den Zustand, in dem belastende Reize als angenehm empfunden werden, nennt man Eustress; den Zustand der Überlastung Distress. Körperliche Stress-Reize oder Stressoren sind etwa Hitze, Kälte, Infektionen, Hunger, Vergiftungen, Verletzungen. Seelische Stressoren sind viel zahlreicher, zum Beispiel Leben in einer schlechten Ehe, Prüfungsangst, berufliche Schwierigkeiten, Arbeitslosigkeit, der Tod Angehöriger. Der Mensch verfügt über körperliche wie seelische Reserven, die er in solchen Stress-Situationen einsetzen kann, um sein Gleichgewicht aufrechtzuerhalten. Sind diese Reserven erschöpft, kann es zu einem plötzlichen Zusammenbruch kommen.

Sublimierung Umlenkung von sexuellen Triebkräften auf kulturell wertvolle, gesellschaftlich anerkannte Ziele. Ein Kind, dessen Freude am Kotschmieren durch die elterlichen Verbote eingeschränkt wird, kann als → Reaktionsbildung besonders (zwanghaft) sauber werden (→ Sauberkeitsideologie), oder aber besonders gern mit Wasser- und Ölfarben malen. Die Möglichkeit der Sublimierung als → Abwehr unerwünschter → Motive ist kaum zu bestreiten, doch scheint es nicht richtig zu sein, dass alle sozial konstruktive oder künstlerische Tätigkeit auf Sublimierungen einer ursprünglich in eine andere Richtung neigenden menschlichen Triebhaftigkeit zurückzuführen ist. So beobachtet man in einer → Psychotherapie häufig eine Zunahme von Kreativität *und* sexueller Aktivität.

Sucht Zwanghaftes Streben zur Wiederholung bestimmter Handlungen, welche den Zustand des Organismus verändern und auch dann nicht aufgegeben werden, wenn sie zu deutlichen körperlichen oder seelischen Schäden führen. Am häufigsten wird der Ausdruck für → Drogenabhängigkeit gebraucht, doch spricht man auch von → Fettsucht oder → Magersucht, also von einer krankhaften, selbstschädigenden Wiederholung von Verhaltensweisen im Bereich der Nahrungsaufnahme. Die Behandlung aller Formen von Sucht ist sehr schwierig: Der Betroffene muss etwas aufgeben, was ihm seinen derzeit elenden Zustand noch etwas leichter erträglich macht, um das Fernziel zu erreichen, sich ohne Suchtverhalten wohl zu fühlen. Die herkömmlichen Formen von → Psychotherapie reichen nicht aus; dauernde Überwachung und Stützung durch eine verständnisvolle, aber auch folgerichtige Gruppe ist notwendig, um dem Süchtigen in einer Übergangszeit (die mehrere Jahre dauern kann) genügend äußere Festigkeit zu geben, die er anschließend verinnerlichen kann. → Alkoholismus ist die häufigste Form einer Sucht in den Industriestaaten, gefolgt von der Sucht nach → Psychopharmaka (Schlafmittel, Weckmittel, Beruhigungsmittel) und Rauschgiften (Opium, Morphium, Heroin).

Suggestion Zwischenmenschliche Einflussnahme, bei der gefühlsbetonte Vorstellungen ohne kritische Nachprüfung dem Partner «unterschoben» (lateinisch subgerere) und von diesem übernommen werden. Im Fall der Autosuggestion (ein Beispiel ist die Formel: «Es geht mir von Tag zu Tag immer besser und besser») übernimmt der Betroffene selbst dieses «Unterschieben» (→ autogenes Training). Durch Suggestion lassen sich viele körperliche und seelische Vorgänge eingreifender beeinflussen als durch bewusste Absicht, worauf sich die Behandlung seelischer und körperlicher Leiden mit Hilfe von Suggestion (→ Hypnose) stützt.

Supervision Überwachung der Arbeit in psychosozialen Berufen scheint zunehmend notwendig (→ Helfersyndrom, → Burnout). Der Begriff der Supervision kommt ursprünglich aus dem kirchlichen Bereich. Er betraf anfänglich die von einem Geistlichen überwachte freiwillige, karitative Arbeit in Kirchengemeinden. Schrittweise wurde Supervision zu einem wichtigen Bestandteil der Ausbildung von Anfängern in sozialen Berufen, welche auf diese Weise lernen, ihre theoretischen Einsichten für ihre praktische Tätigkeit fruchtbar zu machen. Aber auch Teams zum Beispiel in Kliniken, Sozialämtern, Heimen und Tagesstätten nehmen Supervision, um ihre Zusammenarbeit besser organisieren zu können. Der Beruf des Supervisors ist noch unscharf definiert. Meist handelt es sich um Sozialarbeiter, Pädagogen oder Psychologen mit einer Zusatzausbildung. Die Grenze zwischen Supervision und → Psychotherapie liegt darin, dass in der Supervision die emotionalen Konflikte nur im beruflichen Feld bearbeitet werden, während die Psychotherapie das ganze Leben des Klienten einbezieht. → Balintgruppe

Supervisor → Supervision

Symbiose In der Biologie Lebensgemeinschaft verschiedener Arten, die beiden Beteiligten Nutzen bringt, aber auch zu großer wechselseitiger → Abhängigkeit führen kann, sodass ein Partner ohne den anderen nicht überleben kann. In menschlichen Beziehungen spricht man von einer Symbiose oder symbiotischen Beziehung, wenn die Abhängigkeit eines der beiden Partner so groß ist, dass er erhebliche Einbußen an selbständiger Lebensgestaltung in Kauf nimmt. Eine Symbiose ist in der Kindheit normal; das Kind ist in seinem seelischen und körperlichen Wohlbefinden, ja (vor allem unter urtümlicheren Lebensbedingungen) in seinem Überleben schlechthin vom Wohlwollen der Bezugspersonen abhängig. Von einer krankhaften Symbiose spricht man dann, wenn diese frühkindliche Abhängigkeit nicht allmählich abgebaut wird, sondern fortbesteht und möglicherweise sogar auf andere Bezugspersonen übertragen wird. Was gelegentlich «Hörigkeit» genannt wird, gehört hierher. Der Symbiose-Partner gewinnt die Rolle des mächtigsten → Motivs. Die Beziehung zu ihm muss fast um jeden Preis aufrechterhalten werden. Hinter dieser Abhängigkeit können erhebliche → Aggressionen stehen, die nicht geäußert werden und nur in Ausnahmesituationen zutage treten. Wenn ein Ehepaar, das allen als Muster der gegenseitigen Anhänglichkeit galt, sich von einem Tag auf den anderen heftig mit allen Mitteln legaler und illegaler Art bekämpft, kann man eine bisher bestehende, solche Aggressionen zudeckende Symbiose annehmen. Ähnlich kann man von einer Symbiose sprechen, wenn eine Mutter ihren Sohn lieber im Schlaf ersticht als zulässt, dass er heiratet. Solche Fälle kommen vor, sind aber sehr selten; häufiger wird die Wut über den «untreuen» Sohn dadurch abgewehrt, dass die Schwiegermutter sie auf die Schwiegertochter projiziert (→ Projektion), ein durch eine Fülle von Witzen belegbares Motiv. Symbiosen entstehen, weil der Symbiosepartner (zum Beispiel das Kind) eine ausgleichende Rolle in einem ungenügend gefestigten → Narzissmus (der Mutter) spielt.

Symbol Zeichen für etwas; die Bedeutung des Symbols kann sozial vorgegeben sein (durch allgemeine Übereinkunft: bei den Symbolen für WC, Gepäckabgabe usw. an einem Großbahnhof) oder individuell erschlossen werden (→ Traum, → Sexualsymbolik). In der → Tiefenpsychologie hat Freud vor allem den Abwehr- und Maskierungscharakter von Symbolen beschrieben (ein körperliches Leiden symbolisiert einen abgewehrten sexuellen Wunsch; harmlose Gegenstände, die Sexualorgane symbolisieren, entstellen die wahre Bedeutung eines Traums). C. G. Jung hingegen betont den verbindenden Charakter von Symbolen, die geeignet sind, die Spaltung zwischen → Primär- und → Sekundärvorgang, zwischen bewusstem → Ich und → kollektivem Unbewussten zu überbrücken. Die von Jung vorgeschlagene engere Begriffsbestimmung des Symbols als Zeichen für etwas sonst nicht zu Erfassendes und Unbekanntes hat sich nicht durchgesetzt.

Symptom Zeichen einer Erkrankung. → Neurose, Hysterie

Systemische Therapie Im weitesten Sinn alle Therapieformen, in denen mehr Augenmerk auf → Beziehungen und Interaktionen (Wechselwirkungen) zwischen verschiedenen Personen gerichtet wird als auf das individuelle Befinden. Besonders wichtig sind solche Ansätze in der → Erziehungsberatung und → Familientherapie. Wesentliche Einsicht dieser Arbeiten ist der enge Zusammenhang, den die → Symptome des als «Patient» ausgewiesenen Familienmitglieds mit dem ganzen «System» der Familie haben, zum Beispiel mit einem Widerspruch zwischen den → Normen des Vaters und denen der Mutter. Die therapeutischen Vorgehensweisen sind sehr unterschiedlich – in der «strategischen» Familientherapie werden hypnotische Ansätze nach Milton Erickson verwendet, in dem «Mailänder Modell» von Maria Selvini-Palazzuoli oft scheinbar paradoxe «Verhaltensverschreibungen». In der Praxis ist es meist das größte Problem, zerstrittene Familien zu einer gemeinsamen Familientherapie zu überzeugen und die Wirkung charismatischer Persönlichkeiten in eine lehr- und lernbare familientherapeutische Methode umzuwandeln.

T

Tabu Polynesisches Wort, das aus religiösen Gründen ausgesprochene Verbote betrifft (etwas zu essen, zu berühren, sexuelle Kontakte mit bestimmten Personen zu haben ...). Der Ausdruck wird für Verbote allgemein verwendet, vorwiegend aber für solche mit einem mehr oder weniger deutlichen irrationalen, das heißt nicht genau begründbaren Hintergrund.

Talent Begabung für bestimmte Berufe oder künstlerische Tätigkeiten.

Teamsupervision → Supervision

Telefonterror Verbale Gewalt mit Hilfe des Telefons. Das Angebot einer Annäherung an fremde Menschen mit gleichzeitig gegebenen Rückzugsmöglichkeiten verführt seelisch gestörte Personen mit sadistischen Neigungen dazu, dieses technische Mittel auf oft perfide Weise zu missbrauchen. In einem jüngst bekannt gewordenen Fall zwang ein Mann, der täglich viele Stunden am Telefon verbrachte, mehrere hundert Frauen zu den verschiedensten Handlungen bis hin zu lebensgefährlichen Aktionen (sich auszuziehen, einen Föhn in das Badewasser zu werfen, aus dem Fenster zu springen). Er habe ein Kind in seine Gewalt gebracht und werde ihm die Kehle durchschneiden, wenn seine Gesprächspartnerin nicht alles Verlangte tue. Schließlich starb eines der Opfer an einem Sprung in die Tiefe. Der Täter, der nach einer groß angelegten Fahndung überführt und wegen Mord verurteilt wurde, behauptete, er habe immer nur Spaß gemacht. Harmlosere, aber auch lästige Formen des Telefonterrors sind Anrufe zu jeder Tag- und Nachzeit, Obszönitäten, Drohungen. Vielen Menschen fällt es schwer, ihr Grundrecht wahrzunehmen, jedes Telefonat durch Auflegen zu beenden, das sie nicht mehr führen wollen. Sie halten das für unhöflich, was die Täter ausnützen.

Temperament Gefühlsansprechbarkeit; einer der ältesten Ausdrücke der → Persönlichkeitsforschung; besonders bekannt sind die Temperamentscharakteristiken der Antike – hier aufgezeigt an ihrer Reaktion auf den Stein, der im Weg liegt: Der Sanguiniker (von sanguis = Blut) hüpft darüber, der Choleriker (von cholos = gelbe Galle) räumt ihn ärgerlich aus dem Weg, der Melancholiker (von melas cholos = schwarze Galle) beklagt sich bitter über das Hindernis, der Phlegmatiker (von phlegma = Schleim) setzt sich auf den Stein, um sich auszuruhen. Diese Temperamentslehre ist von der medizinischen «Säftelehre» abgeleitet. Die von ihr gezeichneten Temperamentstypen beruhen aber auf Beobachtungen, deren Wert von den inzwischen widerlegten medizinischen Vorstellungen der Antike unabhängig ist; dennoch gehören sie in ein vorwissenschaftliches Arbeiten. Heute weiß man: Je nach dem augenblicklichen Zustand und nach der Lerngeschichte des Einzelnen können seine ursprünglichen, in der → Konstitution verankerten Temperamentsanlagen umgestaltet werden.

Test Probe, Prüfung; in der Psychologie in mindestens zwei Bedeutungen verwendet: 1. Test von wissenschaftlichen Annahmen, zum Beispiel durch mathematische Prüfung des Untersuchungsmaterials auf statistische Gültigkeit. 2. Wissenschaftliches, häufig angewendetes Verfahren, um über Persönlichkeitsmerkmale quantitative Aussagen machen, das heißt diese Merkmale «messen» zu können. Dabei gewinnen die Gültigkeit (Validität) und Zuverlässigkeit (Reliabilität) eines Tests besondere Bedeutung. Ein Test ist gültig, wenn er wirklich das misst, was er vorgibt zu messen (zum Beispiel die Intelligenz). Er ist zuverlässig, wenn er das, was er misst, auch genau misst und man bei wiederholten Prüfungen keine erheblichen Abweichungen in den Messergebnissen findet. Dazu ist es notwendig, dass ein Test «standardisiert» wird, das heißt eine feste Form erhält, etwa eine Testanweisung, die genau vorschreibt, wie er vorgenommen werden muss, welche Zeitspannen zur Lösung der Aufgaben gegeben sind. Die Auswertung muss ebenfalls fest geregelt sein; verschiedene Auswerter müssen zu dem gleichen oder doch einem ähnlichen Ergebnis kommen.
Wichtige Untergruppen von Tests: Man unterscheidet Leistungs- und Persönlichkeitstests. In den ersten wird nach bestimmten Leistungen gefragt; das gilt vor allem für die → Intelligenz, aber auch für andere, etwa für bestimmte Berufe wichtige Fähigkeiten des Untersuchten. So können die → Begabung für sprachlichen Ausdruck, für Abstraktion, für die Koordination von Körperbewegungen, für die Feinmoto-

rik, Reaktionsschnelligkeit, Farbensehen und viele andere Fähigkeiten geprüft werden, die für die Angehörigen bestimmter Berufe (Pilot, Omnibusfahrer, Kaufmann ...) wichtig sind. Daher sind Tests in der Berufsberatung (→ angewandte Psychologie) ein häufig verwendetes Hilfsmittel.

Die Persönlichkeitstests erfassen nicht messbare Leistungen, sondern suchen den Ausprägungsgrad von Persönlichkeitszügen wie Antriebsstärke, Kontaktfähigkeit oder wichtige Interessen zu bestimmen. Hier gibt es wiederum zwei Untergruppen von Tests: Fragebogentests und projektive Verfahren. Bei den Ersten wird durch sorgfältig ausgewählte Fragen, die beispielsweise zwischen zwei Formen seelischer Krankheit genau unterscheiden helfen (etwa zwischen → Depression und → Paranoia), ermittelt, ob eine Versuchsperson depressive oder paranoide Züge aufweist. Einzelantworten wie «Ich kann manchmal morgens kaum aufstehen» (Depression) oder «Manchmal reden die Leute hinter meinem Rücken schlecht über mich» (Paranoia) sind dabei noch ganz unzuverlässig. Seine Gültigkeit bezieht der Fragebogentest aus sehr vielen (oft mehreren hundert) einzelnen Fragen (Items), wobei eine «Lügenskala» bewusst schönfärberische Antworten entlarven soll. Wer die Feststellung verneint: «Manchmal möchte ich jemandem, der mich ärgert, glatt eine herunterhauen», wird überhaupt dazu neigen, sozial eher negativ bewertete Neigungen zu verleugnen. Der Ausdruck «Lügenskala» ist dabei im Grunde nicht ganz zutreffend: Nicht die Neigung zum Lügen, sondern der Grad starker Anpassung an gesellschaftliche → Normen wird auf diese Weise ermittelt. In den projektiven Verfahren (→ Projektion) wertet der Tester die von Person zu Person verschiedenen Antworten auf vieldeutiges Reizmaterial aus: Tintenkleckse im Rorschach-Test, Bilder im Thematischen Apperzeptions-Test (TAT), unvollendete Zeichnungen, einfache Zeichenaufgaben (einen Mann zeichnen, einen Baum zeichnen, eine Familie in Tieren zeichnen ...). Diese Tests gehen von der → Psychoanalyse aus. Sie stützen sich auf die Hypothese, dass alle seelischen Äußerungen von inneren Wünschen und Abwehrvorgängen bestimmt sind, und lassen in der Auswertung einen weiteren Spielraum als die anderen Tests.

Grenzen der Tests: Selbst eine umfassende Untersuchung, die mit den nach den Maßstäben der Gültigkeit und Zuverlässigkeit besten derzeit verfügbaren Tests durchgeführt wird, ist ein sehr unvollkommenes Mittel, die menschliche → Persönlichkeit zu erfassen. Doch darf man die Tests wohl nicht nur an einem Idealanspruch messen, sondern muss sie mit dem vergleichen, was durch andere Mittel über einen Menschen zu erfahren ist: etwa durch Schulzeugnisse, das Urteil von Lehrern oder früheren Mitarbeitern, von Familienangehörigen oder von Psychologen nach einem freien diagnostischen Gespräch. Auch diese Wege, mehr über einen Menschen zu erfahren, sind so unvollkommen, so sehr von den persönlichen → Einstellungen und → Vorurteilen des Untersuchers abhängig, dass die Tests – verglichen mit ihnen – eine recht gute Aussagekraft besitzen.

Die Auswertung von Tests setzt aber ein umfassendes psychologisches Wissen voraus, da die Testsituation selbst das Ergebnis sehr beeinflussen kann und es viele Einflüsse gibt, die zu einer falschen Deutung führen können. Sinnvolle Verwendung von Tests schließt auch ein, dass sie nicht als Persönlichkeitsschnüffelei betrieben werden. Die praktische Gültigkeit eines Tests kann sich eigentlich nur im Gespräch zwischen dem Psychologen und dem Ge testeten ergeben, in dem dann auch die Fehlerquellen des Tests selbst berücksichtigt werden. Nur wenn Testuntersuchungen in diesem Geist vertrauensvoller Zusammenarbeit vorgenommen werden, gelingt es, die Fehlerquellen der Testpsychologie weitgehend einzuschränken und zu glaubwürdigen Ergebnissen zu kommen. Testen im Sinn des Ausspionierens sorgfältig gehüteter Schattenseiten der Person des Getesteten, Testen als Überrumpelungsmanöver machen die Psychologie fragwürdig und werden rasch auch in ihrer wissenschaftlichen Aussagekraft unbrauchbar, da jeder psychologische Test durch eine gut unterrichtete Versuchsperson unterlaufen werden kann. → Angewandte Psychologie.

Thanatopsychologie Die psychologische Vorstellung vom Tod (griech. thanatos) bildet sich in der Kindheit erst schrittweise. Ein «reifes» Todeskonzept verfügt über Einsicht in die Irreversibilität (Endgültigkeit), Nonfunktionalität (Fehlen aller Lebenstätigkeit) und Universalität (der Tod trifft alle Lebewesen und ist grundsätzlich unvermeidlich). Bis zum Alter von fünf Jah-

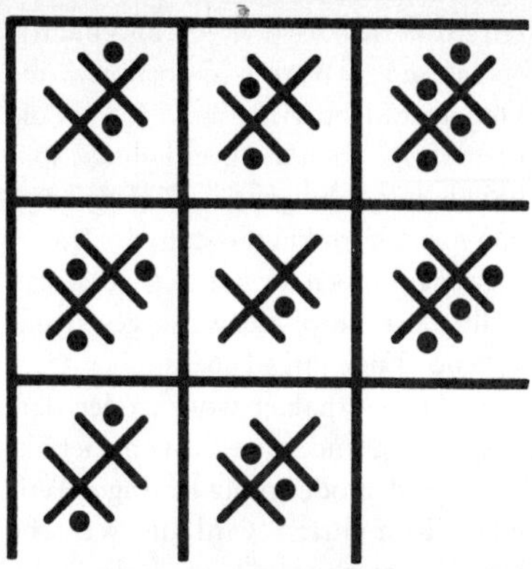

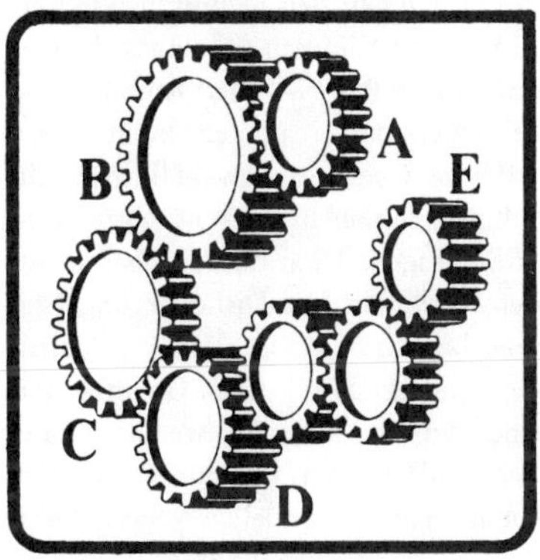

Beispiel für Begabungstest. Oben: Logisch-analytisches Denken – Welche Figur ist in das freie Feld einzusetzen?

(Lösung: die rechte Figur in der oberen Reihe)

Unten: Technisches Verständnis – Welches Zahnrad macht die meisten Umdrehungen?

(Lösung: E)

Quelle: Ernst Ott «Optimales Denken» und Peter Lauster «Begabungstests», beide Rowohlt Taschenbuch Verlag, Reinbek bei Hamburg 1973

ren fassen Kinder den Tod als eine Art Schlaf auf («Warum graben wir die Omi jetzt nicht wieder aus?», fragt die Fünfjährige nach der Beerdigung); spätestens mit zehn Jahren wird der Tod von ihnen korrekt erfasst. In der Untersuchung Sterbender hat sich herausgestellt, dass sie phasenweise gegen das nahende Ende ihres Lebens rebellieren, es nicht wahrhaben wollen oder darüber zornig sind, abgelöst von eher akzeptierenden oder ruhig-traurigen Perioden. Kompliziert wird die seelische Situation Sterbender heute vielfach dadurch, dass in den technisch durchorganisierten Kliniken für «aussichtslose Fälle» kein Platz ist. Medizinisches und Pflegepersonal reagieren nicht selten auf ihre Gegenwart mit Hilflosigkeit, Schuldgefühlen und latent aggressiven Stimmungen. Dem daraus resultierenden Verhalten der Distanzierung (seltene Besuche), Versachlichung (Instrumentendiagnostik) und Überaktivität (medizinische Eingriffe, welche die Lebensqualität eher verschlechtern) versucht man in speziellen «Sterbekliniken» oder Hospizen entgegenzuarbeiten. Die seelische Belastung ärztlicher und pflegerischer Berufsgruppen durch die Begegnung mit dem Tod kann in → Supervision bearbeitet werden.

Tiefenpsychologie Von S. Freud zuerst gleichbedeutend mit → Psychoanalyse gebrauchter Ausdruck für eine Psychologie, welche die Wirkungen des → Unbewussten mit einbezieht. Später wurde der Begriff meist als Sammelbezeichnung für die verschiedenen Richtungen verwendet, die sich aus der Psychoanalyse abspalteten oder entwickelten. Die wichtigsten von ihnen sind die «komplexe Psychologie» von C. G. Jung, die → Individualpsychologie von A. Adler und die → Neopsychoanalyse von E. Fromm, H. Schulz-Hencke, H. S. Sullivan und F. Alexander.

Tierpsychologie Über die subjektiven inneren Vorgänge, das heißt das Erleben von Tieren können wir wissenschaftlich nichts in Erfahrung bringen. Die Tierpsychologie wird deshalb heute meist Tierverhaltensforschung genannt. Ihre wichtigsten Aufgabengebiete sind die Erforschung des → Lernens von Tieren (→ Behaviorismus) und die Untersuchung der ohne Lernen vorgegebenen, stammesgeschichtlich erworbenen oder instinktiven Verhaltensweisen (→ AAM, → Instinkt, → Schlüsselreiz). Durch diese Forschungen konnte gezeigt werden, dass Verhaltensweisen als Merkmale von Tieren ebenso gut verwendet werden können, um den Gang der Entwicklungsgeschichte zu verfolgen und einzelne Tierarten zu unterscheiden (→ Rituale), wie das mit der Untersuchung und dem Vergleich von Körpermerkmalen möglich ist.

Tinnitus Bleibendes Hörgeräusch (Ohrensausen, Klingeln), das die betroffenen Personen belästigt und heute zu den psychosomatischen Erkrankungen gerechnet wird. Angeborene Dispositionen, Durchblutungsmängel, Alkoholmissbrauch, seelische und körperliche Traumatisierungen spielen als ursächliche Faktoren eine Rolle. Häufig bleiben nach einem Hörsturz Ohrgeräusche zurück; in anderen Fällen tritt der Tinnitus als Folge von starken psychischen Spannungen auf. Während manche Personen solche Ohrgeräusche angeben, aber nicht weiter unter ihnen leiden und auch nicht auf den Gedanken kommen, deshalb einen Arzt aufzusuchen, fühlen sich andere schwer beeinträchtigt. Sie können nicht schlafen, verlieren zum Beispiel die frühere Freude an Musik, ziehen sich zurück und fürchten, verrückt zu werden. Ein psychologisches Training kann dann dem Tinnituskranken helfen, mit seiner Störung zu leben.

Tod Merkmal höherer Organismen, die sich geschlechtlich fortpflanzen. Einzeller, die sich durch Teilung vermehren, sind potenziell unsterblich. Kaum ein Thema hat die Menschen mehr beschäftigt als ihre Sterblichkeit; die Antworten auf den Tod sind so vielfältig wie das Leben. Er wird als Erlöser begrüßt und als Vernichter gefürchtet; er wird verleugnet oder obsessiv gesucht. Soweit wir wissen, kennt nur der Mensch die Vorstellung vom Tod. Das Kind lehnt die Vorstellung von diesem Ereignis noch an verwandte Situationen wie Schlaf und Bewusstlosigkeit an. Auch höhere Säugetiere versuchen, tote Artgenossen «aufzuwecken», indem sie anstoßen, spielerisch beißen u. Ä. Erst wenn diese nicht reagieren und sich nicht wecken lassen, werden sie behandelt wie Gegenstände. Für den Menschen ist der Tod hingegen ein psychischer Inhalt, der dauernd bestehen bleibt; die Auseinandersetzung mit ihm bestimmt schon früh wesentliche Krisen (zum Beispiel der Tod eines Elternteils). Die Bewältigung des Todes wird in der letzten Phase der seelischen Entwicklung zur zentralen Aufgabe. Der Tod eines jungen Menschen (vor allem eines Kindes) trifft uns mehr als der Tod eines alten Menschen; dieser erscheint uns gerechtfertigt, jener unfair. Man kann zwischen klinischem und biologischem Tod unterscheiden; der klinische ist durch das Versagen von Herz und Kreislauf, Atemstillstand und Absterben der Gehirnzellen durch den Sauerstoffmangel charakterisiert, der biologische durch den restlosen Stillstand auch jener Lebensfunktionen, die sogar noch nach dem klinischen Tod tätig sind (so wachsen noch Haare und Nägel).

Eine Phasentheorie des Sterbens wurde von Elisabeth Kübler-Ross entwickelt. Sie hat Menschen untersucht, die relativ viel Zeit hatten, sich mit dem Tod auseinander zu setzen, also zum Beispiel Krebskranke, und hat folgende fünf Phasen entworfen:

1. Ableugnung. Der Sterbende will nicht wahrhaben, dass der Tod bevorsteht, er deutet ärztliche Äußerungen entsprechend um. Oft reagieren die Angehörigen und Ärzte auf diese Phase, indem sie die Verleugnung mitvollziehen und den Ernst der Situation bagatellisieren.

2. Zorn. Der Sterbende wird von der Frage beherrscht: «Warum gerade ich?» Da diese Frage nicht beantwortet werden kann, reagiert er empört, zornig und enttäuscht.

3. Verhandlung. Der Sterbende versucht, Zeit zu gewinnen, indem er zum Beispiel auf magisches Denken regrediert und mit Gott eine weitere Zeitspanne aushandeln möchte oder indem

er mit Ärzten oder Angehörigen Abmachungen zu treffen sucht.
4. Depression. Der Sterbende erkennt, dass Rebellion und Verhandlung nichts nützen und der Tod der Stärkere ist. Er resigniert, fühlt sich einsam und oft traurig, schuldig und wertlos.
5. Hinnahme. Der Sterbende akzeptiert, dass es mit ihm zu Ende geht. Kübler-Ross bemerkt allerdings, dass es sich hier nicht um einen glücklichen Zustand, sondern eher um eine Gefühlsleere handelt. Der Schmerz und der Kampf sind beendet, es ist eine Zeit der Ruhe vor der letzten Reise.
Nicht alle Sterbenden durchlaufen alle Phasen; einzelne Phasen können immer wiederkehren, andere ausbleiben, je nach der äußeren Situation (zum Beispiel der aufgebauten und enttäuschten Hoffnung auf eine alternative Krebsbehandlung). Man kann auch nicht sagen, dass der Tod für alle Menschen große Bedeutung hat. Vielen gelingt es, gar nicht an ihn zu denken; andere trägt ein religiöser Glaube, der ihnen versichert, dass nach ihrem Tod ein besseres Leben beginnt; manche haben es im Leben so schwer, dass sie den Tod als Erlöser begrüßen; andere sterben so plötzlich, dass sie nicht an den Tod denken müssen, ein Ereignis, das von den meisten Menschen als «glücklicher» oder «schöner» Tod gefeiert wird.

Todestrieb Von S. Freud vermuteter → Trieb, der in jedem Lebewesen auf dessen Auflösung und die Wiederherstellung eines anorganischen Zustandes hinwirkt. Nur durch Verbindungen mit dem → Lebenstrieb (→ Libido) wird der Todestrieb als → Aggression nach außen gewandt oder durch Neutralisierung in kulturell wertvolle → Aktivität verwandelt. Diese Auffassung ist heute auch in der → Psychoanalyse umstritten und wird von den meisten Psychologen und Biologen abgelehnt, auch von denen, die noch an der Annahme eines angeborenen Aggressionstriebes festhalten.

Toleranz Soziale → Einstellungen und Verhaltensweisen eines Menschen, die keinen Anstoß an Werten und Meinungen anderer Menschen (etwa Minderheiten anderer Rasse oder Religion) nehmen. Manchmal wird Toleranz auch als Einstellung aufgefasst, die über die bloße Duldung des Andersartigen hinaus dagegen kämpft, dass andere Menschen sich intolerant (= nicht tolerant) verhalten und unterdrücken, was nicht in ihre → Normen passt. Ein Mangel an Toleranz gehört zu den Eigenschaften der → autoritären Persönlichkeit.
Bei den → Psychopharmaka oder bestimmten Suchtmitteln (→ Drogenabhängigkeit) bedeutet Toleranz, dass ein Mittel (etwa Morphium) im Zug der Gewöhnung an seine Wirkung in immer größeren Gaben ohne Reaktion vertragen wird.

Trance Zustand eingeengter Bewusstheit, in dem die normalen Ich-Leistungen verändert werden können, zum Beispiel soziale Hemmungen verschwinden (Bühnenhypnose). Trancezustände spielen in Primitivkulturen eine große Rolle; sie gelten dort als Zeichen der Besessenheit von Geistern und damit verbunden «übermenschlicher»

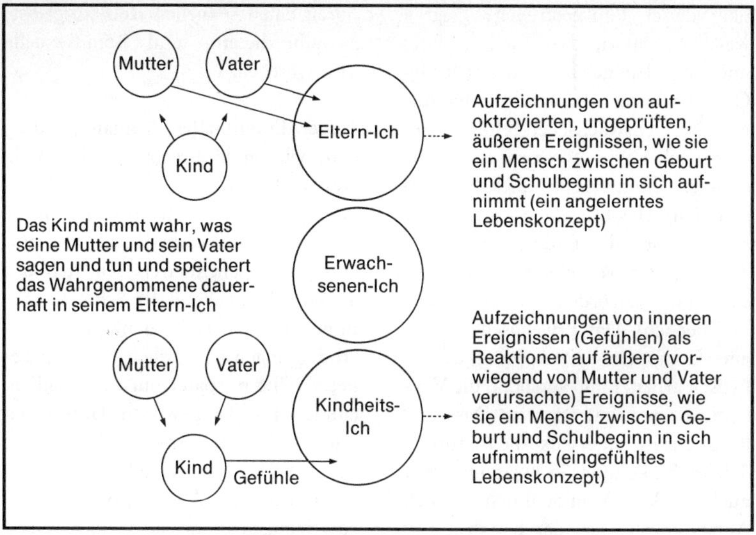

Die Persönlichkeit mit den drei Ich-Zuständen nach der Transaktionsanalyse.

Quelle: Thomas A. Harris «Ich bin o. k. – du bist o. k.» Rowohlt Taschenbuch Verlag, Reinbek bei Hamburg 1975

Kräfte körperlicher oder seelischer (Heilung von Kranken, Prophezeiung) Natur. → Hypnose, Spaltung, Ekstase

Transaktionsanalyse Von E. Berne entworfene Lehre, die teilweise auf einer Vereinfachung der → Psychoanalyse beruht und untersucht, aus welchen Ich-Zuständen heraus zwei Menschen sich miteinander auseinander setzen. Jede Handlung in einer solchen Auseinandersetzung gilt als Transaktion (→ Spiele); die Transaktionen lassen sich einteilen, je nachdem, ob sie aus dem Ich-Zustand des Eltern-Ich, des Erwachsenen-Ich oder des Kindheits-Ich erfolgen. Zwei Eheleute streiten sich: «Nie bist du zu Hause. Immer muss ich mich um alles allein kümmern!» (Eltern-Ich der Frau) – «Wenn du nicht wegen jeder Kleinigkeit ein Theater anfangen würdest, wäre das gar nicht schlimm!» (Eltern-Ich des Mannes). Plötzlich treffen sie ein befreundetes Paar. Man sieht deutlich, wie sich ihr Gesichtsausdruck und ihr Stimmklang verändern und sie mit den anderen ein Gespräch auf einer Erwachsenen-Ebene beginnen: «Wie geht es euch? Was habt ihr im Urlaub gemacht?» Nach diesem Wechsel im Ich-Zustand der beiden Partner verlaufen ihre Transaktionen auch anders, sobald sie wieder allein sind. Sie fragen sich etwa: «Warum müssen wir uns immer über diesen Punkt streiten? Liegt es vielleicht daran, dass meine Mutter mich oft allein gelassen hat und ich das Gefühl hatte, niemand unterstützt mich?» (Erwachsenen-Ich). Oder: «Jetzt gehen wir aus, essen, tanzen und dann … (ein zärtlicher Blick)!» (Kindheits-Ich). Das Eltern-Ich sind die inneren Stimmen der Eltern, die zum Bestandteil der Verhaltensmöglichkeiten des Kindes geworden sind (analog zum → Über-Ich). Das Erwachsenen-Ich ist ein «Computer», ein Apparat, der realistisch arbeitet und versucht, die Wirklichkeit genau zu erfassen. Das Kindheits-Ich ist einerseits die natürliche Triebhaftigkeit (das → Es), andererseits auch ein Bereich, in dem ursprüngliche Anpassungsformen der Kindheit fortwirken.

Die Transaktionsanalyse ist eine wichtige Lehre über das menschliche Sozialverhalten, die gegenüber den weit umfassenderen und schwierigeren Theorien der → Psychoanalyse den Vorzug hat, dass ihre Grundprinzipien rasch gezeigt und in der unmittelbaren Beobachtung bestätigt werden können. Sie wird vor allem von Sozialarbeitern und Erziehern in den Vereinigten Staaten ihrer praktischen Arbeit zugrunde gelegt, doch verwendet man sie auch im Bereich der → Psychotherapie.

Transvestit, Transvestitismus Transvestitismus oder Travestie ist die Neigung, sexuelle Lust durch Tragen der Kleidung des anderen Geschlechts zu gewinnen. Meist bezieht sie sich auf den Mann (den Transvestiten), der Frauenkleidung trägt. Das Bedürfnis, sich auf diese Weise zu kleiden, wird oft durch einen sexuellen Reiz ausgelöst; es gibt hetero- und homosexuelle Transvestiten.

Trauer Emotionaler Vorgang, durch den belastende Ereignisse (Trennung vom Liebespartner, Krankheit, Behinderung) verarbeitet werden. Die Trauerarbeit verläuft in der Regel in voneinander unterscheidbaren Schritten mit allmählich abnehmenden Schmerzreaktionen (zum Beispiel denkt der Trauernde zunächst stündlich an einen geliebten Toten, später nur noch täglich, endlich nur zu gewissen Jahrestagen oder Anlässen). Anfänglich mischen sich oft Wut oder Rebellion («Warum passiert das gerade mir») oder Schuldzuweisungen an die eigene oder fremde Personen in die Trauer. – Depression lässt sich als gestörte Trauerarbeit verstehen. Die Betroffenen sind gelähmt, fühlen sich wertlos, erschöpfen sich gewissermaßen an einer nicht zum Ausdruck zugelassenen Trauer. Die pathologische Trauer ist ein Zerrbild der normalen Trauer, sie tritt vor allem erheblich verzögert auf oder bleibt über das normale «Trauerjahr» hinaus bestehen. Durch die → Individualisierung sind in den modernen Gesellschaften früher verbindliche Trauerrituale verloren gegangen (zum Beispiel Trauerkleidung).

Traum Phantasieerlebnisse im Schlaf, die sich von den → Phantasien im Tageserleben durch ihre weit größere Überzeugungskraft und ihren Wirklichkeitscharakter unterscheiden. Die schon von I. Kant gegebene Antwort auf die Frage, warum manche Menschen sich an Träume erinnern und andere nicht, ist durch die psychologische Traumforschung bestätigt worden: Alle Menschen träumen, doch werden die meisten Träume schon vor dem Aufwachen wieder vergessen. Traumreiche Schlafperioden sind durch Veränderungen im Hirnstrombild, heftige Mimik und schnelle Augenbewegung (REM = Rapid Eye Movement) gekennzeichnet. Jeder Mensch kann, wenn er zum richtigen Zeitpunkt geweckt wird, über Traumerlebnisse berichten. Wenn man einen Menschen immer während der traumreichen Schlafabschnitte weckt, dann träumt er in der folgenden Nacht das Versäumte nach. Die ursprüngliche Annahme, dass ein solches Unterbinden des traumreichen Schlafs zu seelischen Störungen führt, hat sich allerdings nicht bestätigen lassen. → Traumdeutung

Trauma Verletzung, Verwundung; im übertragenen Sinn seelische Verletzung. Beispiel: Ein dreijähriges Mädchen, das bisher Hunden unbefangen begegnete, wird von einem gebissen. Seither schreit es laut, sobald es einen Hund sieht, läuft weg oder klammert sich an den begleitenden Erwachsenen. Versicherungen, dass dieser Hund harmlos sei und es gewiss nicht beiße, sind wirkungslos. Im Gespräch entwickelt das Kind die Phantasie, selbst ein Hund zu sein, ein besonders großer, bissiger, der natürlich auch sie selbst beißen würde, wenn er ihr begegnete. (Abwehr des Traumas durch → Identifizierung mit dem Angreifer.) Das seelische Trauma ist ein Lernvorgang, in dem bestimmte Verhaltensweisen in einer ungerechtfertigten Verallgemeinerung erworben werden. Die Vorstellung, dass alle → Neurosen auf solchen Träumen beruhen (meist belastende Situationen in der Kindheit, zum Beispiel sexuelle Verführung durch Erwachsene, besonders harte Erziehung, längere Trennung von der Mutter), ist zumindest zu erweitern. Vielfach gibt es keinen nachweisbaren Einzelvorfall als Ursache. Das ist nur bei den traumatischen → Neurosen (siehe oben) der Fall. Häufig findet sich eine ganze Kette solcher Belastungen, welche die Anpassungsfähigkeit des Kindes überfordern.

Traumdeutung Die Traumdeutung ist seit der Antike bekannt; es gab damals bereits ausgearbeitete Bücher, welche vor allem die Bedeutung einzelner Trauminhalte für das zukünftige Schicksal des Träumers angaben (Traum-Orakel). Die wissenschaftliche Traumdeutung beginnt im 19. Jahrhundert; ihre wichtigsten Anregungen erhält sie durch S. Freud, dessen Hauptwerk «Die Traumdeutung» 1900 erscheint. Viele der hier vertretenen Grundauffassungen haben sich bestätigt, die meisten in der praktischen Arbeit der → Psychotherapie bewährt. Freud geht davon aus, dass der Traum der «Hüter des Schlafes» ist. Seine wichtigste Aufgabe ist es dabei, unbewusste Wünsche, die den Träumer im Schlaf stören könnten, durch Phantasiebilder zu erfüllen, ohne dass die kontrollierenden und moralischen Instanzen (die «Zensur», das → Über-Ich) Einspruch erheben können. Daher wird aus dem verborgenen, unbewussten Wunsch (dem «latenten Traumgedanken») durch die Traumarbeit der «manifeste Trauminhalt», das sind die Bilder und Empfindungen, welche der Träumer erinnert. Aus diesen muss durch die → Deutung der unbewusste Wunsch wieder erschlossen werden, wobei die Arbeit mit den freien Einfällen des Träumers das wichtigste Stück dieser Deutungsarbeit ist. Die Darstellungsmittel, mit denen der Traum die unbewussten Wünsche so entstellt, dass ihre Erfüllung nicht auf den Einwand der Zensur stößt, sind vor allem die → Verdichtung und die → Verschiebung. Bei der Verdichtung werden mehrere unterschiedliche Vorstellungen ineinander verwoben, sodass sie einzeln nicht mehr klar erkennbar sind. So wird zum Beispiel ein Zimmer geträumt, das Merkmale des elterlichen Schlafzimmers in der Kindheit, des Zimmers der Freundin und eines Operationsraums im Krankenhaus verbindet. Bei der Verschiebung wird der Gefühlsgehalt einer Vorstellung auf eine andere verschoben, sodass dem Träumer sonst wichtige Erlebnisse bedeutungslos vorkommen und er andererseits durch Personen oder Ereignisse, die ihm sonst gleichgültig sind, stark beeindruckt wird. («Ich träumte, ich sehe zu, wie eine Frau aus dem Fenster springt. Merkwürdigerweise spüre ich überhaupt keine Angst. Etwas später ein Bild, wo ich eine kleine Wunde an meinem Daumen entdecke, die mich unerklärlicherweise sehr beunruhigt, als ob sie vergiftet wäre.») Ermöglicht wird diese entstellte, verdichtete Darstellung im Traum durch eine → Regression von den → Sekundärvorgängen, die vom realitätsorientierten Bewusstsein gesteuert werden, zu den → Primärvorgängen, in denen es nur Wunscherfüllung, aber keine kritische Logik gibt.

Trennungsangst Die → Angst vor dem Verlust eines Sicherheit gewährenden Menschen gehört zu den wichtigsten Ängsten der Kindheit. Um die Trennung zu vermeiden, spaltet das Kind jene Erlebensbereiche von seinem bewussten → Ich ab, die von den wichtigen Bezugspersonen abgelehnt und mit der Drohung, es zu verlassen, verbunden werden. Kinder, die sehr starken Trennungsängsten ausgesetzt werden – zum Beispiel Kleinkinder, die bei einem Krankenhaus- oder Heimaufenthalt plötzlich von der Mutter getrennt werden –, zeigen erst eine → Depression mit Trauermiene, Weinen, heftigen Versuchen, die Mutter festzuhalten oder durch Schreien zum Zurückkommen zu bewegen. Nach dieser Trauer, die einige Wochen anhält, kann die Bindung an die Bezugsperson abreißen. Das Kind will nun nichts mehr mit der Mutter zu tun haben, die es erst so heftig herbeiwünschte, und stößt sie zurück, wenn sie sich ihm zuwendet. Nur ganz allmählich kann es wieder Vertrauen gewinnen. Dieses abweisende Verhalten ist eine → Reaktionsbildung gegen die Trennungsangst, die beim → schizoiden Menschen im Erwachsenenalter fortbesteht. In den Partnerbeziehungen von der → Pubertät an spielen Trennungsangst und ihre Abwehr ebenfalls eine wichtige Rolle. Nicht wenige Ehen werden deshalb aufrechterhalten, weil die Trennung so sehr gefürchtet wird, dass auch eine sonst sehr unbefriedigende Partnerschaft in Kauf genommen wird.

Treue Ausdruck für die Beständigkeit und Ausschließlichkeit, mit der eine Person ihre → Beziehung zu einer anderen erlebt und gestaltet. Treue kann auf vielen verschiedenen Ursachen beruhen: → Trennungsangst, tatsächlicher, vollständiger Befriedigung durch den Partner, Bindungsängste, Kontaktschwierigkeiten, welche die Gelegenheit zur Untreue vermindern, äußeren Einflüssen (etwa einer sehr starren sexuellen Moral).

Trieb Aus dem menschlichen Erleben und Verhalten erschlossene Kraft, die im Hintergrund des Bewusstseins wirkt und dieses sowie den gesamten Menschen zu bestimmten Verhaltensweisen «treibt». Im Gegensatz zum → Instinkt sind Triebe nicht durch bestimmte Handlungen ausgezeichnet, welche für ihre Befriedigung notwendig sind. Charakteristischer sind Gefühlszustände, die man als Forderung des Körpers an die Verhaltenssteuerung (das → Ich) auffassen kann, wie Hunger, Durst, sexuelle → Bedürfnisse. Triebe führen zu einer Einengung der Wahrnehmung auf ihre Befriedigungsmöglichkeiten hin (für den Hungrigen hat die Umwelt einen anderen Wahrnehmungsgehalt als für den Satten). Andererseits können Wahrnehmungsreize auch bisher verborgene Triebmotive anregen. Wie viele Triebe es gibt, ist eine Frage der Größenordnung, die ein → Bedürfnis annehmen muss, um als Trieb angesehen zu werden; die einzelnen Triebe wiederum lassen sich in Teiltriebe (Partialtriebe) aufgliedern. Die meisten auf diesem Gebiet getroffenen Einteilungen sind willkürlich und auch deshalb nicht sehr sinnvoll, weil zwischen verschiedenen Trieben Verbindungen möglich sind. → Aggression, Aktivität, Lebenstrieb, Todestrieb

Triebverbrechen Jedes Verbrechen dient der Befriedigung eines Antriebs. Von einem Triebverbrechen spricht man dann, wenn es sich um eine Tat handelt, die nach dem Gesamtbild über die bisherige Laufbahn des Täters und seine sonstigen Verhaltensweisen seiner Persönlichkeit fremd scheint. Häufig erinnert sich der Täter nachher nicht mehr an das, was er tat (Affekthandlung). In einem weiteren Sinn wird der Ausdruck auch angewendet, wenn das Verbrechen dazu dient, sexuelle Triebe zu befriedigen: bei Vergewaltigung oder Lustmord (→ Sadismus).

Triebverzicht Verzicht auf Triebbefriedigung; er kann entweder vollständig sein oder nur einen Aufschub verkörpern, nach dem auf eine günstigere Gelegenheit gewartet wird. Triebverzicht ertragen zu lernen ist eine wichtige Forderung in der → Erziehung. Sie wird allerdings nicht durch möglichst starre oder gar möglichst viele Verbote der Triebbefriedigung durchgesetzt, sondern durch eine verständnisvolle Haltung, in der ein Erzieher die Triebwünsche des Kindes verstehend akzeptiert, zugleich aber mit der nötigen Festigkeit dem Kind erklärt, welche nachteiligen Folgen die Triebbefriedigung im vorliegenden Fall hätte.

Trotz Verhalten, bei dem der Widerspruch gegen die von einer anderen Person geäußerten Forderungen mit heftigem → Affekt vertreten wird. In älteren Büchern über → Entwicklung wird sogar von einer besonderen «Trotzphase» gesprochen, die vom dritten bis fünften Lebensjahr dauern soll und als «Üben des eigenen Willens», «Abhebung von Ich und Nicht-Ich», → Kompensation des Minderwertigkeitsgefühls gedeutet wird. Genauere Untersuchungen zeigen, dass die typischen «Trotzanfälle», mit Aufstampfen, Schreien, Sich-zu-Boden-Werfen, keine allgemeine Erscheinung sind, sondern die kindliche Antwort auf besondere Situationen in der → Familie. Oft äußern sich darin die Vereitelung von Handlungsentwürfen des Kindes, die Versagung von Bedürfnissen nach Unabhängigkeit und Selbständigkeit oder starke → Konflikte zwischen dem Erlaubten und dem Probierenwollen des Kindes, ja zwischen dem angestrebten Ziel und den beschränkten Möglichkeiten des Kindes (ein der Trotzreaktion vergleichbarer Wutanfall kann auch dann eintreten, wenn das Kind gegenüber einem unbelebten Gegenstand sein Ziel nicht durchsetzen kann). Als Familienproblem tritt das Trotzalter vorwiegend dort auf, wo die Wünsche des Kindes zunächst nicht beachtet werden, während man sich den dramatischen Trotzreaktionen fügt, die auf diese Weise wegen ihres Erfolges bekräftigt werden und dann öfter vorkommen.

Typenlehre Versuche, wichtige Gruppenunterschiede in einem Bild zusammenzufassen, welches das Bezeichnende (Typische) enthält. In der Psychologie gilt das vor allem für Unterschiede zwischen → Persönlichkeiten. Die Einteilung der → Temperamente in der Antike (sanguinisch, cholerisch, phlegmatisch, melancholisch) ist ein Beispiel für eine solche Typenlehre oder Typologie. Modernere Typologien stammen von C. G. Jung (extravertierte und introvertierte Menschen, das heißt Personen, die ihre seelische Energie vorwiegend auf die Außenwelt richten, und andere, die sich vorwiegend auf ihre innerseelischen Vorgänge konzentrieren) und E. Kretschmer (→ Konstitutionstypen). Die Zuordnung eines bisher unbekannten Menschen zu einem bestimmten Typus ermöglicht eine erste Ordnung der Eindrücke und kann die Ängste und Spannungen erleichtern, die mit einer gänzlich neuen Situation verbunden sind. Die Beliebtheit von Typenlehren – etwa auch der astrologischen Typen «Stiermann sucht Waagefrau» – erklärt sich nicht zuletzt daraus. Genauere psychologische Forschung hat aber gezeigt, dass der «reine» Typus sehr selten ist. Bei den meisten Typenlehren handelt es sich um extreme Ausprägungen von → Eigenschaften oder ganzen Eigenschaftsbündeln, die in Wirklichkeit meist gemischt auftreten, sodass der Voraussagewert von Typenlehren in Wirklichkeit nicht besonders groß ist.

U

Überanpassung Form der → Anpassung, die über das Notwendige und nach vernünftigen Gesichtspunkten Sinnvolle hinausgeht. Eine angepasste Person wird Rechnungen zwar pünktlich bezahlen, aber nur ein überangepasster Mensch wird einen Urlaub abbrechen, um zu verhindern, dass eine Rechnung über die Frist hinaus liegen bleibt. Im Fall der Überanpassung werden gesellschaftliche → Normen als absolutes, unauflösliches Gebot verstanden, während sie bei der normalen Anpassung stets veränderbar bleiben und neuen Situationen zweckmäßig zugeordnet werden können. Überanpassung ist eine → Fixierung an ein kindliches Verhaltensmuster: Das Kind muss sich tatsächlich auch unvernünftigen und unbegründeten Vorschriften fügen, weil es vollständig von dem Wohlwollen der Erwachsenen abhängig ist. Der Erwachsene muss das nicht tun, tut es aber, wenn die aus der Kindheit stammende Angst, den Eltern zu widersprechen oder zuwiderzuhandeln, unbewusst geworden ist und nicht bewältigt wurde.

Über-Ich Bereits J. Ch. Heinroth, ein von 1773 bis 1843 lebender Nervenarzt, gebrauchte den Ausdruck «Über-Uns» für das menschliche Gewissen. Es ist nicht bekannt, ob S. Freud davon Kenntnis hatte, als er den Begriff des Über-Ich prägte. Er wurde dazu von verschiedenen Beobachtungen veranlasst, die alle darauf hinwiesen, dass der Mensch unserer Kultur häufig nicht nur weit triebhafter ist, als es seinem bewussten → Ich zur Kenntnis kommt, sondern auch weit moralischer. In den Träumen und unbewussten Phantasien spricht sich oft auch ein gegen das Ich gerichtetes Straf- und Rachebedürfnis aus; dessen wichtigste Äußerung, in der das Über-Ich ganze Bereiche des Ich in Beschlag nimmt und für seine Zwecke verwertet, ist die → Depression (in der das Ich sich selbst gegenübertritt und Anklagen, Vorwürfe, sogar bis zum Selbstmord gesteigerte Strafwünsche gegen das Selbst richtet). Das Über-Ich entsteht durch → Identifizierung mit den → Eltern (in der Regel mit dem gleichgeschlechtlichen Elternteil) gegen Ende der → phallischen Phase. Vorstufen der Gewissensbildung lassen sich schon früher nachweisen. Oft zeigen sie sich in einer Art Rollenspiel wie in diesem von H. Zulliger belauschten Dialog eines vierjährigen Mädchens unter dem Zwetschgenbaum: «Ich will die Zwetschgen essen.» – «Du darfst nicht, sie sind noch grün, du kriegst Bauchweh!» (Packt eine Zwetschge und isst sie). Das Über-Ich orientiert sich häufig nicht an den ganzen → Persönlichkeiten der Eltern, sondern wiederum an deren Über-Ich, das heißt, es kann weit strenger sein, als es die Eltern bewusst sind. Die unbewusste Strenge und Härte des Über-Ich drückt sich in vielen neurotischen → Symptomen aus, zum Beispiel in Depressionen, psychosomatischen Leiden, Arbeitsstörungen oder bestimmten Lebensschicksalen (Scheitern am Erfolg, Verbrecher aus Strafbedürfnis → Kriminalität). Die Überprüfung und Milderung des Über-Ich ist ein wichtiges Teilstück der → Psychotherapie: Der Patient soll den wohlwollenden, die → Triebwünsche akzeptierenden Therapeuten ein Stück weit anstelle seines bösen, kritischen Über-Ich verinnerlichen.

Übersprunghandlung Begriff der vergleichenden Verhaltensforschung, der auf Verhaltensweisen angewandt wird, die in einer Spannungssituation entstehen und eigentlich kein sinnvolles Ziel haben, sondern vermutlich dazu dienen, überschüssige, in andere Verhaltensbereiche «überspringende» Antriebsenergie abzuführen. Während des Kämpfens und Drohens unterbricht zum Beispiel ein Hahn und pickt nach einer Erdkrume.

Übertragung Nicht nur in der → Psychotherapie, sondern auch im Alltagsleben sehr häufiger und wichtiger Vorgang, bei dem unbewusste → Einstellungen, → Gefühle und → Wünsche nicht als ein Stück der Kindheit erinnert, sondern als wirkliches Erleben im Kontakt zu einem anderen Menschen wiederholt werden. Im normalen Leben wird die Übertragung nicht erkannt, sondern als Teil der → Persönlichkeit des Betroffenen hingenommen und beantwortet. Ein junger Mann, der immer wieder aus nichtigen Anlässen Streit mit Vorgesetzten sucht und deshalb häufig die Stellung wechseln muss, gilt eben als aufsässiger Bursche, nicht als Neurotiker, der an einer unbewältigten Vaterbeziehung leidet und diese auf alle übrigen Autoritätspersonen überträgt. In der → Psychotherapie kann dieselbe Haltung weit eher bearbeitet werden, weil der Therapeut in der Regel nicht auf die Übertragung reagiert, sondern sie analysiert und als Übertragung deutlich macht (→ Gegenübertragung). Alle Gefühlseinstellungen und Triebwünsche, die in der Kindheit den wichtigen Bezugspersonen galten, können im Erwachsenenleben übertragen werden – zärtliche und aggressive Neigungen, Verwöhnungs- und Geborgenheitswünsche ebenso wie der Wunsch nach Distanz und Bindungslosigkeit (wenn diese Haltung in der → Primärgruppe das seelische Überleben des Kindes erleichterte). Übertragung ist somit eine Sonderform sozialen Lernens, bei der der primäre Lernvorgang ebenso wie die spätere Äußerung (Reproduktion) des Gelernten weitgehend unbewusst bleiben.

Unbewusstes Gesamtheit der seelischen Vorgänge, welche außerhalb der bewussten Aufmerksamkeit ablaufen. Man unterscheidet dabei das Vorbewusste vom Unbewussten. Auch die Inhalte des Vorbewussten sind uns augenblicklich nicht bewusst, da unser Bewusstsein nur einen sehr kleinen Ausschnitt unseres Erlebens erfassen kann. Doch sind die Inhalte des Vorbewussten bewusstseinsfähig; sie können bei gegebenem Anlass ohne Schwierigkeiten erinnert werden, zum Beispiel seit Jahren nicht mehr verwendete englische Wörter bei einem Aufenthalt in England. Wenn Inhalte, die ein Mensch als vorbewusst einordnet, auf einmal unbewusst sind, ein bestimmter Eigenname etwa, den man «eigentlich» wissen müsste, immer wieder vergessen wird, lässt sich der Unterschied zwischen dem Vorbewussten und dem Unbewussten klarer sehen. In diesem Fall kann nämlich eine gefühlshafte unbewusste Abneigung vorliegen, welche an ihrer Wirkung auf die Erinnerung erkennbar ist. S. Freud hat die unbewusste Bedeutung dieser → Fehlleistungen (Vergessen, Versprechen, Vergreifen) zuerst ausführlich beschrieben. Bezeichnend für die Aufnahme unbewusster Inhalte in das Bewusstsein ist oft, dass der Betreffende etwa sagt: «Daran habe ich nie gedacht.» Sehr häufig wird das Unbewusste nicht in einem dramatischen Augenblick erkannt, sondern in einem allmählichen Lernvorgang, in dem bisher nicht beachtete Inhalte zum ersten Mal in das volle Licht der Aufmerksamkeit gerückt werden. Sie sind dem Betroffenen eigentlich nicht völlig neu, manchmal fällt ihm auch später ein, dass er das eigentlich schon immer wusste, aber nicht daran zu denken pflegte. Zum Unbewussten haben wir in uns selbst einen ähnlichen Zugang wie zu den seelischen Vorgängen in einer anderen Person: Es lässt sich nicht unmittelbar wahrnehmen, sondern nur erschließen, rekonstruieren, endlich in einer zusammenfassenden Anstrengung «verstehen» (→ Einsicht). In der → Psychoanalyse erschließt es der Therapeut, ähnlich wie ein Lotse Hindernisse unter der Wasseroberfläche an bestimmten Veränderungen der sichtbaren Strömung (Wirbel, Schaumkronen) erkennt, aus dem Fließen, der Richtung und dem Stocken der freien Einfälle des Patienten. Neben dem persönlichen Unbewussten wird manchmal von einem → kollektiven Unbewussten gesprochen. Es ist allerdings nicht ganz klar, wieweit hier die wohl richtige Annahme, dass im Unbewussten wie im Bewusstsein bestimmte stammesgeschichtlich erworbene und daher vorgegebene Gestalt- oder Struktureigenschaften wirken, in fassbare → Archetypen (Urbilder) umgesetzt werden kann. Glaubhafter scheint die Annahme, dass diese unbewussten → Gestalten ein Ausdruck der Kulturbedürftigkeit des Menschen sind. Sie ordnen die lebensgeschichtlich erworbenen, inneren Bilder (→ Vorstellung), doch geschieht das in einer ständigen Wechselbeziehung mit den geistigen Werten und den sprachlichen Vorstellungen der jeweils vermittelten Kultur.

Unlust Unangenehmer seelischer Zustand (zum Beispiel Schmerz). In Verhaltensbegriffen bestimmbar als negativer Bekräftiger (→ Bekräftigung): Sein Ende (zum Beispiel das Aufhören von Schmerz) bekräftigt die Verhaltensweisen, welche geeignet sind, dieses Ende zu bewirken.

Urschrei Von A. Janov beschriebener Vorgang der → Primärtherapie. Ein → Patient wiederholt das Schreien des Kindes, das Zuwendung und Unterstützung der Eltern wünscht und sie nicht in genügendem Ausmaß erhält.

Urvertrauen Nach E. H. Erikson erwirbt ein Kind in den ersten Lebensmonaten ein Grundgefühl, ob es den wichtigsten Menschen seiner Umwelt vertrauen kann oder nicht. Das Urvertrauen wird (ebenso wie das Urmisstrauen, denn auch die Fähigkeit, einem Menschen nicht zu vertrauen, ist für die weitere Entwicklung notwendig) zur Grundlage der weiteren Schritte in der Auseinandersetzung mit der sozialen Umwelt. Ein ausgesprochener Mangel an Urvertrauen führt dazu, dass ein Mensch sich vor allen neuen Beziehungen scheut und sich auf keine seelische Nähe einlassen will. Ein solcher Vertrauensmangel findet sich bei Erwachsenen, die in der Kindheit keine bestätigenden Beziehungen zu anderen Menschen fanden. Er bedeutet eine schwere Gefahr für das Lebensschicksal, weil mitmenschliche Beziehungen zwar gewollt werden, aber nicht befriedigend gestaltet werden können, sodass je nach der Ausprägung des Verhältnisses zwischen Urvertrauen und Urmisstrauen seelische Erkrankungen oder soziale Störungen (→ Kriminalität) auftreten können.

V

Validität (englisch validity) Die Gültigkeit eines → Tests, das heißt seine Leistungsfähigkeit darin, wirklich zu messen, was er zu messen vorgibt. Sie wird meist als → Korrelation zwischen dem Messergebnis und dem Ergebnis anderer Prüfungen bestimmt. Man kann etwa einen Test, der Gefühle der → Depression messen soll, an Patienten mit einer sicher nachgewiesenen Depression anwenden und dann nachprüfen, wie häufig und wie genau die Testergebnisse mit den anderweitig ermittelten Urteilen übereinstimmen.

Vandalismus Nicht ganz gerecht – denn der Germanenstamm der Vandalen war nicht schlimmer als die Goten oder Franken – meint in der modernen Sozialpsychologie «Vandale» einen (meist jüngeren, männlichen) Bürger, der öffentliches Eigentum zerstört, Parkbänke umwirft, Telefone abreißt, Kirchen und Friedhöfe demoliert. Die angerichteten Schäden sind beträchtlich; in manchen Großstädten (wie New York) reichen die öffentlichen Mittel nicht mehr aus, um sie zu beseitigen. Ursachen des Vandalismus sind → Individualisierung, → Aggression zum Beispiel unterprivilegierter Gruppen, Gleichgültigkeit gegenüber Dingen, die «keinem gehören».

Vater-Beziehung Die Beziehung zum Vater ist in der seelischen Entwicklung von fast ebenso großer, wenngleich heute oft weniger auffallender Bedeutung wie die Beziehung zur Mutter (→ Mutter-Kind-Beziehung). Der Vater tritt meist weniger in Erscheinung, als es in der bäuerlichen oder handwerklichen Familie der Fall war, wie sie früher vorherrschte. Er ist vielfach kein unmittelbar wirksames Vorbild mehr, beeinflusst auch die → Erziehung möglicherweise nicht so unmittelbar wie früher, als er die Söhne in ihren späteren Beruf einführte. Aber die Beziehung zwischen Vater und Mutter gewinnt gerade in der heute in den Industriestaaten typischen Kleinfamilie eine zentrale Bedeutung für die seelische → Entwicklung der Kinder. Ob sich der Vater mitverantwortlich fühlt und die Mutter unterstützt oder ob er sich durch Finanzierung des Lebensunterhalts der

Familie von dieser Verantwortung freikauft, scheint in der Entstehung kindlicher Verhaltensstörungen eine wichtige Rolle zu spielen. Der beste Schutz gegen solche Störungen der Kindheit sind die Zufriedenheit und Ausgeglichenheit der Hauptbezugspersonen. Hier sind beide → Eltern gleich wichtig; vielfältige Beziehungserfahrungen mit beiden Eltern sind auch die günstigste Voraussetzung der späteren sozialen Entwicklung.

Vegetative Dystonie Ein sehr verbreitetes, ungenau bestimmtes Krankheitsbild, das auch vegetative Neurose, vegetative Dysfunktion und gelegentlich larvierte (maskierte) → Depression genannt wird. Die Kranken klagen über vielgestaltige Störungen der vom Vegetativum (den nicht der bewussten Kontrolle unterliegenden Köpernerven) gesteuerten Aufgaben des Leibes: Durchfälle oder Verstopfung, Magenschmerzen, Kreislaufstörungen, Atembeschwerden, unklare Schmerzzustände, Schlaflosigkeit oder dauernde Müdigkeit. Körperliche Schäden oder Ansteckung durch Krankheitserreger sind nicht nachweisbar. Die Ursachen liegen in vielen Fällen im seelischen Bereich; für die larvierte Depression wird auch ein Mangel an bestimmten Eiweißstoffen, den Überträger-Substanzen (Transmittern), im Gehirn angenommen.

Veranwortung Auf einer Mischung aus Gefühlen und Einstellungen beruhende Haltung, nach der eine Person ihr Verhalten so orientiert, dass sie ihr anvertraute Personen oder Dinge nach ihren Möglichkeiten schützt und fördert. Da Verantwortung nur dort besteht, wo auch tatsächlich Macht über das Verantwortete gegeben ist, wird der Begriff der Verantwortung oft auch als unanstößiges Wort für Macht verwendet. In der Politik streben, wenn wir sie an ihren Äußerungen messen, die meisten Politiker nach Verantwortung, nicht nach Macht. In der Psychologie spielen vor allem die Verantwortung des Forschers (z. B. für einen korrekten Umgang mit wissenschaftlichen Daten), die Verantwortung des Experten (z. B. für ein die Interessen der Beteiligten möglichst umfassend berücksichtigendes Gutachten über das Sorgerecht für ein Kind) und die Verantwortung des Psychotherapeuten (für ein professionelles Vorgehen und den Verzicht auf unangemessene Vorteilsnahme von Patienten) eine Rolle.

Verantwortungslosigkeit Handeln ohne Rücksicht auf anvertraute Personen. Man kann eine vor allem aus unreflektierten Triebwünschen stammende Verantwortungslosigkeit von einer unterscheiden, die sich an narzisstischen Bedürfnissen orientiert und vor allem dem → Fanatismus eigen ist. Dabei werden parteiliche Interessen ohne Rücksicht auf Verluste durchgesetzt. Kinder und Geisteskranke sind in ihrer Fähigkeit beeinträchtigt, zwischen Recht und Unrecht zu unterscheiden; an sie können nur ermäßigte Forderungen gerichtet werden, sich verantwortlich zu verhalten. Verantwortungslosigkeit gegenüber Umweltproblemen und die ihr nahe stehende Gleichgültigkeit gegen → Vandalismus oder Kriminalität, die andere trifft, hängen damit zusammen, dass der soziale Zusammenhalt (zum Beispiel in einem von anonymen Hochhäusern bestimmten Wohngebiet) nicht entwickelt ist.

Verdichtung Verbindung mehrerer Vorstellungen zu einer Einheit. Die Verdichtung ist eine Eigenheit der → Primärvorgänge (→ Phantasie, → Traum, → Unbewusstes); ein Beispiel sind die Monstren der Mythologie, die aus verschiedenen Tieren zusammengesetzt sind (Sphinx, Hydra, Chimaira).

Verdrängung Der wichtigste → Abwehrmechanismus, bei dem ein oder mehrere Vorstellungsinhalte, die einen Triebwunsch, ein seelisches → Trauma oder ein Angst einflößendes Schuldgefühl verkörpern, dem → Bewusstsein unzugänglich gemacht werden. Entwicklungsgeschichtlich betrachtet, ist die Verdrängung wohl ein Preis, den der Mensch für seine ausgebildeten Fähigkeiten zur → Einsicht und zum → Denken zahlen muss. Sie ermöglichen es ihm, innerhalb seines Organismus durch die Tätigkeit der → Phantasie innere Situationen zu gestalten, die als ähnlich verletzend, Angst einflößend und belastend erlebt werden können wie von außen kommende seelische Traumen (Verlassenwerden durch die Mutter, schockhafte körperliche Verletzungen). Gegen diese Belastungen wirkt die Verdrängung. In den meisten Fällen erspart sie dem Organismus erhebliche Anstrengungen, die eine Auseinandersetzung mit den verdrängten Inhalten mit sich brächte. Das gilt vor allem für die Kindheit, in der das → Ich solchen Auseinandersetzungen kaum gewachsen ist und die ungeheure Lernleistung der → Sozialisation den seelischen Apparat bis an die Grenzen seiner Leistungsfähigkeit beansprucht. Für die Entstehung von → Neurosen sind Verdrängungen verantwortlich, welche diesen Schutzmechanismus so überfordern, dass sie nicht dauernd ohne Einbußen der Leistungsfähigkeit des Betroffenen aufrechterhalten werden können. In Belastungssituationen der Versuchung oder Versagung, bei einem drohenden Verlust einer wichtigen Person und ähnlichen Anlässen kann die Verdrängung nur dadurch aufrechterhalten werden, dass → Symptome entstehen, die zum Beispiel ein erneutes Auftreten der Versuchung verhindern (eine gelähmte Frau ist von der Gefahr befreit, über ihre Heiratsabsichten mit ihrem Schwager nachzudenken).

Verfolgungsangst, Verfolgungswahn Die vom Kind häufig erlebte Situation der → Angst vor den kontrollierenden, mit Kritik, ja Schlägen verbundenen Blicken der → Eltern wiederholt sich bei manchen seelischen Erkrankungen im Erwachsenenalter. Die verinnerlichte Verfolgung durch die Kritik des eigenen → Über-Ich wird in die soziale Umwelt hinausgelegt. → Projektion, Wahn, Schizophrenie, Paranoia

Verhalten Äußerlich wahrnehmbare Tätigkeiten eines Lebewesens. Manchmal wird auch das Erleben als «inneres Verhalten» einbezogen. Vegetative Reaktionen (Blutdruckveränderungen oder Veränderungen des elektrischen Hautwiderstandes) können ebenfalls als Verhalten bezeichnet werden.

Verhaltenstherapie Im Gegensatz zur → Psychotherapie gilt in dieser aus dem → Behaviorismus entwickelten Form der Behandlung von → Neurosen das → Symptom nicht als Ausdruck eines unbewussten seelischen Konflikts oder als Folge von → Verdrängung, sondern als ungünstiges Verhalten, das nach den Grundsätzen des → Konditionierens (→ bedingter Reflex) erworben wurde. Man geht dabei von Tierversuchen aus, in denen zum Beispiel Katzen dadurch eine heftige, «neurotisch» wirkende Angstreaktion erwerben, dass man sie schmerzhaften elektrischen Schlägen aussetzt. Solche Tiere bleiben besonders schreckhaft; im Gegensatz zu anderen erlernten Verhaltensweisen werden diese Angstreaktionen und das Vermeidungsverhalten (die Tiere sind unfähig, in einem Käfig zu fressen, der dem gleicht, in dem sie den Schock erhielten) nicht allmählich geringer. Sie werden nicht gelöscht oder «vergessen», ähnlich wie ein Neurosekranker auch dann nicht die Platzangst verliert, wenn er genau weiß, dass es ungefährlich ist, den Platz zu überqueren. In der wichtigsten Technik der Verhaltenstherapie, der «systematischen Desensitivierung», wird nun der Katze in so großer Entfernung von dem Angst einflößenden Käfig Futter angeboten, dass sie gerade noch frisst. Das Fressen mildert die leichte Angst so, dass es schrittweise möglich ist, das Tier immer näher zum Käfig zu bringen, ohne dass es Angst entwickelt. Endlich scheut es den Käfig nicht mehr. Ähnlich werden Menschen mit Angstreaktionen angewiesen, eine Methode der → Entspannung zu erlernen und sich dann schrittweise erst kleinere und später immer ausgeprägtere Angstsituationen vorzustellen (oder auch diese wirklich aufzusuchen). Auf diese Weise kann die → Angst vermindert werden. Ein anderes Vorgehen ist die → Aversionstherapie; hier werden unerwünschte Verhaltensweisen (wie das Trinken bei Alkoholikern) durch schmerzhafte elektrische Schläge bestraft. Ein umgekehrter Ansatz ist die Verhaltensformung; dabei sucht man erwünschte Verhaltensweisen schrittweise durch Belohnung aufzubauen. Wegen des eng begrenzten Ansatzes in der Erklärung und Behandlung seelischer Störungen (die Verhaltenstherapie stützt sich fast ausschließlich auf die Grundlagen des Konditionierens) ist die Verhaltenstherapie vor allem bei klar abgrenzbaren, nicht zu lange bestehenden Verhaltensstörungen wirksam. In ihrer praktischen Anwendung werden häufig die Gesichtspunkte der → Psychotherapie und der → Gesprächspsychotherapie hinzugezogen. Gegenwärtig wird die lerntheoretische Verhaltenstherapie vielfach zu einer kognitiven Verhaltenstherapie weiterentwickelt, die traditionell psychotherapeutische Vorstellungen neu formuliert und einbezieht.

Verhaltenstraining Einüben von Verhaltensweisen in kleinen Schritten (→ Konditionieren). Die zugrunde liegenden Techniken entsprechen denen der Verhaltensformung (→ Verhaltenstherapie) und des → Konditionierens.

Verkehrspsychologie Teilgebiet der → angewandten Psychologie, das sich mit dem menschlichen Verhalten im Straßenverkehr, in Eisenbahn, Schifffahrt und Luftverkehr befasst. Aufgabengebiete sind die Untersuchung der Eignung von Fahrern (Schiffskapitänen, Piloten), wobei neben der Tüchtigkeit der Sinnesorgane (Sehschärfe, Farbwahrnehmung, Gehör) und der Reaktionsschnelligkeit vor allem die charakterliche Befähigung geprüft wird (→ Persönlichkeit, → Test). Bedeutsam ist in diesem Zusammenhang die Tatsache, dass der weit überwiegende Teil aller Unfälle im Straßenverkehr durch eine Minderheit der Kraftfahrer ausgelöst wird. Die Versuche, einen eigenen Persönlichkeitstypus des «Unfällers» zu ermitteln, sind jedoch noch nicht befriedigend geglückt. Fahrergruppen mit besonders hohem Risiko sind junge Männer unter 25 Jahren, die dazu neigen, ihr Können und die Leistungsfähigkeit des Fahrzeugs zu überschätzen, sowie alte Menschen mit körperlichen Leistungseinbußen.

Verneinung In der → Psychoanalyse ein Vorgang, bei dem ein Mensch einen Vorstellungsinhalt, der verdrängt war und ihm nun wieder zu Bewusstsein kommt, nicht als etwas Eigenes anerkennt. Die Verneinung ist sozusagen eine Form, das Verdrängte (→ Verdrängung) zur Kenntnis zu nehmen, ohne → Einsicht zu gewinnen. Die Verneinung kann als eine Anwendung des → Abwehrmechanismus der Verleugnung auf den analytischen Vorgang der Aufdeckung des → Unbewussten selbst angesehen werden. Die Verleugnung drückt sich darin aus, dass bestimmten → Wahrnehmungen der Wirklichkeitscharakter aberkannt wird, wenn sie für einen Menschen zu bedrohlich werden. In der Kindheit ist das recht häufig. Bei Erwachsenen kann der übermäßige Gebrauch des Abwehrmechanismus der Verleugnung eine → Psychose einleiten (die Wirklichkeit wird nicht mehr angemessen wahrgenommen und berücksichtigt).

Vernunft Philosophischer Begriff, gleichbedeutend mit → Einsicht.

Verschiebung Die gefühlshafte Eindruckskraft, mit der eine Vorstellung erlebt wird, kann sich vor allem im → Traum von einer Vorstellung auf eine andere verschieben. Im Wacherleben sehr stark mit → Affekt verbundene Vorstellungen können als gleichgültig geträumt werden (zum Beispiel körperliche Verstümmelung), während andererseits sonst gleichgültige Situationen eine unerklärliche Gefühlsstärke annehmen. Die leichte Möglichkeit einer Verschiebung ist ein wichtiges Merkmal der → Primärvorgänge. → Phantasie, Unbewusstes

Verwahrlosung Von der Gesellschaft missbilligtes, mit Strafen bedrohtes Verhalten (Schulschwänzen, Stehlen, → Prostitution) von Kindern und Jugendlichen, das auf einer mangelhaften → Erziehung beruht. Meist haben verwahrloste Jugendliche keinen Menschen, der sich ihrer liebevoll annimmt und sie «wahrnimmt». In den gesellschaftswidrigen Verhaltensweisen kann sich ein Streben ausdrücken, auf diese Weise sich an den vernachlässigenden oder strafenden Erwachsenen zu rächen, ihre Aufmerksamkeit zu gewinnen und Bestätigung durch andere Jugendliche zu finden. Gründliche und ausdauernde psychologische Behandlung von Verwahrlosten wäre sehr wichtig, um zum Beispiel späterer → Kriminalität vorzubeugen. Die gegenwärtigen Wege der Heimerziehung und Jugendstrafe sind dazu allerdings oft nicht geeignet.

Vorstellung Wiedervergegenwärtigung früher wahrgenommener Gegenstände oder Situationen unabhängig von entsprechenden Sinnesreizen (→ Phantasie).

Vorurteil Vorgefasste Ansicht oder → Einstellung gegenüber Personen oder Sachen. Am meisten in der Psychologie untersucht wurden Vorurteile, die rassische oder politische Minderheiten betreffen (Juden, Farbige, Kommunisten). Vorurteile können aufgrund ihrer sozialen Funktion (zum Beispiel im Rahmen von Klassenkämpfen) untersucht werden, oder auch im Hinblick auf ihre Entstehung in der einzelnen Persönlichkeit. Es ist hier deutlich geworden, dass solche vorgefassten Urteile von der → Primärgruppe (meist der → Familie) übernommen werden und sich dann nach dem Vorgang der Prophezeiung, die sich selbst erfüllt, bestätigen: Wer Negern oder Juden vorurteilsvoll-ablehnend gegenübertritt, wird mit ihnen wohl meist auch Erlebnisse haben, die sein Vorurteil zu bestätigen scheinen. Zudem bieten Vorurteile eine Möglichkeit, → Aggressionen, die nicht gegen die tatsächlichen Ursachen von → Frustration gerichtet werden können, auf ein wehrloses Objekt zu verschieben. Das ist in der Entstehung der → autoritären Persönlichkeit der Fall.

Voyeurismus Schau-Lust; Gewinn sexueller Lust aus dem Beobachten hetero- oder homosexueller Handlungen zwischen anderen Menschen. Als Teil der normalen Sexualität ist der Voyeurismus sehr weit verbreitet (Kauf von Sex-Magazinen, Betrachten pornographischer Filme). Viel seltener ist eine → Perversion, bei der ein → Orgasmus nur zu erreichen ist, wenn vorher oder gleichzeitig sexuelle Handlungen anderer beobachtet werden. Voyeurismus setzt wahrscheinlich eine gewisse Verbotshaltung der eigenen Sexualität gegenüber voraus; das schlechte Gewissen im Hinblick auf die eigene Sexualität wird dadurch erleichtert, dass andere bei sexuellen Handlungen beobachtet werden.

W

Wahlforschung Forschung über die grundlegenden Prozesse im Machterhalt und Machtwechsel in Demokratien. Sie liefert wesentliche Informationen für die Parteipolitiker, die aufgrund solcher Forschungen entscheiden können, welche Programmpunkte von ihren Wählern gewünscht werden, wo sie Stimmen gewonnen, wo sie welche verloren haben, welche Altersgruppen diese, welche jene Partei bevorzugen. Neben der Auswertung von Abstimmungsergebnissen und ihrem Vergleich mit demographischen Faktoren (zum

Beispiel Arbeitersiedlung, Villenviertel, Universitätsstadt) arbeitet die Wahlforschung auch mit Befragungen und Interviews repräsentativer Stichproben der Bevölkerung.

Wahn Paranoia; Krankheitszustand, der durch eine Verkennung der Wirklichkeit und die Ausbildung von verfälschten Bewusstseinsinhalten gekennzeichnet ist, die durch Beweise des Gegenteils nicht widerlegt werden können. Wahngedanken und Wahnvorstellungen kann man nach ihren Inhalten einteilen (Verfolgungswahn, Größenwahn, Beziehungswahn); weiterhin unterscheidet man primären Wahn (der fast nur bei der → Schizophrenie vorkommt) von sekundärem Wahn oder Erklärungswahn, bei dem Wahngedanken verwendet werden, um eine seelische Ausnahmesituation zu verarbeiten (etwa der Schuldwahn bei der → Depression oder Wahnvorstellungen nach seelischen Schockerlebnissen).

Wahrheitsdroge, Wahrheitsserum Stoffe, die einen Rauschzustand bewirken, in dem die bewusste Kontrolle nachlässt und die Beeinflussbarkeit durch → Suggestionen und augenblickliche Stimmungen stark erhöht ist. Vor allem Skopolamin und schnell wirkende Schlafmittel auf Barbitursäure-Basis wurden oft verwendet, um Erinnerungen, die unter dem Einfluss großer seelischer Belastungen einer → Verdrängung erlagen, wieder ins Bewusstsein zurückzurufen. In dem durch das Rauschmittel erzeugten Zustand ist zwar das kritische → Ich geschwächt, doch bleibt der Untersuchte so weit ansprechbar, dass er – ähnlich wie in Hypnose – auf Fragen antworten kann. Im Gegensatz zur Hypnose lässt sich eine solche «Wahrheitsdroge» aber auch ohne den Willen des Betroffenen geben. Dennoch sind die Wirkungen höchst unzuverlässig, wenn mit Hilfe eines solchen Mittels Geständnisse erpresst werden sollen. Da der Betroffene nicht freiwillig mitarbeitet, kann es ihm durchaus gelingen, den Untersucher zu täuschen; oder aber er wird durch seine gesteigerte Empfänglichkeit für Suggestionen zum Geständnis von Dingen gebracht, die er nie getan hat. Sinnvoll verwendet können diese Mittel, die also keineswegs «Wahrheitsdrogen» sind, nur im Rahmen der so genannten Narkoanalyse, bei der mit Hilfe von betäubenden Stoffen der Zugang zum → Unbewussten des Patienten eher gefunden und dann mit ihm gemeinsam im Wachzustand an der Bewältigung des so ermittelten Erinnerungsmaterials gearbeitet wird.

Wahrnehmung Verarbeitung der → Empfindungen im Organismus, die zu einem relativ stabilen und zuverlässigen Bild der Umwelt führt, wie es für das Überleben dieses Organismus dienlich ist. Die Wahrnehmung ist teils ein von der Natur der Reize und der Beschaffenheit der Sinnesorgane bestimmtes Geschehen, das aber auch durch die Erfahrung, die gegenwärtigen Wünsche und die Aufmerksamkeit des Individuums bestimmt wird: Ein hungriger Mensch nimmt bevorzugt Gegenstände wahr, die mit der Befriedigung seines Hungers zu tun haben; ärmere Kinder schätzen Münzen größer ein als reichere. Das Zustandekommen der Wahrnehmungen aus den Reizempfindungen der Sinnesorgane wird durch die → Gestalt-Gesetze erklärt.

Waschzwang Symptom der → Zwangsneurose, das sich in häufig wiederholtem, sich manchmal stundenlang hinziehendem Waschen äußert.

Weiblichkeit Qualität, die in einer Gesellschaft den Frauen zugeschrieben wird und dazu dient, biologisches Geschlecht und soziales Verhalten in Übereinstimmung zu bringen. Einem kleinen Mädchen, das Fußball spielen und auf Bäume klettern will, wird etwa gesagt, dass dieses Verhalten unweiblich sei; einem kleinen Jungen, der gerne mit Puppen spielt und Muttis Parfüm ausprobiert, wird gesagt, er solle solche Handlungen seiner Schwester überlassen, sie seien weiblich. Wie bedrückend und absurd solche Konventionen sein können, zeigt die große Faszination, die schon immer künstlerische Darstellungen unweiblicher Frauen oder weiblicher Männer ausgeübt haben – von Frauen, die zu den Waffen greifen und im Krieg kämpfen, von Männern, die Frauenkleider tragen und viele Stunden darauf verwenden, sich zu schminken und zu pflegen. Daher liegt es nahe, hinter den unzähligen Vorurteilen und Konventionen, welche die Weiblichkeit umgeben, einen Kern der Weiblichkeit zu suchen, der sich auf die Tatsache konzentrieren muss, dass nur die Frau schwanger werden und gebären kann; diese Potenz bedingt eine andere seelische Entwicklung als die eines Mannes, an der sich die neuere Forschung über die spezifischen Qualitäten von Frauen orientiert.

Werte Neben der Erkenntnis der Realität ist die Frage nach den Werten, an denen wir unser Handeln orientieren, ein Grundproblem der Philosophie (Wertphilosophie, Ethik). Kant unterschied zwischen einem relativen Wert – dem Preis einer Sache – und einem inneren Wert, der Würde einer Person. In der Psychologie werden Werte mit erfahrungswissenschaftlichen Mitteln untersucht; solche Forschungen ergeben zum Beispiel eine Werthierarchie, d. h. eine Rangfolge von Werten, von denen die peripheren eher aufgegeben werden als die zentralen. Die Unterscheidung Kants zwischen relativen und inneren Werten hat zur Hochblüte des Kapitalismus Oscar Wilde in dem Bonmot von jenen Menschen fortgeführt, die von jeder Sache den Preis und von keiner den Wert wissen. Die Frage, welche Werte dem Druck einer das Leben durchdringenden Orientierung am Geldwert standhalten, wird bis heute heftig diskutiert, wobei oft übersehen wird, dass auch in einer eindeutigen Geldorientierung sittliche Werte bestehen bleiben. Wer etwas bezahlt, möchte einen ehrlichen Gegenwert. Insofern ist die Geldwirtschaft alles andere als unethisch oder rein rational. Psychologisch nicht entschieden werden kann die Frage, ob Werte lebensgeschichtlich durch Identifizierung mit Elternfiguren oder anderen idealisierten Personen erworben werden, wie es die Psychoanalyse vermutet, oder ob es eine absolute Werterkenntnis im Sinn von Kant und N. Hartmann gibt.

Widerstand Begriff der → Psychoanalyse, der alle Äußerungen umfasst, die sich der Aufdeckung des → Unbewussten entgegenstellen. Durch die Verpflichtung zur Äußerung aller Einfälle wird der Patient dazu gebracht, auch seine Widerstände so weit zu verdeutlichen, dass sie bearbeitet werden können; der Ausdruck «Widerstand» ist insofern gelegentlich irreführend, weil er als Äußerung bewusster Einwände oder eines absichtlichen Verschweigens verstanden wird. Diese bewussten Sperren sind relativ leicht zu erkennen (→ Verneinung), während die unbewussten Widerstände erheblich schwerer zu bearbeiten sind. Andererseits macht die Arbeit an ihnen den wichtigsten, verändernden Teil einer psychoanalytischen Behandlung aus. Widerstandsäußerungen sind: Aufhören der Einfälle (der Patient schweigt), Vergessen der Analysestunde, Zuspätkommen, Abspaltung der Gefühle von den vorgebrachten Einfällen, Beiseiteschieben wichtiger Einfälle durch Gerede über Belanglosigkeiten, → Übertragung und die mit ihr verknüpften Schwierigkeiten.

Wiederholungszwang Nicht kontrollierbarer, unbewusster Vorgang, durch den sich ein Mensch immer wieder in unangenehme Situationen bringt und auf diese Weise alte, belastende Erfahrungen wiederholt; dabei erinnert er sich nicht an die Vorerfahrung, sondern glaubt, etwas in der Gegenwart Begründetes zu erleben. Der Wiederholungszwang gehört zu den wichtigsten und in ihren Ursachen dunkelsten Erscheinungen im Forschungsbereich der Psychologie. Während normalerweise → Lernen adaptiv ist, das heißt der Anpassung und dem Überleben dient, scheint im Wiederholungszwang diese Eigenschaft des Lernens für den Betroffenen ungültig. Er meidet Situationen, die ihm Lust bringen, sucht schädigende, ja selbstzerstörerische Situationen auf oder stellt sie, ohne es zu merken, selbst her. Er weist Menschen ab, deren Zuwendung ihn stützen könnte, reist, obwohl er bei jedem Besuch an einem Asthma-Anfall erkrankt, jede Woche wieder zu seiner Mutter, setzt Verhaltensweisen fort, von denen er weiß oder ahnt, dass sie sein Leben erheblich abkürzen (→ Sucht, → Drogenabhängigkeit). Eine Erklärung liegt darin, dass das selbstschädigende Verhalten dazu dient, Situationen zu erleichtern, die noch unangenehmer sind (→ Schuldgefühle). Weiter spricht sich im Wiederholungszwang die Neigung des → Unbewussten aus, von den Entwicklungs- und Abnützungs-(Vergessens-) Vorgängen im → Ich unberührt zu bleiben. Der lebensfeindliche Zug des Wiederholungszwangs, der Freud zur Annahme eines sich darin aussprechenden → Todestriebes führte, erklärt sich möglicherweise daraus, dass die betreffenden Erscheinungen nicht individuell (dem Überleben des Einzelnen dienend), sondern artbezogen gesehen werden müssen. Wenn der Wiederholungszwang tatsächlich meistens die Situation der Unzufriedenheit und Kritik der Eltern oder anderer Bezugspersonen der → Primärgruppe am Kind in mehr oder weniger verschlüsselten Formen wiederherstellt, so drückt sich darin die zentrale Bedeutung der → Sozialisation für den Menschen aus. Es diente während der entscheidenden Zeitabschnitte der menschlichen Entwicklungsgeschichte dem Überleben der Art des «Kulturtiers» Mensch, wenn die frühen Gefühlsbeziehungen in der → Familie (der → Ödipuskomplex und seine Vorläufer) so nachhaltig aufgenommen und verinnerlicht wurden, dass eine Veränderung im späteren Erwachsenenleben nur unter großer Mühe und oft gar nicht möglich ist. Die begleitende Gefahr, auf diese Weise auch ungünstige, nicht nährende, sondern zerstörerische Gefühlsbeziehungen zu verinnerlichen, musste von den Baumeistern der menschlichen Entwicklung (Mutation und Auslese) in Kauf genommen werden.

Wille Bewusste Verstärkung eines Wunsches oder einer Absicht, die aus einer Zahl von mindestens zwei miteinander im Wettbewerb stehenden → Motiven ausgewählt wird. Beispiel: «Soll ich jetzt arbeiten oder spazieren gehen?» – «Ich will arbeiten!» In Zusammensetzungen wie «starker» und «schwacher» Wille wird der Ausdruck oft wertend gebraucht. Wer vorwiegend von der Gesellschaft hoch geschätzte Ziele verfolgt und sich nicht davon abbringen lässt, gilt als Mensch mit einem «starken Willen», während der Taugenichts, der in den Tag hinein schläft, einen «schwachen Willen» hat.

Willensfreiheit Philosophischer Begriff; Ausdruck der Fragestellung, ob der Wille eine freie Entscheidung zwischen verschiedenen Motiven treffen kann oder nicht. Vom psychologischen Standpunkt muss zwischen den subjektiven → Gefühlen bei einer solchen Entscheidung und ihrer wissenschaftlichen Untersuchung unterschieden werden. Ich erlebe die Entscheidung zwischen «arbeiten» oder «spazieren gehen» als frei. Doch muss ich andererseits davon ausgehen, dass diese Entscheidung auf vielfältige Weise vorbestimmt ist: Sowohl durch äußere Einflüsse (etwa den Termin, zu dem die Arbeit fertig sein muss) wie auch durch meine bisherige Lebensgeschichte (die Ausbildung eines → Über-Ich, welches sagt «Arbeit ist besser als Spazierengehen»). Die Freiheit des Willens, die ich spüre, wird bei genauerer Analyse mehr und mehr zu einer Illusion. Das Entschluss-Erlebnis «ich will» ist eine Begleiterscheinung, ein Kommentar des Bewusstseins zum Ausgang einer inneren Auseinandersetzung, in der die stärkeren → Motive gesiegt haben. Diese Motive aber sind durch meine Lebensgeschichte und meine gegenwärtige Lebenssituation bestimmt. Ich könnte meine Freiheit dadurch zeigen, dass ich – selbst auf die Gefahr hin, für willensschwach zu gelten – eine Münze werfe, um zwischen «arbeiten» oder «spazieren gehen» zu entscheiden. Aber diese Freiheit des Zufalls ist trügerisch. Kaum jemand würde wichtige Entscheidungen dem Zufall überlassen. Diese Einwände gegen die Annahme einer Willensfreiheit (die auch unserem Strafgesetz zugrunde liegt) stoßen auf den Widerspruch von Rechtsphilosophen und Theologen, doch dürfte die Tatsache einer Abhängigkeit der menschlichen Entscheidung von anderen Einflüssen kaum abzuweisen sein. Die Willensfreiheit muss zu den kulturell begründeten (und möglicherweise für die → Sozialisation und → Erziehung sehr wichtigen) → Illusionen gerechnet werden.

Witz Einfälle oder Szenen, in denen durch Vorgänge der → Verdichtung und → Verschiebung Lustgewinn erzielt wird, der zum Lachen reizt. Die wichtigste psychologische Untersuchung zum Witz stammt von S. Freud, der hier – ähnlich wie im → Traum – die Entstellung einer unentstellt nicht offen zu legenden Absicht mit originellen Mitteln als Grundprinzip des Witzes beschreibt. Beispiel: Der Fürst winkt einen Untertanen heran, der ihm auffallend ähnlich sieht: «Hat Seine Mutter einmal in der Residenz gedient?» – «Nein, Durchlaucht», lautet die Antwort, «aber mein Vater!» Hier wird auf eine indirekte und wenig angreifbare Weise dem taktlosen Fürsten seine eigene Vorstellung zurückgespielt. Zugleich wird eine Menge an Erläuterungen und Erörterungen eingespart; Freud nahm an, dass diese Ersparnis ein wichtiger Teil der durch den Witz gewonnenen Lust sei.

Z

Zeitgeist Unscharfer Sammelbegriff für Werte, Urteile und geistige Haltungen, die als vorübergehende Zeiterscheinungen den ebenso verschwommen definierten «ewigen Werten» gegenübergestellt werden. Eng verwandt mit dem Begriff der Mode, unterliegt der Zeitgeist ähnlichen Veränderungen wie diese: Es wird immer problematischer, von einheitlichen Veränderungen zu sprechen, da unterschiedliche Richtungen koexistieren. Für die Konsumgüterindustrie ist es dennoch sehr wichtig, den Zeitgeist bzw. die mit ihm verknüpften, potenziellen Kaufentscheidungen abzuschätzen. So werden eigene Dienstleistungsanbieter gebraucht, welche versprechen, als «Trendscouts» den Puls des Zeitgeists zu ertasten.

Zeitmanagement Von Psychologen und Pädagogen entwickelte Richtlinien über den günstigsten Umgang mit der eigenen Arbeitszeit, die gerade bei hoch qualifizierten Personen eine wesentliche Ressource ist. Einige Regeln des Zeitmanagements: Niemals bis zur völligen Erschöpfung arbeiten (es passieren dann so viele Fehler, dass letztlich Zeit verloren geht, um sie auszubügeln); Erholungspausen ebenso sorgfältig planen wie die Arbeit; möglichst bei jedem Vorgang sofort entscheiden, ob man ihn selbst bearbeitet, nicht bearbeitet (Papierkorb) oder weitergibt. Wer mit seiner Zeit sorgfältig umgeht, wird niemals einen Vorgang nur ansehen und ihn dann unentschieden wieder weglegen, denn dann vergeht viel Zeit, bis die Arbeit gefunden ist, die besonders dringend ist oder weniger lästig als andere Arbeiten. Menschen, die über ein gutes Zeitmanagement verfügen, sind meist pünktlich und arbeiten selten unter Hochdruck bis spät in die Nacht; für die anderen gilt ein Wort Lichtenbergs: «Leute, die nie Zeit haben, tun am wenigsten.»

Zensur Beurteilung (lat. censere = urteilen), in Sigmund Freuds «Traumdeutung» innere Schranke, welche nur ins Unanstößige verkleidete Traumgedanken passieren dürfen.

Zivilisation Verfeinerung der Sitten, die schließlich zu einer Gesellschaft mit entwickelter Rechtsstaatlichkeit führt. → Rache, → Gewalt, Faustrecht sind unzivilisiert; Gesellschaften, welche sie überwinden und Rechtssicherheit herstellen können, sind durch die entsprechenden Möglichkeiten einer blühenden, gesicherten Wirtschaft den unzivilisierten Gesellschaften überlegen. Die früher vor allem in Deutschland übliche Unterscheidung zwischen Kultur (als geistig hochstehende Gesellschaftsform) und Zivilisation (als geistig anspruchslose, von Technik und Handel dominierte Gesellschaft) gilt heute als veraltet.

Zwangsneurose Seelische Störung (→ Neurose), bei der bestimmte, zwanghaft wiederkehrende Gedanken oder Handlungen nicht abgewiesen werden können. Es gibt dabei vielgestaltige Zwänge, die meistens eine Übersteigerung bestimmter gesellschaftlicher → Normen darstellen: → Waschzwang, wenn die Reinlichkeit bis zu stundenlangem Waschen übersteigert ist, Kontrollzwang, wenn Fenster oder Türschlösser, Gashähne, Wasserhähne immer wieder überprüft werden müssen, zwanghafte Ordnungsliebe, wenn der Betroffene in unerträgliche Unruhe gerät, sobald nicht sein Haus oder sein Zimmer in einer ganz bestimmten Weise aufgeräumt sind. Die Zwangshandlungen dienen dazu, → Angst abzuwehren, die sonst übermächtig wird. Zwangsgedanken sind oft ausgesprochen aggressiv, wobei die aggressive Grundlage häufig durch verschiedene → Abwehrmechanismen entstellt wird: Nicht der Todeswunsch gegen Kinder, die eine Frau hindern, einen ungeliebten Mann zu verlassen, wird bewusst, sondern die quälende Zwangsvorstellung, im Essen oder im Bettchen der Kinder könnten Nadeln versteckt sein. Nicht der Wunsch, der Vater möge sterben, wird bewusst, sondern der Zwangsgedanke, die Leute auf der Straße könnten tot umfallen, wenn man sie auf eine bestimmte Weise ansehe. In der → Psychoanalyse wird die Zwangsneurose auf → Reaktionsbildungen gegen → Fixierungen in der → analen Phase zurückgeführt und mit dem «Zwangscharakter» in Verbindung gebracht, der zu Ordnungsliebe, Geiz, Pedanterie, kontrollierender Herrschsucht (→ autoritäre Persönlichkeit, Sadismus) neigt und entsteht, wenn in der Kindheit während der Erziehung zu Sauberkeit, Ordnung und Muskelkontrolle die → Neugieraktivität des Kindes lieblos eingeschränkt wird.

Zwillingsforschung Es gibt eineiige (EZ) und zweieiige Zwillinge (ZZ). Bei den ersten sind die Erbanlagen praktisch identisch, da sie aus einer einzigen befruchteten Eizelle stammen. Die zweiten gleichen sich in ihren Erbanlagen nicht mehr als andere Geschwister, doch werden sie zur selben Zeit geboren und begegnen daher – mehr als andere Geschwister – der Familiensituation, ein Paar zu sein. Die herkömmliche → Methode der Zwillingsforschung besteht darin, die Unterschiede in der Ausprägung bestimmter Merkmale bei EZ und ZZ festzustellen und dann die Unterschiede der ZZ von denen der EZ abzuziehen, um den Einfluss der Vererbung hinsichtlich der betrachteten Eigenschaft genauer zu erkennen. (→ Erbe-/Umwelt-Problem). Dabei wird freilich nicht berücksichtigt, dass EZ in einer besonderen Umwelt aufwachsen, die auf ihre Angleichung hinarbeitet (so werden sie häufig von den Eltern gleich angezogen). Aufschlussreicher wäre es, getrennt aufwachsende EZ zu untersuchen; hier sind die nachweisbaren Unterschiede voll und ganz auf Umwelteinflüsse zurückzuführen, während man bei den Gemeinsamkeiten zusammen aufgewachsener EZ kaum abgrenzen kann, welche Eigenschaften ererbt und welche umweltbedingt sind. Eine weitere Form der Zwillingsforschung ist die Methode des Kontrollzwillings, mit der sich die Wechselwirkung von Reifung und → Lernen verfolgen lässt. Man übt zum Beispiel mit einem einjährigen EZ Treppensteigen, während der andere kein Training erhält. In dem beschriebenen Versuch gab das Trainingsergebnis dem geübten Zwilling zunächst einen eindeutigen Vorsprung, der aber im Lauf der Zeit beim Kontrollzwilling durch einfache Reifung wettgemacht wurde: Die frühe Übung führte zu keinem bleibenden Vorsprung. Die jüngste Methode auf dem Gebiet der Zwillingsforschung ermittelt die besonderen Folgen des Aufwachsens als Paar. Es hat sich gezeigt, dass EZ in manchen Persönlichkeitsmerkmalen (wie Neigung, zu herrschen oder sich unterzuordnen) sogar verschiedener sind als ZZ oder gewöhnliche Geschwister. Mit Hilfe der Paarforschung lassen sich auch die Ergebnisse der älteren Zwillingsforschung vielfach sinnvoller auswerten.

Personenverzeichnis

Ach, Narziß Kaspar (1871–1946), deutscher Psychologe und Begründer der experimentellen Willensforschung, bei der er als Erster die Methode der Selbstbeobachtung benutzte. → Denken

Adler, Alfred (1870–1937), Wiener Arzt und früher Schüler Freuds. Er erweiterte die → Tiefenpsychologie um die soziale Dimension und führte so über die bei Freud vorherrschende Triebtheorie hinaus. Als wesentliche Bedingung für die Persönlichkeitsentwicklung erkannte er → Minderwertigkeitsgefühl, → Selbstwertgefühl und → Gemeinschaftsgefühl in der Umwelt, auch → Aggressionsursachen, Familie, Individualpsychologie, Kompensation, männlicher Protest

Adorno, Theodor W. (1903–1969), deutscher Soziologe und Philosoph. Er veröffentlichte eine Vielzahl wissenschaftlicher Arbeiten über soziologische, musikalische, literarische und philosophische Themen. → Autoritäre Persönlichkeit

Alexander, Franz (1891–1964), amerikanischer Psychoanalytiker, der sich mit dem Einfluss psychischer Faktoren auf Körperfunktionen und deren Störungen beschäftigte. → Psychosomatik, Tiefenpsychologie

Allport, Gordon W. (1897–1967), amerikanischer Psychologe. Er vertrat ein Persönlichkeitsbild, das sich nicht nur auf Verhalten, sondern auch auf individuelle Werteinstellungen stützt. → Eigenschaft

Aristoteles (384–322), griechischer Philosoph, Erzieher Alexanders d. Gr., Gründer einer Philosophenschule in Athen. Sein wissenschaftliches Werk wurde Grundlage für die gesamte abendländische Philosophie. → Assoziation

Bateson, Gregory (1904–1980), amerikanischer Anthropologe. Er entwickelte seit den fünfziger Jahren zusammen mit anderen als wichtigstes Ergebnis seiner Familien-Untersuchungen die Lehre von der → Doppelbindung.

Bechterew, Wladimir (1857–1927), russischer Psychiater und Neurologe, der zusammen mit Pawlow die Lehre vom → bedingten Reflex begründete. → Konditionierung

Berne, Eric (1910–1970), amerikanischer Psychiater, der zusammen mit Thomas A. Harris die → Transaktionsanalyse wissenschaftlich begründete und praktisch erprobte. → Spiele

Bühler, Charlotte (1893–1974), deutsche Kinder- und Jugendpsychologin. → Humanistische Psychologie

Charcot, Jean Martin (1825–1893), arbeitete in einer Pariser Klinik für Nervenkrankheiten besonders über → Hysterie und → Hypnose. → Degeneration

Darwin, Charles (1809–1882), begründete eine Abstammungslehre (→ Deszendenztheorie), der zufolge die Arten nach dem Prinzip der Auslese der Tüchtigsten entstehen und sich verändern. →Ausdruck

Dollard, John A. (1900–1981), amerikanischer Psychologe, führender Vertreter der → Frustrations-Aggressions-Lehre. → Aggression

Erikson, Erik H. (1902–1980), in Wien ausgebildeter Psychoanalytiker, der sich besonders mit der Entwicklung der → Identität und ihren Krisen befasste. → Urvertrauen

Festinger, Leon (* 1919), amerikanischer Psychologe. → Dissonanz (kognitive)

Freud, Sigmund (1856–1939), Begründer der → Psychoanalyse. In seinen Studien über → Hysterie und deren Behandlungsmöglichkeiten stieß er auf die Bedeutung des → Unbewussten und frühkindlicher Entwicklungsphasen, woraus er seine Behandlungstechniken entwickelte. → Abreaktion, Aggressionsursachen, anale Phase, Anima, Anlehnungstypus, Assoziation, Bewusstsein, Daseinsanalyse, Degeneration, Denken, Deszendenztheorie, Disposition, Dynamik, Es, Familie, Fehlleistung, Frustration, Führer, Ich, Ich-Triebe, Illusion, Individualpsychologie, Kastrationsangst, Lebenstrieb, Libido, Literatur und Psychologie, Magie, Neo-Psychoanalyse, Neurose, Ödipuskomplex, Penisneid, Realitätsprinzip, Sexualsymbolik, Symbol, Tiefenpsychologie, Todestrieb, Traumdeutung, Über-Ich, Wiederholungszwang, Witz

Fromm, Erich (1900–1980), berücksichtigt in seinen an Freud anschließenden Arbeiten besonders die sozialen und kulturgegebenen Forderungen an den Einzelmenschen. → Humanistische Psychologie

Gallup, G. H. (1901–1984), Gründer des American Institute of Public Opinion, das wöchentlich Erhebungen über politische, soziale und wirtschaftliche Fragen in den USA veranstaltet. → Meinungsforschung

Groddeck, Georg (1866–1934), deutscher Arzt und früher Vertreter der → Psychosomatik. → Es

Heidegger, Martin (1889–1976), von der → Phänomenologie Husserls beeinflusster deutscher Philosoph, der wesentliche Beiträge zur Existenzphilosophie leistete. → Daseinsanalyse

Heinroth, J. C. (1773–1843), deutscher Nervenarzt. → Über-Ich

Herbart, Johann Friedrich (1776–1841), deutscher Philosoph, einer der Begründer der wissenschaftlichen Pädagogik. → Apperzeption

Hesse, Hermann (1877–1962), deutcher Schriftsteller, dessen Hauptthemen innere

Konflikte zwischen Verstand und Gefühl, Geist und Sinnlichkeit sind. Hesses Roman «Steppenwolf» ist eine psychologische Charakterbeschreibung. → Literatur und Psychologie

Hobbes, Thomas (1588–1679), englischer Philosoph, der naturwissenschaftliche Forschungsmethoden auf die Staatslehre übertrug. → Assoziation

Hume, David (1711–1776), englischer Philosoph und Geschichtsforscher. → Assoziation

Husserl, Edmund (1859–1938), deutscher Philosoph, dessen → Phänomenologie eine von vorgefassten Theorien freie Untersuchung der Phänomene, der «Sachen selbst» forderte.

James, William (1842–1910), amerikanischer Philosoph und Psychologe, der wichtige Beiträge zur Gedächtnisforschung und Denkpsychologie leistete. → Aufmerksamkeit

Janov, Arthur, (* 1924), amerikanischer Psychologe, Begründer der → Primärtherapie. → Urschrei

Joyce, James (1882–1941), irischer Schriftsteller, der in seinem Romanwerk «Ulysses» die Erlebnisse, Gedanken und Empfindungen seiner Hauptpersonen an einem Tag nicht chronologisch, sondern unter wechselnden Perspektiven in ihrer Vielschichtigkeit zu beschreiben versucht. → Literatur und Psychologie

Jung, Carl Gustav (1875–1961), unterscheidet in seiner Zürcher Schule der analytischen Psychologie zwischen individuellem und → kollektivem Unbewussten, Letzteres charakterisiert durch → Archetypen. Den Weg vom Unbewussten zur bewusst geprägten Person bezeichnet er als → Individuation. → Anima, Extraversion, Introversion, Komplex, Literatur und Psychologie, Selbstverwirklichung, Symbol, Tiefenpsychologie, Typenlehre

Kant, Immanuel (1724–1804), stellte den Anschluss Deutschlands an die westeuropäische Aufklärungsphilosophie her. Er kritisierte frühere Denkweisen, trennte die Philosophie von der Theologie und entwickelte eine neue Freiheitslehre. → Traum

Kinsey, Alfred (1894–1956), amerikanischer Biologe und Soziologe, der durch Befragungen und Messungen das durchschnittliche sexuelle Verhalten von Mann und Frau zu ermitteln suchte. → Cunnilingus

Klages, Ludwig (1872–1956), Philosoph und Psychologe in der Schweiz und Deutschland, der eine selbständige Erscheinungswissenschaft und Lebensdeutung allen beseelten Lebens forderte. → Eigenschaft

Köhler, Wolfgang (1887–1967), Mitbegründer der Berliner Schule der → Gestaltpsychologie.

Koffka, Kurt (1886–1941), begründete zusammen mit Köhler und Wertheimer die → Gestaltpsychologie.

Kretschmer, Ernst (1888–1964), deutscher Psychiater. Er befasste sich besonders mit dem menschlichen Körperbau und stellte eine → Typenlehre auf. → Konstitutionstypen

Külpe, Oswald (1862–1894), Mitbegründer der Würzburger Schule der Denkpsychologie. → Denken

Laing, Ronald D. (1927–1989), englischer Psychotherapeut, der sich in Theorie und Praxis gegen die menschenunwürdige Entmündigung und Verwahrung psychisch Kranker in den herkömmlichen Nervenkliniken wandte. → Psychose

Lavater, Johann Kaspar (1741–1801), philosophisch-theologischer Schriftsteller in Zürich, Begründer der → Physiognomik

Lersch, Philipp (1898–1972), deutscher Psychologe, der sich besonders mit der Charakterkunde befasste. → Eigenschaft

Lewin, Kurt (1890–1947), führender Vertreter der → Gestaltpsychologie. Er entwickelte eine psychologische → Feldtheorie und behandelte speziell Probleme der → Gruppendynamik und der Konfliktsituation. → Aufforderungscharakter, dynamische Psychologie, Konflikt

Lorenz, Konrad (1903–1989), begründete die vergleichende Verhaltensforschung als Bindeglied zwischen Human- und Tierpsychologie, indem er Ergebnisse aus Tierversuchen auf menschliches Verhalten übertrug. → AAM (Angeborener Auslösender Mechanismus), Aggressionsursachen, Deszendenztheorie, Neugieraktivität

Mann, Thomas (1875–1955), deutscher Schriftsteller, der in seinen «Buddenbrooks» den Verfall einer Familie über vier Generationen hinweg schildert. → Degeneration, Literatur und Psychologie, Simulation

Maslow, Abraham Harold (1908–1970), amerikanischer Psychologe und Vertreter der → humanistischen Psychologie.

Mattussek, Paul (* 1920), deutscher Psychiater. → Depression

May, Rollo (* 1909), übertrug Gedanken der Existenzphilosophie auf die US-amerikanische Psychologie. → Humanistische Psychologie

McDougall, William (1871–1938), beschäftigte sich mit den → Antrieben menschlichen Verhaltens und stellte einen Katalog von 18 Haupttriebkräften auf. → Dynamik

Meili, Richard (* 1900), arbeitete im Bereich der Intelligenzforschung, Persönlichkeitsentwicklung und diagnostischen Psychologie. → Intelligenztraining

Mill, John Stuart (1806–1873), englischer Philosoph. → Assoziation

Moreno, Jacob Levy (1892–1952), Begründer der Soziometrie und der Gruppenpsychotherapie. → Soziogramm

Nietzsche, Friedrich Wilhelm (1844–1900), deutscher Philosoph, der die christlich-platonische Spaltung der Welt in «Sinnliches und Übersinnliches» radikal infrage stellte. → Abwehrmechanismus

Pawlow, Iwan Petrowitsch (1849–1936), russischer Physiologe, der 1904 den Nobelpreis für Medizin für seine Arbeiten zur Physiologie der Verdauung erhielt, bei denen er den → bedingten Reflex entdeckte. → Assoziation, Gehirnwäsche

Piaget, Jean (1896–1980), Schweizer Psychologe, der sich besonders mit der Entwicklung von Sprache, Denken und Moralvorstellungen beim Kind befasste. → Gewissen

Reich, Wilhelm (1897–1957), strebte eine Verbindung zwischen biologischem, psychoanalytischem und marxistischem Denken an. → Bioenergetik

Rogers, Charles (1902–1987), amerikanischer Psychologe und Psychotherapeut, Begründer der → nicht-direktiven (Klienten-zentrierten) Gesprächspsychotherapie. → Echtheit, Empathie, humanistische Psychologie

Rosen, John, amerikanischer Psychotherapeut, der erste Psychotherapieversuche an Schizophrenen durchführte. → Bindung

Rhine, Joseph Banks (1895–1980), bemühte sich um den wissenschaftlichen Nachweis außersinnlicher Wahrnehmungen. → Parapsychologie

Riesman, David (* 1909), amerikanischer Soziologe, Jurist und Publizist. Er versucht in seinem Hauptwerk «Die einsame Masse» eine Charakteranalyse der amerikanischen Gesellschaft zu geben. → Selbstbestimmung

Schultz, Johannes Heinrich (1884–1970), deutscher Nervenarzt, der besonders durch die Entwicklung und Anwendung des → autogenen Trainings bekannt wurde.

Schultz-Hencke, Harald (1892–1953), wichtiger Vertreter der → Tiefenpsychologie, der sich besonders mit Psychosen, psychosomatischer Medizin und Traumdeutung beschäftigte. → Besitzanspruch

Skinner, Burrhus Frederic (1904–1990), amerikanischer Psychologe, der sich besonders mit → Verhaltensforschung beschäftigt hat. → Behaviorismus, Belohnung, Konditionierung

Spearman, Charles Edward (1863–1945), englischer Psychologe, der vor allem an der Erforschung der menschlichen → Intelligenz arbeitete.

Sullivan, Harry Stack (1892–1949), erforschte hauptsächlich die zwischenmenschlichen Beziehungen, darunter besonders die → Mutter-Kind-Beziehungen. → Tiefenpsychologie

Szasz, Thomas (* 1920), geboren in Budapest, ist heute Professor für Psychiatrie in den USA. Er zählt neben Laing zu den wichtigsten Vertretern der Antipsychiatrie. → Psychose

Szondi, Leopold (1893–1986), Psychologe und Psychotherapeut in Ungarn und der Schweiz, der einen nach ihm benannten Persönlichkeitstest entwickelte. → Partnerwahl

Thurstone, Louis Léon (1887–1955), amerikanischer Psychologe. Er war beteiligt an der Einführung quantitativer Methoden in die Psychologie, um zum Beispiel → Intelligenz messbar zu machen

Tinbergen, Niko (1907–1988), niederländischer Zoologe, verfasste das erste Lehrbuch der → Ethologie. → AAM (Angeborener Auslösender Mechanismus)

Tolman, Edward Chase (1886–1959), beschäftigte sich, beeinflusst durch den → Behaviorismus, vor allem mit den Zielen, die durch bestimmte Verhaltensweisen angestrebt werden.

Toman, Walter (* 1920), österreichischer Psychologe, der sich vor allem mit dem Problem der Stellung einzelner Mitglieder in der → Familie befasste.

Watson, John (1878–1958), amerikanischer Psychologe und Mitbegründer des → Behaviorismus.

Weber, Max (1864–1920), deutscher Sozialökonom und Soziologe, begründete die Religionssoziologie. → Charisma

Wertheimer, Max (1880–1943), Mitbegründer der Berliner Schule der → Gestaltpsychologie.

Wundt, Wilhelm (1832–1920), Begründer einer Philosophie, die die traditionelle Geistesgeschichte auf psychologische Grundlagen stellte. → Apperzeption, Aufmerksamkeit, Psychologie

Zulliger, Hans (1893–1965), Schweizer Psychologe und Pädagoge, der die Erkenntnisse der → Psychoanalyse für die Schule und die Erziehung, besonders von entwicklungsgestörten Kindern, auswertete. → Über-Ich

Register

Abmagerung → Anorexie
Abstammungslehre → Deszendenztheorie
Analytische Psychotherapie → Psychotherapie
Angeberei → Geltungstrieb
Angstzustände → Desensibilisierung
Anlage → Disposition
Anpassung → Adaption, Gehorsam, Konformität, Manipulation
Antipsychiatrie → Psychose
Appetenzverhalten → Instinkt
Arbeitspsychologie → Angewandte Psychologie, Psychologie
Archetypus → Unbewusstes
Arrangement → Individualpsychologie
Asozialität → Dissozialität
Aufputschmittel → Drogenabhängigkeit, Psychopharmaka
Ausbrennen → Burnout
Außersinnliche Wahrnehmung → Parapsychologie
Ausnahmezustand → Gehirnwäsche
Autosuggestion → Suggestion

Beraubung → Deprivation
Berufspsychologie → Angewandte Psychologie
Berufswahl → Beratung, Test
Beruhigungsmittel → Psychopharmaka
Bestrafung → Strafe, Aversionstherapie
Betäubungsmittel → Drogenabhängigkeit, Psychopharmaka
Betriebspsychologie → Angewandte Psychologie
Bezugspersonen → Eltern
Blitzer → Exhibitionismus

Daumenlutschen → Fingerlutschen
Desensitivierung → Verhaltenstherapie
Dichromat → Farbenblindheit
Dominanzordnung → Hackordnung
Durchschnittsnorm → Norm

Ego → Ich
Ehe → Eheberatung
Einkoten → Bettnässen
Emotion → Gefühl
Enkopresis → Bettnässen
Entwicklungspsychologie → Entwicklung
Enuresis → Bettnässen
Erbanlagen → Differentielle Psychologie, Erbe-/Umwelt-Problem
Erbtheorie → Psychopathie
Erregung → Hemmung
Errötungsangst → Phobie
Erziehungspsychologie → Erziehung
Erziehungsstile → Erziehung
exogen → endogen

Farbensehen → Farbenblindheit, Purkinje-Phänomen
Fausse Reconnaissance → Déjà-vu-Erlebnis
Fehlentwicklung → Neurose
Fehlverhalten → Auffälliges Verhalten
Fokaltherapie → Psychotherapie
Fragebogentests → Tests

Fresskotzkrankheit → Bulimie
Führungsstil → Gruppendynamik

Ganzheit → Gestalt
Genie → Intelligenz, Kreativität
Genitale Phase → Ödipuskomplex, phallische Phase
Gerichtspsychologie → Forensische Psychologie
Gesprächspsychotherapie → Nicht-direktive Psychotherapie, Psychotherapie
Grenzfall → Borderline

Halluzinogene → Drogenabhängigkeit
Hebephrenie → Schizophrenie
Heißhunger → Bulimie
Helfer, hilflose → Helfersyndrom
Hellsehen → Parapsychologie
Heterosexualität → Bisexualität, Sexualangst, Sexualerziehung
Hörigkeit → Symbiose
Hypnoanalyse → Hypnose

Idealismus → Introversion
Idealnorm → Norm
Imitation → Nachahmung
Intelligenzquotient (IQ) → Intelligenz
Intelligenztest → Intelligenz
Inzestwunsch → Ödipuskomplex

Jugendpsychologie → Jugend

Katatonie → Elektroschock, Schizophrenie
Kinderpsychologie → Kindertherapie
Kindliche Sexualforschung → Doktorspiele
Kindliche Sexualität → Infantile Sexualität
Kipp-Phänomen → Figur-Grund-Verhältnis
Klientenzentrierte Therapie → Nicht-direktive Psychotherapie, Psychotherapie
Kode → Sprache
Koeffizient → Korrelation
Konfliktvermeidung → Konfliktfähigkeit
Körperbautypen → Konstitutionstypen
Künstler → Kreativität
Kummerspeck → Fettsucht

Lähmung (neurotische) → Abwehrmechanismen
Leistungstest → Test
Liebesbeziehung → Liebe, Objektbeziehung
Lobotomie → Leukotomie

Manisch-depressives Irresein → Manie
Marktpsychologie → Psychologie
Masturbation → Selbstbefriedigung
Materie → Leib-/Seele-Problem
Messung → Signifikanz
Metakommunikation → Kommunikation
Missbrauch → Inzest
Moralischer Schwachsinn → Gemütloser Psychopath
Mutterinstinkt → Mutter-Kind-Beziehung

Nächtlicher Samenerguss → Pollution
Narkoanalyse → Wahrheitsdroge
Naturzerstörung → Ökologische Psychologie
Neurotische Angst → Angst

Omnipotenzphantasie → Allmachtswünsche

Pädagogische Psychologie → Erziehung
Persönlichkeitstest → Test

Platzangst → Agoraphobie
Psi → Parapsychologie

Ratio → irrational
Rauschgift → Drogenabhängigkeit
Reaktionen (angeborene) → AAM
Realismus → Introversion
Ribonukleinsäure → Gedächtnis
Rorschach-Test → Projektive Tests
Rückkopplung → Feedback

Schizothymie → schizoid
Schlaganfall → Gehirn
Schmutzangst → Sauberkeitsideologie
Schulpsychologie → Schule
Selbstgefühl → Narzissmus
Sexualverhalten → Sexualpsychologie
Soziale Berufe → Supervision, Helfersyndrom
Sprachbarriere → Sprache
Sprachpsychologie → Sprache
Spuk → Parapsychologie
Störung (psychische) → Neurose, Psychose
Sündenbock → Außenseiter
Suizid → Selbstmord

Teamwork → Gruppenarbeit
Telepathie → Parapsychologie
Territorium → Lebensraum
Thematischer Apperzeptionstest (TAT) → Projektive Tests
Therapie → Psychotherapie
Tierphobien → Phobie
Transzendentale Meditation → Entspannung
Trauer → Depression

Überkompensation → Kompensation
Umkehrtäuschung → Figur-Grund-Verhältnis
Umwelt → Ökologische Psychologie, Konsumpsychologie

Vergleichende Verhaltensforschung → Ethologie
Verhaltensformung → Verhaltenstherapie
Verinnerlichung → Identifizierung, Über-Ich
Verleugnung → Verneinung

Weckmittel → Drogenabhängigkeit
Werbepsychologie → Angewandte Psychologie
Wettbewerb → Rivalität

Yoga → Entspannung, Guru, Meditation

Zeichentests → Projektive Tests
Zeigelust → Exhibitionismus
Zen-Buddhismus → Meditation
Zwangscharakter → Zwangsneurose
Zweierbeziehung → Dyade

Wolfgang Schmidbauer

Wolfgang Schmidbauer, geboren 1941 in München, studierte Psychologie und promovierte 1968 über «Mythos und Psychologie». Ausbildung zum Psychoanalytiker. Gründung eines Instituts für analytische Gruppendynamik.

Alles oder nichts *Über die Destruktivität von Idealen*
(rororo sachbuch 18393)

Die Angst vor Nähe
(rororo sachbuch 60430)

Helfen als Beruf *Die Ware Nächstenliebe*
(rororo sachbuch 19157)

Hilflose Helfer *Über die seelische Problematik der helfenden Berufe*
(rororo sachbuch 19196)

Wenn Helfer Fehler machen *Liebe, Mißbrauch und Narzißmus*
320 Seiten. Broschiert

Liebeserklärung an die Psychoanalyse
(rororo sachbuch 18839)

Psychologie. Lexikon der Grundbegriffe
(rororo handbuch 16335)

Weniger ist manchmal mehr *Zur Psychologie des Konsumverzichts*
(rororo sachbuch 19110)

«Du verstehst mich nicht» *Die Semantik der Geschlechter*
(rororo sachbuch 60589)

Die heimliche Liebe *Ausrutscher, Seitensprung, Doppelleben*
160 Seiten. Gebunden

rororo sachbuch

"Ich wußte nie, was mit Vater ist" *Das Trauma des Krieges*
384 Seiten. Gebunden

Die Geheimsprache der Krankheit *Bedeutung und Deutung psychosomatischer Leiden*
(rororo sachbuch 60708)

Kein Glück mit Männern *Fallgeschichten zur Nähe-Angst*
(rororo sachbuch 19752)

Die Kentaurin *Die Geschichte einer ungewöhnlichen Frau. Erzählung*
336 Seiten. Gebunden

Jetzt haben, später zahlen *Die seelischen Folgen der Konsumgesellschaft*
(rororo sachbuch 60125)

Ein Gesamtverzeichnis aller lieferbaren Titel von **Wolfgang Schmidbauer** finden Sie in der *Rowohlt Revue*, kostenlos im Buchhandel, und im Internet: www.rororo.de

3500/7